Bilanz

Aktiv

Soll	Haben
+	−

Passiv

Soll	Haben
−	+

Erfolg

Aufwand

Soll	Haben
+	−

Ertrag

Soll	Haben
−	+

Digitale Begleitmaterialien

Ihr persönlicher Lizenzschlüssel für die digitalen Begleitmaterialien:

LMZSKDZVJ

Schritt-für-Schritt-Anleitung

1. Öffnen Sie das Bookshelf unter: **bookshelf.verlagskv.ch**
2. Klicken Sie auf **Jetzt registrieren**, oder loggen Sie sich mit Ihrem Benutzernamen und Ihrem Passwort ein.
3. Wählen Sie **Produkt hinzufügen** an, und geben Sie Ihren persönlichen Lizenzschlüssel im Feld ein. Bestätigen Sie die Eingabe mittels **Senden**.
4. Das Produkt ist jetzt unter **Bookshelf** aufgeführt. Über den Button **Öffnen** gelangen Sie zu den digitalen Begleitmaterialien.

Die Zusatzmaterialien stehen Ihnen nach Aktivierung des Lizenzschlüssels 36 Monate lang zur Verfügung.

Support-Hotline: Unsere Mitarbeitenden sind gerne für Sie da.
Telefon: +41 44 283 45 21. E-Mail: support@verlagskv.ch

Rechtlicher Hinweis: Es gelten unsere Vertrags- und Nutzungsbedingungen. Eine Weitergabe der digitalen Begleitmaterialien ist nicht gestattet.

Das Rechnungswesen der Unternehmung

Jürg Leimgruber
Urs Prochinig

Das Rechnungswesen der Unternehmung

VERLAG:SKV

Dr. Jürg Leimgruber
und
Dr. Urs Prochinig

schlossen ihre Studien an der Universität Zürich mit dem Doktorat ab. Sie verfügen über Abschlüsse als Masters of Business Administration und Masters of Advanced Studies in Secondary and Higher Education. Nebst ihrem wissenschaftlichen Know-how verfügen die Autoren über langjährige Erfahrungen als Dozenten in der Erwachsenenbildung, in der Unternehmensberatung und als Mitglieder zahlreicher Prüfungsgremien.

6. Auflage 2019

Jürg Leimgruber/Urs Prochinig: Das Rechnungswesen der Unternehmung

ISBN 978-3-286-33816-6

© Verlag SKV AG, Zürich
www.verlagskv.ch

Alle Rechte vorbehalten.
Ohne Genehmigung des Verlages ist es nicht gestattet, das Buch oder Teile daraus in irgendeiner Form zu reproduzieren.

Titelbild: «Weg ins Licht» von Benno Schulthess, Widen

Haben Sie Fragen, Anregungen oder Rückmeldungen?
Wir nehmen diese gerne per E-Mail an feedback@verlagskv.ch entgegen.

Vorwort

> Nach dem Studium dieses Lehrbuchs sind Sie fähig, das Rechnungswesen in der Praxis zu verstehen und richtig anzuwenden.

Das Lehrmittel setzt keinerlei Buchhaltungskenntnisse voraus und richtet sich an anspruchsvolle, engagierte Studierende, die sich rasch und gründlich ins Rechnungswesen einarbeiten wollen, zum Beispiel:

- Studentinnen und Studenten an Universitäten, Fachhochschulen, Höheren Fachschulen und Wirtschaftsgymnasien
- Kandidatinnen und Kandidaten von höheren eidg. Prüfungen wie Technische Kaufleute, Marketingplaner, Verkaufsleiter, Bank- und Versicherungsfachleute oder Wirtschaftsinformatiker
- Sachbearbeiterinnen und Sachbearbeiter im Rechnungswesen
- Praktikerinnen und Praktiker aus Wirtschaft und Verwaltung[1]

Das auch als PDF-Ausgabe[2] verfügbare Lehrbuch besteht aus folgenden Teilen:

- Der **Theorieteil** umfasst in übersichtlicher Weise die wichtigsten Theoriegrundlagen. Er ist auch für das Selbststudium geeignet.
- Der **Aufgabenteil** enthält zu jedem Kapitel vielfältige Aufgabenstellungen mit zahlreichen Lösungshilfen, die ein attraktives Aufgabenlösen und rasches Lernen ermöglichen.
- Es ist ein separater ausführlicher **Lösungsband** erhältlich.

Eine periodisch nachgeführte **Korrigenda**, die auf Änderungen gesetzlicher Vorschriften sowie Druckfehler hinweist, wird auf der Webseite beim Produkt veröffentlicht.

Wir danken allen Lehrerkolleginnen und Lehrerkollegen, Praktikern und Praktikerinnen sowie Studentinnen und Studenten, die uns mit Rat und Tat bei der Entwicklung dieses modernen Lehrmittels unterstützt haben. Besonderer Dank gebührt Theres Prochinig für die umsichtige Durchsicht des Manuskripts. Aufbauende Kritik freut uns immer.

Nun wünschen wir Ihnen viel Spass beim Lernen und viel Erfolg beim Anwenden des Gelernten.

Forch und Rafz, Januar 2019   Jürg Leimgruber
                                                          Urs Prochinig

---

[1] Begriffe, die eine weibliche und eine männliche Form aufweisen können, werden in diesem Lehrmittel nicht unterschieden, sondern in der einen oder anderen Form verwendet. Sie sind als gleichwertig zu betrachten.

[2] Die PDF-Ausgaben können mithilfe des vorne im Buch abgedruckten Lizenzschlüssels unter www.bookshelf.verlagskv.ch heruntergeladen werden.

Vorwort zur 6. Auflage

Die Neuauflage entspricht im Aufbau und den Grundzügen den bisherigen Auflagen. Wegen zahlreicher Anpassungen an wirtschaftliche Veränderungen und gesetzliche Grundlagen ist eine gleichzeitige Verwendung mit der 5. Auflage nicht möglich.

Die wichtigsten Änderungen sind:

- Verwendung der obligationenrechtlichen Begriffe, wie sie auch im Kontenrahmen KMU umgesetzt wurden
- Aktualisierung der Fremdwährungskurse
- Straffung des Aufgabenteils in den Kapiteln 11 bis 17
- Anpassung der Mehrwertsteuer an die aktuellen Sätze, teilweise neue Aufgaben

Wir danken für die Anregungen und wünschen weiterhin viel Spass und Erfolg beim Studium.

Forch und Rafz, November 2018   Die Autoren

Inhaltsverzeichnis

		Theorie	Aufgaben
1. Teil	**Die Grundlagen des Rechnungswesens**	11	161
11	Vermögen, Fremd- und Eigenkapital	12	161
12	Die Bilanz	14	167
13	Veränderungen der Bilanz durch Geschäftsfälle	20	176
14	Das Konto	22	182
15	Journal und Hauptbuch	24	191
16	Die Erfolgsrechnung	28	200
17	Doppelter Erfolgsnachweis	34	214
18	Fremde Währungen	37	222
19	Zinsrechnen	40	232
2. Teil	**Der Jahresabschluss**	46	238
21	Einzelunternehmung	47	238
22	Kollektivgesellschaft	50	251
23	Aktiengesellschaft	53	255
24	Gesellschaft mit beschränkter Haftung	61	266
25	Abschreibungen	62	273
26	Verluste Forderungen, Wertberichtigung Forderungen	70	292
27	Rechnungsabgrenzungen und Rückstellungen	72	300
3. Teil	**Ausgewählte Themen**	78	318
31	Einkauf, Verkauf und Vorräte	79	318
32	Offenposten-Buchhaltung	97	338
33	Mehrwertsteuer	101	346
34	Kalkulation im Handel	109	366
35	Mehrstufige Erfolgsrechnung	115	378
36	Lohnabrechnung	118	383
37	Immobilien (Liegenschaften)	123	392
38	Wertschriften	126	403
4. Teil	**Buchführungsvorschriften, stille Reserven und Aufbau des Rechnungswesens**	139	417
41	Buchführungsvorschriften	139	417
42	Stille Reserven	144	422
43	Aufbau des Rechnungswesens	156	434
	Anhang	436	
Anhang 1	Abschreibungssätze bei der direkten Bundessteuer	437	
Anhang 2	Kontenrahmen KMU	438	
Anhang 3	Stichwortverzeichnis	441	

Theorie

1. Teil Die Grundlagen des Rechnungswesens

Einleitung

Schon immer waren sich die Menschen der beschränkten Speicherfähigkeit ihres Gehirns bewusst, sodass sie sich wünschten, Tatsachen und Erkenntnisse irgendwie festzuhalten, damit sie nicht verloren gingen.

Die ersten bekannten Schrift- und Zahlzeichen wurden schon im dritten Jahrtausend vor Christus von sumerischen Priestern zum Zweck erfunden, die Einkünfte der Tempelbetriebe auf Tontafeln festzuhalten, also eine Art Buchhaltung zu führen. Auch die alten Ägypter erstellten bereits Verzeichnisse über die Lagerbestände und den Kreditverkehr zur Verwaltung der pharaonischen Speicher und Schatzhäuser.

Je umfangreicher die Geschäftstätigkeit ist, desto wichtiger sind systematische und geordnete Aufzeichnungen über den Güter- und Geldverkehr. Deshalb entwickelte sich die Technik der Buchführung im Laufe der Jahrhunderte immer weiter.

Zu Beginn der wirtschaftlichen Blütezeit der norditalienischen Handelsstädte (Genua, Venedig, Florenz) im hohen Mittelalter trugen die Kaufleute ihre Waren- und Kreditgeschäfte der Reihe nach in so genannte Handlungsbücher ein. Bald schon wurden aber die Einnahmen und Ausgaben, die Zu- und Abnahmen von gegebenen und erhaltenen Krediten sowie die Zu- und Abgänge von Waren nicht mehr nur in zeitlicher Reihenfolge, sondern auch nach sachlichen Gesichtspunkten festgehalten (zum Beispiel aufgeteilt nach Personen oder einzelnen Warengruppen). Damit waren die Konten erfunden. Man führte sie erst auf losen Blättern, dann in Büchern. Von daher stammt der Name «Buchhaltung».

Aus der Überlegung, dass sich zum Beispiel die Rückzahlung eines erhaltenen Krediteszweifach auf die Vermögenslage einer Unternehmung auswirkt (erstens als Abnahme der Schuld und zweitens als Abnahme des Kassenbestandes), leitete man bald einmal ab, jedem Eintrag in ein Konto (zum Beispiel in das Konto «Schulden») müsse ein Eintrag in ein anderes Konto (zum Beispiel in das Konto «Kasse») entsprechen. Dies ist bis heute der Grundgedanke der doppelten Buchhaltung geblieben. Der Franziskanermönch Luca Pacioli hat diese Form der Buchführung 1494 zum ersten Mal zusammenfassend beschrieben.

Für den durch die Industrialisierung im 19. Jahrhundert enorm ausgeweiteten Geschäftsverkehr waren die ursprünglichen Buchungsverfahren mit mehreren Arbeitsgängen je Geschäftsfall zu aufwändig. Die amerikanische Buchführung und die Durchschreibebuchhaltung, die um die Jahrhundertwende aufkamen, brachten hier wesentliche Arbeitserleichterungen, indem sie weniger Eintragungen nötig machten.

Heute wird die Buchhaltung in beinahe allen Betrieben mit elektronischen Geräten – vielfach unter Einsatz von Standard-Software – erstellt. Am System der doppelten Buchhaltung ändert das nichts. Nur wer dieses System wirklich verstanden hat, erkennt hinter den auf dem Bildschirm aufleuchtenden Zahlen die für das Unternehmen wichtigen Informationen und Zusammenhänge.

11

Vermögen, Fremd- und Eigenkapital

Die Buchhaltung vermittelt einen Überblick über die finanzielle Lage einer Unternehmung. Wie bei Privatpersonen wird auch bei Unternehmungen zwischen Vermögen und Schulden (Fremdkapital, Verbindlichkeiten) unterschieden. Der Überschuss des Vermögens über die Schulden wird als Nettovermögen oder Eigenkapital bezeichnet und nach folgendem Schema berechnet:

Vermögen
./. Schulden (Fremdkapital)
= Nettovermögen (Eigenkapital)

■ **Beispiel 1** **Vermögensübersicht bei einer Privatperson**

Über die Vermögenslage einer Privatperson sind am 31. Dezember 20_1 folgende Angaben bekannt:

Vermögen	Bargeld	400.–
	Guthaben auf dem Salärkonto bei der UBS	8 600.–
	Wohnungseinrichtung	42 000.–
	Auto	17 000.–
	Schmuck	4 000.–
	Personal Computer (PC)	2 000.–
		74 000.–
./. **Schulden** (Fremdkapital)	Noch nicht bezahlte Rechnungen (Steuern, Zahnarzt, Handy)	– 4 000.–
= **Nettovermögen** (Eigenkapital)		70 000.–

Die Vermögenslage dieser Privatperson kann grafisch wie folgt dargestellt werden:

	Schulden 4 000.–
Vermögen 74 000.–	Nettovermögen 70 000.–

■ **Beispiel 2** **Vermögensübersicht bei einer Unternehmung**

Einen guten Einblick in die Vermögenslage einer Unternehmung erhält man aufgrund des Inventars. Unter **Inventar** versteht man ein detailliertes Verzeichnis aller Vermögens- und Schuldenteile. Die buchführungspflichtigen Unternehmungen müssen gemäss Obligationenrecht (OR) am Ende jedes Geschäftsjahres ein Inventar aufnehmen. Diese Tätigkeit nennt man Inventur.

Als Beispiel dient das Inventar der Autowerkstatt Jürg Meier, Bülach.

11 Vermögen, Fremd- und Eigenkapital

Inventar vom 31.12.20_1

Vermögen	Kassenbestand		1 400.–
	Bankguthaben (Kontokorrent)①		12 900.–
	Guthaben gegenüber Kunden (unbezahlte Rechnungen)		
	▶ Lino Arbenz, Bülach	1 500.–	
	▶ Yannick Hochstrasser, Glattfelden	23 400.–	
	▶ Marianne Rigatoni, Rümlang	2 800.–	
	▶ Julia Siegenthaler, Winkel	900.–	28 600.–
	Vorräte		
	▶ Motorenöl 200 Liter zu 6.–/Liter	1 200.–	
	▶ Frostschutz 400 Liter zu 4.–/Liter	1 600.–	
	▶ Scheibenreiniger 600 Liter zu 1.–/Liter	600.–	
	▶ Schmierfette	400.–	
	▶ Diverse Reinigungsmittel	500.–	4 300.–
	Maschinen		
	▶ Autohebebühne	6 700.–	
	▶ Pneumontier- und -auswuchtmaschine	4 100.–	
	▶ Standbohrmaschine	900.–	
	▶ Batterieladegerät	500.–	
	▶ Hochdruckreiniger	800.–	
	▶ Luftkompressor	2 800.–	15 800.–
	Büroeinrichtung wie Pult, Stühle, Schränke, PC, Drucker		6 200.–
	Geschäftsfahrzeug		14 000.–
	Werkzeuge wie Schlüsselsatz, Luftdruckpistole, Schlagschrauber		3 400.–
	Geschäftsliegenschaft		400 000.–
			486 600.–
./. Fremdkapital	Verbindlichkeiten gegenüber Lieferanten (unbezahlte Rechnungen)		
	▶ Carissimo AG, Zürich	–12 300.–	
	▶ Samuel Forni, Winterthur	–17 000.–	
	▶ Pneuhaus Fritschi GmbH, Luzern	– 8 200.–	– 37 500.–
	Hypothekardarlehen② ZKB, Bülach		–200 000.–
= Eigenkapital			249 100.–

Grafisch lässt sich die Vermögenslage dieser Unternehmung wie folgt veranschaulichen:

| Vermögen 486 600.– | Fremdkapital 237 500.– (Schulden, Verbindlichkeiten) |
| | Eigenkapital 249 100.– (Nettovermögen) |

① Bankkonto zur Abwicklung des laufenden Zahlungsverkehrs (von italienisch *conto* = Konto, *corrente* = laufend).
② Darlehen, bei dem die Liegenschaft als Pfand haftet.

Die Bilanz

In der Buchhaltung verwendet man für das Vermögen den Ausdruck **Aktiven**. Fremdkapital und Eigenkapital zusammen bilden die **Passiven.**

In der **Bilanz** werden die Aktiven und Passiven einander gegenübergestellt. Dabei werden die im Inventar detailliert aufgeführten Vermögens- und Schuldenteile in Form von verschiedenen Bilanzpositionen zusammengefasst.

■ **Beispiel 1** Aufgrund des Inventars der Autowerkstatt Jürg Meier auf Seite 13 kann folgende Bilanz errichtet werden:

Bilanz vom 31.12. 20_1 [1]

Aktiven [2]   Passiven [3]

Umlaufvermögen			Fremdkapital		
Kasse	1 400		Verbindlichkeiten L+L [5]	37 500	
Bankguthaben	12 900		Hypothek	200 000	237 500
Forderungen L+L [4]	28 600				
Vorräte	4 300	47 200			
Anlagevermögen			**Eigenkapital**		
Maschinen	15 800		Eigenkapital		249 100
Mobiliar	6 200				
Fahrzeuge	14 000				
Werkzeuge	3 400				
Liegenschaften	400 000	439 400			
		486 600 [6]			486 600 [6]

Im Begriff Bilanz steckt das italienische Wort *bilancia* (Waage), womit ausgedrückt werden soll, dass die Summe der Aktiven mit der Summe der Passiven im Gleichgewicht steht.

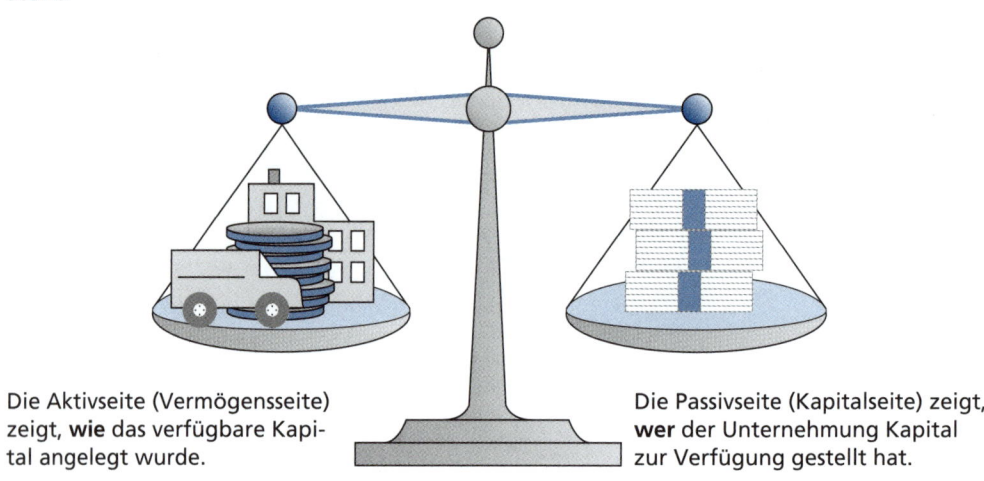

Die Aktivseite (Vermögensseite) zeigt, **wie** das verfügbare Kapital angelegt wurde.

Die Passivseite (Kapitalseite) zeigt, **wer** der Unternehmung Kapital zur Verfügung gestellt hat.

Die Bilanz

① Die Bilanz wird immer auf einen bestimmten Zeitpunkt erstellt. Sie ist einer Fotografie vergleichbar, die nur einen Augenblick festhalten kann. Der häufigste **Bilanzstichtag** ist der 31. Dezember.

② Aktiven (Vermögen) ③ Passiven (Kapital)

Aktiven (Vermögen)	Passiven (Kapital)
Die Aktiven zeigen das für die Unternehmungstätigkeit zur Verfügung stehende **Vermögen**. Sie werden in Umlauf- und Anlagevermögen gegliedert.	Die Passiven zeigen die Ansprüche der Geldgeber am Unternehmungsvermögen. Sie werden in Fremd- und Eigen**kapital** gegliedert.
Umlaufvermögen Zum Umlaufvermögen gehören die flüssigen Mittel (Kasse, Bankguthaben) und die Vermögensteile (Forderungen L+L, Vorräte), die innerhalb eines Jahres zur Umwandlung in flüssige Mittel bestimmt sind. 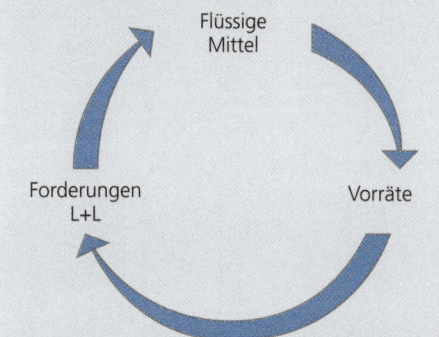 Das Umlaufvermögen wird nach der Liquidierbarkeit geordnet: Zuerst werden die flüssigen (liquiden) Mittel aufgeführt, dann jene Vermögensteile, die am schnellsten in flüssige Mittel umgewandelt werden sollen. **Anlagevermögen** Das Anlagevermögen umfasst die Vermögensteile, die der Unternehmung für lange Zeit (über ein Jahr) zur Nutzung bereitstehen, z.B. Maschinen, Büromobiliar, Geschäftsliegenschaft.	**Fremdkapital (Verbindlichkeiten)** Unter Fremdkapital oder **Verbindlichkeiten** werden die Ansprüche aussenstehender Geldgeber am Unternehmungsvermögen zusammengefasst. Das Fremdkapital wird nach der Fälligkeit der Zahlung geordnet (früher fällige Ansprüche werden zuerst aufgezählt). **Eigenkapital (Nettovermögen)** Unter Eigenkapital versteht man die Eigentümeransprüche am Unternehmungsvermögen. Es entspricht der Differenz zwischen dem Total der Aktiven und dem Fremdkapital. Aktiven (Vermögen) ./. Fremdkapital (Verbindlichkeiten) = Eigenkapital (Nettovermögen)

④ **Forderungen aus Lieferungen und Leistungen (L+L)** sind Guthaben gegenüber Kunden. Sie entstehen aus Verkäufen, die nicht sofort bar bezahlt werden. Forderungen aus Lieferungen und Leistungen werden auch Debitoren genannt.

⑤ **Verbindlichkeiten aus Lieferungen und Leistungen (L+L)** sind Schulden bei Lieferanten. Sie entstehen aus Käufen, die nicht sofort bezahlt werden. Verbindlichkeiten aus Lieferungen und Leistungen werden auch Kreditoren genannt.

⑥ Die **Bilanzsumme** stellt das Total der Aktiven dar, das dem Total der Passiven entsprechen muss.

Die Bilanz

■ Beispiel 2

Die einzelnen Bilanzpositionen von Beispiel 1 können auch in Gruppen zusammengefasst werden:

Bilanz vom 31.12.20_1

Aktiven   Passiven

Umlaufvermögen			Fremdkapital[3]		
Flüssige Mittel	14 300		Kurzfristiges Fremdkapital	37 500	
Forderungen	28 600		Langfristiges Fremdkapital	200 000	237 500
Vorräte	4 300	47 200			
Anlagevermögen			**Eigenkapital**		
Mobile Sachanlagen[1]	39 400		Eigenkapital		249 100
Immobile Sachanlagen[2]	400 000	439 400			
		486 600			486 600

[1] Zu den **mobilen Sachanlagen** gehören Maschinen, Mobiliar und Einrichtungen, IT-Systeme, Fahrzeuge oder Werkzeuge.

[2] **Immobile Sachanlagen** sind Liegenschaften. Sie umfassen Grundstücke, Gebäude und Stockwerkeigentum.

[3] Als **kurzfristiges Fremdkapital** werden die Verbindlichkeiten bilanziert, die innerhalb eines Jahres zur Zahlung fällig werden.

Als **langfristiges Fremdkapital** müssen alle übrigen Verbindlichkeiten bilanziert werden.

Die Bilanz

Aus der Zusammensetzung der Aktiven und Passiven kann oft auf die **Branchenzugehörigkeit** der Unternehmung geschlossen werden.

Die branchentypischen Bilanzpositionen sind blau hervorgehoben. Die Beträge sind Kurzzahlen.

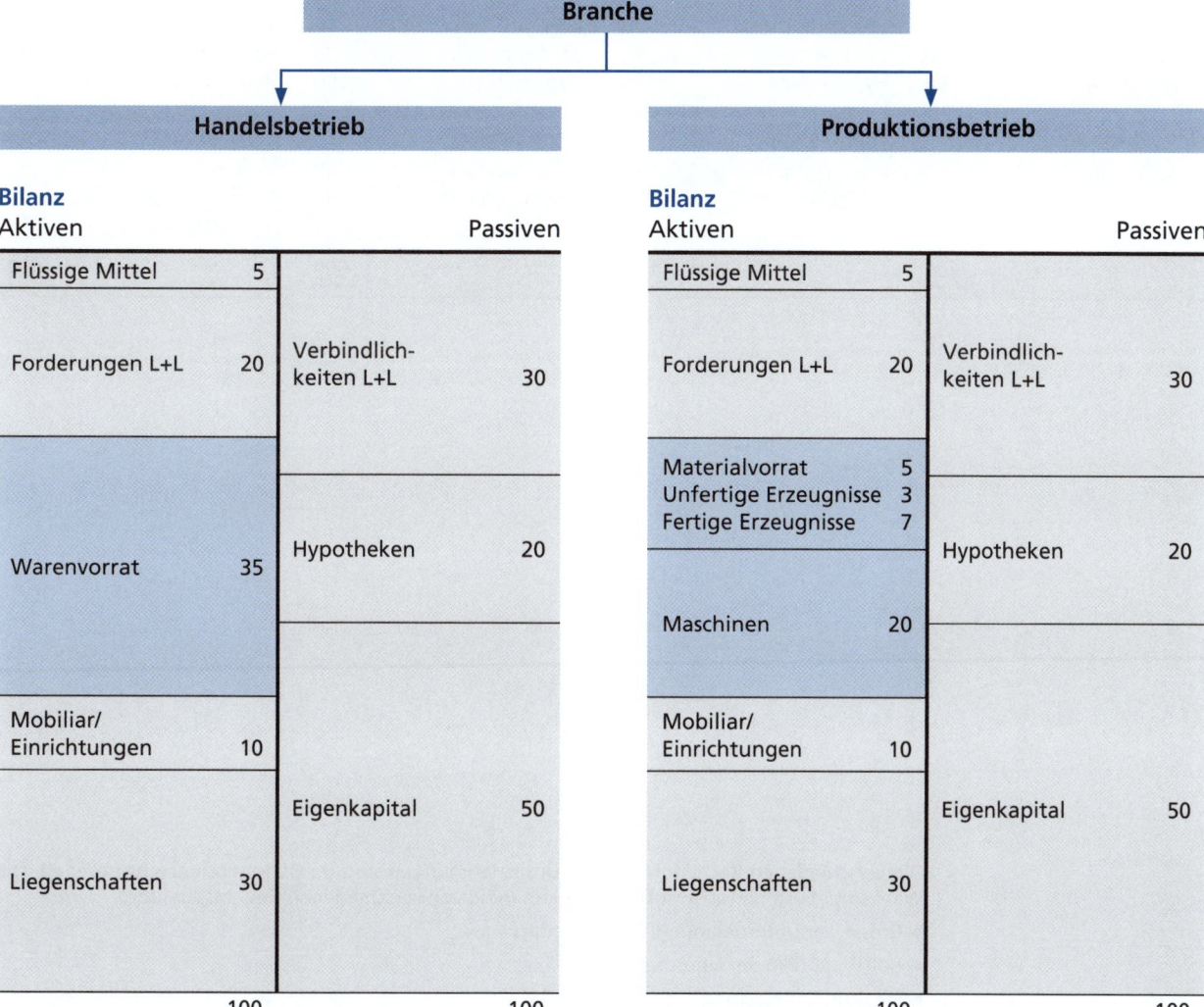

Ein **Handelsbetrieb** kauft Waren ein und verkauft diese an die Kunden weiter, ohne die Waren zu verändern.

Im Handelsbetrieb werden deshalb normalerweise keine Maschinen eingesetzt. Ausnahmen sind zum Beispiel Verpackungsmaschinen und Maschinen für kleinere Reparaturen.

Ein **Produktionsbetrieb** kauft Material ein und stellt mithilfe von Arbeitskraft und Maschinen ein fertiges Erzeugnis her.

Deshalb setzen sich die Vorräte bei Produktionsbetrieben aus Material, unfertigen und fertigen Erzeugnissen zusammen, und die Maschinen sind eine wesentliche Bilanzposition.

Die Bilanz

12

Die Zusammensetzung des Eigenkapitals gibt Auskunft über die **Rechtsform**[1] der Unternehmung.

Einzelunternehmung		Kollektivgesellschaft		Aktiengesellschaft		Gesellschaft mit beschränkter Haftung	
Fremdkapital		**Fremdkapital**		**Fremdkapital**		**Fremdkapital**	
Verbindl. L+L	70	Verbindl. L+L	70	Verbindl. L+L	70	Verbindl. L+L	70
Bankverbindl.	30	Bankverbindl.	30	Bankverbindl.	30	Bankverbindl.	30
Hypotheken	100	Hypotheken	100	Hypotheken	100	Hypotheken	100
Eigenkapital[2]		**Eigenkapital**[3]		**Eigenkapital**[4]		**Eigenkapital**[5]	
Eigenkapital	400	Kapital Müller	150	Aktienkapital	300	Stammkapital	300
		Kapital Moser	250	Gewinnreserven	95	Gewinnreserven	95
				Gewinnvortrag	5	Gewinnvortrag	5
	600		600		600		600

[1] Die verschiedenen Rechtsformen von Unternehmungen sind im Obligationenrecht geregelt. Die Wahl einer bestimmten Rechtsform ist abhängig von verschiedenen Gesichtspunkten:
- ▶ Grösse der Unternehmung, Kapitalbedarf
- ▶ Haftung/Risiko der Unternehmer
- ▶ Steuerliche Belastung
- ▶ Wunsch nach Anonymität der Unternehmer
- ▶ Regelung der Nachfolge/Erben

[2] Die Einzelunternehmung gehört einem einzelnen Geschäftsinhaber bzw. einer einzelnen Geschäftsinhaberin. Darum ist das Eigenkapital nicht weiter gegliedert.

[3] Eine Kollektivgesellschaft gehört zwei oder mehr Teilhabern. In den unter dem Eigenkapital aufgeführten Bilanzpositionen kommt zum Ausdruck, wie viel Kapital jeder Gesellschafter eingebracht hat.

[4] Die Aktiengesellschaft (AG) ist eine juristische Person, an der ein Aktionär oder mehrere Aktionäre beteiligt sind. Das Aktienkapital entspricht dem Grundkapital, das die Aktionäre einbezahlt haben. Wenn die Aktiengesellschaft Gewinne erzielt und diese zurückbehält, d.h. nicht an die Aktionäre ausschüttet, entstehen Gewinnreserven. Der Gewinnvortrag ist ein kleiner Gewinnrest, der auf das nächste Jahr übertragen wird.

[5] Die Gesellschaft mit beschränkter Haftung (GmbH) ist eine juristische Person, an der ein oder mehrere Gesellschafter beteiligt sind. Wie bei der AG besteht in der Regel keine persönliche Haftung für die Gesellschafter.

13

Veränderungen der Bilanz durch Geschäftsfälle

Die Bilanz ist eine Momentaufnahme des Vermögens- und Kapitalbestandes einer Unternehmung zu einem bestimmten Zeitpunkt. Während des Geschäftsjahres verändert sich die Bilanz durch Geschäftsfälle.

■ **Beispiel**

T. Schwaiger gründet am 1. September 20_1 ein kleines Treuhandbüro. Sie leistet aus ihrem Privatvermögen eine Kapitaleinlage von CHF 50 000.– auf das Bankkonto des Geschäfts.

Wie lautet die Bilanz nach der Geschäftseröffnung, und wie verändert sich die Bilanz durch die nachfolgenden Geschäftsfälle?

Veränderungen der Bilanz · 13

Geschäftsfälle	Bilanzen				Auswirkungen in der Bilanz
1.9. Eröffnung durch Einzahlung von CHF 50 000.–	**Bilanz vom 1.9.20_1** Aktiven			Passiven	+ Aktiven + Passiven **Kapitalbeschaffung**
	Bankguthaben	50 000	Eigenkapital	50 000	
2.9. Kauf von Mobiliar für CHF 40 000.– auf Kredit	**Bilanz vom 2.9.20_1** Aktiven			Passiven	+ Aktiven + Passiven **Kapitalbeschaffung**
	Bankguthaben	50 000	Verbindl. L+L	40 000	
	Mobiliar	40 000	Eigenkapital	50 000	
		90 000		90 000	
5.9. Bankzahlung an Lieferanten CHF 15 000.–	**Bilanz vom 5.9.20_1** Aktiven			Passiven	– Aktiven – Passiven **Kapitalrückzahlung**
	Bankguthaben	35 000	Verbindl. L+L	25 000	
	Mobiliar	40 000	Eigenkapital	50 000	
		75 000		75 000	
8.9. Barbezug ab dem Bankkonto CHF 5 000.–	**Bilanz vom 8.9.20_1** Aktiven			Passiven	+ Aktiven – Aktiven **Aktivtausch**
	Kasse	5 000	Verbindl. L+L	25 000	
	Bankguthaben	30 000	Eigenkapital	50 000	
	Mobiliar	40 000			
		75 000		75 000	
9.9. Umwandlung eines Lieferantenkredites von CHF 10 000.– in ein langfristiges Darlehen	**Bilanz vom 9.9.20_1** Aktiven			Passiven	+ Passiven – Passiven **Passivtausch**
	Kasse	5 000	Verbindl. L+L	15 000	
	Bankguthaben	30 000	Darlehen	10 000	
	Mobiliar	40 000	Eigenkapital	50 000	
		75 000		75 000	

> Bei all diesen Geschäftsfällen bleibt die Bilanzgleichung (Summe der Aktiven = Summe der Passiven) erhalten, da durch einen Geschäftsfall zugleich zwei Bilanzpositionen verändert werden!

Das Konto

Durch die Geschäftsfälle werden die Aktiven und Passiven laufend verändert. Es wäre natürlich viel zu aufwändig, nach jedem Geschäftsfall wieder eine neue Bilanz zu erstellen. In der Praxis werden die Vorgänge deshalb nur gerade bei jenen Bilanzpositionen festgehalten, die sich durch den Geschäftsfall verändern. Dazu führt man für jeden Bilanzposten **ein Konto,** d.h. eine zweiseitige Rechnung für die Aufzeichnung der durch die Geschäftsfälle verursachten Zu- und Abnahmen.

Die Regeln für die Verbuchung von Zu- und Abnahmen ergeben sich durch die Verknüpfung der Aktiv- und Passivkonten mit der Bilanz.

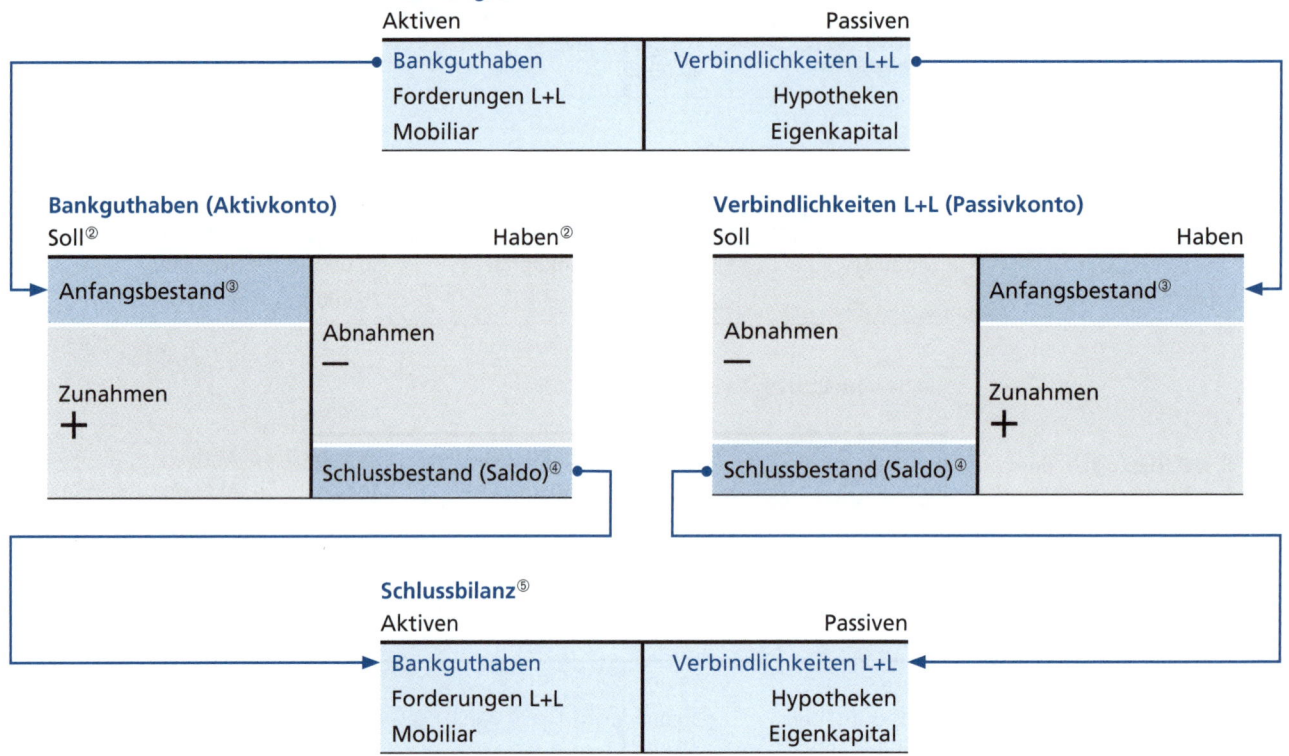

[1] Unter Eröffnungsbilanz versteht man die Bilanz, mit welcher eine neue Rechnungsperiode eröffnet wird. Das Datum in der Eröffnungsbilanz ist meist der 1. Januar als Beginn des neuen Geschäftsjahres.

[2] Die linke Seite eines Kontos wird immer mit Soll bezeichnet, die rechte Seite immer mit Haben. Diese Bezeichnungen basieren auf einer falschen Übersetzung aus dem Italienischen und haben ausser links und rechts keine weitere Bedeutung.

[3] Die Anfangsbestände in den Konten werden aus der Eröffnungsbilanz übernommen. Die Anfangsbestände stehen im Konto auf derselben Seite wie das Konto in der Bilanz, deshalb werden die Aktivkonten im Soll (links) eröffnet und die Passivkonten im Haben (rechts).

[4] Die Schlussbestände (auch Salden genannt) ergeben sich in den Konten als Differenz zwischen Soll- und Habenseite. Sie gleichen das Konto aus und werden in die Schlussbilanz übertragen.

[5] Unter Schlussbilanz versteht man die Momentaufnahme aller Vermögens- und Kapitalbestände einer Unternehmung am Ende einer Rechnungsperiode, meist am Schluss des Geschäftsjahres am 31. Dezember. Zur besseren Überwachung des Geschäftsganges werden vor allem bei mittleren und grossen Unternehmungen auch Monats- oder Quartalsabschlüsse durchgeführt. Die Schlussbilanz wird immer zur Eröffnungsbilanz für die neue Periode.

Das Konto 14

Die folgenden zwei Beispiele zeigen die Verbuchung der Geschäftsfälle in den Aktiv- und Passivkonten (welche hier monatlich abgeschlossen werden). Nebst den Spalten für Soll und Haben gehören zu einem Konto auch das Datum sowie der Text. Oft wird in einer zusätzlichen Spalte laufend der Saldo nachgeführt.

■ **Beispiel 1**

Bankguthaben (Aktivkonto)

Datum	Text (Geschäftsverkehr)	Soll	Haben	Saldo
1.1.	Anfangsbestand (Saldovortrag)	8 000		8 000
8.1.	Überweisung an Lieferant D. Fluder		3 000	5 000
8.1.	Barbezug am Bancomaten		1 000	4 000
11.1.	Überweisung von Kunde S. Schmitt	5 000		9 000
22.1.	Belastung Swisscom		600	8 400
31.1.	Schlussbestand (Saldo)		8 400	
		13 000	13 000	
1.2.	Anfangsbestand (Saldovortrag)	8 400		8 400

■ **Beispiel 2**

Verbindlichkeiten L+L (Passivkonto)

Datum	Text (Geschäftsverkehr)	Soll	Haben	Saldo
1.4.	Anfangsbestand (Saldovortrag)		13 000	13 000
15.4.	Banküberweisung an Lieferant U. Matter AG	6 000		7 000
16.4.	Rechnung von Lieferant Elektro GmbH		3 000	10 000
19.4.	Rabatt von Lieferant Elektro GmbH	600		9 400
30.4.	Schlussbestand (Saldo)	9 400		
		16 000	16 000	
1.5.	Anfangsbestand (Saldovortrag)		9 400	9 400

| Die Buchungsregeln für die Aktiv- und Passivkonten sind spiegelbildlich.

Journal und Hauptbuch

Unter **Hauptbuch** versteht man die Gesamtheit aller für die Verbuchung der Geschäftsfälle notwendigen Konten.

Mithilfe des Hauptbuchs kann der Geschäftsverkehr des Treuhandbüros T. Schwaiger vom September 20_1 (siehe Kapitel 13) wie folgt aufgezeichnet werden:

Hauptbuch

Geschäftsfälle	Kasse		Bankguthaben		Mobiliar		Verbindlich-keiten L+L		Darlehen		Eigenkapital	
	Soll	Haben	Soll	Haben	Soll	Haben	Soll	Haben	Soll	Haben	Soll	Haben
1.9 Geschäftsgründung durch Bankeinzahlung			50 000									50 000
2.9 Kauf von Mobiliar für CHF 40 000.– auf Kredit					40 000			40 000				
5.9 Bankzahlung an die Lieferanten CHF 15 000.–				15 000			15 000					
8.9 Barbezug ab dem Bankkonto CHF 5 000.–	5 000			5 000								
9.9 Umwandlung eines Lieferantenkredites von CHF 10 000.– in ein langfristiges Darlehen							10 000			10 000		
30.9 Abschluss (Salden)		5 000		30 000		40 000	15 000		10 000			50 000
	5 000	5 000	50 000	50 000	40 000	40 000	40 000	40 000	10 000	10 000	50 000	50 000

Schlussbilanz 30. 9. 20_1

Aktiven			Passiven
Kasse	5 000	Verbindlichkeiten L+L	15 000
Bankguthaben	30 000	Darlehen	10 000
Mobiliar	40 000	Eigenkapital	50 000
	75 000		75 000

Journal und Hauptbuch — 15

Jeder Geschäftsfall bewirkt eine Soll- und eine Habenbuchung. Daraus ergibt sich: Die Summe aller Solleintragungen entspricht der Summe aller Habeneintragungen.

> **Total Soll = Total Haben**

Grundlage für die Verbuchung des einzelnen Geschäftsfalls bildet der **Buchungsbeleg.** Das ist ein Dokument, welches den Geschäftsfall und seine Verbuchung nachweist (belegt). Beispiele für Belege sind:

- die Rechnung an einen Kunden
- die Rechnung eines Lieferanten
- die Quittung für eine Barzahlung
- die Belastungs- oder Gutschriftsanzeige einer Bank
- der Kontoauszug der Bank

Auf den Belegen wird durch die Buchhalterin bzw. den Buchhalter die **Kontierung** vermerkt. Die Kontierung gibt an, in welchen Konten der Geschäftsfall zu verbuchen ist. In der Praxis werden die Belege zwecks Kontierung oft mit einem so genannten **Kontierungsstempel** abgestempelt, der Platz für folgende Eintragungen bietet:

- Sollbuchung: Im Beispiel auf der nächsten Seite erfolgt die Sollbuchung im Konto Verbindlichkeiten L+L.[1]
- Habenbuchung: Im Beispiel auf der nächsten Seite erfolgt die Habenbuchung im Konto Bankguthaben.[1]
- Betrag: im folgenden Beispiel CHF 15 000.–
- Visa. Unter Visum versteht man die Kurzunterschrift der zuständigen Person. Visum 1 wird zum Beispiel durch die Buchhalterin erteilt und Visum 2 durch die verantwortliche Linienperson. Zum Visum gehört auch das aktuelle Datum.
- Belegnummer. Diese gewährleistet eine eindeutige Zuordnung von Beleg und Buchung. Sie wird auch als Ordnungsmerkmal für die Ablage gebraucht.

Ein Beispiel für einen Beleg mit Kontierungsstempel finden Sie auf der nächsten Seite.

---

[1] Zur Bezeichnung eines Kontos werden in diesem Lehrbuch die Kontennamen verwendet. In der Praxis erfolgt die Kontenbezeichnung meist mit Nummern. Die Zuordnung der Kontennummern zu den Kontennamen ist im **Kontenplan** ersichtlich. Der Kontenplan ist ein übersichtlich gegliedertes und systematisch geordnetes Verzeichnis aller Konten, die in einer Unternehmung verwendet werden.

Ein Beispiel für einen Kontenplan finden Sie zuhinterst in diesem Buch. In jenem Kontenplan trägt das Konto Bankguthaben zum Beispiel die Kontennummer 1020 und das Konto Verbindlichkeiten L+L die Kontennummer 2000.

Journal und Hauptbuch

15

Beispiel Für die Überweisung von CHF 15 000.– an den Möbellieferanten schickt die Zürcher Kantonalbank am 5. 9. 20_1 eine Belastungsanzeige, die vom Treuhandbüro T. Schwaiger mit einem Kontierungsstempel versehen und kontiert wird.

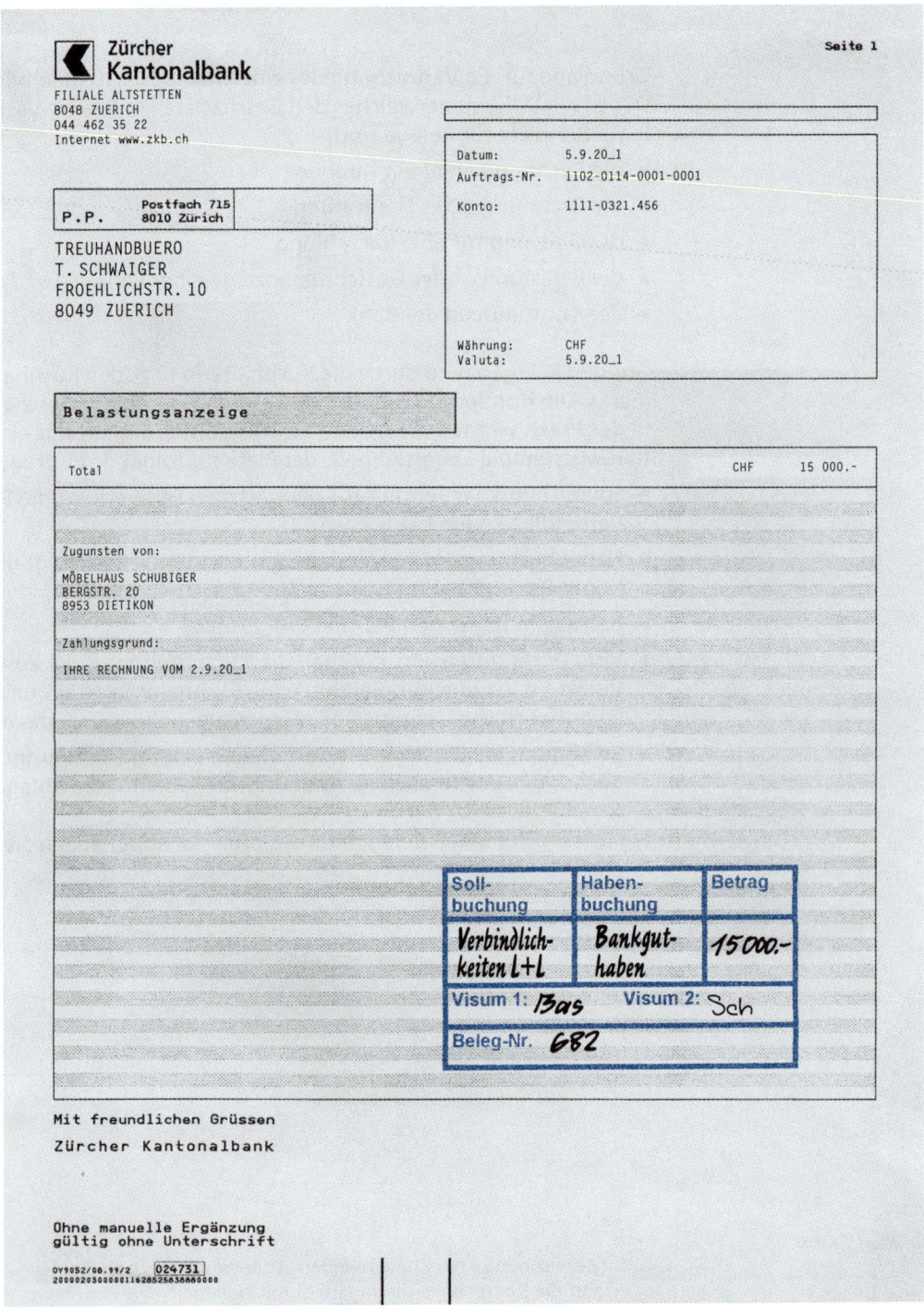

Journal und Hauptbuch 15

Um die Verbuchung eines Geschäftsfalls so kurz wie möglich darzustellen, bedient man sich des **Buchungssatzes.**

Der Buchungssatz ist gleich aufgebaut wie der Kontierungsstempel: Zuerst wird jenes Konto aufgeführt, in das die Solleintragung erfolgt, und nachher das Konto mit der Habenbuchung.

Die auf der linken Seite dargestellte Belastungsanzeige der Bank für die Zahlung an einen Lieferanten wird beispielsweise mithilfe des Buchungssatzes wie folgt dargestellt:

■ **Beispiel**

Verbindlichkeiten L+L /[1]	**Bankguthaben**	**CHF 15 000.–**
(Sollbuchung)	(Habenbuchung)	(Betrag)

Die Aufzeichnung der Geschäftsfälle in chronologischer (d. h. zeitlich geordneter) Reihenfolge geschieht im **Journal.** Nebst dem Buchungsdatum und dem Text für die Beschreibung der Geschäftsfälle enthält das Journal die Buchungssätze.

Journal und Hauptbuch werden nebeneinander geführt: Im Journal werden die Geschäftsfälle in zeitlicher Reihenfolge festgehalten; im Hauptbuch werden die Geschäftsfälle nach Konten geordnet aufgezeichnet. Wenn die Buchhaltung am Computer erfolgt, muss die Buchhalterin bzw. der Buchhalter nur das Journal führen; das Hauptbuch wird aufgrund der Journal-Buchungen automatisch durch das IT-System erstellt.

Die Geschäftsfälle des Treuhandbüros T. Schwaiger (siehe Seite 24) werden im Journal wie folgt verbucht:

Journal

Datum	Text (Geschäftsfälle)	Soll	Haben	Betrag
1.9.	Kapitaleinlage auf Bank	Bankguthaben	Eigenkapital	50 000
2.9.	Kauf von Mobiliar auf Kredit	Mobiliar	Verbindlichkeiten L+L	40 000
5.9.	Bankzahlung an die Lieferanten	Verbindlichkeiten L+L	Bankguthaben	15 000
8.9.	Barbezug ab dem Bankkonto	Kasse	Bankguthaben	5 000
9.9.	Umwandlung eines Lieferantenkredites in ein langfristiges Darlehen	Verbindlichkeiten L+L	Darlehen	10 000

[1] Schriftlich werden die Soll- und die Habeneintragung durch einen Schrägstrich voneinander getrennt. Mündlich liest man diesen Buchungssatz: «Verbindlichkeiten L+L **an** Bankguthaben, 15 000». Dabei ist das Wort «an» ein bedeutungsloses Füllwort, das die Trennung von Soll- und Habenbuchung zum Ausdruck bringt.

16

Die Erfolgsrechnung

Die bisherigen Geschäftsfälle bewirkten nur Vermögens- und Kapitalveränderungen. Buchungen innerhalb der Aktiven und Passiven führen aber weder zu Gewinnen noch zu Verlusten. Ziel der meisten Unternehmungen ist es jedoch, Güter und Dienstleistungen so zu produzieren und zu verkaufen, dass Gewinne entstehen.

Die Erfolgsrechnung als Gegenüberstellung von Aufwand und Ertrag

Die Produktion und der Verkauf von Gütern und Dienstleistungen verursachen Aufwände und Erträge, welche einander in der Erfolgsrechnung gegenübergestellt werden. Als Differenz resultiert der **Erfolg,** d.h. ein Gewinn oder ein Verlust.

Die Erfolgsrechnung ist immer auf einen **Zeitraum** bezogen. Je nach Unternehmung wird sie monatlich, viertel-, halb- oder jährlich erstellt.

Erfolgsrechnung	
Aufwand	**Ertrag**
Für die Produktion von Gütern und Dienstleistungen werden Arbeitskräfte und Vermögenswerte eingesetzt sowie Dienstleistungen beansprucht. Das verursacht unter anderem Lohnzahlungen, Materialverbrauch, Abnützung von Anlagen und Mietzinszahlungen. Dieser Wertverzehr wird in der Buchhaltung Aufwand genannt.	Der Verkauf von Gütern und Dienstleistungen erzeugt einen Wertzuwachs, der in der Buchhaltung Ertrag genannt wird.

Die Erfolgsrechnung 16

Beispiel 1 Erfolgsrechnung[1] der Treuhandunternehmung T. Schwaiger für das Jahr 20_2.

Erfolgsrechnung für 20_2

Aufwand		Ertrag	
Personalaufwand	65 000	Dienstleistungsertrag	100 000
Raumaufwand	12 000		
Verwaltungsaufwand	3 000		
Werbeaufwand	4 000		
Übriger Betriebsaufwand	6 000		
Abschreibungen auf Mobiliar[2]	5 000		
Zinsaufwand	1 000		
Gewinn[3]	**4 000**		
	100 000		100 000

[1] Die Erfolgsrechnung wird auch als Gewinn- und Verlustrechnung bezeichnet, weil sie als Saldo den Gewinn bzw. den Verlust zeigt.

Die Zahlen der Erfolgsrechnung beziehen sich immer auf einen bestimmten **Zeitraum,** auf eine Periode. Hier handelt es sich um die Erfolgsrechnung für ein Jahr (20_2). Viele Unternehmungen erstellen auch monatliche oder vierteljährliche Erfolgsrechnungen.

Für die Reihenfolge der Positionen in der Erfolgsrechnung gibt es weniger klare Richtlinien als bei der Bilanzgliederung. Häufig reiht man die Positionen nach ihrer Bedeutung, d. h. nach ihrer Höhe auf. In vielen Branchen werden Erfolgsrechnungen nach einheitlichem Muster erstellt.

[2] Anlagegüter wie Maschinen, Mobiliar, Fahrzeuge und Liegenschaften, die während mehrerer Jahre genutzt werden können, werden beim Kauf als Zunahme des Anlagevermögens gebucht. Der Wertverzehr infolge Abnutzung oder technischer Veralterung wird als Abschreibungsaufwand berücksichtigt.

[3] Der Erfolg ist als Saldo zum Ausgleich der Erfolgsrechnung eingetragen. Im Gegensatz zum allgemeinen Sprachgebrauch, wo «erfolgreich sein» als etwas Positives empfunden wird, ist in der Buchhaltung auch ein negativer Erfolg, d. h. ein Verlust, möglich.

Erfolg = Saldo der Erfolgsrechnung

Gewinn	**Verlust**
Erfolgsrechnung	**Erfolgsrechnung**
Aufwand / Ertrag — Aufwand / Ertrag / **Gewinn**	Aufwand / Ertrag — Aufwand / Ertrag / **Verlust**

29

Die Erfolgsrechnung 16

Der Einfluss von Aufwand und Ertrag auf das Eigenkapital

Das Eigenkapital einer Unternehmung errechnet sich als Saldo zwischen den Aktiven und dem Fremdkapital. Erfolgswirksame Geschäftsfälle (das sind Geschäftsfälle, die den Erfolg verändern) beeinflussen immer das Eigenkapital:

Bilanz

Aktiven	Passiven
Umlaufvermögen	Fremdkapital
Anlagevermögen	Eigenkapital

> Aufwandsbuchungen führen zu einer Abnahme des Eigenkapitals (man wird «ärmer»). Ertragsbuchungen führen zu einer Zunahme des Eigenkapitals (man wird «reicher»).

Wie für die Aktiven und Passiven werden auch für Aufwand und Ertrag eigene Konten geführt. Anlass für die Verbuchung ist während des Jahres meistens ein Zahlungsvorgang oder eine Rechnungsstellung. Die Buchungsregeln ergeben sich zwangsläufig aus ihrer Verbindung mit den Aktiv- und Passivkonten.

■ **Beispiel 2** Welche Auswirkungen haben die folgenden Aufwandsbuchungen im Treuhandbüro T. Schwaiger?

Aufwandsverbuchung

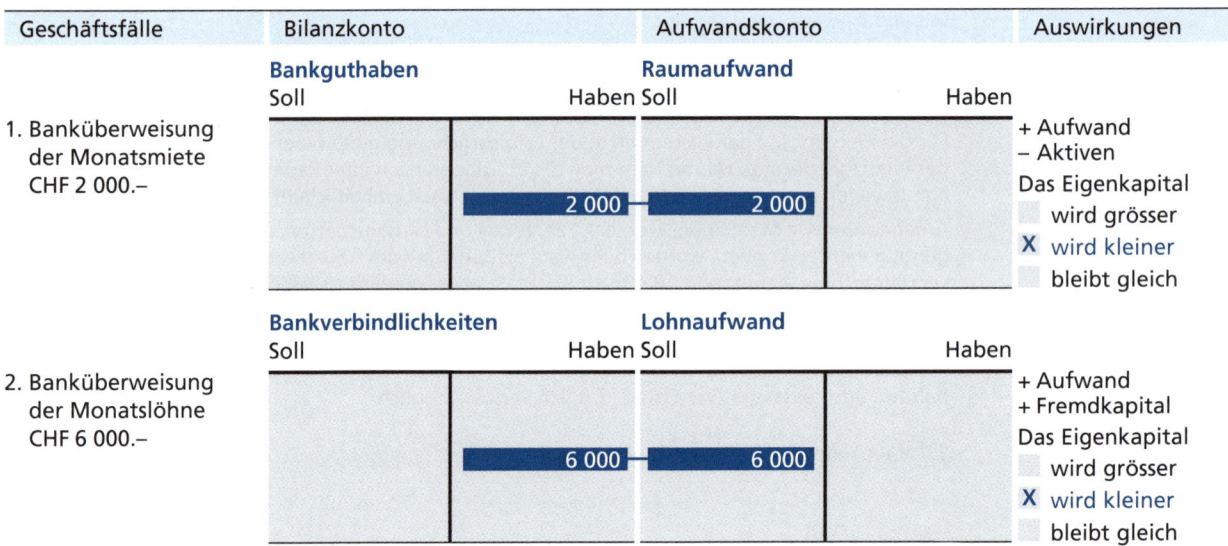

Durch die Produktion von Gütern und Dienstleistungen entsteht Aufwand. Dieser wird auf der Sollseite der Aufwandskonten verbucht. Die Gegenbuchung erfolgt im Haben eines Bilanzkontos: entweder als Abnahme eines Aktivkontos oder als Zunahme eines Fremdkapitalkontos.

> Aufwände sind Abnahmen von Aktiven oder Zunahmen von Fremdkapital. Sie werden in den Aufwandskonten immer im Soll gebucht.

Die Erfolgsrechnung 16

Beispiel 3 — Welche Auswirkungen haben die folgenden Ertragsbuchungen im Treuhandbüro T. Schwaiger?

Ertragsverbuchung

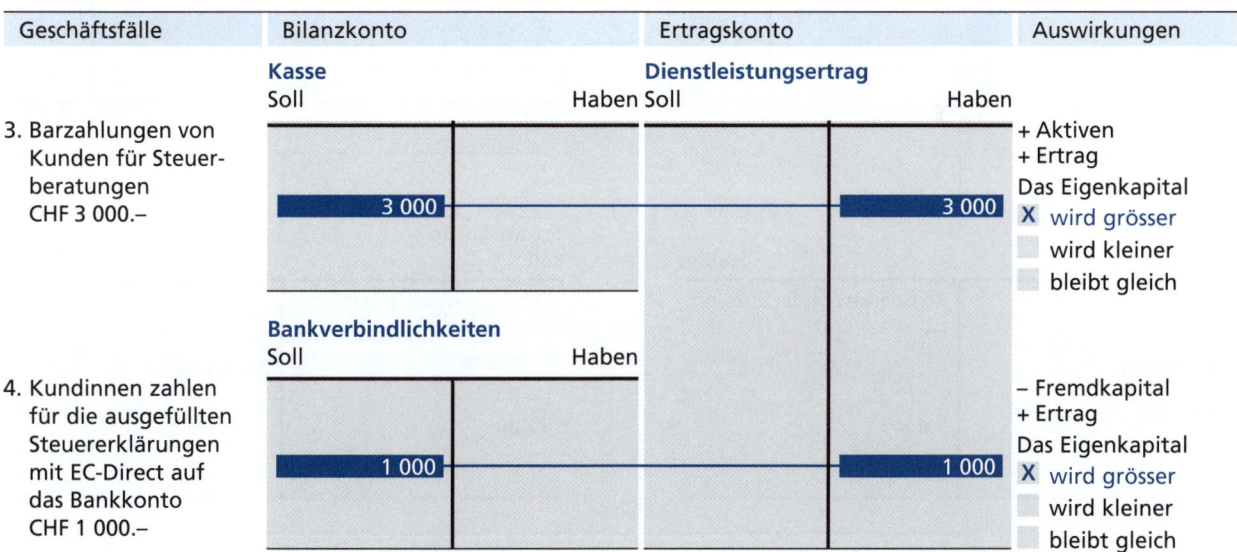

Durch den Verkauf von Gütern und Dienstleistungen entsteht Ertrag. Dieser wird auf der Habenseite der Ertragskonten verbucht. Die Gegenbuchung erfolgt im Soll eines Bilanzkontos: entweder als Zunahme eines Aktivkontos oder als Abnahme eines Fremdkapitalkontos.

> Erträge sind Zunahmen von Aktiven oder Abnahmen von Fremdkapital. Sie werden in den Ertragskonten immer im Haben gebucht.

31

Die Erfolgsrechnung 16

Aufwands- und Ertragskonten[1]

Die Verbuchung in den Aufwands- und Ertragskonten kann an den Beispielen Unterhalt und Reparaturen sowie Verkaufsertrag (Warenertrag) wie folgt dargestellt werden:

Unterhalt und Reparaturen (Aufwand)

Datum	Text	Soll	Haben
25.1.	Rechnung der Mechanik AG für Servicearbeiten	2 000	
24.2.	Rechnung der Sanitas GmbH für Unterhaltsarbeiten	600	
24.2.	Nachträglich gewährter Rabatt von 10 % durch die Mechanik AG		200
25.3.	Barzahlung für Reparaturen	150	
25.3.	Rückforderbare Vorsteuer (MWST)[2]		182
31.3.	Saldo		2 368
		2 750	2 750

Verkaufsertrag

Datum	Text	Soll	Haben
30.1.	Total Verkäufe Januar		20 000
31.1.	Gewährte Rabatte und Skonti	1 300	
28.2.	Total Verkäufe Februar		18 000
2.3.	Rücknahme mangelhafter Ware	700	
25.3.	Total Verkäufe März		24 000
31.3.	Geschuldete Umsatzsteuer (MWST)[3]	4 290	
31.3.	Saldo	55 710	
		62 000	62 000

Aufwandskonto
Soll / Haben
- Zunahmen +
- Aufwandsminderungen[4] —
- Saldo

Ertragskonto
Soll / Haben
- Ertragsminderungen[5] —
- Zunahmen +
- Saldo

Erfolgsrechnung
Aufwand / Ertrag

> Die Erfolgsrechnung ist eine Zeitraumrechnung. Die Erfassung von Aufwand und Ertrag beginnt jede Periode wieder bei Null. Erfolgskonten weisen deshalb nie einen Anfangsbestand auf.

Die Erfolgsrechnung 16

① Aufwands- und Ertragskonten werden als Erfolgskonten bezeichnet, weil sie den Erfolg beeinflussen.
② Die in Rechnungen ausgewiesene Mehrwertsteuer (MWST) kann von der eidgenössischen Steuerverwaltung als Vorsteuer zurückgefordert werden. Die Mehrwertsteuer wird in Kapitel 33 genauer erklärt.
③ In den Verkaufspreisen enthalten ist eine Mehrwertsteuer (MWST). Diese muss mit der eidgenössischen Steuerverwaltung quartalsweise abgerechnet werden.
④ Aufwandsminderungen kommen vor allem bei erhaltenen Rabatten und Skonti sowie bei Vorsteuerabzügen (MWST) vor.
⑤ Ertragsminderungen kommen vor allem bei Verkäufen vor in Form von gewährten Rabatten, Skonti und Rücknahmen mangelhafter Ware sowie geschuldete Umsatzsteuer (MWST).

17

Doppelter Erfolgsnachweis

Im System der doppelten Buchhaltung werden die Bilanz und die Erfolgsrechnung miteinander verknüpft. Weil jeder erfolgswirksame Geschäftsfall zugleich ein Bilanz- und ein Erfolgskonto verändert, muss in beiden Rechnungen derselbe Erfolg resultieren.

■ **Beispiel** Die Buchhaltung des Taxiunternehmers T. Maurer wird gemäss Angaben a) bis e) für das Jahr 20_1 geführt. Die Verbuchung ist auf der nebenstehenden Seite dargestellt. Der Geschäftsverkehr ist stark zusammengefasst worden. Die Zahlen verstehen sich in CHF 1 000.–.

a) Die Eröffnungsbilanz für das Jahr 20_1 wird erstellt.

b) Die Konten des Hauptbuches (auf der rechten Seite dargestellt) werden eröffnet. Die Anfangsbestände sind mit A in die Konten eingetragen.

c) Der Geschäftsverkehr wird aufgrund des folgenden Journals in den Konten des Hauptbuches verbucht (Nummern ① bis ⑥).

Journal

Nr.	Text	Soll	Haben	Betrag
①	Fahrzeugsteuern, Versicherungen und Taxifunk	Übriger Aufwand	Bankverbindlichkeiten	7
②	Einnahmen aus Taxifahrten	Kasse	Taxiertrag	106
③	Lohnzahlungen bar	Personalaufwand	Kasse	54
④	Einlagen auf die Bank	Bankverbindlichkeiten	Kasse	47
⑤	Benzin, Unterhalt, Reparaturen und übriger Aufwand	Übriger Aufwand	Bankverbindlichkeiten	36
⑥	Abschreibungen auf dem Fahrzeug	Abschreibungen	Fahrzeuge	7

d) Die Konten des Hauptbuches werden abgeschlossen und die Salden auf die Schlussbilanz und die Erfolgsrechnung übertragen.

e) In der Bilanz wird der Erfolg als Überschuss des Vermögens über das eingesetzte Kapital ermittelt; die Erfolgsrechnung zeigt die Entstehung des Erfolgs als Differenz zwischen Aufwand und Ertrag.

Doppelter Erfolgsnachweis 17

Bilanzkonten

Eröffnungsbilanz 1.1.20_1

Aktiven		Passiven	
Kasse	3	Bankverbindlichkeiten	5
Fahrzeug	17	Eigenkapital	15
	20		20

Erfolgskonten

Da die Erfassung von Aufwand und Ertrag bei Null beginnt, werden die Erfolgskonten nicht eröffnet.

Hauptbuch

Kasse

Soll		Haben	
A	3	③	54
②	106	④	47
		Saldo	8
	109		109

Bankverbindlichkeiten

Soll		Haben	
④	47	A	5
Saldo	1	①	7
		⑤	36
	48		48

Fahrzeuge

Soll		Haben	
A	17	⑥	7
		Saldo	10
	17		17

Eigenkapital

Soll		Haben	
Saldo	15	A	15

Personalaufwand

Soll		Haben	
③	54	Saldo	54

Übriger Aufwand

Soll		Haben	
①	7	Saldo	43
⑤	36		
	43		43

Abschreibungen

Soll		Haben	
⑥	7	Saldo	7

Taxiertrag

Soll		Haben	
Saldo	106	②	106

Schlussbilanz 31.12.20_1

Aktiven		Passiven	
Kasse	8	Bankverbindlichkeiten	1
Fahrzeug	10	Eigenkapital	15
		Gewinn	2
	18		18

Erfolgsrechnung 20_1

Aufwand		Ertrag	
Personalaufwand	54	Taxiertrag	106
Übriger Aufwand	43		
Abschreibungen	7		
Gewinn	2		
	106		106

Doppelter Erfolgsnachweis   17

Erfolgswirksame Buchungen haben einen Einfluss auf Bilanz **und** Erfolgsrechnung:
▶ Durch den Ertrag nehmen die Aktiven zu oder das Fremdkapital ab.
▶ Durch den Aufwand nehmen die Aktiven ab oder das Fremdkapital zu.

Deshalb wird auch der Erfolg (im Beispiel ein Gewinn) doppelt nachgewiesen:
▶ in der Erfolgsrechnung als Überschuss des Ertrages über den Aufwand
▶ in der Schlussbilanz als Zunahme des Eigenkapitals gegenüber der Eröffnungsbilanz.

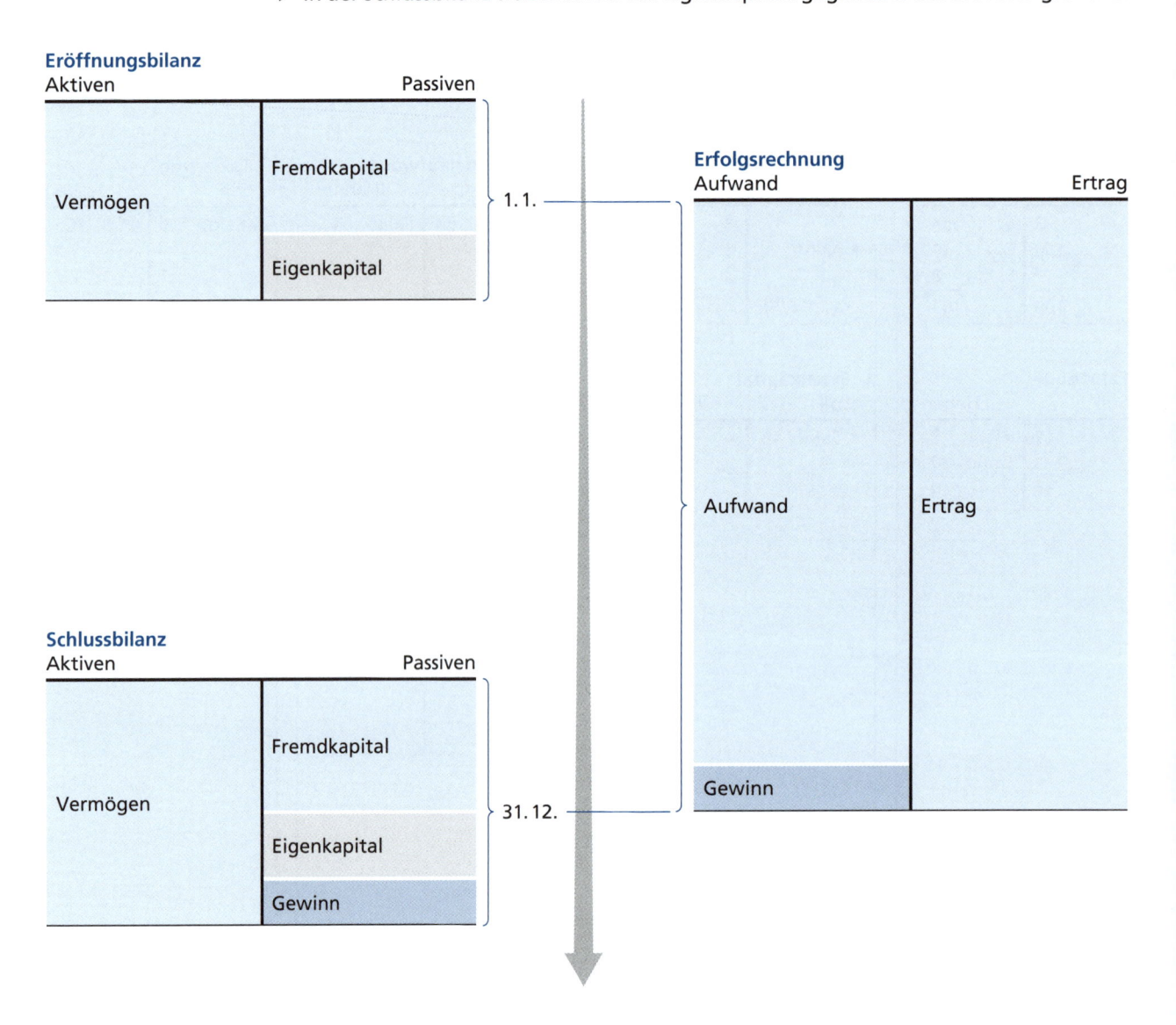

Eröffnungsbilanz
Aktiven — Passiven (Fremdkapital, Eigenkapital) — Vermögen

1.1.

Erfolgsrechnung
Aufwand — Ertrag
Gewinn

Schlussbilanz
Aktiven — Passiven (Fremdkapital, Eigenkapital, Gewinn) — Vermögen

31.12.

18

Fremde Währungen

Durch die Globalisierung der Märkte wird das Rechnen mit fremden Währungen zur täglichen Routine. Die starke internationale Verflechtung der Schweiz ist ein Markenzeichen unseres kleinen Landes:

- Schweizer reisen ins Ausland und benötigen dazu fremde Währungen. Ausländische Touristen verbringen ihre Ferien in der Schweiz und tauschen ihre Währungen in Schweizer Franken.
- Einfuhren aus dem Ausland werden in ausländischer Währung bezahlt. In schweizerischen Produktionsstätten im Ausland oder durch Ausfuhren schweizerischer Produkte ins Ausland verdienen schweizerische Unternehmungen Geld in fremder Währung.

Eine Grundlage für die Währungsumrechnungen sind die von den Banken veröffentlichten Kurse, die aufgrund weltweit getätigten Fremdwährungstransaktionen zustande kommen.

Devisen- und Notenkurse[1] vom 20. Juli 20_8

| Devisen[2] | | Land | Noten[3] | | Währung | ISO-Kürzel[5] | Notierung in Einheiten |
Kauf[4]	Verkauf[4]		Kauf	Verkauf			
0.76	0.79	Australien	0.73	0.83	Australischer Dollar	AUD	1
16.04	16.44	Dänemark	15.42	17.06	Dänische Kronen	DKK	100
1.10	1.13	EWU-Länder[6]	1.09	1.14	Euro	EUR	1
1.28	1.32	Grossbritannien	1.22	1.38	Pfund-Sterling	GBP	1
0.90	0.93	Japan	0.85	0.98	Yen	JPY	100
0.75	0.79	Kanada	0.73	0.80	Kanadische Dollar	CAD	1
12.53	12.96	Norwegen	11.73	13.55	Norwegische Kronen	NOK	100
11.57	11.94	Schweden	10.95	12.56	Schwedische Kronen	SEK	100
0.92	0.95	USA	0.90	0.97	US-Dollar	USD	1

[1] Unter **Kurs** versteht man in der Schweiz den Preis in Franken für eine Einheit (für Dollar, Pfund und Euro) oder für 100 Einheiten (bei den übrigen Währungen) der fremden Währung. Beispiele:
- Ein Kurs in Zürich auf Grossbritannien von 1.38 bedeutet, dass für ein englisches Pfund (GBP) in Zürich CHF 1.38 bezahlt werden muss.
- Ein Kurs in Zürich auf Japan von 0.98 bedeutet, dass für 100 Yen (JPY) in Zürich CHF 0.98 bezahlt werden muss.

[2] Der **Devisenkurs** kommt beim bargeldlosen Zahlungsverkehr vor. Zum Beispiel bei Zahlungen mit Kreditkarten und Checks oder bei Überweisungen von einem Konto auf ein anderes.

[3] Der **Notenkurs** kommt bei der Ein- oder Auszahlung von Bargeld (Münzen und Noten) zur Anwendung.

[4] **Kauf** bedeutet, dass die Bank fremde Währungen kauft (auch **Geld**kurs genannt).

Verkauf bedeutet, dass die Bank fremde Währungen verkauft (auch **Brief**kurs genannt).

[5] Die internationalen ISO-Währungskürzel haben den Vorteil, dass sie in allen Sprachen gleich lauten. Die ersten beiden Buchstaben der Abkürzung bezeichnen normalerweise das Land, der dritte die Währung.

[6] 2018 gehörten folgende Länder zur EWU (Europäische Währungsunion): Belgien, Deutschland, Estland, Finnland, Frankreich, Griechenland, Irland, Italien, Lettland, Litauen, Luxemburg, Malta, Niederlande, Österreich, Portugal, Slowakei, Slowenien, Spanien, Zypern.

Fremde Währungen 18

■ **Beispiel 1** **Verkauf von Noten (Betrag in Schweizer Franken gesucht)**

Für eine Reise nach Japan kauft U. Schweizer am 31. März bei einer Schweizer Bank JPY 50 000.–. Die Bank erstellt die folgende Abrechnung:

Change		Verkauf – Vente – Sale
Fremde Währung – Monnaie étrangère – Foreign currency	Kurs – Cours – Rate	Betrag – Montant – Amount CHF
JPY 50 000.–	0.98	490.–

Zur Kursermittlung dient das Kursblatt auf der vorherigen Seite:
▶ Da der Kunde Bargeld benötigt, wählt der Bankkassier den Notenkurs.
▶ Da die Bank fremde Währungen an den Kunden verkauft, verwendet sie den Verkaufskurs.
▶ Der Kurs von 0.98 bedeutet, dass 100 japanische Yen für CHF 0.98 verkauft werden.

Der Betrag in Schweizer Franken errechnet sich am einfachsten mittels eines Dreisatzes:
JPY   100.– = CHF 0.98
JPY 50 000.– = CHF x

$$\text{CHF } x = \frac{\text{JPY } 50\,000.- \cdot \text{CHF } 0.98}{\text{JPY } 100} = \textbf{CHF } \textbf{490.–}$$

■ **Beispiel 2** **Verkauf von Noten (Betrag in fremder Währung gesucht)**

P. Huber kauft für eine Ferienreise nach Schweden für CHF 1 000.– SEK. Wie viele Kronen erhält P. Huber, wenn die Bank aufgrund des Kursblattes auf Seite 37 umrechnet?

CHF   12.56 = SEK 100.–
CHF 1 000.– = SEK x

$$\text{SEK } x = \frac{\text{SEK } 100.- \cdot \text{CHF } 1\,000.-}{\text{CHF } 12.56} = \textbf{SEK } \textbf{7 961.80}$$

■ **Beispiel 3** **Berechnung des angewandten Kurses**

Vor der Abreise in die USA wechselt S. Dürr bei einer Bank Schweizer Franken in USD um. Für CHF 1 000.– erhält sie USD 1 030.95. Mit welchem Kurs hat der Kassier gerechnet?

USD   1 030.95 = CHF 1 000.–
USD   1.– = CHF x

$$\text{CHF } x = \frac{\text{CHF } 1\,000.- \cdot \text{USD } 1.-}{\text{USD } 1\,030.95} = \textbf{CHF } \textbf{0.97}$$

Fremde Währungen

■ Beispiel 4 Verbuchung eines Kaufs in fremder Währung

Ein Schweizer Industrieller kauft in Frankreich eine Maschine für EUR 10 000.– auf Kredit. Die Buchhaltung wird in CHF geführt.

Journal

Nr.	Geschäftsfall	Soll	Haben	Betrag in CHF
1	Kreditkauf der Maschine in Lyon für EUR 10 000, Buchkurs[1] 1.15	Maschine	Verbindlichkeiten L+L	11 500
2	Bankbelastung für die Zahlung obiger Maschine, Kurs 1.12	Verbindlichkeiten L+L	Bankguthaben	11 200
3	Verbuchung der Kursdifferenz (Gewinn)	Verbindlichkeiten L+L	Maschine	300

Da der Buchkurs höher ist als der bei der Zahlung von der Bank belastete Kurs, handelt es sich bei der Kursdifferenz um einen buchmässigen **Kursgewinn**.

■ Beispiel 5 Verbuchung eines Verkaufs in fremder Währung

Eine Schweizer Industrieunternehmung verkauft eine Anlage für GBP 50 000.– auf Kredit. Die Buchhaltung wird in CHF geführt.

Journal

Nr.	Geschäftsfall	Soll	Haben	Betrag in CHF
1	Kreditverkauf der Anlage nach Birmingham für GBP 50 000, Buchkurs[1] 1.25	Forderungen L+L	Ertrag aus verkauften Erzeugnissen	62 500
2	Bankgutschrift für die Zahlung obiger Anlage, Kurs 1.20	Bankguthaben	Forderungen L+L	60 000
3	Verbuchung der Kursdifferenz (Verlust)	Ertrag aus verkauften Erzeugnissen	Forderungen L+L	2 500

Da der Buchkurs höher ist als der bei der Zahlung von der Bank gutgeschriebene Kurs, handelt es sich bei der Kursdifferenz um einen buchmässigen **Kursverlust**.

---

[1] Buchkurs = in der Buchhaltung verwendeter provisorischer Kurs zur Erfassung von Rechnungen. Sobald der tatsächliche Kurs bei der Zahlung feststeht, wird die Kursdifferenz ermittelt und verbucht.

19

Zinsrechnen

Der Zins (von *census*, Abgabe) ist der Preis für eine vorübergehende Kapitalüberlassung. Dem Kapitalgeber (Gläubiger, Darleiher) wird Zins vergütet, der Kapitalnehmer (Schuldner, Borger) muss Zins bezahlen. Die Vermittlung von Kapital gehört zum klassischen Aufgabenbereich der Banken:

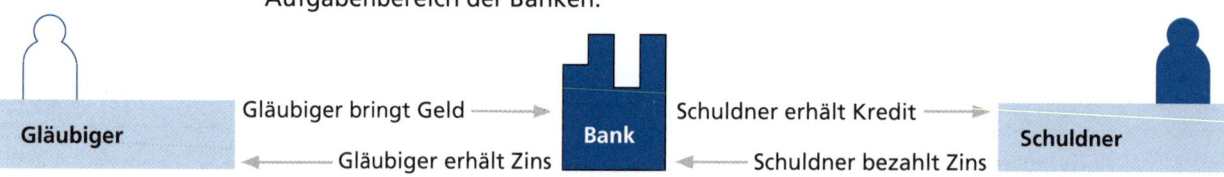

```
Gläubiger  →  Gläubiger bringt Geld  →  Bank  →  Schuldner erhält Kredit  →  Schuldner
           ←  Gläubiger erhält Zins  ←        ←  Schuldner bezahlt Zins   ←
```

Im Altertum und auch im frühen Mittelalter war der Zins als Wucher verpönt, und Gelddarlehen wurden gewöhnlich zinslos gewährt. Erst seit dem 13. Jahrhundert, als Geld in grösserem Umfang Gewinn bringend in Gewerbe und Handel und später in der Industrie angelegt wurde, begann man die Berechtigung des Zinsnehmens anzuerkennen.

Für den Kapitalgeber stellt der Zins eine Entschädigung für das Verlustrisiko sowie den Verzicht auf Konsum und Liquidität dar. Für den kommerziellen Kapitalnehmer ist die Zinszahlung gerechtfertigt, da er durch die Kapitalaufnahme mehr produzieren kann.

Die allgemeine Zinsformel

Der Zins (Z) ist abhängig von der Höhe

- des investierten Kapitals (K)
- des Zinsfusses (p)
- der Anlagedauer (t)

Dementsprechend lässt sich der Zins für ein Jahr oder für den Bruchteil eines Jahres wie folgt berechnen:

■ **Beispiel 1**

Berechnung des Jahreszinses

H. Koch verfügt über ein Guthaben von CHF 20 000.– bei der Zürcher Kantonalbank. Dieses Kapital wird von der Bank zu 3 % p. a.[1] verzinst.

Wie viel Jahreszins erhält H. Koch von der Bank?

$$Z = \frac{K \cdot p}{100} = \frac{20\,000 \cdot 3}{100} = \text{CHF } 600.–$$

---

[1] Der Zinsfuss (p; von per *centum*, Prozent) ist ein Prozentsatz des Kapitals. Er bezieht sich ohne weitere Angaben auf ein ganzes Jahr (p. a. = per *annum*, im Jahr).

Die Zinssätze verändern sich mit der wirtschaftlichen Lage. Im Zeitpunkt dieser Auflage (2019) ist der Zinsfuss für solche Kapitalanlagen nahe bei 0 %.

Zinsrechnen 19

■ **Beispiel 2** **Berechnung des Marchzinses**[1] **(allgemeine Zinsformel)**

H. Haller legt Ende August ein Kapital von CHF 30 000.– bei der UBS an. Die Bank verzinst dieses Kapital zu 3,5 %.

Wie viel Zins erhält H. Haller für die 120 Tage bis Ende Jahr?

$$Z = \frac{K \cdot p \cdot t}{100 \cdot 360} = \frac{30\,000 \cdot 3,5 \cdot 120}{100 \cdot 360} = \text{CHF 350.–}$$

Die schweizerischen Banken berechnen die Anlagedauer in Tagen (t; von tempus, Zeit) traditionell nicht genau nach Kalender, sondern nach den Regeln der so genannten **deutschen Zinsusanz**[2] (Usanz = Brauch, Gepflogenheit im Geschäftsverkehr). Diese lautet:

▶ Das Zinsjahr hat 360 Tage.
▶ Der Zinsmonat hat 30 Tage.
▶ Der letzte Kalendertag jeden Monats gilt für die Zinsberechnung immer als der dreissigste Tag des Monats.

Die folgenden Beispiele sollen die Tageberechnung nach deutscher Zinsusanz verdeutlichen:

Periode	Anzahl Tage	Kommentar
14.03. – 19.03.	5	Es zählt die Differenz zwischen zwei Daten.
19.03. – 31.03.	11	Der 31. März ist der letzte Kalendertag des Monats; er gilt für die Zinsberechnung als der 30. Tag.
19.03. – 15.04.	26	11 Tage im März und 15 Tage im April.
24.02. – 28.02.2019	6	In einem gewöhnlichen Jahr ist der 28. Februar der letzte Kalendertag im Monat; er gilt als der Dreissigste.
24.02. – 28.02.2020	4	In einem Schaltjahr[3] ist der 28. Februar ein normaler Monatstag.

[1] Das Wort March bedeutet im Alltag so viel wie Flurgrenze, Grenzstein. Unter Marchzins versteht man den Zins für den Bruchteil des Jahres.

[2] Die schweizerischen Banken verwenden im traditionellen Kreditgeschäft (Sparkonten, Kontokorrente, Hypotheken) meist die deutsche Zinsusanz. Mit der zunehmenden internationalen Verflechtung der Banken gewinnen allerdings andere Zinsusanzen an Bedeutung. Beispiele:
  ▶ Bei der englischen Zinsusanz werden die Tage genau nach Kalender gerechnet, und das Jahr umfasst 365 Tage.
  ▶ In Europa und den USA wird oft die französische Usanz angewandt (auch Euro-Usanz genannt). Danach werden die Tage nach Kalender gerechnet, aber das Jahr mit 360 Tagen.
  ▶ Bei der japanischen Usanz wird zu den nach Kalender gerechneten Tagen noch ein Tag hinzugezählt, und das Jahr umfasst 365 Tage.

[3] Da der Umlauf der Erde um die Sonne nicht genau 365 Tage dauert, sondern 365,2425 Tage, muss in bestimmten Jahren jeweils ein zusätzlicher Tag (der so genannte Schalttag) eingeschaltet werden. In einem Schaltjahr dauert der Monat Februar 29 Tage und das Jahr 366 Tage. Die Grundregel zur Bestimmung der Schaltjahre lautet: Wenn man die Jahreszahl eines Schaltjahres durch die Zahl 4 teilt, erhält man als Resultat eine ganze Zahl, d. h., die Rechnung «geht auf». Schaltjahre sind zum Beispiel die Jahre 2020, 2024 und 2028.

Zinsrechnen

19

■ **Beispiel 3**

Umkehrungen der allgemeinen Zinsformel

Die allgemeine Formel zur Berechnung des Zinses lässt sich algebraisch so umformen, dass bei vorgegebenem Zins entweder der Zinsfuss, das Kapital oder die Anlagedauer ermittelt werden können.

Bei welchem **Zinsfuss** gibt ein Kapital von CHF 30 000.– in 130 Tagen einen Zins von CHF 650.–?

$$Z = \frac{K \cdot p \cdot t}{100 \cdot 360} \quad \Leftrightarrow \quad p = \frac{Z \cdot 100 \cdot 360}{K \cdot t} = \frac{650 \cdot 100 \cdot 360}{30\,000 \cdot 130} = 6\,\%$$

Welches **Kapital** ergibt bei einem Zinsfuss von 4 % und einer Anlagedauer von 220 Tagen einen Zins von CHF 660.–?

$$Z = \frac{K \cdot p \cdot t}{100 \cdot 360} \quad \Leftrightarrow \quad K = \frac{Z \cdot 100 \cdot 360}{p \cdot t} = \frac{660 \cdot 100 \cdot 360}{4 \cdot 220} = \text{CHF } 27\,000.-$$

Bei welcher **Anlagedauer** erzeugt ein Kapital von CHF 52 000.– bei einem Zinsfuss von 3,75 % einen Zins von CHF 1 300.–?

$$Z = \frac{K \cdot p \cdot t}{100 \cdot 360} \quad \Leftrightarrow \quad t = \frac{Z \cdot 100 \cdot 360}{K \cdot p} = \frac{1\,300 \cdot 100 \cdot 360}{52\,000 \cdot 3,75} = 240 \text{ Tage}$$

Kontokorrente

Fast alle Zahlungen werden heute bargeldlos über Bankkonten abgewickelt. Weil sich die Höhe des Kontostandes durch die Ein- und Auszahlungen laufend ändert, werden für die Ermittlung des Kontostandes (des Saldos) und des Zinses so genannte Kontokorrente[1] geführt. Der Unterschied zwischen einem Darlehen (fester Vorschuss) und einem Kontokorrent lässt sich grafisch gut veranschaulichen:

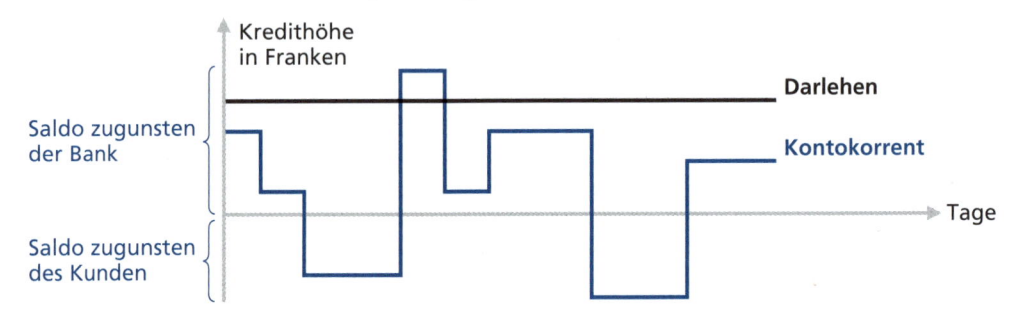

Der laufende Saldo in einem Kontokorrent kann entweder zugunsten der Bank oder zugunsten des Kunden lauten. Beim wechselnden Kreditverhältnis ist die Bank zeitweise Gläubigerin und zeitweise Schuldnerin. (Die obige Grafik illustriert ein wechselndes Kreditverhältnis.)

---

[1] Der Begriff Kontokorrent kommt aus dem Italienischen: *Conto corrente* heisst wörtlich übersetzt laufendes Konto.

Zinsrechnen

19

■ **Beispiel 4** **Kontokorrent (Kontoauszug der Bank)**

Der Kontoauszug für den Monat Mai besteht aus zwei Teilen: Der in diesem Beispiel schwarz dargestellte Teil wird dem Kunden geschickt. Der blau hervorgehobene Teil ist für den Kunden nicht sichtbar; er dient der Bank zur Zinsberechnung.

Datum	Text	Verkehr		Saldo		Valuta	Tage	Zins	
		Soll	Haben	Soll	Haben			Soll	Haben
01.05.	Saldo zu Ihren Gunsten		20 000.00		20 000.00	30.04.	10		2.80
10.05.	Zahlungen an Lieferanten	24 000.00		4 000.00		10.05.	2	1.10	
12.05.	Zahlungen von Kunden		70 000.00		66 000.00	12.05.	15		13.75
24.05.	Kauf von Wertpapieren	32 000.00			34 000.00	27.05.	1		0.45
28.05.	Zahlungen an Lieferanten	5 000.00			29 000.00	28.05.	2		0.80
01.06.	Sollzins (p = 5 %)	1.10			28 998.90	31.05.	30	1.10	17.80
01.06.	Habenzins (p = 0,5 %)		17.80		29 016.70	31.05.			
01.06.	Verrechnungssteuer 35 %	5.85			29 010.85	31.05.			
01.06.	Spesen	8.00			29 002.85	31.05.			
01.06.	Saldo zu Ihren Gunsten	29 002.85							
		90 017.80	90 017.80						

Auszug für den Kunden — Zinsberechnung durch die Bank

Anmerkungen zum Kontoauszug

▶ Die Bank erstellt den Kontoauszug aus ihrer Sicht. Wenn hier das Konto im Haben eröffnet wird, heisst dies, dass die Bank gegenüber dem Kunden eine Schuld aufweist. Am 10. Mai wechselt das Kreditverhältnis, und der Saldo steht im Soll, d. h. zugunsten der Bank. Ab 12. Mai bis Ende Monat steht der Saldo wieder im Haben, d. h. zugunsten des Kunden.

▶ In der **Valutaspalte** erscheint das für die Zinsberechnung massgebliche Datum. Die Datumspalte gibt den Tag der Verbuchung des Geschäfts durch die Bank wieder. Dieses Datum hat keinen Einfluss auf die Zinsberechnung.

▶ Für die Sollsalden belastet die Bank dem Kunden einen Sollzins; für die Habensalden schreibt die Bank dem Kunden einen Habenzins gut. Der Sollzinsfuss ist bedeutend höher als der Habenzinsfuss.

▶ Für die Zinsdifferenz zugunsten des Kunden muss die Bank die **Verrechnungssteuer** von 35 % abziehen und an die eidg. Steuerverwaltung abliefern. Die Verrechnungssteuer wird auf der nächsten Seite erklärt.

▶ Die Bank belastet dem Bankkunden **Spesen** (z. B. Portoauslagen oder bestimmte Gebühren je Buchung oder Pauschalbeträge je Monat). Die Spesenansätze sind von Bank zu Bank verschieden.

▶ Bei Kontokorrenten mit Salden zugunsten der Bank wird oft zusätzlich zum Zins eine **Kommission** erhoben, die für den Kunden in der Regel eine Verteuerung des Kredites von etwa 1 % p. a. zur Folge hat.

Zinsrechnen

Die Verrechnungssteuer

Der Bund erhebt eine Verrechnungssteuer (VSt) von 35 % auf dem Ertrag von beweglichem Kapitalvermögen (z. B. auf Dividenden- und Zinserträgen), auf gewissen Versicherungsleistungen sowie auf Lotteriegewinnen.[1] Mit der Verrechnungssteuer versucht der Staat hauptsächlich, seine Bürgerinnen und Bürger zu zwingen, die Steuererklärungen wahrheitsgetreu auszufüllen.

Mit dem folgenden Beispiel lässt sich das Wesen der Verrechnungssteuer gut darstellen:

■ Beispiel 5

Verrechnungssteuer bei einem Zinsertrag

Das Beispiel basiert auf den Zahlen des Kontokorrents von Beispiel 4.

	Bruttozins	CHF	16.70[2]	100 %
./.	Verrechnungssteuer 35 %	CHF	5.85	35 %
	Nettozins	CHF	10.85	65 %

Der Ablauf kann in drei Schritten dargestellt werden:

1 Abzug Verrechnungssteuer 35 %

Die Bank muss vom Bruttozinsertrag von CHF 16.70 eine Verrechnungssteuer von 35 % abziehen und den Betrag von CHF 5.85 an die eidg. Steuerverwaltung überweisen.

2 Gutschrift Nettozins

Der Nettozins von CHF 10.85 wird dem Kunden gutgeschrieben.

3 Rückforderung/Rückerstattung

Der Bankkunde kann den Betrag von CHF 5.85 Verrechnungssteuer von den Steuerbehörden zurückfordern, sofern er den Bruttozins von CHF 16.70 ordnungsgemäss versteuert.[3]

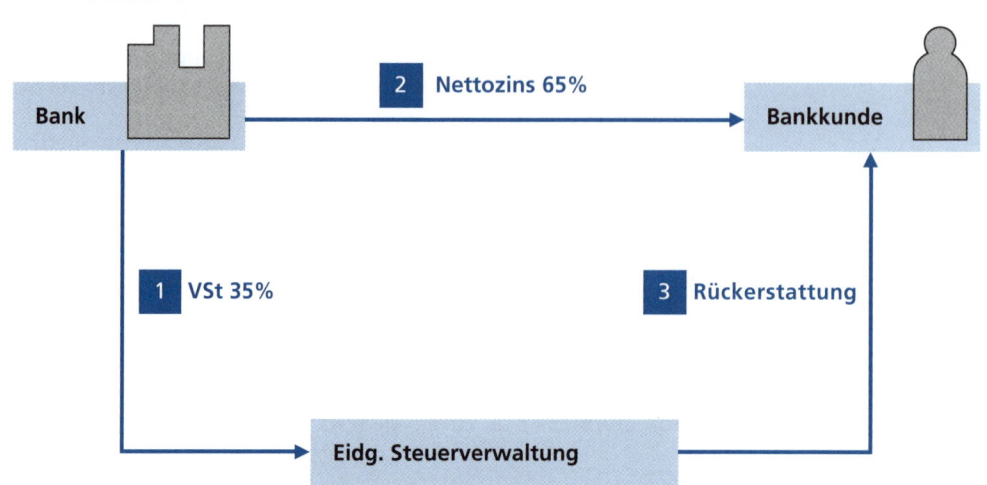

Ordnungsgemässe Verbuchung von Kapitalerträgen

Voraussetzung für die Rückforderung der Verrechnungssteuer ist die ordnungsgemässe Verbuchung des Ertrags. Im obigen Beispiel muss der Zinsertrag wie folgt verbucht werden:

Soll	Haben	Betrag
Bankguthaben	Zinsertrag[4]	10.85
Guthaben Verrechnungssteuer	Zinsertrag	5.85

[1] Von der Verrechnungssteuer ausgenommen sind gemäss Bundesgesetz über die Verrechnungssteuer unter anderem:
- ▶ Dividenden- und Zinserträge auf von Ausländern ausgegebenen Aktien und Obligationen
- ▶ Zinserträge von Kundenguthaben, wenn der Zinsbetrag CHF 200.– nicht übersteigt und das Konto nur einmal jährlich abgeschlossen wird. (Im Beispiel erfolgt der Abschluss monatlich, weshalb Verrechnungssteuer abgezogen wurde.)
- ▶ Lottotreffer bis CHF 1 000 000.–

[2] Der steuerpflichtige Bruttozinsertrag beträgt in diesem Kontokorrent CHF 16.70. Er wird errechnet als Differenz zwischen dem Habenzins von CHF 17.80 und dem Sollzins von CHF 1.10:

Habenzins zugunsten des Kunden	17.80
./. Sollzins zugunsten der Bank	– 1.10
= Vom Kunden zu versteuernder Bruttozinsertrag	16.70

[3] Die Verrechnungssteuer wird dem Empfänger der steuerbaren Leistung frühestens nach Ablauf des Kalenderjahres zurückerstattet:
- ▶ Natürliche Personen haben Anspruch auf Rückerstattung, wenn sie die erzielten Erträge in der Steuererklärung angeben und bei Fälligkeit des Ertrages ihren Wohnsitz in der Schweiz hatten. Das Ausfüllen des Wertschriften- und Guthabenverzeichnisses ist gleichzeitig der Verrechnungsantrag. Dieser wird der kantonalen Steuerbehörde eingereicht. Die Steuerbehörden verrechnen dann das Verrechnungssteuer-Guthaben des Steuerpflichtigen mit seiner Steuerschuld. Dieser Vorgang hat der Steuer den Namen gegeben.
- ▶ Juristische Personen können bei der eidg. Steuerverwaltung einen Antrag auf Rückerstattung einreichen, wenn sie den Ertrag ordnungsgemäss verbuchten und ihren Sitz bei Fälligkeit des Ertrags in der Schweiz hatten.

[4] Sinngemäss muss bei anderen Erträgen aus beweglichem Kapital das passende Ertragskonto ausgewählt werden, zum Beispiel Dividendenertrag, Beteiligungsertrag oder Wertschriftenertrag.

2. Teil Der Jahresabschluss

Einleitung

In diesem Teil werden vor allem Probleme behandelt, die sich im Zusammenhang mit den Abschlussarbeiten am Ende eines Geschäftsjahres ergeben. Eingehend werden folgende Fragen besprochen:

- Welche Bedeutung hat das Privatkonto, und wie wird der Abschluss bei der Einzelunternehmung und der Kollektivgesellschaft durchgeführt?
- Welche Besonderheiten ergeben sich beim Abschluss der Aktiengesellschaft und der GmbH, und wie ist die Gewinnverwendung zu verbuchen?
- Welche Probleme stellen sich bei den Abschreibungen auf dem Anlagevermögen?
- Wie sind definitive und mutmassliche Verluste aus Forderungen zu berücksichtigen?
- Wie können Aufwände und Erträge mit transitorischen Buchungen periodengerecht erfasst werden?

21

Einzelunternehmung

Die **Rechtsform** der Einzelunternehmung ist in der Schweiz sehr verbreitet und beliebt. Sie zeichnet sich durch folgende wichtige Merkmale aus:

- Das ganze Eigenkapital wird durch die Inhaberin bzw. den Inhaber aufgebracht.
- Das Obligationenrecht macht keine Vorschriften bezüglich einer minimalen Kapitaleinlage.
- Der Inhaber führt das Geschäft und ist in seiner Entscheidungsfreiheit uneingeschränkt.
- Der Inhaber haftet mit seinem ganzen Geschäfts- und Privatvermögen, dafür hat er auch Anspruch auf den ganzen Gewinn.
- Die Einzelunternehmung ist in der Regel nur dann im Handelsregister einzutragen, wenn ein Umsatz von mehr als CHF 100 000.– pro Jahr erzielt wird.
- Einzelunternehmungen sind nach Obligationenrecht erst ab einem Umsatz von CHF 500 000.– buchführungspflichtig (im Sinne der doppelten Buchhaltung); kleinere Unternehmungen müssen lediglich über die Einnahmen und Ausgaben sowie die Vermögenslage Buch führen (so genannte einfache Buchhaltung). Zur besseren Übersicht wird in der Praxis indes die Anwendung der doppelten Buchhaltung auch für kleinere Unternehmungen dringend empfohlen.

In der **Buchhaltung** werden für die Abwicklung des Verkehrs zwischen dem Geschäftsinhaber und der Unternehmung zwei Konten benötigt:

- Das **Eigenkapitalkonto** zeigt das der Unternehmung langfristig zur Verfügung gestellte Kapital.
- Im **Privatkonto** werden die laufend anfallenden Gutschriften und Bezüge des Geschäftsinhabers aufgezeichnet. Vor dem Jahresabschluss wird der Saldo des Privatkontos immer über das Eigenkapital ausgeglichen. Das Privatkonto erscheint deshalb nie in der Bilanz einer Einzelunternehmung.

Einzelunternehmung 21

Eigenkapital

Eigenkapitalkonto

- ▶ Das Eigenkapitalkonto zeigt das langfristig durch den Geschäftsinhaber zur Verfügung gestellte Kapital.
- ▶ Es hält die während des Jahres erfolgten Kapitalerhöhungen und -rückzüge fest.
- ▶ Es bildet die Grundlage für die Berechnung des Eigenkapitalzinses.
- ▶ Es zeigt den Ausgleich des Privatkontos und die Erfolgsverbuchung.

Privatkonto

- ▶ Das Privatkonto ist die Schnittstelle zwischen Geschäfts- und Privatbereich und dient wie ein Kontokorrent der Abwicklung der laufenden Gutschriften und Bezüge für den Geschäftsinhaber.
- ▶ Am Ende der Abrechnungsperiode wird das Privatkonto über das Eigenkapitalkonto ausgeglichen.

Eigenkapital

Kapitalrückzüge	Anfangsbestand
Schlussbestand	Kapitalerhöhungen
	Ausgleich Privatkonto [5]
	Gewinn aus Erfolgsrechnung [6]

Privat [1]

Belastungen für	Gutschriften für
▶ Barbezüge	▶ Eigenlohn [3]
▶ durch das Geschäft bezahlte Privatrechnungen	▶ Eigenzins [4]
▶ Warenbezüge [2]	
Ausgleich auf das Eigenkapitalkonto [5]	

[1] Das Privatkonto wird als Kontokorrent geführt und kann – wie ein Bank-Kontokorrent – aktiv oder passiv sein. Ein Sollüberschuss bedeutet, dass der Geschäftsinhaber mehr bezogen als er Gutschriften erhalten hat, ein Habenüberschuss, dass die Gutschriften die Bezüge übersteigen.

[2] Warenbezüge durch den Geschäftsinhaber erfolgen zum Einstandspreis und werden als Warenaufwandsminderung verbucht: Privat/Warenaufwand. Die Verbuchung des Warenverkehrs wird in Kapitel 31 erklärt.

[3] Aus betriebswirtschaftlicher Sicht hat der Geschäftsinhaber für seine geleistete Arbeit einen Lohnanspruch wie ein Angestellter. Für das Geschäft stellt der Eigenlohn deshalb einen Lohnaufwand dar. Vom Arbeitseinkommen, das aus Eigenlohn und Gewinn besteht, hat der Geschäftsinhaber AHV-Beiträge zu bezahlen. Aus steuerrechtlichen Überlegungen erfolgt meist keine Verbuchung des Eigenlohns, wodurch dann der zu versteuernde Gewinn umso höher ausfällt.

[4] Würde der Geschäftsinhaber sein Kapital anderweitig anlegen, bekäme er entsprechende Erträge in Form von Zinsen oder Dividenden. Für das Geschäft stellt der Eigenzins einen Zinsaufwand dar.

[5] Bei einem Überschuss der Belastungen wäre der Ausgleichsposten im Haben des Privatkontos und im Soll des Eigenkapitalkontos.

[6] Ein allfälliger Verlust würde das Eigenkapital vermindern und dementsprechend im Soll verbucht.

Einzelunternehmung 21

■ **Beispiel** **Führung des Privatkontos und Jahresabschluss**

Der Geschäftsverkehr während des Jahres aus der Einzelunternehmung Theres Kast, Wohndesign, ist summarisch dargestellt.

Vorgänge	Buchung	Konten			
		Eigenkapital		**Privat**	
Eröffnung[1]	Bilanz/Eigenkapital		50 000		
Gutschrift Eigenlohn	Lohnaufwand/Privat				65 000
Stoffbezüge privat	Privat/Warenaufwand			2 000	
Barbezüge von T. Kast	Privat/Kasse			46 000	
Eigenzins 6 % vom Eigenkapital	Zinsaufwand/Privat				3 000
1. Schritt Privatkontoausgleich über das Eigenkapital	Privat/Eigenkapital		20 000	20 000	
			68 000	68 000	
				Erfolgsrechnung	
Total Jahresaufwand	Diverse			120 000	
Total Jahresertrag	Diverse				150 000
2. Schritt Gewinnübertrag auf das Eigenkapital[2]	Erfolgsrechnung/Eigenkapital		30 000	30 000	
				150 000	150 000
				Schlussbilanz	
Total Aktiven	Diverse			180 000	
Total Fremdkapital	Diverse				80 000
3. Schritt Eigenkapitalübertragung auf die Schlussbilanz[2]	Eigenkapital/Schlussbilanz	100 000			100 000
		100 000	100 000	180 000	180 000

Wird wie im obigen Beispiel ein Eigenlohn und ein Eigenzins verbucht, errechnet sich das **Unternehmereinkommen** (Einkommen aus selbstständiger Erwerbstätigkeit) wie folgt:

Mit Eigenlohn und Eigenzins

Eigenlohn	65 000
+ Eigenzins	3 000
+ Gewinn	30 000
= Unternehmereinkommen[3]	98 000

Würde auf die Verbuchung von Eigenlohn und Eigenzins verzichtet, entspräche das Unternehmereinkommen dem Gewinn.

Ohne Eigenlohn und Eigenzins

Gewinn	98 000
= Unternehmereinkommen	98 000

[1] Weil das Privatkonto jeweils Ende Jahr über das Eigenkapitalkonto ausgeglichen wird, erscheint es weder in der Schlussbilanz noch in der Eröffnungsbilanz.

[2] In der doppelten Buchhaltung wird der Gewinn in Bilanz und Erfolgsrechnung zunächst doppelt ausgewiesen.

Als letzte Buchung des Jahres wird der Gewinn aus der Erfolgsrechnung auf das Eigenkapital übertragen. Damit entsteht die **Schlussbilanz nach Gewinnverbuchung,** und der Gewinn ist nur noch in der Erfolgsrechnung sichtbar.

In der betrieblichen Praxis erfolgt die Gewinnverbuchung manchmal erst zu Beginn des neuen Geschäftsjahres. Die Verbuchungstechnik ist von der eingesetzten Buchhaltungs-Software abhängig.

[3] Massgeblich für die Bemessung der Sozialversicherungsbeiträge ist nur das Arbeitseinkommen, das sich aus Eigenlohn und Gewinn zusammensetzt. Der AHV-Beitragssatz beträgt 9,65 %. Der Eigenzins ist nicht AHV-beitragspflichtig, weil er ein Kapitaleinkommen darstellt. Der anzuwendende Eigenkapitalzinsfuss wird periodisch vom Bundesamt für Sozialversicherungen neu festgelegt; er beträgt zurzeit 0,5 %. Dieser Satz ist aus betriebswirtschaftlicher Sicht zu tief, weil er dem Unternehmerrisiko zu wenig Rechnung trägt. Die Sozialversicherungsbeiträge werden in Kapitel 36 erklärt.

22

Kollektivgesellschaft

Gemäss OR 552 ist die Kollektivgesellschaft eine Gesellschaft, in der zwei oder mehrere natürliche Personen, ohne Beschränkung ihrer Haftung gegenüber den Gesellschaftsgläubigern, sich zum Zwecke vereinigen, unter einer gemeinsamen Firma ein Handels-, ein Fabrikations- oder ein anderes nach kaufmännischer Art geführtes Gewerbe zu betreiben.

Das Rechtsverhältnis der Gesellschafter untereinander ist in einem Gesellschaftsvertrag zu regeln.

In der Buchhaltung werden für die Abwicklung des Verkehrs zwischen den Gesellschaftern und der Gesellschaft für jeden Gesellschafter je ein Kapitalkonto und ein Privatkonto geführt:

Konten (zum Beispiel für Gesellschafter Müller)

Kapital Müller
Das Kapitalkonto zeigt die langfristige Kapitaleinlage des Gesellschafters gemäss Gesellschaftsvertrag.

Privat Müller
Das Privatkonto hält im Sinne eines Kontokorrents die laufenden Gutschriften und Belastungen für den Gesellschafter fest.

Im Gegensatz zur Einzelunternehmung werden die Privatkonten Ende Jahr nicht über die Kapitalkonten ausgeglichen. Sie erscheinen in der Bilanz als Teil des Eigenkapitals.[1]

Kapital Müller

Soll	Haben
Kapitalrückzüge	Anfangsbestand
Schlussbestand (Saldo)	Kapitalerhöhungen

Privat Müller

Soll	Haben
Belastungen für ▶ Barbezüge ▶ durch Geschäft bezahlte Privatrechnungen ▶ Warenbezüge[2]	Anfangsbestand
	Gutschriften für ▶ Eigenlohn ▶ Eigenzins ▶ **Gewinnanteil**
Schlussbestand (Saldo)	

---

[1] Die Kapitaleinlage ist im Gesellschaftsvertrag festgelegt und wird verzinst, weshalb diese nicht ohne Zustimmung der übrigen Gesellschafter verändert werden darf.

[2] Private Warenbezüge durch die Teilhaber müssen bei der Kollektivgesellschaft aus mehrwertsteuerlicher Sicht zum Verkaufspreis erfolgen und als Verkaufsertrag verbucht werden.

Kollektivgesellschaft 22

Gewinn- und Verlustanteil, Eigenzins und Eigenlohn

Im Gegensatz zur Einzelunternehmung, wo bezüglich Gewinn-, Eigenlohn- und Eigenzins-Verbuchung keine besonderen Regeln aufgestellt werden müssen, weil ein Einzelner darüber bestimmen kann, bedarf es bei der Kollektivgesellschaft genauer Vorschriften.

Gewinn und Verlust

Die Verwendung von Gewinn und Verlust ist im Gesellschaftsvertrag frei regelbar. Oft wird eine Verteilung des Erfolgs im Verhältnis zu den Kapitaleinlagen vereinbart.

Sofern keine vertragliche Vereinbarung besteht, wird ein Erfolg nach den Regeln der einfachen Gesellschaft (OR 533) zu gleichen Teilen (allgemein gesagt: nach Köpfen) an die Gesellschafter verteilt. Besteht nur eine Vereinbarung für die Gewinnverwendung, gilt diese auch für die Übernahme von Verlustanteilen.

In den meisten Fällen werden Gewinne und Verluste wie folgt verbucht (am Beispiel der Kollektivgesellschaft Meier & Müller):

Verbuchung des Erfolgs

Gewinne auf die Privatkonten	Verluste auf die Kapitalkonten
Buchungssätze Erfolgsrechnung/Privat Meier Erfolgsrechnung/Privat Müller	**Buchungssätze** Kapital Meier/Erfolgsrechnung Kapital Müller/Erfolgsrechnung
Begründung Eine Verbuchung der Gewinnanteile auf die Kapitaleinlagen der Gesellschafter wäre nach OR 559 im Einverständnis aller Gesellschafter zwar möglich, würde aber zu einer Veränderung der Kapitalanteile und damit der künftigen Zinsgutschriften führen.	**Begründung** Verluste vermindern nach OR 560 die Kapitalanteile der Gesellschafter. Die Zinsen sind in der Folge auf den verminderten Kapitalanteilen zu berechnen. Gewinne dürfen keine ausgeschüttet werden, solange die Kapitaleinlagen vermindert sind.

Eigenzinsen und Eigenlöhne

Die Gesellschafter haben nach OR 559 auch Anspruch auf Zinsen und Honorare. Vertraglich vereinbarte Zinsen und Honorare dürfen schon während des Geschäftsjahres bezogen werden, Gewinne dagegen erst nach der Gewinnermittlung beim Jahresabschluss.

Zinsen und Honorare werden in der Praxis wie die Gewinnanteile meist über die Privatkonten der Gesellschafter gebucht.

Privatkonten der Gesellschafter

Die Privatkonten werden als Kontokorrente geführt. Sie werden in der Bilanz als Eigenkapital ausgewiesen. Dabei sind zwei Fälle zu unterscheiden:

Bilanzierung des Privatkontos

Privatkonto mit Sollsaldo (Sollüberschuss)	Privatkonto mit Habensaldo (Habenüberschuss)
Das Privatkonto weist (ausnahmsweise) mehr Belastungen als Gutschriften auf.	Das Privatkonto weist (im Normalfall) mehr Gutschriften als Belastungen auf.
Das Privatkonto stellt ein **Minus-Passivkonto** dar und wird in der Bilanz beim Eigenkapital im Sinne eines Wertberichtigungskontos als Abzugsposten aufgeführt.	Das Privatkonto stellt ein **Passivkonto** dar und wird in der Bilanz beim Eigenkapital aufgeführt.

Kollektivgesellschaft 22

■ **Beispiel** **Führung der Privat- und Kapitalkonten**

Das folgende Beispiel zeigt für die Kollektivgesellschaft Meier & Müller die summarisch in Kurzzahlen zusammengefassten Konteneintragungen für das Jahr 20_4:

- ▶ bei der Eröffnung
- ▶ während des Jahres
- ▶ beim Abschluss

Eröffnungsbilanz per 1.1.20_4

Aktiven	Passiven	
	Eigenkapital	
	Kapital Meier	100
	Kapital Müller	200
	Privat Meier	– 1
	Privat Müller	12

Journal und Hauptbuch 20_4

Text	Buchungssatz	Kapital Meier		Kapital Müller		Privat Meier		Privat Müller	
Eröffnung	Diverse		100		200	1			12
Privatbezüge ab Bankomat während des Jahres	Privat Meier/Bankguthaben Privat Müller/Bankguthaben						88	90	
Privatrechnungen übers Bankkonto des Geschäfts bezahlt	Privat Meier/Bankguthaben						7		
Private Warenbezüge während des Jahres	Privat Müller/Warenertrag							12	
Zinsgutschrift (Eigenzinsen) 4 % auf Kapitalanteilen	Zinsaufwand/Privat Meier Zinsaufwand/Privat Müller						4		8
Honorare (Eigenlöhne)	Lohnaufwand/Privat Meier Lohnaufwand/Privat Müller						96		96
Gewinnanteile	ER/Privat Meier ER/Privat Müller						10		10
Salden	Diverse	**100**		**200**		**14**		**24**	
		100	100	200	200	110	110	126	126

Schlussbilanz per 31.12.20_4

Aktiven	Passiven	
	Eigenkapital	
	Kapital Meier	100
	Kapital Müller	200
	Privat Meier	14
	Privat Müller	24

Aktiengesellschaft

Die Aktiengesellschaft (AG) unterscheidet sich gegenüber der Einzelunternehmung im Wesentlichen in folgenden Punkten:

	Einzelunternehmung	Aktiengesellschaft
Personenkreis	Eine einzelne natürliche Person ist Eigentümerin der Unternehmung.	Die AG ist eine Gesellschaft mit eigener Rechtspersönlichkeit (juristische Person), an der einer oder mehrere Aktionäre beteiligt sind.
Eigenkapital	Das Eigenkapital stammt allein vom Einzelunternehmer bzw. von der Einzelunternehmerin. **In der Bilanz wird das Eigenkapital nicht weiter gegliedert.**	Das Eigenkapital wird von einem oder mehreren Aktionären bzw. Aktionärinnen aufgebracht. Es ist wie folgt zu gliedern: ▶ **Aktienkapital** ▶ **Gesetzliche Kapitalreserve** ▶ **Gesetzliche Gewinnreserve** ▶ **Freiwillige Gewinnreserven** ▶ **Gewinnvortrag**[1]
Gewinnverbuchung beim Abschluss	Der Gewinn wird auf das Eigenkapital gebucht. Buchungssatz: **Erfolgsrechnung/Eigenkapital**	Der Gewinn wird auf das Gewinnvortragskonto gebucht. Buchungssatz: **Erfolgsrechnung/Gewinnvortrag**
Gewinnverwendung	Der Einzelunternehmer kann frei über den Gewinn verfügen und diesen z.B. im Rahmen seiner **Privatbezüge** während des Jahres beziehen.	Die Generalversammlung (Versammlung der Aktionäre) beschliesst über die Gewinnverwendung: ▶ Ein Teil des Gewinns muss in Form von **gesetzlichen Gewinnreserven** zurückbehalten werden. ▶ Der Rest des Gewinns kann an die Aktionäre als Dividende (von lateinisch *dividere* = teilen, verteilen) ausbezahlt werden. Es ist möglich, einen Teil des Gewinns in Form von **freiwilligen Gewinnreserven** zurückzubehalten oder als Gewinnrest auf dem **Gewinnvortragskonto** für eine Verteilung im nächsten Jahr stehen zu lassen.
Haftung	Der Einzelunternehmer haftet persönlich und unbeschränkt für alle Geschäftsschulden, d.h. auch mit seinem Privatvermögen. Das ist ein wichtiger Nachteil der Einzelunternehmung.	Die Haftung für Gesellschaftsschulden ist auf das Vermögen der AG beschränkt. Die Aktionäre haften nicht. (Im Konkurs der AG verlieren die Aktien allerdings ihren Wert, sodass die Aktionäre trotzdem zu Schaden kommen.)
Anonymität	Der Unternehmer ist als Eigentümer seiner Einzelunternehmung im Handelsregister eingetragen (ausser kleine Einzelunternehmungen).	Die Aktionäre sind nicht im Handelsregister eingetragen; sie bleiben anonym (daher der französische Name für Aktiengesellschaft: *Société Anonyme*).
Steuern	Geschäfts- und Privateinkommen bzw. -vermögen werden zusammengezählt und gemeinsam besteuert.	Die Aktiengesellschaft und die Aktionäre werden getrennt besteuert: ▶ Die AG zahlt Steuern auf dem Gewinn und dem Reinvermögen (Eigenkapital). ▶ Die Aktionäre zahlen Steuern auf den Dividenden (Gewinnanteile) und dem Vermögen (Wert der Aktien). Diese Doppelbesteuerung ist der wichtigste Nachteil der Aktiengesellschaft.

[1] Der Gewinnvortrag stellt rechtlich eine freiwillige Gewinnreserve dar, wird in der Bilanz indes oft separat ausgewiesen.

Die Gründung einer Aktiengesellschaft

Voraussetzungen

Die Aktiengesellschaft kann durch eine oder mehrere natürliche oder juristische Personen gegründet werden.

Das Aktienkapital muss mindestens CHF 100 000 betragen. Der Nennwert einer Aktie beträgt mindestens einen Rappen.

Bei der Gründung muss im Falle von Inhaberaktien das ganze Aktienkapital einbezahlt sein. Bei Namenaktien genügt es, wenn mindestens 20 % des Aktienkapitals, in jedem Fall aber CHF 50 000 einbezahlt wurden.

Gründung

Der Ablauf der Gründung kann wie folgt dargestellt werden:

1. Der oder die Gründer verfassen die **Statuten.**
2. **Zeichnung der Aktien:** Die Aktionäre verpflichten sich, die Aktien zu kaufen.
3. **Liberierung der Aktien:** Die Aktionäre begleichen den vereinbarten Betrag durch Bareinzahlung oder Sacheinlagen:
   - Bei der **Bargründung** zahlen die Aktionäre das Geld auf ein Sperrkonto einer Bank ein. Sobald die Aktiengesellschaft im Handelsregister eingetragen ist, kann sie über das Geld verfügen. Die Bargründung ist der Normalfall.
   - Bei der **Sacheinlagengründung** übereignen die Aktionäre Sacheinlagen wie Warenvorräte, Fahrzeuge, Mobiliar oder Patente. Um die Gesellschaft und die Mitaktionäre vor einer Überbewertung der Sacheinlagen zu schützen, muss die Bestätigung eines zugelassenen Revisors vorliegen.
4. An der konstituierenden **Generalversammlung** genehmigen die Aktionäre die Statuten und wählen die erforderlichen Organe (Verwaltungsrat und Revisionsstelle).
5. **Öffentliche Beurkundung** der Beschlüsse der Generalversammlung durch einen Notar.
6. Durch den Eintrag im **Handelsregister** entsteht die Aktiengesellschaft als juristische Person.

Buchungen

Es werden je nach Fall folgende Konten verwendet:

- Die Gründungsbuchungen werden meist über das Hilfskonto **1160 Aktionäre** abgewickelt. Das Konto stellt eine Forderung der Aktiengesellschaft an die Aktionäre dar. Nach der Gründung ist das Konto ausgeglichen und erscheint nicht mehr in der Bilanz.
- Das Konto **1020 Bankguthaben** ist bis zum Handelsregistereintrag ein Sperrkonto; nachher kann die Aktiengesellschaft über das Geld verfügen.
- Das Eigenkapital besteht bei der Gründung nur aus dem Passivkonto **2800 Aktienkapital.**
- Das Konto **1800 Nicht einbezahltes Aktienkapital** wird im Kontenrahmen KMU als Aktivkonto geführt. Es kann auch als Minus-Passivkonto interpretiert werden.
- Der Gründungsaufwand besteht bei KMUs hauptsächlich aus den Honoraren des Treuhänders und des Notars sowie der Gebühr für den Handelsregistereintrag.
  Er wird auf dem Konto **6500 Verwaltungsaufwand** erfasst.

Die verschiedenen Gründungsbuchungen werden anhand von drei Beispielen auf der nächsten und übernächsten Seite illustriert. Die Buchungen erfolgen in CHF 1 000. Der Gründungsaufwand wird vernachlässigt, weil er meist erst nach der Gründung in Rechnung gestellt wird.

Aktiengesellschaft 23

Beispiel 1 Bargründung

Die Aktionäre zeichnen 100 Aktien zu CHF 1 000 Nennwert und zahlen anschliessend die geschuldeten Beträge ein.

Text	Buchungssatz	1020 Bankguthaben		1160 Aktionäre		2800 Aktienkapital	
Zeichnung der Aktien	Aktionäre/Aktienkapital			100			100
Bareinzahlung	Bankguthaben/Aktionäre	100			100		
Salden	Diverse		**100**				**100**
		100	100	100	100	100	100

Gründungsbilanz

Aktiven		Passiven	
Bankguthaben	100	Aktienkapital	100
	100		100

Beispiel 2 Gründung durch Bareinzahlung und Sacheinlagen

Die Aktionäre zeichnen 100 Aktien zu CHF 1 000 Nennwert. Die Liberierung erfolgt durch Bareinzahlung von CHF 70 000 sowie einer Sacheinlage in Form eines Fahrzeugs im Wert von CHF 30 000.

Text	Buchungssatz	1020 Bankguthaben		1160 Aktionäre		1530 Fahrzeuge		2800 Aktienkapital	
Zeichnung der Aktien	Aktionäre/Aktienkapital			100					100
Bareinzahlung	Bankguthaben/Aktionäre	70			70				
Sacheinlage	Fahrzeuge/Aktionäre				30	30			
Salden	Diverse		**70**				**30**	**100**	
		70	70	100	100	30	30	100	100

Gründungsbilanz

Aktiven		Passiven	
Bankguthaben	70	Aktienkapital	100
Fahrzeuge	30		
	100		100

Aktiengesellschaft

■ Beispiel 3   **Gründung mit Teilliberierung**

Die Aktionäre zeichnen 100 Namenaktien zu CHF 1 000 Nennwert. Die Teilliberierung erfolgt zum gesetzlichen Minimum von CHF 50 000 durch Bareinzahlung.

Text	Buchungssatz	1020 Bankguthaben		1160 Aktionäre		1800 Nicht einbezahltes AK		2800 Aktienkapital	
Zeichnung der Aktien	Aktionäre/Aktienkapital			100					100
Bareinzahlung	Bankguthaben/Aktionäre	50			50				
Nicht einbezahltes AK	Nicht einbezahltes AK/Aktionäre				50	50			
Salden	Diverse	**50**				**50**		**100**	
		50	50	100	100	50	50	100	100

Gründungsbilanz

Aktiven		Passiven	
Bankguthaben	50	Aktienkapital	100
Nicht einbezahltes Aktienkapital	50		
	100		100

Die Gewinnverbuchung beim Jahresabschluss

Als letzte Buchung eines Geschäftsjahres wird auch bei der Aktiengesellschaft der Gewinn auf das Eigenkapital gebucht.[1] Im Unterschied zur Einzelunternehmung verfügt die Aktiengesellschaft mit dem Konto **2970 Gewinnvortrag** über ein gesondertes Eigenkapitalkonto, das eigens für die Gewinnverbuchung und später für die Gewinnverwendung geschaffen wurde.

■ Beispiel 4   **Gewinnverbuchung** (in CHF 1 000)

Eine Aktiengesellschaft erwirtschaftete einen Jahresgewinn von 40. Die Schlussbilanz vor Gewinnverbuchung zeigt folgendes Bild:

Schlussbilanz vor Gewinnverbuchung per 31. 12. 20_4

Aktiven			Passiven		
Umlaufvermögen			**Fremdkapital**		
Flüssige Mittel	60		Kurzfristiges Fremdkapital	110	
Forderungen	150		Langfristiges Fremdkapital	190	300
Vorräte	120	330	**Eigenkapital**		
			Aktienkapital	200	
			Gesetzliche Gewinnreserve	30	
Anlagevermögen			Freiwillige Gewinnreserven	20	
Sachanlagen	250		Gewinnvortrag	10	
Finanzanlagen	20	270	Gewinn	40	300
		600			600

[1] In der betrieblichen Praxis erfolgt die Gewinnverbuchung manchmal erst im neuen Geschäftsjahr. Die Verbuchungstechnik ist von der eingesetzten Buchhaltungs-Software abhängig.

Aktiengesellschaft 23

Der Übertrag des Gewinns auf den Gewinnvortrag erfolgt mit folgender Buchung:[1]

Datum	Text	Sollkonto	Habenkonto	Betrag
31.12.20_4	Übertrag Gewinn	**Erfolgsrechnung**	**Gewinnvortrag**	**40**

Nach der Gewinnverbuchung ist das Geschäftsjahr abgeschlossen, und die Schlussbilanz nach Gewinnverbuchung wird zur Eröffnungsbilanz für das neue Geschäftsjahr:

Schlussbilanz nach Gewinnverbuchung per 31.12.20_4 (= Eröffnungsbilanz per 1.1.20_5)

Aktiven   Passiven

Umlaufvermögen			**Fremdkapital**		
Flüssige Mittel	60		Kurzfristiges Fremdkapital	110	
Forderungen	150		Langfristiges Fremdkapital	190	300
Vorräte	120	330			
			Eigenkapital		
			Aktienkapital	200	
Anlagevermögen			Gesetzliche Gewinnreserve	30	
Sachanlagen	250		Freiwillige Gewinnreserven	20	
Finanzanlagen	20	270	**Gewinnvortrag**[2]	50	300
		600			600

Der im Konto Gewinnvortrag ausgewiesene Betrag bleibt bis zur Generalversammlung stehen. Die Generalversammlung muss innerhalb von sechs Monaten nach dem Jahresabschluss durchgeführt werden. Sie beschliesst über die Verwendung des im Gewinnvortrag ausgewiesenen Gewinns.

---

[1] Der Gewinn wird in diesem Buch im Sinne der doppelten Buchhaltung als *Saldo* von Bilanz und Erfolgsrechnung betrachtet, nicht als Konto. In Informatik-gestützten Buchhaltungssystemen wird der Gewinn oft als Konto definiert.

[2] Im Falle eines Jahresverlustes wird das Konto Gewinnvortrag zum **Verlustvortrag.** Das Verlustvortragskonto ist ein Minus-Passivkonto, das wie das Gewinnvortragskonto in die Kontengruppe des Eigenkapitals gehört: Ein Gewinnvortrag erhöht das Eigenkapital, ein Verlustvortrag vermindert das Eigenkapital.

Die Gewinnverwendung

Die Beschlussfassung über die Verwendung des Gewinnvortrags, insbesondere die Festsetzung der Dividende, gehört zu den Aufgaben der Generalversammlung. Dabei müssen folgende gesetzliche Bestimmungen eingehalten werden:

Gesetzliche Gewinnreserve

Der Gesetzgeber verlangt, dass ein Teil des Gewinns nicht an die Aktionäre ausgeschüttet werden darf, sondern in Form einer gesetzlichen Gewinnreserve in der Gesellschaft zurückbehalten werden muss.[1] Dies führt zur Stärkung der Gesellschaft, indem weniger flüssige Mittel für die Dividendenausschüttung verwendet werden.

- ▶ Die aktuell gültige Grundregel verlangt, dass vom Jahresgewinn 5 % dem Konto **2950 Gesetzliche Gewinnreserve** zuzuweisen sind, bis diese 20 % des einbezahlten Aktienkapitals erreicht.
- ▶ Eine weitere Vorschrift verlangt die zusätzliche Reservenzuweisung von 10 % derjenigen Beträge, die nach Bezahlung einer Dividende von 5 % des Aktienkapitals (sogenannte Grunddividende) als Gewinnanteile ausgeschüttet werden.
- ▶ Gesetzliche Reserven sind so lange zu bilden, bis sie 50 % des (gesamten) Aktienkapitals erreicht haben. Sie dürfen nur zur Deckung von Verlusten aufgelöst werden.[2]

Freiwillige Gewinnreserven

Gemäss Statuten oder durch Beschluss der Generalversammlung können freiwillig weitere Gewinnreserven gebildet werden. Da diese nicht gesetzlich vorgeschrieben sind, können sie von der Generalversammlung bei Bedarf wieder aufgelöst werden.

Gewinnvortrag

Oft wird ein kleiner Gewinnrest auf dem Konto Gewinnvortrag stehen gelassen. Er steht für die Gewinnverwendung im nächsten Jahr zur Verfügung.

Dividenden

Das Konto **2261 Dividenden** gehört zum kurzfristigen Fremdkapital. Die Dividenden stellen eine Verpflichtung der Aktiengesellschaft gegenüber den Aktionären dar.

Dividenden werden entweder in Prozenten des Aktienkapitals oder als Betrag je Aktie angegeben.

Tantiemen

Das sind Gewinnausschüttungen an den Verwaltungsrat. Tantiemen sind selten, weil sie wie die Dividenden zu einer Doppelbesteuerung führen und ausserdem grundsätzlich AHV-pflichtig sind. In der Praxis wird dem Verwaltungsrat ein Honorar bezahlt, das gleich wie ein Lohnaufwand zu erfassen ist.

Verrechnungssteuer (VSt)

Nur die Nettodividende von 65 % wird an die Aktionäre ausbezahlt. 35 % der Bruttodividende sind auf dem Konto **2206 Kreditor VSt** als Schuld gegenüber der eidg. Steuerverwaltung auszuweisen und innert 30 Tagen zu bezahlen.

---

[1] Die Bezeichnung **Gewinnreserven** rührt daher, dass diese Reserven aus zurückbehaltenen, nicht ausgeschütteten Gewinnen entstanden sind.

In diesem Lehrbuch nicht behandelt werden die **Kapitalreserven:** Der gesetzlichen Kapitalreserve müssen jene Erlöse zugewiesen werden, die bei der Ausgabe von Aktien über ihren Nennwert erzielt werden, was vor allem bei Aktienkapitalerhöhungen mit Agio (Aufgeld) vorkommt. Eine Aktienkapitalerhöhung von nominell 200 mit einem Agio von 50 wird grundsätzlich wie folgt verbucht:

Text	Sollbuchung	Habenbuchung	Betrag
Kapitalerhöhung nominell	Bank	Aktienkapital	200
Agio bei Kapitalerhöhung	Bank	Gesetzliche Kapitalreserve	50

[2] Das Aktienrecht (26. Titel des Obligationenrechts) wird zurzeit von National- und Ständerat überarbeitet. Solange das neue Aktienrecht noch nicht in Kraft ist, entstehen leider **Unklarheiten bzw. Widersprüche zwischen dem Aktienrecht und dem revidierten Buchführungs- und Rechnungslegungsrecht (32. Titel des Obligationenrechts).**

In diesem Lehrbuch werden bezüglich Prozentsätzen und Grenzwerten für die Reservenbildung die aktuell gültigen Vorschriften des Aktienrechts (OR 671) wiedergegeben. Hingegen wird statt der bisherigen Bezeichnung «allgemein (gesetzliche) Reserve» der neue Begriff «gesetzliche Gewinnreserve» gemäss revidiertem Buchführungs- und Rechnungslegungsrecht und neuem Kontenrahmen KMU verwendet.

Aktiengesellschaft

Beispiel 5

Gewinnverwendung (in CHF 1 000)

Die Gewinnverwendung basiert auf dem Eigenkapital von Beispiel 4.

An der Generalversammlung vom 23. April 20_5 wird folgende Gewinnverwendung beschlossen.

Gewinnverwendungsplan		Erläuterungen
Gewinnvortrag (Bilanzgewinn)[1]	50	Gemäss Eröffnungsbilanz 1.1.20_5 (siehe Bsp. 4)
./. 5 % Gesetzliche Gewinnreserve	– 2	5 % des Jahresgewinns von 40
./. 5 % Grunddividende	– 10	5 % des Aktienkapitals von 200
./. 15 % Zusatzdividende[2]	– 30	15 % des Aktienkapitals von 200
./. 10 % Gesetzliche Gewinnreserve	– 3	10 % der Zusatzdividende von 30
= Gewinnvortrag	5	Neuer Bestand des Kontos Gewinnvortrag

Der Beschluss der Generalversammlung löst per 23.4.20_5 die blau geschriebenen Buchungen aus.

Die Nettodividenden werden am 25.4.20_5 ausbezahlt. Am 20.5.20_5 wird die Verrechnungssteuer an die eidg. Steuerverwaltung überwiesen (alle Zahlungen erfolgen per Bank; das Bankkonto wird aus Platzgründen nicht geführt).

Verbuchung der Gewinnverwendung

Text	Buchungssatz	Geschuldete VSt		Dividenden		Gesetzliche Gewinnres.		Gewinn-vortrag	
Anfangsbestand	Diverse Eröffnungsbuchungen						30		50
Gesetzliche Reserven	Gewinnvortrag/Gesetzl. Gewinnres.						5	5	
Dividendenzuweisung	Gewinnvortrag/Dividenden				40			40	
Verrechnungssteuer 35 %	Dividenden/Geschuldete VSt		14	14					
Auszahlung Nettodiv.	Dividenden/Bankguthaben			26					
Überweisung VSt 35 %	Geschuldete VSt/Bankguthaben	14							
Neue Bestände (Salden)	Keine Buchungen						35		5
		14	14	40	40	35	35	50	50

Durch die Gewinnverwendung wurde das Eigenkapital um die ausgeschüttete Dividende von 40 kleiner. Gleichzeitig verminderte sich der Bestand an flüssigen Mitteln und damit die Zahlungsfähigkeit der Unternehmung um 40.

Eigenkapital

Vor Gewinnverwendung		Nach Gewinnverwendung	
Aktienkapital	200	Aktienkapital	200
+ Gesetzliche Gewinnreserve	30	+ Gesetzliche Gewinnreserve	35
+ Freiwillige Gewinnreserven	20	+ Freiwillige Gewinnreserven	20
+ Gewinnvortrag	50	+ Gewinnvortrag	5
= Eigenkapital	300	= Eigenkapital	260

[1] Für die Gewinnverwendung steht im Normalfall der in der Eröffnungsbilanz ausgewiesene Gewinnvortrag zur Verfügung. Rechtlich wäre es möglich, ausserdem alle freiwilligen Gewinnreserven sowie alle gesetzlichen Gewinnreserven über 50 % des Aktienkapitals auszuschütten.

Im Obligationenrecht wird der ausschüttungsfähige Gewinn als **Bilanzgewinn** bezeichnet.

[2] Zusatzdividenden von über 5 % werden auch als Superdividenden bezeichnet.

Aktiengesellschaft 23

Die Verbuchung eines Verlusts

Ein Jahresverlust wird analog zu einem Jahresgewinn auf das Gewinnvortragskonto gebucht. Sofern der Jahresverlust grösser ist als der Gewinnvortrag aus dem Vorjahr, wird aus dem Gewinnvortrag ein Verlustvortrag.

■ **Beispiel 6** **Verlustverbuchung** (in CHF 1 000)

Angenommen, die Bilanz von Beispiel 4 weist einen Verlust von 40 auf. Dieser wird mit folgender Buchung auf das Konto Gewinnvortrag übertragen:

Datum	Text	Sollkonto	Habenkonto	Betrag
31.12.20_4	Übertrag Verlust	Gewinnvortrag	Erfolgsrechnung	40

Durch diese Buchung entsteht aus dem Gewinnvortrag von 10 ein Verlustvortrag von 30:

Gewinnvortrag aus Vorjahr	10
./. Jahresverlust 20_4	– 40
= **Verlustvortrag**	**– 30**

An der Generalversammlung bestehen grundsätzlich zwei Möglichkeiten für die weitere Behandlung dieses Verlustvortrags:

Verlustvortrag – 30

Verlust vortragen

Der Verlustvortrag muss zuerst soweit wie möglich mit den freiwilligen Gewinnreserven verrechnet werden; der Rest kann vorgetragen werden (d. h., er bleibt in der Bilanz stehen):
▶ Freiwillige Gewinnreserven/Verlustvortrag 20

Das Eigenkapital präsentiert sich nachher wie folgt:

Aktienkapital	200
+ Gesetzliche Gewinnreserve	30
./. Verlustvortrag	– 10
= **Eigenkapital**	**220**

Verlustvortrag ausbuchen

Ein Verlustvortrag wird zuerst mit den freiwilligen Gewinnreserven und der Rest mit der gesetzlichen Gewinnreserve verrechnet:
▶ Freiwillige Gewinnreserven/Verlustvortrag 20
▶ Gesetzliche Gewinnreserve/Verlustvortrag 10

Das Eigenkapital präsentiert sich nachher wie folgt:

Aktienkapital	200
+ Gesetzliche Gewinnreserve	20
= **Eigenkapital**	**220**

Beim Vorliegen von Verlusten sind die gesetzlichen **Anzeigepflichten** zu beachten:
▶ Wenn die Hälfte des Aktienkapitals und der gesetzlichen Reserven nicht mehr durch die Aktiven abzüglich aller Verbindlichkeiten gedeckt ist, so muss der Verwaltungsrat unverzüglich eine Generalversammlung einberufen und ihr Sanierungsmassnahmen (= Massnahmen zur Gesundung) beantragen.
▶ Wenn die Aktiven die Schulden nicht mehr decken (so genannte Überschuldung), muss der Verwaltungsrat bzw. die Revisionsstelle den Richter benachrichtigen, der anschliessend den Konkurs über die Aktiengesellschaft eröffnet.

Im vorliegenden Beispiel muss der Verwaltungsrat keine Anzeige erstatten, da der Verlust zu gering ist.

24

Gesellschaft mit beschränkter Haftung

Die Gesellschaft mit beschränkter Haftung (GmbH) ist eine personenbezogene Kapitalgesellschaft mit eigener Rechtspersönlichkeit (juristische Person), an der eine oder mehrere Personen beteiligt sind.

Der Name GmbH rührt daher, dass für die Schulden nur das Gesellschaftsvermögen haftet; es besteht wie bei der Aktiengesellschaft keine persönliche Haftung für die Gesellschafter.

Das Gesellschaftskapital wird Stammkapital genannt. Es muss mindestens CHF 20 000.– betragen und voll einbezahlt oder durch Sachanlagen gedeckt sein.

Jeder Gesellschafter ist mit einer Einlage (Stammeinlage) am Stammkapital beteiligt. Die Gesellschafter werden mit ihren Stammeinlagen im Handelsregister eingetragen und publiziert.

Das oberste Organ der GmbH ist die **Gesellschafterversammlung**. Das Stimmrecht der Gesellschafter bemisst sich nach der Höhe ihrer Stammeinlagen.

Die **Geschäftsführung** obliegt grundsätzlich allen Gesellschaftern gemeinsam.

Die Buchführung bei der GmbH ist fast gleich wie bei der Aktiengesellschaft:

▶ Im Unterschied zur Aktiengesellschaft wird das Grundkapital bei der GmbH als Stammkapital bezeichnet, womit sich folgende Eigenkapital-Gliederung ergibt:

> **Stammkapital**
> Gesetzliche Kapitalreserve
> Gesetzliche Gewinnreserve
> Freiwillige Gewinnreserven
> Gewinnvortrag

▶ Die für Aktiengesellschaften geltenden Bestimmungen zur Reservenbildung finden auch auf die GmbH Anwendung.

▶ Für die Gesellschafter werden oft Privatkonten (Kontokorrentkonten) geführt, die entweder als Forderungen oder Schulden der Gesellschaft gegenüber den Gesellschaftern zu bilanzieren sind.[1]

---

[1] Dies im Unterschied zu den Privatkonten der Kollektivgesellschaft, die zum Eigenkapital gehören. Der Unterschied rührt daher, dass die GmbH als juristische Person eine eigene Rechtspersönlichkeit besitzt.

25

Abschreibungen

Sachanlagen wie Maschinen, Mobiliar, IT-Systeme oder Fahrzeuge, die während mehrerer Jahre genutzt werden können, verbucht man beim Kauf als Zunahme der Aktiven. Die Verbuchung erfolgt zum Anschaffungswert, d. h. zum Einkaufspreis zuzüglich Bezugskosten (Fracht, Zoll, Transportversicherung) und Montagekosten:

Anlagevermögen /	Flüssige Mittel
(+ Aktiven)	(− Aktiven)

Im Verlaufe der Zeit vermindert sich der Wert dieser Sachanlagen. Die wichtigsten **Ursachen** für die Wertabnahmen im Sachanlagevermögen sind:
- die Abnützung durch den Gebrauch (z. B. bei einer Maschine oder einem Fahrzeug)
- der technische Fortschritt (z. B. bei Hard- und Software)

In der Buchhaltung werden die Wertverminderungen auf den Sachanlagen als Aufwand über die Abschreibungen verbucht:[1]

Abschreibungen /	Anlagevermögen
(+ Aufwand)	(− Aktiven)

Mit der Verbuchung der Abschreibungen werden folgende **Zwecke** verfolgt:
- Das Anlagevermögen soll in der Bilanz in der richtigen Höhe dargestellt werden.
- Der Gewinn bzw. der Verlust soll in der Erfolgsrechnung periodengerecht ermittelt werden.[2]
- Die flüssigen Mittel für den Ersatz des Anlagevermögens sollen sichergestellt werden.[3]

---

[1] Die Anlagen entwerten sich in Wirklichkeit fortlaufend; in der Buchhaltung werden die Wertverminderungen in der Regel nur am Ende einer Periode erfasst.
[2] Durch die Verbuchung des Abschreibungsaufwandes werden die Anschaffungskosten anteilsmässig jenen Rechnungsperioden belastet, in denen sich die Sachgüter entwertet haben.
[3] Indem die Abschreibungskosten in die Verkaufspreise eingerechnet werden, fliessen sie über die Verkaufserlöse als flüssige Mittel in die Unternehmung zurück. Damit sollen die finanziellen Mittel für die Neuanschaffung der Anlagen am Ende der Nutzungsdauer erwirtschaftet werden.

Abschreibungen 25

Um den jährlichen **Abschreibungsbetrag** zu berechnen, müssen folgende Grössen bekannt sein:

- Der **Anschaffungswert**
- Die geschätzte **Nutzungsdauer,** d. h. die Zeit, während der eine Anlage wirtschaftlich genutzt werden kann.
- Der erwartete **Liquidationswert.**[1] Das ist der voraussichtliche Restwert einer Anlage am Ende der Nutzungsdauer. Für die Ermittlung des Abschreibungsbetrags wird er nur berücksichtigt, wenn er wertmässig ins Gewicht fällt und annähernd geschätzt werden kann.

Der jährliche Abschreibungsbetrag hängt auch vom gewählten Abschreibungsverfahren ab:

Abschreibungsverfahren	
Lineare (gleichmäßige) Abschreibung	**Degressive (abnehmende) Abschreibung**
Bei der linearen Abschreibung bleibt der Abschreibungsbetrag von Jahr zu Jahr gleich, weil angenommen wird, dass sich die Anlage fortlaufend und gleichmässig (linear) entwertet. Damit werden die Werteinbussen gleichmässig auf die Perioden der Nutzungsdauer verteilt.	Bei der degressiven Abschreibung wird der Abschreibungsbetrag von Jahr zu Jahr kleiner. Dies ist dann zweckmässig, wenn sich eine Anlage in der ersten Zeit der Nutzung besonders stark entwertet (z. B. Computer oder Fahrzeuge).
Basis für die Berechnung der linearen Abschreibungen ist der Anschaffungswert.	Basis für die Berechnung der degressiven Abschreibungen ist im ersten Jahr der Anschaffungswert und in den Folgejahren der Buchwert.[2]
Zur Ermittlung des jährlichen Abschreibungssatzes teilt man 100 % durch die Anzahl Jahre der Nutzungsdauer.	Der jährliche Abschreibungssatz ist gegenüber der linearen Abschreibung meistens doppelt so hoch.[3]

Diese beiden Abschreibungsverfahren können mit den folgenden Beispielen illustriert werden.

---

[1] Liquidieren bedeutet, gegen flüssige (liquide) Mittel verkaufen.
[2] Unter dem Buchwert einer Anlage versteht man den Wert gemäss Buchhaltung.
[3] Siehe Abschreibungssätze der eidg. Steuerverwaltung in Anhang 1.

Abschreibungen 25

■ **Beispiel 1** **Lineare Abschreibung (Abschreibung vom Anschaffungswert)**

Bei einer Maschine beträgt der Kaufpreis CHF 95 000.–. Zusätzlich fallen Bezugs- und Montagekosten von CHF 5 000.– an. Es wird mit einer Nutzungsdauer von 5 Jahren gerechnet und erwartet, dass am Ende der Nutzungsdauer kein Liquidationswert mehr besteht.

Anschaffungswert	CHF 100 000.–
Nutzungsdauer	5 Jahre
Liquidationswert	CHF 0.–
Abschreibungssatz	**20 % vom Anschaffungswert**

Die Abschreibungsbeträge und Buchwerte lassen sich in der Praxis am besten mithilfe einer Tabelle ermitteln:

Jahr	Buchwert Anfang Jahr	Abschreibungsbetrag	Buchwert Ende Jahr
1	CHF 100 000.–	20 % von CHF 100 000.– = CHF 20 000.–	CHF 80 000.–
2	CHF 80 000.–	20 % von CHF 100 000.– = CHF 20 000.–	CHF 60 000.–
3	CHF 60 000.–	20 % von CHF 100 000.– = CHF 20 000.–	CHF 40 000.–
4	CHF 40 000.–	20 % von CHF 100 000.– = CHF 20 000.–	CHF 20 000.–
5	CHF 20 000.–	20 % von CHF 100 000.– = CHF 20 000.–	CHF 0.–

Grafisch werden die Abschreibungsbeträge und Buchwerte wie folgt dargestellt:

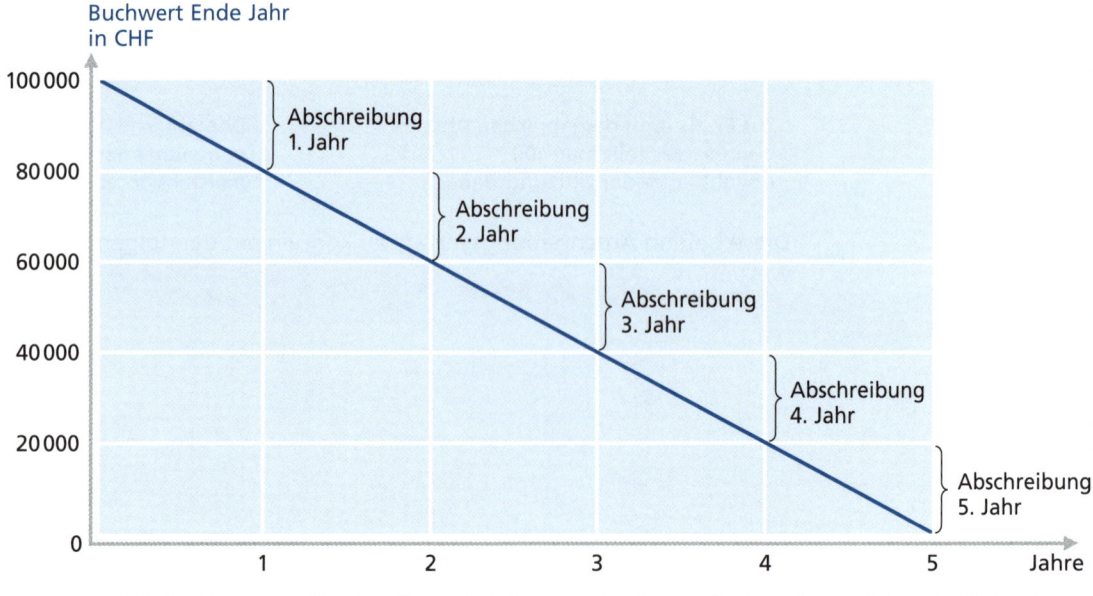

▶ Bei der linearen Abschreibung ist der Abschreibungsbetrag jedes Jahr gleich hoch, sodass die Entwertung der Anlage grafisch als (gerade) Linie erscheint.

▶ Einen jährlich gleich grossen Abschreibungsbetrag erhält man, wenn mit einem konstanten Abschreibungssatz vom Anschaffungswert gerechnet wird.

▶ Die lineare Abschreibungsmethode ist rechnerisch einfach und ist dann angezeigt, wenn sich eine Anlage gleichmässig entwertet, was oft der Fall ist.

Abschreibungen

25

■ Beispiel 2

Degressive Abschreibung (Abschreibung vom Buchwert)

Grundlage für die Ermittlung des Abschreibungsbetrags ist dieselbe Maschine wie in Beispiel 1. Aber das Abschreibungsverfahren ist hier degressiv.

Anschaffungswert	CHF 100 000.–
Nutzungsdauer	5 Jahre
Liquidationswert	CHF 0.–
Abschreibungssatz	**40 % vom Buchwert**

Die Abschreibungsbeträge und Buchwerte lassen sich mithilfe einer Tabelle ermitteln:

Jahr	Buchwert Anfang Jahr	Abschreibungbetrag	Buchwert Ende Jahr
1	CHF 100 000.–	40 % von CHF 100 000.– = CHF 40 000.–	CHF 60 000.–
2	CHF 60 000.–	40 % von CHF 60 000.– = CHF 24 000.–	CHF 36 000.–
3	CHF 36 000.–	40 % von CHF 36 000.– = CHF 14 400.–	CHF 21 600.–
4	CHF 21 600.–	40 % von CHF 21 600.– = CHF 8 640.–	CHF 12 960.–
5	CHF 12 960.–	40 % von CHF 12 960.– = CHF 5 184.–	CHF 7 776.–

Grafisch werden die Abschreibungsbeträge und Buchwerte wie folgt dargestellt:

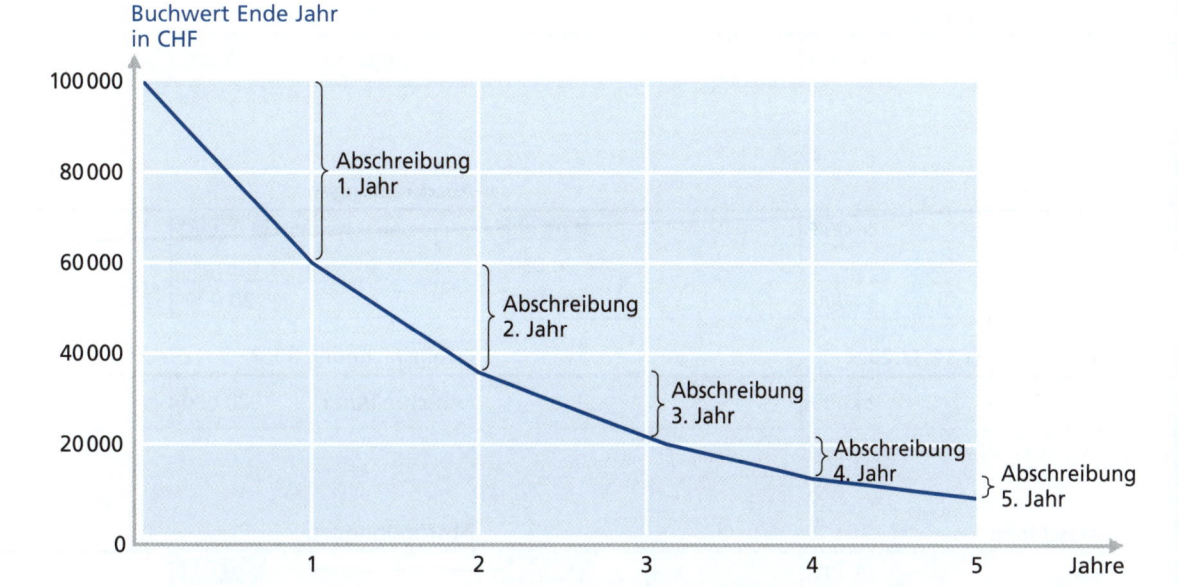

▶ Bei der degressiven Abschreibung wird der Abschreibungsbetrag von Jahr zu Jahr kleiner.

▶ Den für jedes Jahr unterschiedlichen Abschreibungsbetrag erhält man, wenn mit einem konstanten Abschreibungssatz vom Buchwert gerechnet wird.

▶ Die degressive Abschreibung ist rechnerisch aufwändiger. Sie wird vor allem aus steuerlichen Überlegungen angewandt, weil die Abschreibungsbeträge anfänglich höher sind. Sie kann auch dann sinnvoll sein, wenn sich eine Sachanlage in den ersten Jahren des Gebrauchs stärker entwertet als in späteren Jahren.

▶ Die degressive Abschreibung führt rechnerisch nie auf einen Buchwert von CHF 0.–. In der Praxis schreibt man deshalb im letzten Jahr der Nutzung mehr ab, als sich rein rechnerisch ergäbe. (Im Beispiel müssten im 5. Jahr CHF 12 960.– abgeschrieben werden, um am Ende der Nutzungsdauer den Buchwert von CHF 0.– zu erreichen.)

Abschreibungen

Unabhängig davon, ob linear oder degressiv abgeschrieben wird, kann die Wertverminderung in der Buchhaltung entweder **direkt** auf dem betreffenden Anlagekonto oder **indirekt** durch Bildung eines Wertberichtigungskontos (WB) zum Ausdruck gebracht werden.

Der Unterschied in der Verbuchungstechnik zwischen direkter und indirekter Abschreibung wird in den Beispielen 3 und 4 anhand folgender Maschine gezeigt:

Anschaffungswert der Maschine (Kauf Ende 20_0)	CHF 64 000.–
Nutzungsdauer	3 Jahre
Liquidationswert nach 3 Jahren	CHF 4 000.–
Abschreibungsverfahren	linear[1]

■ **Beispiel 3**   **Direkte Abschreibung**

20_1

Maschinen (Aktivkonto)

A	64 000		20 000
		S	44 000
	64 000		64 000

Abschreibungen (Aufwandskonto)

	20 000	S	20 000
	20 000		20 000

Schlussbilanz 31.12.20_1

Maschinen	44 000		

Erfolgsrechnung 20_1

Abschreibung	20 000		

20_2

Maschinen

A	44 000		20 000
		S	24 000
	44 000		44 000

Abschreibungen

	20 000	S	20 000
	20 000		20 000

Schlussbilanz 31.12.20_2

Maschinen	24 000		

Erfolgsrechnung 20_2

Abschreibung	20 000		

20_3

Maschinen

A	24 000		20 000
		S	4 000
	24 000		24 000

Abschreibungen

	20 000	S	20 000
	20 000		20 000

Schlussbilanz 31.12.20_3

Maschinen	4 000		

Erfolgsrechnung 20_3

Abschreibung	20 000		

[1] Der Abschreibungsbetrag könnte auch nach dem degressiven Abschreibungsverfahren ermittelt werden; auf die Technik der Verbuchung hat dies keinen Einfluss.

Abschreibungen

Beispiel 4 — Indirekte Abschreibung

20_1

Maschinen (Aktivkonto)

A	64 000		
		S	64 000
	64 000		64 000

Wertberichtigung Maschinen (Minus-Aktivkonto)[1]

			20 000
S	20 000		
	20 000		20 000

Abschreibungen (Aufwandskonto)

20 000			
		S	20 000
20 000			20 000

Schlussbilanz 31.12.20_1

Maschinen	64 000[2]		
./. WB	− 20 000[3]	44 000[4]	

Erfolgsrechnung 20_1

Abschreibung	20 000		

20_2

Maschinen

A	64 000		
		S	64 000
	64 000		64 000

Wertberichtigung Maschinen

		A	20 000
S	40 000		20 000
	40 000		40 000

Abschreibungen

20 000		S	20 000
			20 000
20 000			

Schlussbilanz 31.12.20_2

Maschinen	64 000[2]		
./. WB	− 40 000[3]	24 000[4]	

Erfolgsrechnung 20_2

Abschreibung	20 000		

20_3

Maschinen

A	64 000		
		S	64 000
	64 000		64 000

Wertberichtigung Maschinen

		A	40 000
S	60 000		20 000
	60 000		60 000

Abschreibungen

20 000		S	20 000
			20 000
20 000			

Schlussbilanz 31.12.20_3

Maschinen	64 000[2]		
./. WB	− 60 000[3]	4 000[4]	

Erfolgsrechnung 20_3

Abschreibung	20 000		

[1] bis [4] Die Fussnoten sind auf der nächsten Seite.

Abschreibungen 25

Die Unterschiede zwischen direkter und indirekter Abschreibung können wie folgt zusammengefasst werden:

Verbuchungstechnik	
Direkte Abschreibung	**Indirekte Abschreibung**
Diese Verbuchungstechnik heisst direkte Abschreibung, weil die Wertverminderung direkt auf dem Aktivkonto ausgebucht wird.	Diese Verbuchungstechnik heisst indirekte Abschreibung, weil die Wertverminderung nicht direkt auf dem Aktivkonto, sondern indirekt auf einem Wertberichtigungskonto (einem Minus-Aktivkonto) verbucht wird.
Der Buchungssatz für die Abschreibungen lautet: Abschreibungen/Maschinen.	Der Buchungssatz für die Abschreibungen lautet: Abschreibungen/WB Maschinen.
In der Bilanz ist nur der Buchwert sichtbar.	In der Bilanz sind folgende Werte sichtbar: ▶ der Anschaffungswert ▶ die kumulierten Abschreibungen ▶ der Buchwert
Die direkte Abschreibung ist beliebt, weil sie einfach ist.	Die indirekte Abschreibung ist wohl komplizierter, dafür vermittelt sie dem Bilanzleser zusätzliche Informationen.
Die Erfolgsrechnung unterscheidet sich nicht gegenüber der indirekten Abschreibung.	Die Erfolgsrechnung unterscheidet sich nicht gegenüber der direkten Abschreibung.

Fussnoten zur Vorseite

① Das Konto Wertberichtigung Maschinen ist ein Minus-Aktivkonto; es wird im Kontenplan als Aktivkonto erfasst und in der Bilanz auf der Aktivseite aufgeführt. Die Buchungsregeln eines Minus-Aktivkontos sind hingegen dieselben wie bei einem Passivkonto:

Wertberichtigung Maschinen

Aktiven	Passiven
Abnahmen –	Anfangsbestand
Schlussbestand	Zunahmen +

② In der Bilanz wird der **Anschaffungswert** der Maschinen ausgewiesen (weil im Konto Maschinen immer der Anschaffungswert nachgeführt wird).

③ In der Bilanz sind die **kumulierten Abschreibungen** ersichtlich, in der Erfolgsrechnung die Abschreibungen der betreffenden Periode. (Kumuliert heisst, wörtlich übersetzt, so viel wie angehäuft oder zusammengezählt. In der Buchhaltung versteht man unter kumulierten Abschreibungen die zusammengezählten, bisher insgesamt vorgenommenen Abschreibungen.)

④ Die Bilanz zeigt den **Buchwert** als Differenz zwischen dem Anschaffungswert und den kumulierten Abschreibungen.

Abschreibungen 25

Veräusserungsgewinne und -verluste

Beim Verkauf von Sachanlagen vor Ende der Nutzungsdauer ergibt sich meist eine Differenz zwischen dem erzielten Verkaufserlös und dem Buchwert (Wert gemäss Buchhaltung).

■ **Beispiel 5**   **Veräusserungsgewinn**

Ein nicht mehr benötigtes Fahrzeug mit einem Buchwert von 30 wird für 34 gegen bar verkauft, sodass sich ein Veräusserungsgewinn von 4 ergibt:

Anschaffungswert	100
./. Kumulierte Abschreibungen	– 70
= Buchwert	30

Verkaufspreis	34
./. Buchwert	– 30
= Veräusserungsgewinn	4

Verbuchung bei direkter Abschreibung

Text	Soll	Haben	Betrag
Verkaufserlös bar	Kasse	Fahrzeug	34
Veräusserungsgewinn	Fahrzeug	Abschreibungen[1]	4

Verbuchung bei indirekter Abschreibung

Text	Soll	Haben	Betrag
Verkaufserlös bar	Kasse	Fahrzeug	34
Veräusserungsgewinn	Wertberichtigung Fahrzeug[2]	Abschreibungen[1]	4
Ausbuchung Wertberichtigung	Wertberichtigung Fahrzeug	Fahrzeug	66

Veräusserungsverluste werden sinngemäss wie Veräusserungsgewinne verbucht.

---

[1] Für die Habenbuchung von 4 bestehen in der Praxis zwei Möglichkeiten:
  ▶ Die bisherigen Abschreibungen waren zu hoch, weshalb auf dem Konto **Abschreibungen** eine Aufwandsminderung erfasst wird (im obigen Beispiel so verbucht).
  ▶ Veräusserungsgewinne werden oft als **ausserordentlicher Ertrag** (Konto 8600 im Kontenrahmen KMU) erfasst, damit das ordentliche Geschäftsergebnis nicht durch einmalige bzw. periodenfremde Sonderposten verfälscht wird.

[2] Folgende Buchungen führen zum selben Ergebnis, sind aber methodisch weniger zu empfehlen, weil es sich beim Veräusserungsgewinn im Prinzip um eine Korrektur zu hoher Abschreibungen handelt:

Text	Soll	Haben	Betrag
Verkaufserlös bar	Kasse	Fahrzeug	34
Veräusserungsgewinn	Fahrzeug	Abschreibungen	4
Ausbuchung Wertberichtigung	Wertberichtigung Fahrzeug	Fahrzeug	70

Verluste Forderungen, Wertberichtigung Forderungen

Verluste aus Forderungen sind Ausfälle von Forderungen, vor allem infolge Zahlungsschwierigkeiten von Kunden. Je nachdem, ob der Verlust endgültig eingetreten ist (z. B. mit Konkursverlustschein) oder erst in Zukunft erwartet werden muss, erfolgt die buchhalterische Behandlung unterschiedlich:

Verluste Forderungen

Endgültige Verluste

Der zahlungsunfähige Kunde und der erlittene Verlust sind bekannt. Die Abschreibung des Forderungsbetrages erfolgt beim Eintreten des Verlustes **direkt** über das Konto **Forderungen L+L** und das Minus-Ertragskonto Verluste Forderungen.

Verluste Forderungen/Forderungen L+L

Mutmassliche Verluste

Im Bestand an Forderungen L+L sind erfahrungsgemäss eine Anzahl Forderungen enthalten, deren Zahlungseingang ungewiss ist. Ende einer Rechnungsperiode werden diese Verlustrisiken geschätzt und **indirekt** über das Konto Wertberichtigung Forderungen L+L und das Minus-Ertragskonto Verluste Forderungen abgeschrieben.

Verluste Forderungen/WB Forderungen L+L

Verluste Forderungen stellen eine Erlösminderung dar, weshalb das Konto Verluste Forderungen ein **Minus-Ertragskonto** ist, das dieselben Buchungsregeln wie ein Aufwandskonto aufweist (Konto 3800 im Kontenrahmen KMU).

Das Konto **Wertberichtigung Forderungen L+L** ist eine Wertberichtigung zum Konto **Forderungen L+L** (Konto 1109 im Kontenrahmen KMU). Es ist ein **Minus-Aktivkonto** wie das Wertberichtigungskonto bei der indirekten Abschreibung und unterliegt denselben Buchungsregeln wie ein Passivkonto.

Im Gegensatz zu den Abschreibungen definitiver Verluste, bei denen die einzelnen Forderungen L+L und die Höhe des erlittenen Verlustes bekannt sind, kennt man bei der indirekten Abschreibung in der Regel die Kunden noch nicht, welche der Unternehmung Verluste zufügen werden. Eine direkte Abschreibung bei den einzelnen Forderungen L+L ist deshalb nicht möglich.

Wie hoch die Wertberichtigung Forderungen L+L veranschlagt werden soll, beruht auf Erfahrungszahlen. Abhängig von Branche und Konjunkturlage, bewegt sich der Prozentsatz bei inländischen Forderungen meist zwischen 0 % und 5 %, bei ausländischen zwischen 0 % und 10 %. Die Steuerbehörden akzeptieren pauschale Wertberichtigungen von 5 % (inländische Forderungen) bzw. 10 % (ausländische Forderungen).

Das Konto Wertberichtigung Forderungen L+L ist ein ruhendes Konto, d. h., es wird während des Jahres nicht verändert und erst beim Abschluss dem neuen Bestand an Forderungen L+L angepasst.

Verluste Forderungen / WB Forderungen   26

■ **Beispiel**   **Verluste Forderungen, WB Forderungen L+L**

Die Volkart AG wurde neu gegründet. Der Verkehr mit den Kunden während des Jahres ist summarisch dargestellt (alle Zahlen in CHF 1 000.–).

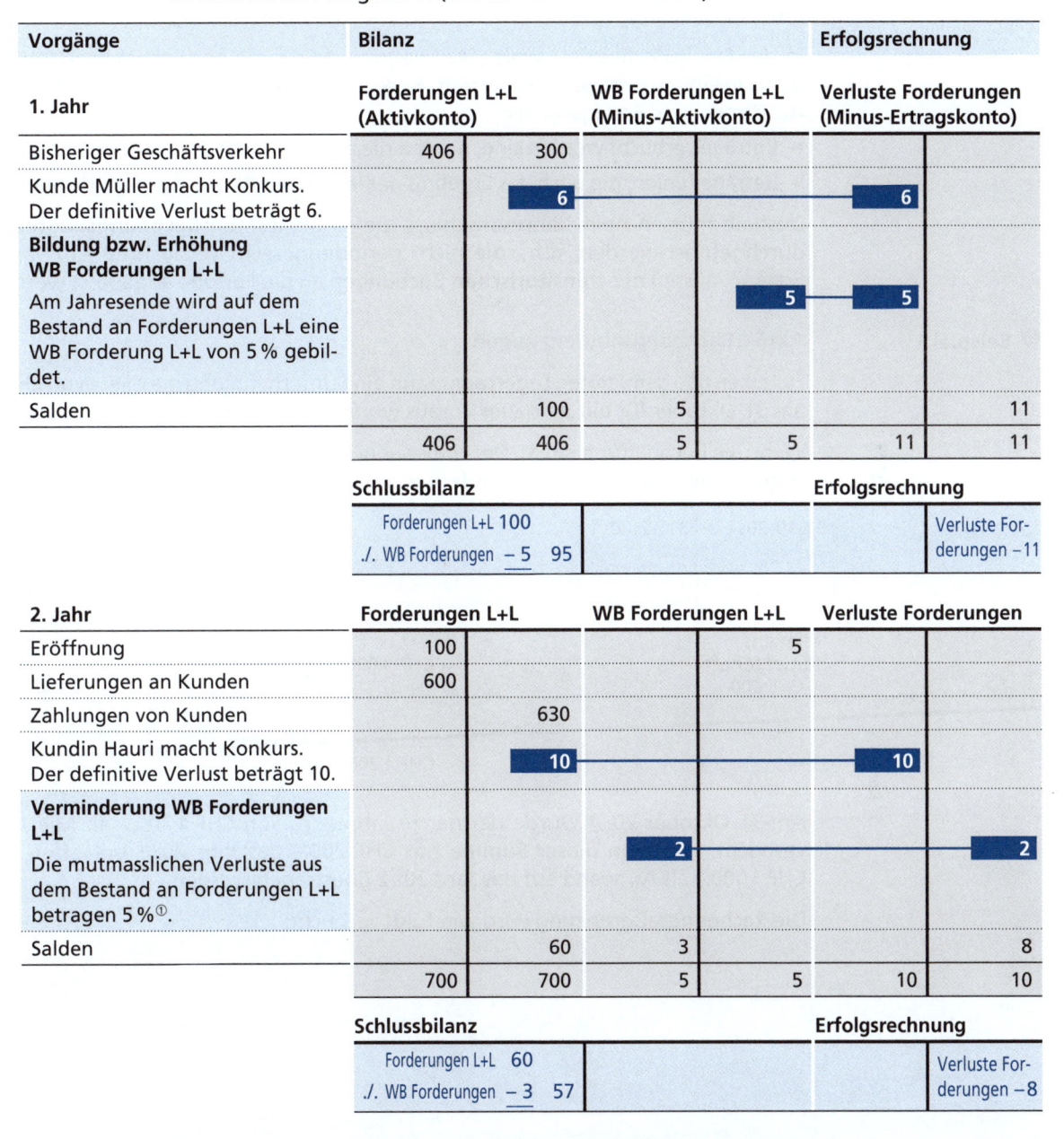

Vorgänge	Bilanz				Erfolgsrechnung	
1. Jahr	**Forderungen L+L (Aktivkonto)**		**WB Forderungen L+L (Minus-Aktivkonto)**		**Verluste Forderungen (Minus-Ertragskonto)**	
Bisheriger Geschäftsverkehr	406	300				
Kunde Müller macht Konkurs. Der definitive Verlust beträgt 6.				6	6	
Bildung bzw. Erhöhung WB Forderungen L+L Am Jahresende wird auf dem Bestand an Forderungen L+L eine WB Forderung L+L von 5 % gebildet.				5	5	
Salden		100	5			11
	406	406	5	5	11	11

Schlussbilanz		Erfolgsrechnung
Forderungen L+L 100 ./. WB Forderungen – 5 95		Verluste Forderungen –11

Vorgänge	Bilanz				Erfolgsrechnung	
2. Jahr	**Forderungen L+L**		**WB Forderungen L+L**		**Verluste Forderungen**	
Eröffnung	100			5		
Lieferungen an Kunden	600					
Zahlungen von Kunden		630				
Kundin Hauri macht Konkurs. Der definitive Verlust beträgt 10.				10	10	
Verminderung WB Forderungen L+L Die mutmasslichen Verluste aus dem Bestand an Forderungen L+L betragen 5 %①.			2			2
Salden		60	3		8	
	700	700	5	5	10	10

Schlussbilanz		Erfolgsrechnung
Forderungen L+L 60 ./. WB Forderungen – 3 57		Verluste Forderungen –8

> Sowohl die endgültigen als auch die mutmasslichen Forderungsverluste werden im Soll des Minus-Ertragskontos Verluste Forderungen verbucht.

① Die neue WB Forderungen L+L beträgt 5 % von 60 = 3. Die bisherige WB Forderungen L+L muss also um 2 herabgesetzt werden, und zwar mit der Umkehrbuchung **WB Forderungen L+L/Verluste Forderungen.**

27

Rechnungsabgrenzungen und Rückstellungen

Rechnungsabgrenzungen

In der Erfolgsrechnung werden Aufwand und Ertrag einer bestimmten **Rechnungsperiode** einander gegenübergestellt. Es kommt in der Praxis allerdings vor, dass in den Aufwands- und Ertragskonten

- ▶ Beträge verbucht worden sind, die erst die nächste Rechnungsperiode betreffen, oder
- ▶ Beträge fehlen, die noch das Ergebnis der laufenden Rechnungsperiode beeinflussen.

Deshalb müssen beim Jahresabschluss die so genannten **Rechnungsabgrenzungen** durchgeführt werden, d.h., die nicht periodengerecht verbuchten Aufwände und Erträge müssen mit **transitorischen Buchungen** an die Periode angepasst werden.[1]

■ **Beispiel 1** Aktive Rechnungsabgrenzungen

Für einen neu gemieteten Lagerraum zahlt eine Unternehmung die Miete von CHF 1 200.– am 31. Oktober für ein Jahr zum Voraus (vorschüssig) durch Banküberweisung.

Wenn die Buchhaltung am 31. Dezember abgeschlossen wird, müssen die CHF 1 200.– wie folgt als Mietaufwand auf das laufende und das nächste Geschäftsjahr verteilt werden:

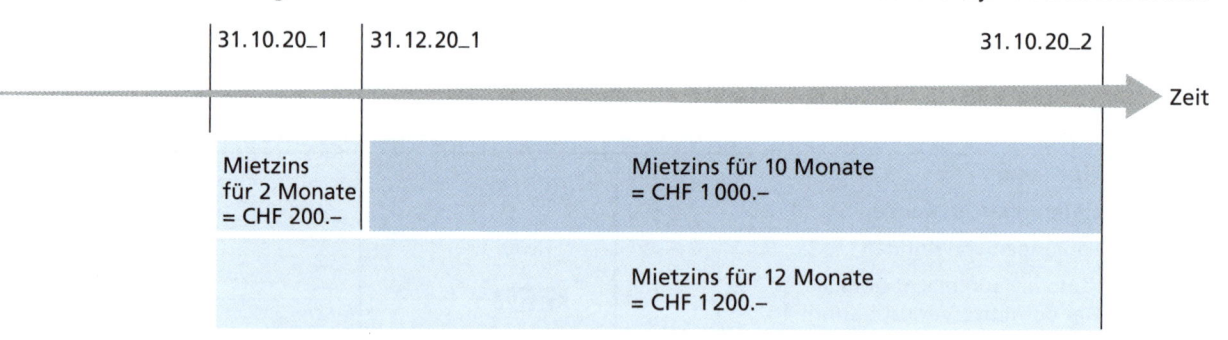

31.10.20_1	31.12.20_1		31.10.20_2
	Mietzins für 2 Monate = CHF 200.–	Mietzins für 10 Monate = CHF 1 000.–	→ Zeit
		Mietzins für 12 Monate = CHF 1 200.–	

Am 31. Oktober 20_1 wurde der ganze Jahreszins von CHF 1 200.– als Mietaufwand verbucht. Weil von dieser Summe nur CHF 200.– das Jahr 20_1 betreffen, müssen CHF 1 000.– als Aufwand auf das Jahr 20_2 übertragen werden.

Die Rechnungsabgrenzung wird wie folgt verbucht:

---

[1] Das lateinische Wort *transire* bedeutet wörtlich *hinübergehen*. Im Rechnungswesen wird der Begriff *transitorisch* verwendet für Geschäftsfälle, deren Wirkung über das Abschlussdatum hinaus in die nächste Periode geht.

Rechnungsabgrenzungen und Rückstellungen 27

Buchungen 20_1

Datum	Text	Buchung	Konten			
			Aktive Rechnungs-abgrenzungen[1]		Mietaufwand[2]	
31.10.	Zahlung	Mietaufwand/Bankguthaben			1 200	
31.12.	Rechnungs-abgrenzung	Aktive Rechnungsabgrenzungen/Mietaufwand	1 000			1 000
31.12.	Salden			1 000		200
			1 000	1 000	1 200	1 200

Buchungen 20_2

			Aktive Rechnungs-abgrenzungen		Mietaufwand	
1.1.	Eröffnung	Aktive Rechnungsabgrenzungen/Bilanz	1 000			
1.1.	Rückbuchung[3]	Mietaufwand/Aktive Rechnungsabgrenzungen		1 000	1 000	

Durch die Rechnungsabgrenzung 20_1 wird erreicht, dass sich die Zahlung von CHF 1 200.– nur als Aufwand von CHF 200.– auf das laufende Jahr auswirkt. Durch die Rückbuchung der Rechnungsabgrenzung zu Beginn des folgenden Jahres werden die CHF 1 000.– dem Jahr 20_2 als Mietaufwand belastet. Das Konto Aktive Rechnungsabgrenzungen ist nach der Rückbuchung ausgeglichen.

Das Konto Aktive Rechnungsabgrenzungen wird nur für den Jahresabschluss gebraucht. Da es sich bei den aktiven Rechnungsabgrenzungen immer um kurzfristige Forderungen handelt, werden sie in der Bilanz im Umlaufvermögen aufgeführt (Kontengruppe 130 im Kontenrahmen KMU).

Fussnoten zu dieser Seite:

[1] Die aktiven Rechnungsabrenzungen werden oft mit **ARA** abgekürzt.

Die aktive Rechnungsabrenzung stellt im Beispiel ein **Leistungsguthaben** dar: Diese Unternehmung (die Mieterin) hat das Recht, den Lagerraum noch weitere 10 Monate zu benutzen; der Mietzins dafür ist schon bezahlt.

Eine aktive Rechnungsabrenzung kann auch aus einem **Geldguthaben** bestehen: Ein Darlehensgläubiger zum Beispiel bucht am Jahresende den aufgelaufenen Marchzins mit der Buchung Aktive Rechnungsabrenzungen/Zinsertrag.

[2] Der Mietaufwand ist ein Unterkonto zum Raumaufwand.

[3] Die Rückbuchung wird mit dem gegenüber der Rechnungsabgrenzung umgekehrten Buchungssatz vorgenommen.

Fussnoten zu Seite 74:

[1] Die passiven Rechnungsabgrenzungen werden oft mit **PRA** abgekürzt.

Die passive Rechnungsabgrenzung stellt hier eine **Geldschuld** dar: Die Unternehmung hat das Kapital schon drei Monate beansprucht, aber noch keinen Zins bezahlt.

Eine passive Rechnungsabgrenzung kann auch aus einer **Leistungsschuld** bestehen: Ein Vermieter bucht zum Beispiel am Jahresende den für das neue Jahr im Voraus erhaltenen Mietzins mit der Buchung Ertrag aus Liegenschaften/Passive Rechnungsabgrenzungen.

[2] Die Rückbuchung wird mit dem gegenüber der Rechnungsabgrenzung umgekehrten Buchungssatz vorgenommen.

Rechnungsabgrenzungen und Rückstellungen 27

■ **Beispiel 2** **Passive Rechnungsabgrenzungen**

Eine Unternehmung nimmt am 30. September 20_1 von einer Bank ein Darlehen von CHF 200 000.– auf. Der Zinsfuss beträgt 6 %. Der Zins muss nach Ablauf eines Jahres (nachschüssig) bezahlt werden.

Wird die Buchhaltung am 31. Dezember 20_1 abgeschlossen, muss der Zinsaufwand wie folgt auf das laufende und das nächste Geschäftsjahr verteilt werden:

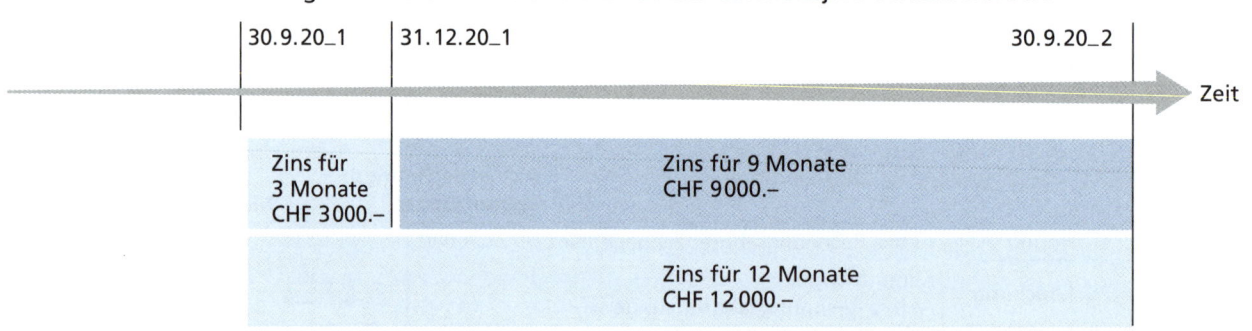

```
30.9.20_1        31.12.20_1                                30.9.20_2
                                                                        → Zeit

Zins für          Zins für 9 Monate
3 Monate          CHF 9 000.–
CHF 3 000.–

                  Zins für 12 Monate
                  CHF 12 000.–
```

Da der erste Jahreszins von CHF 12 000.– erst am 30. September 20_2 zur Zahlung fällig wird, wurden in dieser Unternehmung bis zum Jahresabschluss Ende 20_1 noch keine Zinsen verbucht. Weil das Kapital im alten Jahr bereits drei Monate beansprucht worden ist, muss der entsprechende Marchzins für 20_1 als Aufwand und als Schuld verbucht werden.

Buchungen 20_1

Datum	Geschäftsfall	Buchung	Passive Rechnungs-abgrenzungen[1]		Zinsaufwand	
31.12.20_1	Rechnungs-abgrenzung	Zinsaufwand/ Passive Rechnungsabgrenzungen			3 000	3 000
31.12.20_1	Abschluss	Passive Rechnungsabgrenzungen/Bilanz	3 000			
		ER/Zinsaufwand				3 000
			3 000	3 000	3 000	3 000

Buchungen 20_2

Datum	Geschäftsfall	Buchung	Passive Rechnungs-abgrenzungen[1]		Zinsaufwand	
01.01.20_2	Eröffnung	Bilanz/ Passive Rechnungsabgrenzungen		3 000		
01.01.20_2	Rückbuchung[2]	Passive Rechnungsabgrenzungen/ Zinsaufwand	3 000			3 000
30.09.20_2	Zinszahlung	Zinsaufwand/Bankguthaben			12 000	

Durch die Rechnungsabgrenzung Ende 20_1 erreicht man, dass der anteilige Zinsaufwand von CHF 3 000.– der laufenden Rechnungsperiode belastet wird. Mit der Rückbuchung der Abgrenzung zu Beginn des folgenden Jahres sowie der Verbuchung der Zinszahlung am 30. September werden der neuen Periode CHF 9 000.– Zins belastet (CHF 12 000.– abzüglich CHF 3 000.–). Das Konto Passive Rechnungsabgrenzungen ist nach der Rückbuchung ausgeglichen.

Das Konto Passive Rechnungsabgrenzungen wird nur für den Jahresabschluss gebraucht und wird im kurzfristigen Fremdkapital bilanziert.

[1] und [2] Die Fussnoten stehen auf Seite 73.

Rechnungsabgrenzungen und Rückstellungen — 27

Übersicht über die Rechnungsabgrenzungen

Es können folgende vier Fälle von Rechnungsabgrenzungen (transitorischen Abgrenzungen) unterschieden werden:

Geschäftsfall	Rechnungsabgrenzungen
Fall 1: Noch nicht bezahlter Aufwand Ein im laufenden Geschäftsjahr noch nicht verbuchter Aufwand ist der laufenden Periode zu belasten. Beispiel: aufgelaufene Zinsen auf Passivdarlehen	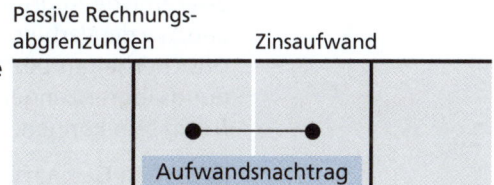 Passive Rechnungsabgrenzungen — Zinsaufwand *Aufwandsnachtrag*
Fall 2: Noch nicht erhaltener Ertrag Ein im laufenden Geschäftsjahr noch nicht verbuchter Ertrag ist der laufenden Periode gutzuschreiben. Beispiel: aufgelaufene Zinsen auf Aktivdarlehen	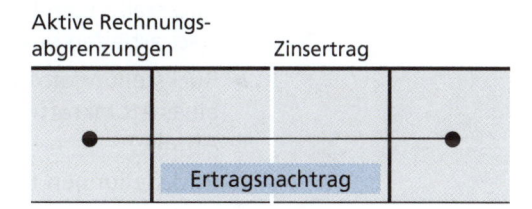 Aktive Rechnungsabgrenzungen — Zinsertrag *Ertragsnachtrag*
Fall 3: Vorausbezahlter Aufwand Ein im laufenden Geschäftsjahr verbuchter Aufwand ist ganz oder teilweise der nächsten Periode zu belasten. Beispiel: vorausbezahlte Mietzinse (Sicht des Mieters)	 Aktive Rechnungsabgrenzungen — Mietaufwand *Aufwandsvortrag*
Fall 4: Im Voraus erhaltener Ertrag Ein im laufenden Geschäftsjahr verbuchter Ertrag ist ganz oder teilweise der nächsten Periode gutzuschreiben. Beispiel: im Voraus erhaltene Mietzinse (Sicht des Vermieters)	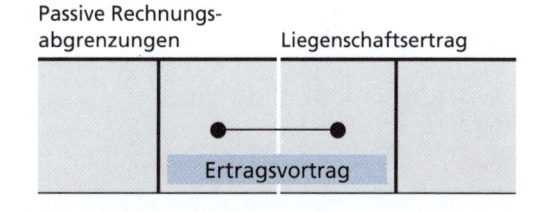 Passive Rechnungsabgrenzungen — Liegenschaftsertrag *Ertragsvortrag*

> Die Rechnungsabgrenzungen sind stets **erfolgswirksam,** d.h., die Gegenbuchungen zu den aktiven und passiven Rechnungsabgrenzungen erfolgen immer auf einem Aufwands- oder Ertragskonto.
>
> Buchungen über Rechnungsabgrenzungskonten erfolgen nur beim Jahresabschluss. Nach der Wiedereröffnung werden die aktiven oder passiven Rechnungsabgrenzungen durch Umkehrung der Buchungssätze, die zu ihrer Bildung geführt haben, aufgelöst.

Rückstellungen

> **Rückstellungen sind Verbindlichkeiten (Fremdkapital), deren Höhe und/oder Fälligkeit am Bilanzstichtag ungewiss, aber schätzbar sind.**

Die Rückstellungen sind verwandt mit den passiven Rechnungsabgrenzungen, weil beides zeitliche Abgrenzungen sind. Im Gegensatz zu den passiven Rechnungsabgrenzungen, wo die Verbindlichkeit meist eindeutig bestimmbar ist, sind bei den Rückstellungen Unsicherheiten bezüglich Höhe und Zeitpunkt vorhanden. Ausserdem sind die Rechnungsabgrenzungen immer kurzfristig, während die Rückstellungen kurz- oder langfristig sein können.

Es gibt im Geschäftsleben viele Ereignisse, bei denen Rückstellungen gebildet werden müssen. Die wichtigsten Fälle sind:

- ▶ Rückstellungen für nach dem Verkauf verbleibende Pflichten wie Serviceleistungen, Nacharbeiten oder Garantiereparaturen
- ▶ Rückstellungen für Beseitigungs- oder Wiederherstellungspflichten (z.B. Abbruch eines Atomkraftwerks am Ende der Nutzungsdauer und Entsorgung der radioaktiven Abfälle)
- ▶ Rückstellungen für Prozessrisiken (Gerichtsverfahren)
- ▶ Rückstellungen für Verpflichtungen aus der Personalvorsorge
- ▶ Rückstellungen für Sanierungen und Umstrukturierungen
- ▶ Rückstellungen für gewährte Bürgschaften
- ▶ Rückstellungen für noch nicht vorgenommene Grossrevisionen
- ▶ Rückstellungen für unterlassenen Liegenschaftsunterhalt

Rechnungsabgrenzungen und Rückstellungen 27

■ Beispiel Rückstellungen für Prozessrisiken

Bei einer pharmazeutischen Unternehmung ergeben sich immer wieder gerichtliche Schadenersatzklagen wegen unerwünschter Nebenwirkungen von Medikamenten. Die Gerichtsverfahren dauern oft mehrere Jahre. Die Gerichtsentscheide lauten manchmal zugunsten und manchmal zulasten des Pharmabetriebs.

Datum	Geschäftsfall	Buchung	Rückstellungen		Prozessaufwand	
01.01.	Eröffnung (früher gebildete Rückstellungen für bestehende Prozessrisiken)	Bilanz/Rückstellungen		20		
20.03.	Bildung einer Rückstellung aufgrund einer neuen gerichtlichen Klage[2]	Prozessaufwand[1]/ Rückstellungen		12	12	
10.06.	Auflösung einer früher gebildeten Rückstellung infolge Gerichtsentscheids zu unseren Gunsten	Rückstellungen/ Prozessaufwand[3]	7			7
28.09.	Verwendung einer früher gebildeten Rückstellung durch Schadenersatzzahlung infolge eines Gerichtsentscheids zu unseren Lasten	Rückstellungen/Bankguthaben	13			
31.12.	Abschluss	Rückstellungen/Bilanz	12			
		ER/Prozessaufwand				5
			32	32	12	12

Zusammenfassung

Rückstellungen sind Verbindlichkeiten, deren Höhe und/oder Fälligkeit ungewiss, aber schätzbar sind. Sie verändern sich durch drei Tatbestände:

Rückstellungen		
Verbindlichkeiten (Fremdkapital) mit ungewisser Höhe und/oder Fälligkeit		
Bildung	**Auflösung**	**Verwendung**
Eine Rückstellung ist zu bilden, wenn das Risiko entsteht.	Die Rückstellung ist aufzulösen, wenn das Risiko nicht mehr besteht.	Die Rückstellungen sind zu verwenden, wenn der Risikofall eintritt.
Die Bildung wird erfolgswirksam als Aufwand oder Ertragsminderung gebucht: Aufwand oder Ertrag/ Rückstellungen	Die Auflösung wird erfolgswirksam als Aufwandsminderung oder Ertrag gebucht: Rückstellungen/Aufwand oder Ertrag	Die Verwendung ist erfolgsneutral: Rückstellungen/Flüssige Mittel

[1] Für die Bildung von Rückstellungen muss je nach Fall ein passendes Aufwandskonto gebildet werden. Die Bildung von Rückstellungen kann auch als Ertragsminderung verbucht werden (zum Beispiel bei Garantierückstellungen).

[2] Rückstellungen werden entweder sofort bei Auftreten des entsprechenden Risikos verbucht oder dann spätestens beim Jahresabschluss.

[3] Auflösungen können auch als ausserordentlicher Ertrag (Konto 8600 im Kontenrahmen KMU) gebucht werden, weil es sich meist um einen periodenfremden Tatbestand handelt.

3. Teil   Ausgewählte Themen

Einleitung

In diesem Teil werden wichtige Fragen aus dem buchhalterischen Alltag von Unternehmungen beantwortet:

- Wie werden die Einkäufe und Verkäufe sowie die Vorräte in Handelsbetrieben und Produktionsunternehmungen erfasst?
- Wie funktioniert die Offenposten-Buchhaltung?
- Wie wird die Mehrwertsteuer verbucht und abgerechnet?
- Welche Probleme ergeben sich bei der Kalkulation von Kosten und Preisen für Produkte und Leistungen?
- Bei welchem Umsatz erreicht eine Unternehmung die Gewinnschwelle?
- Wie kann der Jahreserfolg mehrstufig analysiert werden?
- Wie werden Lohnabrechnungen unter Berücksichtigung der wichtigsten Sozialversicherungsbeiträge erstellt und verbucht?
- Wie lässt sich eine Immobilienbuchhaltung führen?
- Wie wird der Wertschriftenverkehr erfasst und die Rendite ermittelt?

31

Einkauf, Verkauf und Vorräte

a) Handelsbetrieb

Eine Handelsunternehmung kauft von verschiedenen Produzenten oder von anderen Handelsbetrieben Waren meist in grösseren Mengen ein, bildet damit ein Sortiment und bietet dieses ihren Kunden in kleineren Mengen zum Kauf an.

Der Handelsbetrieb stellt im Gegensatz zum Produktionsbetrieb keine neuen Produkte her, sondern erfüllt eine Vermittlerfunktion zwischen Produzenten und Verbrauchern; er gehört als Dienstleistungsbetrieb zum tertiären Wirtschaftssektor.

Kleinere Unternehmen erfassen den Warenverkehr in der Regel nach folgendem Schema:

Einkauf	Lagerung	Verkauf
Warenaufwand Handelswarenaufwand	**Warenvorrat (Aktivkonto)** Handelswarenvorrat	**Warenertrag** Handelserlös
Da die Einkäufe meist zum sofortigen Verbrauch bestimmt sind, werden sie nicht aktiviert, sondern als Aufwand gebucht.[1] Wareneinkäufe werden zu **Einstandspreisen** erfasst.[2]	Das Warenvorratskonto ist ein **ruhendes Konto:** Es wird unter dem Jahr nicht verändert, sondern erst beim Abschluss dem neuen Warenvorrat gemäss Inventar angepasst. Die Anfangs- und Schlussbestände im Warenvorrat werden zu **Einstandspreisen** erfasst.	Die Warenverkäufe werden im Konto Warenertrag erfasst. Die Verbuchung erfolgt zu **Verkaufspreisen**.

[1] Nicht aktivieren bedeutet, dass die Einkäufe nicht als Aktiven in Form einer Warenvorratszunahme verbucht werden.

[2] Unter **Einstandspreis** versteht man den Einkaufspreis für eine Ware samt Bezugskosten. Er wird wie folgt ermittelt:

	Bruttoeinkaufspreis
./.	Preisminderungen (Rabatt, Skonto)
=	Nettoeinkaufspreis
+	Bezugskosten (z. B. Transportkosten, Zoll)
=	Einstandspreis

Der **Einstandswert** ergibt sich durch die Multiplikation des Einstandspreises mit der Menge.

Einkauf, Verkauf und Vorräte — 31

Die Verbuchung von Wareneinkauf und Warenverkauf

Die Verbuchung der Wareneinkäufe und Warenverkäufe kann grundsätzlich wie folgt dargestellt werden:[1]

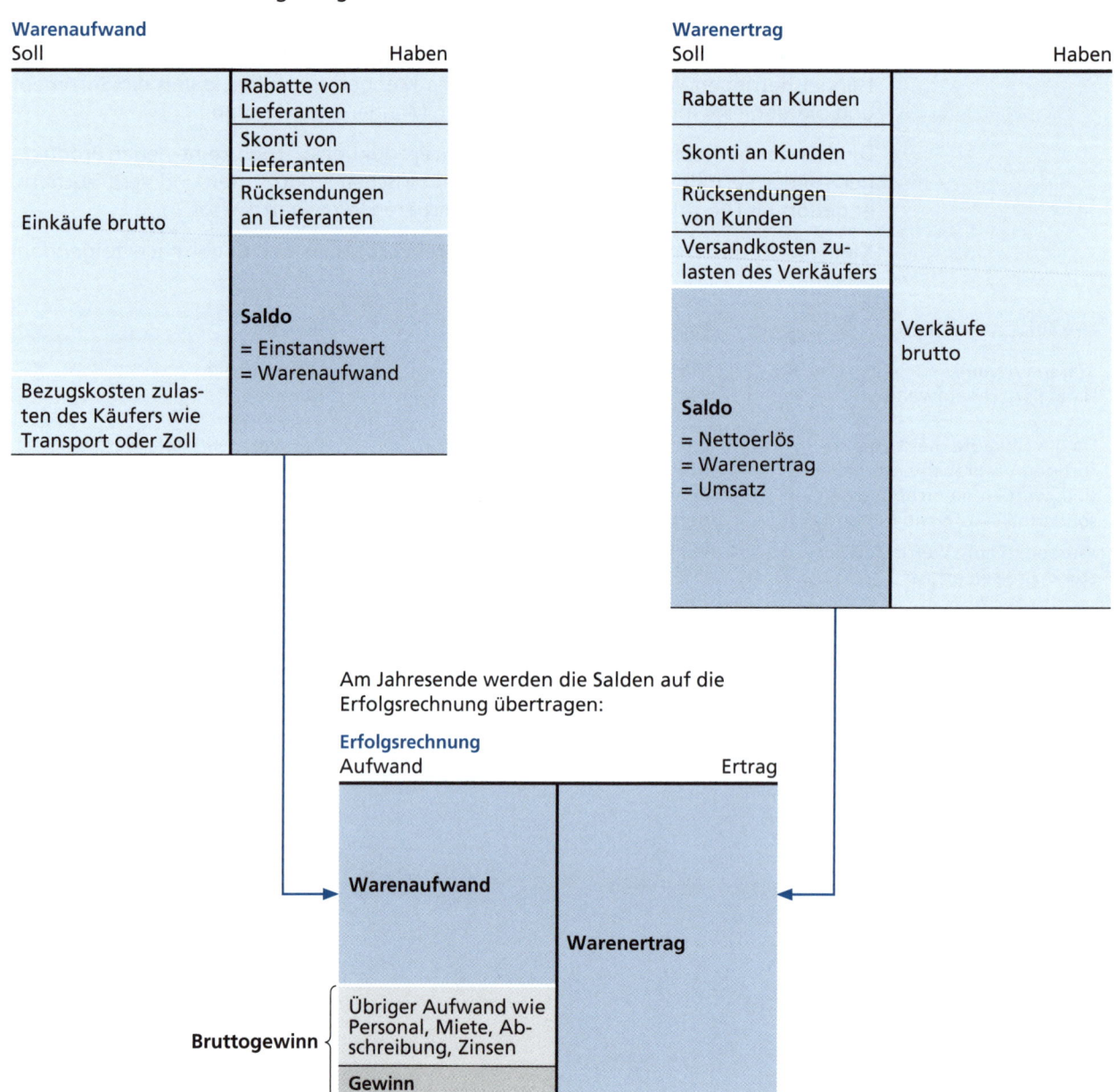

Warenaufwand

Soll	Haben
Einkäufe brutto	Rabatte von Lieferanten
	Skonti von Lieferanten
	Rücksendungen an Lieferanten
	Saldo = Einstandswert = Warenaufwand
Bezugskosten zulasten des Käufers wie Transport oder Zoll	

Warenertrag

Soll	Haben
Rabatte an Kunden	Verkäufe brutto
Skonti an Kunden	
Rücksendungen von Kunden	
Versandkosten zulasten des Verkäufers	
Saldo = Nettoerlös = Warenertrag = Umsatz	

Am Jahresende werden die Salden auf die Erfolgsrechnung übertragen:

Erfolgsrechnung

Aufwand	Ertrag
Warenaufwand	Warenertrag
Übriger Aufwand wie Personal, Miete, Abschreibung, Zinsen	
Gewinn	

Bruttogewinn { Übriger Aufwand + Gewinn }

---

[1] Bei der Verbuchung des Warenaufwands wird in diesem Abschnitt davon ausgegangen, dass die eingekauften Waren in der gleichen Periode wieder verkauft werden können, sodass sich der Warenvorrat nicht ändert. Die Veränderung des Warenvorrats wird im nächsten Abschnitt besprochen.

Einkauf, Verkauf und Vorräte — 31

■ Beispiel 1 — Wareneinkauf

Alle mit dem Wareneinkauf zusammenhängenden Geschäftsfälle werden auf dem Konto **Warenaufwand** verbucht. (Geschäftsverkehr summarisch in Kurzzahlen.)

Nr.	Geschäftsfall		Buchung	Verbindlichkeiten L+L		Warenaufwand	
1	Anfangsbestand Verbindlichkeiten L+L	40	Bilanz/Verbindlichkeiten L+L		40		
2	Wareneinkäufe gegen Rechnung	350	Warenaufwand/Verbindlichkeiten L+L		350	350	
3	Gutschriften von Lieferanten für nachträglich erhaltene Rabatte	16	Verbindlichkeiten L+L/Warenaufwand	16			16
4	Gutschriften von Lieferanten für Rücksendungen mangelhafter Ware	10	Verbindlichkeiten L+L/Warenaufwand	10			10
5	Barzahlung für Transportkosten	8	Warenaufwand/Kasse			8	
6	Zahlung von Lieferantenrechnungen: ▶ Skontoabzüge ▶ Bankzahlungen	2 330	Verbindlichkeiten L+L/Warenaufwand Verbindlichkeiten L+L/Bankguthaben	2 330			2
7	Abschluss		Verbindlichkeiten L+L/Bilanz Erfolgsrechnung/Warenaufwand	32			**330**
				390	390	358	358

■ Beispiel 2 — Warenverkauf

Alle mit dem Warenverkauf zusammenhängenden Geschäftsfälle werden auf dem Konto **Warenertrag** verbucht. (Geschäftsverkehr summarisch in Kurzzahlen.)

Nr.	Geschäftsfall		Buchung	Forderungen L+L		Warenertrag	
1	Anfangsbestand Forderungen L+L	70	Forderungen L+L/Bilanz	70			
2	Warenverkäufe gegen Rechnung	560	Forderungen L+L/Warenertrag	560			560
3	Gutschriften an Kunden für nachträglich gewährte Rabatte	30	Warenertrag/Forderungen L+L		30	30	
4	Gutschriften an Kunden für Rücknahmen mangelhafter Waren	20	Warenertrag/Forderungen L+L		20	20	
5	Barzahlung von Versandfrachten zulasten des Verkäufers	7	Forderungen L+L/Kasse			7	
6	Zahlung von Kunden: ▶ Skontoabzüge ▶ Bankzahlungen	3 487	Warenertrag/Forderungen L+L Bankguthaben/Forderungen L+L		3 487	3	
7	Abschluss		Bilanz/Forderungen L+L Warenertrag/Erfolgsrechnung		90		**500**
				630	630	560	560

Rabatte und Skonti werden auf der nächsten Doppelseite erläutert.

Einkauf, Verkauf und Vorräte 31

Rabatte werden vor allem gewährt als:
- Mengenrabatt bei Bezug von grossen Mengen
- Mängelrabatt bei mangelhafter Lieferung
- Wiederverkaufsrabatt bei Lieferungen an Händler
- Sonderrabatt zur Absatzförderung bei besonderen Gelegenheiten (z. B. Geschäftseröffnung, Firmenjubiläum, Liquidationen, Dorffest, Frühlingsbeginn, Januarloch)

Die Rabatte werden auf den Rechnungen ausgewiesen, und sowohl bei Wareneinkäufen als auch bei Warenverkäufen wird nach Möglichkeit immer der Nettobetrag nach Abzug des Rabatts verbucht, sodass die in Beispiel 1 gezeigte Rabattbuchung eher selten ist und nur bei nachträglich gewährten Rabatten vorkommt.

Der **Skonto** ist eine Belohnung für vorzeitige Bezahlung. Er wird in der Rechnung als Zahlungsbedingung erwähnt, aber er ist noch nicht abgezogen, weil der Schuldner ein Wahlrecht hat: Er kann die Rechnung vorzeitig unter Abzug von Skonto bezahlen, oder er kann die Rechnung später netto begleichen.

Das folgende Beispiel einer Lieferantenrechnung verdeutlicht den Unterschied zwischen Rabatt und Skonto:

■ **Beispiel 3** **Lieferantenrechnung mit Rabatt und Skonto**

Papierfabrik AG   Bergstrasse 27
                                                          5000 Aarau

                                    Bürobedarf GmbH
                                    Limmatstrasse 310
Aarau, 3. April 20_1   8005 Zürich

Rechnung Nr. 2338

10 000 Schreibblöcke A4 kariert

Bruttopreis (Listenpreis)	CHF –.50/Stück	CHF 5 000.–
./. 20% Mengenrabatt		CHF 1 000.–
Nettopreis (Rechnungsbetrag)		CHF 4 000.–

Zahlungsbedingungen:
- 10 Tage 2% Skonto
- 30 Tage netto

Einkauf, Verkauf und Vorräte 31

Die Buchungssätze für den Krediteinkauf und die Bezahlung der 10 000 Schreibblöcke in Beispiel 2 sind verschieden, je nachdem, ob der Käufer früher oder später bezahlt:

	Mit Skontoabzug (bei Zahlung innert 10 Tagen)	Ohne Skontoabzug (bei Zahlung innert 11 bis 30 Tagen)
Krediteinkauf	Warenaufwand/Verbindlichkeiten L+L 4 000	Warenaufwand/Verbindlichkeiten L+L 4 000
Zahlung	Verbindlichkeiten L+L/Warenaufwand 80 Verbindlichkeiten L+L/Bankguthaben 3 920	Verbindlichkeiten L+L/Bankguthaben 4 000

Der Käufer erhält im obigen Beispiel vom Lieferanten grundsätzlich einen Kredit für 30 Tage. Wenn er die Schuld schon nach 10 Tagen begleicht (also 20 Tage früher), kann er einen Skonto von 2 % abziehen.

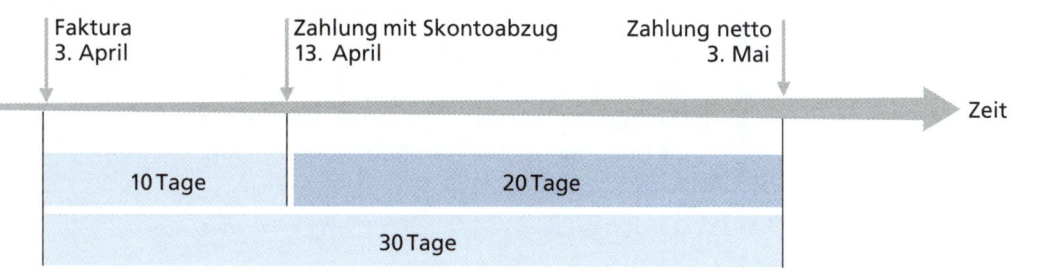

| Faktura | Zahlung mit Skontoabzug | Zahlung netto |
| 3. April | 13. April | 3. Mai |

10 Tage   20 Tage
30 Tage

Damit wird klar, dass der Skonto den Charakter eines Zinses hat, und es stellt sich die Frage, welcher **Zinsfuss** dieser Skontogewährung zugrunde liegt. Da sich die Zinsfüsse normalerweise auf ein Jahr beziehen, muss der Skonto auf ein ganzes Jahr umgerechnet werden:

| Zinsfuss (Skonto) für 20 Tage | 2 % |
| Zinsfuss für 360 Tage (Jahreszinsfuss) | 36 % |

$$\frac{2\% \cdot 360 \text{ Tage}}{20 \text{ Tage}} = 36\% \text{ p.a.}$$

Für den Kunden lohnt es sich meist, den Skonto abzuziehen, weil der zugrunde liegende Jahreszinsfuss in der Regel hoch ist.

Auf der anderen Seite bietet ein Lieferant den Skonto aus folgenden Gründen an:

▶ Der Lieferant braucht dringend Geld und kann dies nicht anderweitig beschaffen, weil seine Bonität zu gering ist.
▶ Der Lieferant versucht mit der Skontogewährung, das Kundenrisiko (Risiko, dass der Kunde nicht zahlt) zu vermindern.
▶ Die Gewährung von Skonto kann branchenüblich sein (z. B. Baubranche).

Wegen des hohen Zinsfusses ist der Skonto heutzutage nicht mehr verbreitet.

Bestandesänderungen im Warenvorrat

Obwohl sich die Vorräte in einem Handelsbetrieb laufend verändern, werden die Bestandesänderungen in der Buchhaltung erst am Ende jeder Rechnungsperiode (meist Ende Jahr) erfasst. **Das Warenvorratskonto wird damit zum ruhenden Konto.** Dies bedeutet:

▶ Nach der Eröffnung des Kontos Warenvorrat werden unter dem Jahr keine Buchungen mehr auf diesem Konto vorgenommen (das Konto ruht).

▶ Am Jahresende ist das Konto Warenvorrat durch eine Korrekturbuchung anzupassen. Dabei gelten folgende Regeln:

1. Am Jahresende wird der neue Bestand aufgrund des Wareninventars[1] ermittelt und im Konto Warenvorrat als Schlussbestand (Saldo) eingetragen.
2. Die Bestandesänderung wird im Konto Warenvorrat als Differenz zwischen dem Anfangs- und dem Schlussbestand ermittelt.
3. Die Bestandesänderung wird als Korrekturbuchung im Konto Warenvorrat und als Gegenkonto im Warenaufwand erfasst.

---

[1] Bei der Inventur werden Ende Jahr alle Waren gezählt, gemessen oder gewogen. Durch Multiplikation der Lagermengen mit den entsprechenden Einstandspreisen ergibt sich der Wert des Warenvorrats. Das detaillierte Verzeichnis aller Waren mit Mengen und Einstandspreisen heisst Wareninventar.

Einkauf, Verkauf und Vorräte — 31

Bei den Bestandesänderungen sind drei Fälle zu unterscheiden:

Bestandesänderungen im Warenvorrat

Fall 1: Keine Vorratsänderung

Wurden alle eingekauften Waren innerhalb des gleichen Jahres wieder verkauft, so verändert sich der Warenvorrat nicht, weshalb am Jahresende keine Korrekturbuchung notwendig ist.

Korrekturbuchung:
Keine Buchung

Fall 2: Vorratszunahme

Wurden mehr Waren eingekauft als verkauft, ergibt sich aufgrund des Wareninventars Ende Jahr eine Zunahme des Warenvorrats.

Die nicht verkauften Waren stellen keinen Warenaufwand dar, sondern sind als Vorratszunahme zu aktivieren.

Korrekturbuchung:
Warenvorrat/Warenaufwand

Fall 3: Vorratsabnahme

Wurden mehr Waren verkauft als eingekauft, so ergibt sich aufgrund des Wareninventars Ende Jahr eine Abnahme des Warenvorrats.

Die Vorratsabnahme stellt einen zusätzlichen Warenaufwand dar.

Korrekturbuchung:
Warenaufwand/Warenvorrat

In Beispiel 4 werden diese drei Fälle mit summarischen Zahlen erläutert.

■ **Beispiel 4**   **Bestandesänderungen**

A. Schmidlin kauft das Trendgetränk BLUE DOG von einer Getränkefabrik für CHF 2.–/Dose ein und verkauft es an schweizerische Diskotheken für CHF 3.–/Dose.

Einstandspreis je Dose	CHF 2.–
+ Bruttogewinnzuschlag je Dose[1]	CHF 1.–
= Verkaufspreis je Dose	CHF 3.–

Die Einkäufe und Verkäufe werden zur Vereinfachung gegen bar abgewickelt.

---

[1] Der Bruttogewinn dient dem Händler zur Deckung der allgemeinen Aufwände wie Personal, Miete, Abschreibungen oder Zinsen sowie zur Erzielung eines Reingewinns.

Einkauf, Verkauf und Vorräte 31

Fall 1: Keine Vorratsänderung

Datum	Geschäftsfall	Buchung	Warenvorrat		Warenaufwand		Warenertrag	
01.01.	Anfangsbestand Warenvorrat 2 000 Dosen	Warenvorrat/Bilanz	4 000					
Diverse	Wareneinkäufe 6 000 Dosen	Warenaufwand/Kasse			12 000			
Diverse	Warenverkäufe 6 000 Dosen	Kasse/Warenertrag						18 000
31.12.	Schlussbestand Warenvorrat 2 000 Dosen	Bilanz/Warenvorrat		4 000				
31.12.	Saldo Warenaufwand	ER/Warenaufwand				12 000		
31.12.	Saldo Warenertrag	Warenertrag/ER					18 000	
			4 000	4 000	12 000	12 000	18 000	18 000

Fall 2: Vorratszunahme

Datum	Geschäftsfall	Buchung	Warenvorrat		Warenaufwand		Warenertrag	
01.01.	Anfangsbestand Warenvorrat 2 000 Dosen	Warenvorrat/Bilanz	4 000					
Diverse	Wareneinkäufe 6 000 Dosen	Warenaufwand/Kasse			12 000			
Diverse	Warenverkäufe 5 000 Dosen	Kasse/Warenertrag						15 000
31.12.	**Korrekturbuchung** Vorratszunahme 1 000 Dosen	**Warenvorrat/Warenaufwand**	2 000			2 000		
31.12.	Schlussbestand Warenvorrat 3 000 Dosen	Bilanz/Warenvorrat		6 000				
31.12.	Saldo Warenaufwand	ER/Warenaufwand				10 000		
31.12.	Saldo Warenertrag	Warenertrag/ER					15 000	
			6 000	6 000	12 000	12 000	15 000	15 000

Fall 3: Vorratsabnahme

Datum	Geschäftsfall	Buchung	Warenvorrat		Warenaufwand		Warenertrag	
01.01.	Anfangsbestand Warenvorrat 2 000 Dosen	Warenvorrat/Bilanz	4 000					
Diverse	Wareneinkäufe 6 000 Dosen	Warenaufwand/Kasse			12 000			
Diverse	Warenverkäufe 7 000 Dosen	Kasse/Warenertrag						21 000
31.12.	**Korrekturbuchung** Vorratsabnahme 1 000 Dosen	**Warenaufwand/Warenvorrat**			2 000	2 000		
31.12.	Schlussbestand Warenvorrat 1 000 Dosen	Bilanz/Warenvorrat		2 000				
31.12.	Saldo Warenaufwand	ER/Warenaufwand				14 000		
31.12.	Saldo Warenertrag	Warenertrag/ER					21 000	
			4 000	4 000	14 000	14 000	21 000	21 000

Einkauf, Verkauf und Vorräte — 31

Grafisch können die Konten Warenvorrat und Warenaufwand mit den Zahlen von Beispiel 4 wie folgt dargestellt werden (die Grössenverhältnisse sind nicht massstäblich):

Fall 1: Keine Vorratsänderung

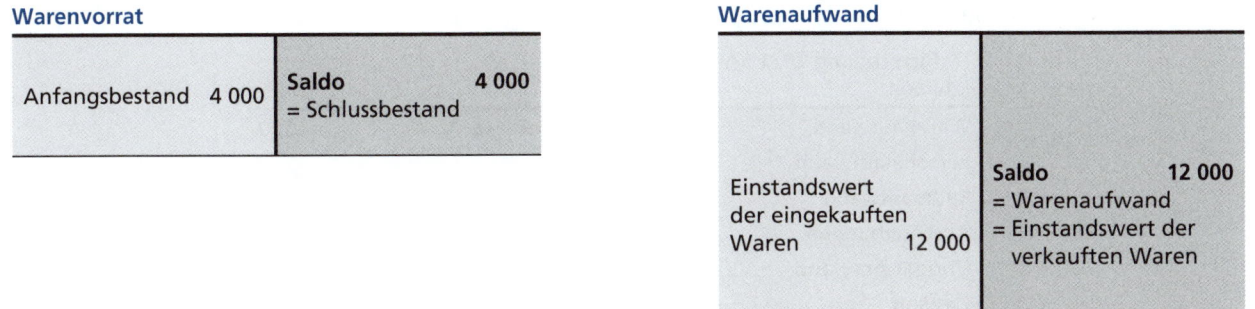

Warenvorrat

Anfangsbestand 4 000	Saldo 4 000 = Schlussbestand

Warenaufwand

Einstandswert der eingekauften Waren 12 000	Saldo 12 000 = Warenaufwand = Einstandswert der verkauften Waren

Fall 2: Vorratszunahme

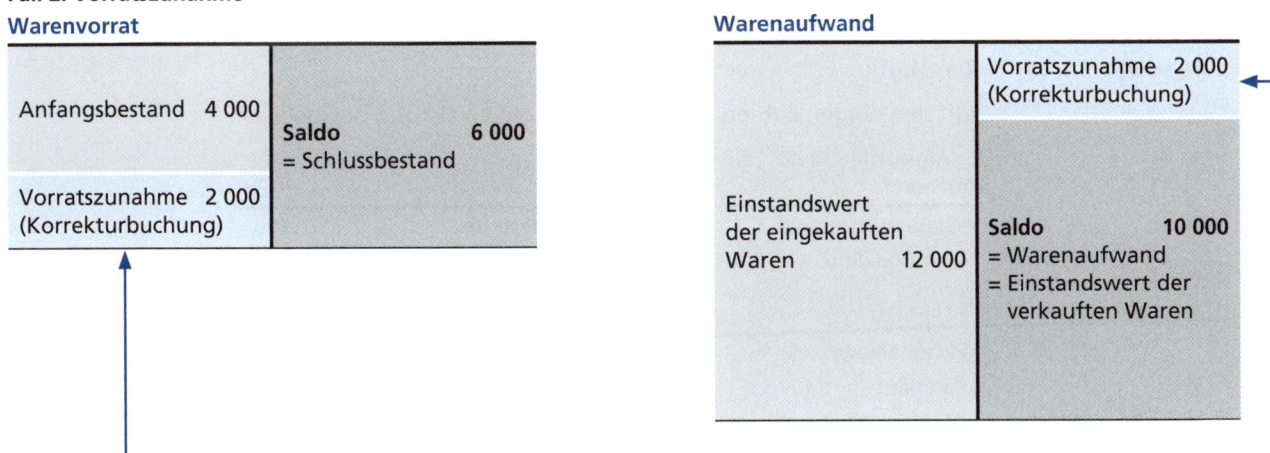

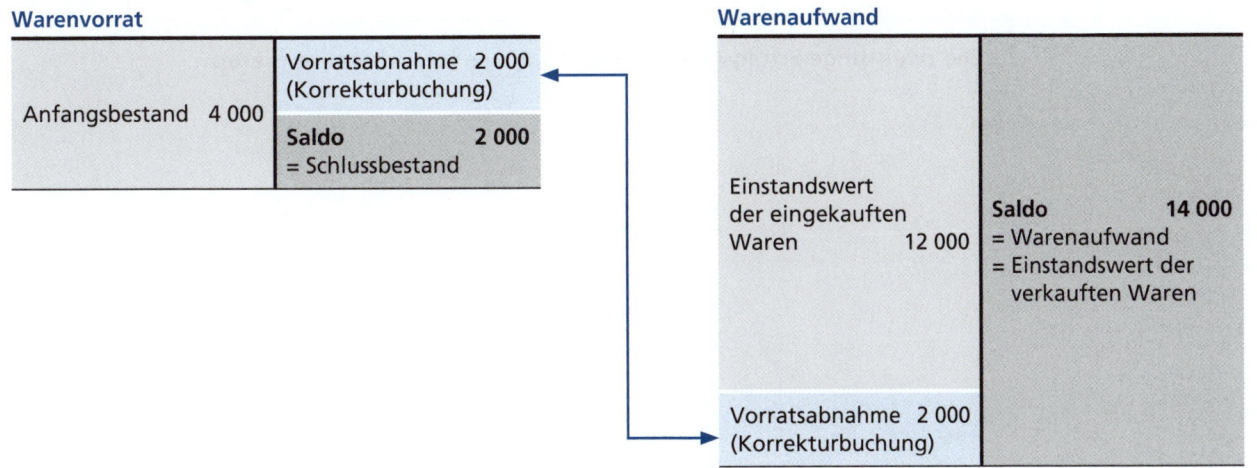

Warenvorrat

Anfangsbestand 4 000	Saldo 6 000 = Schlussbestand
Vorratszunahme 2 000 (Korrekturbuchung)	

Warenaufwand

	Vorratszunahme 2 000 (Korrekturbuchung)
Einstandswert der eingekauften Waren 12 000	Saldo 10 000 = Warenaufwand = Einstandswert der verkauften Waren

Fall 3: Vorratsabnahme

Warenvorrat

Anfangsbestand 4 000	Vorratsabnahme 2 000 (Korrekturbuchung)
	Saldo 2 000 = Schlussbestand

Warenaufwand

Einstandswert der eingekauften Waren 12 000	Saldo 14 000 = Warenaufwand = Einstandswert der verkauften Waren
Vorratsabnahme 2 000 (Korrekturbuchung)	

Bruttogewinn und zweistufige Erfolgsrechnung

Die Salden aller Aufwands- und Ertragskonten werden beim Abschluss auf die Erfolgsrechnung übertragen. Als Ergebnis ergibt sich ein Gewinn oder Verlust. (Die Zahlen nehmen keinen Bezug zu früheren Beispielen.)

Erfolgsrechnung 20_1 (in CHF 1 000.–)

Aufwand		Ertrag	
Warenaufwand	300	Warenertrag	500
Personalaufwand	100		
Raumaufwand	30		
Abschreibungen	10		
Übriger Aufwand	40		
Gewinn	**20**		
	500		500

Für eine vertiefte Analyse des Ergebnisses ist es für einen Handelsbetrieb sinnvoll, die Erfolgsrechnung in zwei Stufen zu unterteilen und als Zwischenergebnis den Bruttogewinn auszuweisen:

■ **Beispiel 5** **Zweistufige Erfolgsrechnung**

Mit den obigen Zahlen lässt sich der Erfolg zweistufig nachweisen:

Erfolgsrechnung 20_1 (in CHF 1 000.–)

Aufwand		Ertrag		
Warenaufwand	300	Warenertrag	500	
Bruttogewinn	**200**			1. Stufe = Bruttogewinn
	500		500	
Personalaufwand (Gemeinaufwand)	100	Bruttogewinn	200	
Raumaufwand	30			
Abschreibungen	10			2. Stufe = Reingewinn
Übriger Aufwand	40			
Reingewinn[1]	**20**			
	200		200	

Die zweistufige Erfolgsrechnung lässt sich wie folgt charakterisieren:

[1] Zur besseren Unterscheidung gegenüber dem Bruttogewinn wird der Gewinn oft auch als **Reingewinn** (im Sinne von Nettogewinn) bezeichnet.

Einkauf, Verkauf und Vorräte **31**

1. Stufe Aus der Gegenüberstellung von Warenertrag und Warenaufwand ergibt sich auf der ersten Stufe der **Bruttogewinn**. Er dient zur Deckung des Gemeinaufwands und ist eine zentrale Grösse bei der Beurteilung der Kosten- und Preispolitik einer Handelsunternehmung.

2. Stufe Der Bruttogewinn steht als Ergebnis der ersten Stufe im Soll. Als Ausgangsgrösse für die zweite Stufe wird er im Haben vorgetragen.

Die zweite Stufe zeigt, ob der Bruttogewinn ausreicht, um die Gemeinaufwände zu decken und darüber hinaus einen angemessenen **Reingewinn** zu erzielen.

Unter **Gemeinaufwand** werden jene Aufwände zusammengefasst, die ohne unmittelbaren Zusammenhang mit einem konkreten Warengeschäft gemeinsam für alle Waren entstehen, zum Beispiel der Personalaufwand, Raumaufwand, Verwaltungsaufwand, Zinsaufwand oder Abschreibungsaufwand.

Kontoform und Berichtsform der zweistufigen Erfolgsrechnung

Auf der linken Seite wurde die zweistufige Erfolgsrechnung im Sinne der doppelten Buchhaltung in Form eines Kontos dargestellt (= Kontoform). Allerdings werden in der Praxis zweistufige Erfolgsrechnungen der Einfachheit halber meist in Form eines staffelförmigen Berichts ausgewiesen (= Berichtsform):

Erfolgsrechnung (in CHF 1 000.–)

Warenertrag	500	
./. Warenaufwand	– 300	1. Stufe = Bruttogewinn
= **Bruttogewinn**	**200**	
./. Personalaufwand	– 100	
./. Raumaufwand	– 30	
./. Abschreibungen	– 10	2. Stufe = Reingewinn
./. Übriger Aufwand	– 40	
= **Reingewinn**	**20**	

Gemeinaufwand { Personalaufwand, Raumaufwand, Abschreibungen, Übriger Aufwand }

Einkauf, Verkauf und Vorräte — 31

Exkurs

Laufende Lagerführung

Bisher wurde der **Warenvorrat als ruhendes Konto** geführt. Diese bei KMUs sehr verbreitete Buchungsmethode zeichnet sich durch folgende Merkmale aus:

- Die Wareneinkäufe werden als Warenaufwand erfasst, da sie zum anschliessenden Weiterverkauf bestimmt sind.
- Unter dem Jahr erfolgen auf dem Warenvorrat keine Buchungen. Ende Jahr wird der Schlussbestand des Warenvorrats durch Inventur festgestellt.
- Die Bestandesänderung im Warenvorrat führt zu einer Korrekturbuchung.

In grösseren Betrieben kommt oft eine zweite Verbuchungsmethode für den Warenverkehr zum Einsatz, die **laufende (permanente) Lagerführung**:

- Die Wareneinkäufe werden als Zunahme des Warenvorrats verbucht.
- Die Warenverkäufe bewirken nebst dem Warenertrag auch eine Abnahme des Warenvorrats, die als Warenaufwand erfasst wird.
- Weil der Warenvorrat durch die Verbuchung von Wareneingängen und Warenausgängen laufend nachgeführt wird, ist der aktuelle Lagerbestand jederzeit auf dem Warenvorratskonto sichtbar.

Die Unterschiede zwischen den beiden Systemen werden anhand von Beispiel 6 erläutert.

Einkauf, Verkauf und Vorräte — 31

■ Beispiel 6 Methoden zur Führung der Warenkonten

D. Fluder kauft einen Artikel zum Einstandspreis von CHF 5.–/Stück und verkauft ihn zum Verkaufspreis von CHF 8.–/Stück weiter.

Lösung 1 Warenvorrat als ruhendes Konto
Verbuchung der Wareneinkäufe als Warenaufwand

Datum	Geschäftsfall	Buchung	Warenvorrat		Warenaufwand		Warenertrag	
01.01.	Anfangsbestand 100 Stück	Warenvorrat/Bilanz	500					
15.01.	Krediteinkauf 1 000 Stück	Warenaufwand/Verbindlichkeiten L+L			5 000			
23.01.	Kreditverkauf 800 Stück	Forderungen L+L/Warenertrag					6 400	
31.01.	Korrekturbuchung Vorratszunahme 200 Stück	Warenvorrat/Warenaufwand	1 000			1 000		
31.01.	Warenvorrat gemäss Inventar 300 Stück	Bilanz/Warenvorrat		1 500				
	Saldo Warenaufwand	ER/Warenaufwand				4 000		
	Saldo Warenertrag	Warenertrag/ER					**6 400**	
			1 500	1 500	5 000	5 000	6 400	6 400

Lösung 2 Laufende Lagerführung
Verbuchung der Wareneinkäufe als Warenvorratszunahme

Datum	Geschäftsfall	Buchung	Warenvorrat		Warenaufwand		Warenertrag	
01.01.	Anfangsbestand 100 Stück	Warenvorrat/Bilanz	500					
15.01.	Krediteinkauf 1 000 Stück	Warenvorrat/Verbindlichkeiten L+L	5 000					
23.01.	Kreditverkauf 800 Stück	Forderungen L+L/Warenertrag					6 400	
	Verbrauch (= Abnahme des Warenvorrats) 800 Stück	Warenaufwand/Warenvorrat		4 000	4 000			
31.01.	Schlussbestand 300 Stück	Bilanz/Warenvorrat		1 500				
	Saldo Warenaufwand	ER/Warenaufwand				4 000		
	Saldo Warenertrag	Warenertrag/ER					**6 400**	
			5 500	5 500	4 000	4 000	6 400	6 400

Einkauf, Verkauf und Vorräte 31

Die beiden Methoden zur Verbuchung des Warenverkehrs lassen sich wie folgt charakterisieren:

Buchungsmethoden

Warenvorrat als ruhendes Konto

Die **Einkäufe** werden gesamthaft (in einem Betrag für den gesamten Einkauf) als **Warenaufwand** verbucht, was buchhalterisch dann richtig ist, wenn angenommen werden kann, dass die eingekauften Artikel in der gleichen Geschäftsperiode wieder veräussert werden.

Das Warenvorratskonto ist ein **ruhendes Konto**, weshalb der aktuelle Lagerbestand nicht aus der Buchhaltung ersichtlich ist.

Die Verkäufe werden nicht einzeln gebucht, sondern z. B. am Ende eines Tages anhand des Kassastreifens mit einer Buchung gesamthaft erfasst. Dabei muss der Warenaufwand nicht mehr gebucht werden, da dies ja schon beim Einkauf geschah:

▶ Kasse/Warenertrag (Verkaufswert gesamthaft)

Am Jahresende muss der Warenvorrat mithilfe der Inventur ermittelt werden. Zu- oder Abnahmen des Warenvorrats gegenüber dem Anfangsbestand müssen mittels **Korrekturbuchung** erfasst werden:

▶ Vorratszunahme: Warenvorrat/Warenaufwand
▶ Vorratsabnahme: Warenaufwand/Warenvorrat

Der Vorteil dieses Systems ist:

▶ Die Anzahl Buchungen und damit der Arbeitsaufwand ist gering.

Laufende Lagerführung (Warenvorrat laufend nachgeführt)

Die **Einkäufe** werden einzeln (artikelweise) als Zunahme des **Warenvorrats** verbucht.

Das Warenvorratskonto verändert sich nach jedem Einkauf um den entsprechenden Einstandswert, und der aktuelle (Soll-)Warenbestand[1] ist jederzeit aus der Buchhaltung ersichtlich.

Die Verkäufe führen für jeden einzelnen Artikel zu zwei Buchungen:

▶ Flüssige Mittel/Warenertrag (Verkaufspreis)
▶ Warenaufwand/Warenvorrat (Einstandspreis)

Das Konto Warenvorrat zeigt laufend den aktuellen Bestand, weshalb am Jahresende keine Korrekturbuchung nötig ist.

Die Vorteile dieses Systems sind:

▶ Das Konto Warenvorrat zeigt jederzeit den aktuellen Soll-Bestand. Dieser wird während des Jahres von Zeit zu Zeit durch physisches Zählen (Inventur) mit dem effektiven Bestand verglichen. Allfällige Differenzen werden sofort analysiert und verbucht.
▶ Da für jeden Artikel alle Ein- und Verkäufe einzeln erfasst wurden, sind umfangreiche Analysen bezüglich Umsätzen und Margen möglich.

---

[1] Das ist der Bestand, der gemäss Buchhaltung im Lager effektiv vorhanden sein sollte.

Anmerkungen zur laufenden Lagerführung

Wareneinkauf

Trifft eine Lieferung beim Händler ein, muss diese unverzüglich geprüft werden (so genannte **Wareneingangskontrolle**):

- Entspricht die gelieferte Ware der bestellten Ware?
- Ist die gelieferte Menge gleich gross wie die auf dem Lieferschein vermerkte Menge?
- Stimmt die Qualität?

Anschliessend sind für jeden Artikel folgende Daten im IT-System zu erfassen:

- Artikel-Nr.
- Menge
- Einstandspreis

Um den zeit- und kostenintensiven Kontroll- und Erfassungsprozess zu vereinfachen, werden Bestellungen oft elektronisch ausgelöst und dem Lieferanten via Internet übermittelt. Der Lieferant sendet seine Lieferdaten wiederum elektronisch an den Besteller zurück. Anschliessend muss die Eingangskontrolle zwar vom Händler trotzdem durchgeführt werden, aber die Erfassung der Daten für die gelieferte Ware erfolgt wiederum automatisch. Der Fachausdruck für solche Internet-Lösungen heisst **b2b (business-to-business)**.

Warenverkauf

In gut organisierten Handelsbetrieben werden auch die Verkäufe elektronisch erfasst, zum Beispiel an der Ladenkasse durch einen **Scanner**, der den **Strichcode** auf dem Artikel abtastet. Im IT-System sind für den gescannten Artikel die Verkaufs- und Einstandspreise hinterlegt, sodass die beiden Buchungen automatisch ausgeführt werden können:

- Für die Ermittlung des Warenertrages wird die verkaufte Menge mit dem Verkaufspreis multipliziert. Buchungssatz: Kasse/Warenertrag.
- Für die Ermittlung des Warenaufwandes wird die verkaufte Menge mit dem Einstandspreis multipliziert. Buchungssatz: Warenaufwand/Warenvorrat.

Einkauf, Verkauf und Vorräte 31

Schwankungen der Einstandspreise

In den Schulbeispielen dieses Lehrbuchs wird der Einstandspreis nicht verändert, um den Rechenaufwand in Grenzen zu halten. In der Praxis ist es allerdings so, dass die Einstandspreise im Verlaufe der Zeit tendenziell eher steigen (z. B. infolge Erhöhung der Material- oder Personalkosten beim Lieferanten) und in einigen Fällen auch fallen (z. B. infolge technologischer Entwicklung im IT-Bereich oder wegen günstiger Wechselkursveränderungen).

In der Warenbuchhaltung können Einstandspreisschwankungen auf verschiedene Weise berücksichtigt werden:

▶ Am einfachsten ist es, wenn das IT-System nach jeder Lieferung den neuen **durchschnittlichen Einstandspreis** berechnet und die Verkäufe dann zu diesem Durchschnittswert als Warenaufwand erfasst werden.

Beispiel: Bisher liegen von einem Artikel 100 Stück zum Einstandspreis von CHF 5.–/Stück an Lager. Neu dazu kommt ein Einkauf von 400 Stück zu CHF 6.–/Stück. Der neue durchschnittliche Einstandspreis beträgt CHF 5.80/Stück.[1] Ein Verkauf von 100 Stück würde demnach zu einem Warenaufwand von CHF 580.– führen (100 Stück • CHF 5.80/Stück).

▶ Es ist auch möglich, die Warenausgänge (Verkäufe) in der gleichen Reihenfolge wie die Wareneingänge (Einkäufe) zu bearbeiten. Die zuerst gelieferten Stücke werden rechnerisch auch zuerst wieder verkauft. Diese Methode heisst FIFO (first in – first out). Mit den Zahlen von vorher ergäbe sich nach der **FIFO-Methode** ein Warenaufwand von CHF 500.– (100 Stück • CHF 5.–/Stück).

Inventurdifferenzen

Ein weiteres Problem stellen in der Praxis die Inventurdifferenzen dar. Das sind Abweichungen zwischen den Beständen, die durch konkretes Zählen im Lager ermittelt wurden (so genannte Inventur), und den Beständen laut Buchhaltung. Mögliche Ursachen für solche Unterschiede sind:

▶ Fehlerhafte Buchungen
▶ Diebstahl
▶ Schwund[2]

Die Inventurbuchungen sind meistens negativ, d. h., die Inventur ergibt eine kleinere Menge, als die Buchhaltung aufweist (so genanntes **Inventarmanko**). Sie müssen deshalb vom Lagerbestand abgebucht werden:

Buchungssatz: Warenaufwand/Warenvorrat.

---

[1] 100 Stück • CHF 5.– = CHF 500.–
   400 Stück • CHF 6.– = CHF 2 400.–
   500 Stück   CHF 2 900.–
   Durchschnittspreis = CHF 2 900.– : 500 Stück = CHF 5.80

[2] Unter Schwund versteht man das bei längerer Lagerung durch natürliche Einflüsse bewirkte allmähliche Abnehmen des Gewichtes oder des Volumens von Vorräten, z. B. bei Backwaren, Früchten, Käse oder Flüssigkeiten.

31 Einkauf, Verkauf und Vorräte

b) Produktionsbetrieb

Ein Handelsbetrieb kauft Waren ein und verkauft diese unverändert weiter. Der Produktionsbetrieb ist komplexer: Material wird eingekauft und unter Einsatz von Arbeitskräften und Maschinen zu neuen Produkten verarbeitet.

Für die Erfassung der Vorräte werden drei verschiedene Konten benötigt:

Vorratskonten im Produktionsbetrieb

Materialvorrat	Unfertige Erzeugnisse[1]	Fertige Erzeugnisse
Das sind die Vorräte an Grundmaterialien, aus denen ein Produkt hergestellt wird (z. B. das Holz in einer Schreinerei).	Das sind die Bestände an teilweise fertig gestellten Erzeugnissen, die sich noch in den Fabrikationshallen befinden (z. B. angefangene, unfertige Möbel in einer Schreinerei).	Das sind selbst hergestellte, ganz fertig gestellte Erzeugnisse, die zum Verkauf bereit stehen (z. B. fertige Möbel in einer Schreinerei).
Materialvorräte werden grundsätzlich zu **Einstandspreisen** bewertet und gleich verbucht wie die Warenvorräte im Handelsbetrieb.	Der Bestand an unfertigen Erzeugnissen wird durch Inventur festgestellt und zu **Herstellkosten**[2] bewertet.	Der Bestand an fertigen Erzeugnissen wird durch Inventur festgestellt und zu **Herstellkosten**[2] bewertet.
Bestandeskorrekturen erfolgen zu Einstandspreisen über das **Aufwandskonto Materialaufwand**.	Bestandeskorrekturen erfolgen zu Herstellkosten über das **Ertragskonto Bestandesänderungen** (an unfertigen Erzeugnissen).[3]	Bestandeskorrekturen erfolgen zu Herstellkosten über das **Ertragskonto Bestandesänderungen** (an fertigen Erzeugnissen).[3]
Beispiel Vorratszunahme: **Materialvorrat/ Materialaufwand**	Beispiel Vorratszunahme: **Unfertige Erzeugnisse/ Bestandesänderungen**	Beispiel Vorratszunahme: **Fertige Erzeugnisse/ Bestandesänderungen**

---

[1] In einigen Branchen (z. B. in Dienstleistungsbetrieben) werden die begonnenen, noch nicht abgeschlossenen Arbeiten auch als **nicht fakturierte Dienstleistungen** bezeichnet.

[2] Die **Herstellkosten** bestehen aus Materialkosten und Fertigungskosten. Die Herstellkosten enthalten nebst dem verbrauchten Material auch die für die Herstellung der Produkte angefallenen Lohnkosten, Raumkosten, Abschreibungen oder Zinsen. Alle für die Verwaltung und den Vertrieb anfallenden Kosten gehören nicht zu den Herstellkosten.

	Materialkosten
+	Fertigungskosten
=	**Herstellkosten**
+	Verwaltungs- und Vertriebskosten
=	**Selbstkosten**

Ausführlich erklärt wird der Produktionsbetrieb im Lehrbuch von Leimgruber/Prochinig: Das Rechnungswesen als Führungsinstrument, Teil 3: Kostenrechnung.

[3] Vereinfachend wird für die Bestandesänderungen an unfertigen und fertigen Erzeugnissen oft nur ein einziges Konto *Bestandesänderungen* verwendet (Konto 3900 im Kontenrahmen KMU).

32

Offenposten-Buchhaltung

Ordner für offene und bezahlte Rechnungen

| Offene Kundenrechnungen | Offene Lieferantenrechnungen | Bezahlte Kundenrechnungen | Bezahlte Lieferantenrechnungen |

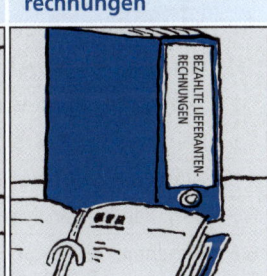

In diesen Ordnern werden alle unbezahlten (offenen) Rechnungen abgelegt.

Die Ein- und Ausgangsfakturen werden nicht verbucht, sondern nur im Ordner abgelegt.

Gutschriften für Rücknahmen bzw. Rücksendungen, Rabatte und Skonti werden mit den Rechnungen zusammengeheftet bzw. auf den Rechnungen in Abzug gebracht.

Bei der Zahlung wird die Rechnung aus dem Ordner genommen, …

→ … als bezahlt gekennzeichnet und in den Ordnern für bezahlte Rechnungen abgelegt.

Bei der Zahlung wird der Verkauf bzw. der Einkauf wie ein Bargeschäft verbucht:
- ▶ Wareneinkauf: Warenaufwand/Flüssige Mittel
- ▶ Warenverkauf: Flüssige Mittel/Warenertrag

Die Forderungen L+L und Verbindlichkeiten L+L sind ruhende Konten, d. h., während des Jahres wird auf diesen Konten nicht gebucht.

Am Jahresende werden im Rahmen der Inventur die offenen Rechnungen zusammengezählt, was die Bestände aus Forderungen L+L und Verbindlichkeiten L+L in der Schlussbilanz ergibt.

Die Bestandesänderungen an offenen Rechnungen gegenüber dem Jahresanfang sind wie folgt zu verbuchen:

Bestandesänderungen	Forderungen L+L	Verbindlichkeiten L+L
Bestandeszunahme	Forderungen L+L/Warenertrag	Warenaufwand/Verbindlichkeiten L+L
Bestandesabnahme	Warenertrag/Forderungen L+L	Verbindlichkeiten L+L/Warenaufwand

Offenposten-Buchhaltung 32

Beispiel 1 Vergleich zwischen Führung des Kontos Forderungen L+L und Offenposten-Buchhaltung

		Mit Führung des Kontos Forderungen L+L			
Nr.	Geschäftsfall	Buchung		Forderungen L+L	Warenertrag
1	Anfangsbestand Forderungen L+L (8 000)	Forderungen L+L / Bilanz		8 000	
2	Bankzahlungen von Kunden (6 000)	Bankguthaben / Forderungen L+L			6 000
3a	Warenverkauf auf Kredit (3 000)	Forderungen L+L / Warenertrag		3 000		3 000
b	Rücknahme mangelhafter Ware (700)	Warenertrag / Forderungen L+L		700	700
c	Nachträglich gewährter Rabatt (300)	Warenertrag / Forderungen L+L		300	300
d	Skonto 2 % auf Rechnungsbetrag (40)	Warenertrag / Forderungen L+L		40	40
e	Bankzahlung Restbetrag (1 960)	Bankguthaben / Forderungen L+L		1 960	
4	Warenverkäufe auf Kredit (15 000)	Forderungen L+L / Warenertrag		15 000		15 000
5	Bankzahlungen von Kunden (12 000)	Bankguthaben / Forderungen L+L		12 000	
6	Abnahme des Bestandes an Forderungen L+L gegenüber Anfangsbestand (3 000)	keine Buchung			
7a	Schlussbestand auf Bilanz	Bilanz / Forderungen L+L		5 000	
b	Saldo auf Erfolgsrechnung	Warenertrag / ER			16 960
				26 000	26 000	18 000	18 000

Beispiel 2 Vergleich zwischen Führung des Kontos Verbindlichkeiten L+L und Offenposten-Buchhaltung

		Mit Führung des Kontos Verbindlichkeiten L+L			
Nr.	Geschäftsfall	Buchung		Verbindlichkeiten L+L	Warenaufwand
1	Anfangsbestand Verbindlichkeiten L+L (6 000)	Bilanz / Verbindlichkeiten L+L			6 000
2	Bankzahlungen an Lieferanten (5 000)	Verbindlichkeiten L+L / Bankguthaben		5 000	
3a	Wareneinkauf auf Kredit (4 000)	Warenaufwand / Verbindlichkeiten L+L			4 000	4 000
b	Rückgabe mangelhafter Waren (600)	Verbindlichkeiten L+L / Warenaufwand		600		600
c	Nachträglich erhaltener Rabatt (400)	Verbindlichkeiten L+L / Warenaufwand		400		400
d	Skonto 2 % auf Rechnungsbetrag (60)	Verbindlichkeiten L+L / Warenaufwand		60		60
e	Bankzahlung Restbetrag (2 940)	Verbindlichkeiten L+L / Bankguthaben		2 940	
4	Wareneinkäufe auf Kredit (9 000)	Warenaufwand / Verbindlichkeiten L+L			9 000	9 000
5	Bankzahlungen an Lieferanten (8 000)	Verbindlichkeiten L+L / Bankguthaben		8 000	
6	Abnahme des Bestandes an Verbindlichkeiten L+L gegenüber Anfangsbestand (4 000)	keine Buchung			
7a	Schlussbestand auf Bilanz	Verbindlichkeiten L+L / Bilanz		2 000	
b	Saldo auf Erfolgsrechnung	ER / Warenaufwand			11 940
				19 000	19 000	13 000	13 000

Offenposten-Buchhaltung 32

Nr.	Geschäftsfall	Mit Offenposten-Buchhaltung Buchung		Forderungen L+L		Warenertrag	
1	Anfangsbestand Forderungen L+L (8 000)	Forderungen L+L /	Bilanz	8 000			
2	Bankzahlungen von Kunden (6 000)	Bankguthaben /	Warenertrag				6 000
3a	Warenverkauf auf Kredit (3 000)	keine Buchung					
b	Rücknahme mangelhafter Ware (700)	keine Buchung					
c	Nachträglich gewährter Rabatt (300)	keine Buchung					
d	Skonto 2 % auf Rechnungsbetrag (40)	keine Buchung					
e	Bankzahlung Restbetrag (1 960)	Bankguthaben /	Warenertrag				1 960
4	Warenverkäufe auf Kredit (15 000)	keine Buchung					
5	Bankzahlungen von Kunden (12 000)	Bankguthaben /	Warenertrag				12 000
6	Abnahme der Forderungen L+L gegenüber Anfangsbestand (3 000)	Warenertrag /	Forderungen L+L		3 000	3 000	
7a	Schlussbestand auf Bilanz	Bilanz /	Forderungen L+L[1]	5 000			
b	Saldo auf Erfolgsrechnung	Warenertrag /	ER			16 960	
				8 000	8 000	19 960	19 960

Nr.	Geschäftsfall	Mit Offenposten-Buchhaltung Buchung		Verbindlichkeiten L+L		Warenaufwand	
1	Anfangsbestand Verbindlichkeiten L+L (6 000)	Bilanz /	Verbindlichkeiten L+L		6 000		
2	Bankzahlungen an Verbindlichkeiten L+L (5 000)	Warenaufwand /	Bankguthaben			5 000	
3a	Wareneinkauf auf Kredit (4 000)	keine Buchung					
b	Rückgabe mangelhafter Waren (600)	keine Buchung					
c	Nachträglich erhaltener Rabatt (400)	keine Buchung					
d	Skonto 2 % auf Rechnungsbetrag (60)	keine Buchung					
e	Bankzahlung Restbetrag (2 940)	Warenaufwand /	Bankguthaben			2 940	
4	Wareneinkäufe auf Kredit (9 000)	keine Buchung					
5	Bankzahlungen an Lieferanten (8 000)	Warenaufwand /	Bankguthaben			8 000	
6	Abnahme des Verbindlichkeiten L+L gegenüber Anfangsbestand (4 000)	Verbindlichkeiten L+L /	Warenaufwand	4 000			4 000
7a	Schlussbestand auf Bilanz	Verbindlichkeiten L+L /	Bilanz[1]	2 000			
b	Saldo auf Erfolgsrechnung	ER /	Warenaufwand				11 940
				6 000	6 000	15 940	15 940

[1] Dieser Bestand muss am Jahresende durch Addition der offenen Rechnungen im entsprechenden Ordner ermittelt werden (sogenannte OP-Listen).

Offenposten-Buchhaltung

■ Variante   **Offenposten-Buchhaltung mit Rückbuchung**

Bei den offenen Posten wurden in den vorherigen Beispielen 1 und 2 jeweils Ende Jahr die Differenzen gegenüber dem Anfangsbestand verbucht. Diese Methode ist technisch vergleichbar mit der ruhenden Führung des Warenvorrats.

Alternativ können die offenen Posten nach Eröffnung des neuen Geschäftsjahrs zurückgebucht werden, wie dies bei den Rechnungsabgrenzungen üblich ist. Und Ende Jahr müssen die offenen Posten mit dem vollen Betrag eingebucht werden.

Wird die OP-Buchhaltung mit Rückbuchung geführt, ergibt sich mit denselben Geschäftsfällen wie in den Beispielen 1 und 2 folgendes Bild:

Forderungen L+L (OP-Buchhaltung)

Text	Sollbuchung	Habenbuchung	Forderungen L+L		Warenertrag	
Anfangsbestand			8 000			
Rückbuchung	Warenertrag	Forderungen L+L		8 000	8 000	
Bankzahlungen von Kunden	Bankguthaben	Warenertrag				6 000
Bankzahlungen von Kunden	Bankguthaben	Warenertrag				1 960
Bankzahlungen von Kunden	Bankguthaben	Warenertrag				12 000
Schlussbestand	Forderungen L+L	Warenertrag	5 000			5 000
Salden				5 000	16 960	
			13 000	13 000	24 960	24 960

Verbindlichkeiten L+L (OP-Buchhaltung)

Text	Sollbuchung	Habenbuchung	Verbindl. L+L		Warenaufwand	
Anfangsbestand				6 000		
Rückbuchung	Verbindlichkeiten L+L	Warenaufwand	6 000			6 000
Bankzahlungen an Lieferanten	Warenaufwand	Bankguthaben			5 000	
Bankzahlungen an Lieferanten	Warenaufwand	Bankguthaben			2 940	
Bankzahlungen an Lieferanten	Warenaufwand	Bankguthaben			8 000	
Schlussbestand	Warenaufwand	Verbindlichkeiten L+L		2 000	2 000	
Salden			2 000			11 940
			8 000	8 000	17 940	17 940

33

Mehrwertsteuer

Die Mehrwertsteuer (MWST) ist eine **indirekte Bundessteuer.** Sie ist mit über einem Drittel der Gesamteinnahmen die wichtigste Geldquelle des Bundes.

Der Name Mehrwertsteuer rührt daher, dass der von einer Unternehmung geschaffene Mehrwert besteuert wird. Bei einer Kleiderfabrik beispielsweise besteht dieser Mehrwert hauptsächlich aus der Wertdifferenz zwischen den eingekauften Stoffen und den verkauften Kleidern. Die Steuer wird jeweils auf dem Nettobetrag der Wertschöpfung erhoben; die auf den vorangehenden Stufen bezahlte MWST kann als Vorsteuer in Abzug gebracht werden.

Die Abrechnung nach dem oben beschriebenen Prinzip wird als **effektive Abrechnungsmethode** bezeichnet. Die Abrechnung mit der eidg. Steuerverwaltung erfolgt vierteljährlich und ist in der Praxis am häufigsten.[1]

Steuerpflichtig ist gemäss Bundesgesetz über die Mehrwertsteuer Art. 10

> ... wer unabhängig von Rechtsform, Zweck und Gewinnabsicht ein Unternehmen betreibt ... und unter eigenem Namen nach aussen auftritt.

Von der Steuerpflicht befreit sind:
- Unternehmen mit einem Jahresumsatz von weniger als 100 000 Franken.
- Nicht gewinnstrebige, ehrenamtlich geführte Sportvereine und gemeinnützige Institutionen mit einem Jahresumsatz von weniger als 150 000 Franken.

Besteuert werden folgende durch Steuerpflichtige getätigte **Umsätze,** sofern sie nicht ausdrücklich von der Steuer ausgenommen sind:
- die im Inland erbrachten Lieferungen von Gegenständen
- die im Inland erbrachten Dienstleistungen
- die Einfuhr von Gegenständen[2]
- der Bezug von Dienstleistungen von Unternehmen mit Sitz im Ausland[3]

---

[1] Die Abrechnung nach der Saldosteuersatzmethode wird weiter hinten in diesem Kapitel behandelt.
[2] Die MWST bei der Einfuhr von Gegenständen wird durch die Eidgenössische Zollverwaltung erhoben.
[3] Beispiele für Einfuhren von Dienstleistungen sind: Bezug von Computerprogrammen eines ausländischen Anbieters übers Internet, Werbung für eine schweizerische Unternehmung in einer ausländischen Zeitung oder die Vermögensverwaltung durch eine ausländische Bank.

Mehrwertsteuer

33

Zur Anwendung gelangen folgende **Steuersätze:**

Steuersätze

Normalsatz 7,7 %

Grundsätzlich werden alle Umsätze zum Normalsatz von 7,7 % besteuert. Zusammengefasst sind dies:

- Gegenstände wie Waren, Rohstoffe, Fahrzeuge, Maschinen, Mobiliar
- Energie wie Elektrizität, Gas, Heizöl, Treibstoffe
- Dienstleistungen von Reisebüros, Taxiunternehmen, Coiffeuren, Ingenieuren, Rechtsanwälten, Architekten, Werbebüros, Transportunternehmungen, Restaurants und Hotels[2]
- Gegenstände zum Eigenverbrauch

Reduzierter Satz 2,5 %

Der reduzierte Satz von 2,5 % kommt für Güter und Dienstleistungen des täglichen Bedarfs zur Anwendung:

- Nahrungsmittel
- Alkoholfreie Getränke
- Futtermittel
- Medikamente
- Zeitungen, Bücher
- Pflanzen, Sämereien
- Wasser in Leitungen

Von der Steuer ausgenommene oder steuerbefreite Umsätze mit 0 %

Von der Steuer **ausgenommen** sind folgende Umsätze:[1]

- Ärzte, Zahnärzte, Heilbehandlungen
- Schulen
- Kirche, soziale Institutionen
- Kino, Theater, Konzerte
- Lotterien
- Sportanlässe
- Geld- und Kapitalverkehr
- Versicherungen
- Wohnungs- und Geschäftsmieten
- Liegenschaftskäufe
- Im eigenen Betrieb gewonnene Erzeugnisse der Landwirtschaft

Der Export von Gütern und Dienstleistungen ist grundsätzlich von der MWST **befreit.**[3]

---

[1] Durch die Steuersatzreduktion bzw. das Ausnehmen bestimmter Umsätze von der Steuer soll die Deckung der Grundbedürfnisse für sozial schlechter gestellte Bevölkerungsschichten erleichtert werden. Auf den von der Steuer ausgenommenen Umsätzen ist **ein Abzug der Vorsteuer nicht möglich.**

Für verschiedene von der Steuer ausgenommene Umsätze kann die freiwillige Versteuerung beantragt werden. Ein häufiges Beispiel sind Sportanlässe, sofern die auf Eintritten oder Startgeldern geschuldeten Umsatzsteuern tiefer sind als die Vorsteuerabzüge.

[2] Für Beherbergungsleistungen (Übernachtung und Frühstück) gilt ein Sondersatz von 3,7 %.

[3] Die Steuerbefreiung der Exporte soll die internationale Konkurrenzfähigkeit der Schweiz fördern, was im Hinblick auf die Arbeitsplatzsicherung im Inland von Bedeutung ist. Diese Steuerbefreiung entspricht auch den internationalen Gepflogenheiten, wonach Exporte nur im Bestimmungsland besteuert werden. **Ein Vorsteuerabzug ist möglich.**

Mehrwertsteuer

Wie funktioniert die Mehrwertsteuer?

Stoffhändler

Der Stoffhändler importiert Stoffe im Wert von CHF 6 000.– und verkauft diese weiter an eine Kleiderfabrik für CHF 10 000.–.

Verkaufswert der Stoffe	10 000.–
+ Mehrwertsteuer 7,7 %	770.–
= Rechnung	10 770.–

MWST-Abrechnung

Umsatzsteuer[1]	770.–
./. Vorsteuer[2]	– 462.–
Abzuliefernde MWST	308.–

Kleiderfabrik

Die Kleiderfabrik verarbeitet die Stoffe zu Kleidern und verkauft diese an eine Boutique für CHF 30 000.–.

Verkaufswert der Kleider	30 000.–
+ Mehrwertsteuer 7,7 %	2 310.–
= Rechnung	32 310.–

MWST-Abrechnung

Umsatzsteuer	2 310.–
./. Vorsteuer	– 770.–
Abzuliefernde MWST	1 540.–

Boutique

Die Boutique verkauft die Kleider an die Kundinnen für CHF 70 000.–.

Verkaufswert der Kleider	70 000.–
+ Mehrwertsteuer 7,7 %	5 390.–
= Rechnung	75 390.–

MWST-Abrechnung

Umsatzsteuer	5 390.–
./. Vorsteuer	– 2 310.–
Abzuliefernde MWST	3 080.–

Am Beispiel der Kleiderfabrik wird das Wesen der MWST gut veranschaulicht:

Verkaufswert der Kleider an die Kleiderboutique	30 000.–	
./. Einkaufswert der Stoffe (= Vorleistung)	– 10 000.–	
Geschaffener Mehrwert	20 000.–	100,0 %
Mehrwertsteuer	**1 540.–**	**7,7 %**

Auf der nächsten Seite wird die Verbuchung der Mehrwertsteuer am Beispiel einer Kleiderboutique dargestellt. Die MWST-Beträge sind auf ganze Franken gerundet.

[1] Unter **Umsatzsteuer** versteht man die auf dem Umsatz geschuldete Mehrwertsteuer.

[2] Unter **Vorsteuer** versteht man die auf empfangenen Lieferungen und Leistungen bezahlte Mehrwertsteuer. Sie kann von der geschuldeten Umsatzsteuer in Abzug gebracht werden. Den abzugsfähigen Betrag nennt man auch Vorsteuerabzug. Er beträgt hier 7,7 % von CHF 6 000.–.

Die Abrechnung der Vorsteuer ist in diesem Beispiel vereinfacht dargestellt. In der Praxis könnten auch die auf der Beschaffung von Maschinen, Mobiliar und Zutaten wie Faden und Knöpfen bezahlten Vorsteuern in Abzug gebracht werden (siehe Beispiel nächste Seite).

Mehrwertsteuer

Beispiel 1 — Verbuchung der MWST nach der effektiven Abrechnungsmethode

Datum	Geschäftsverkehr			Buchung Soll	Buchung Haben	Betrag	Guthaben Vorsteuer[1]	Geschuldete Umsatzsteuer
4.1.	Kauf Ladeneinrichtung							
	Kaufpreis		10 000	Mobiliar	Verbindlichkeiten L+L	10 000		
	+ MWST 7,7 %		770	Guthaben Vorsteuer	Verbindlichkeiten L+L	770	770	
	Rechnung		10 770					
5.1.	Kleidereinkauf							
	Kaufpreis		30 000	Warenaufwand	Verbindlichkeiten L+L	30 000		
	+ MWST 7,7 %		2 310	Guthaben Vorsteuer	Verbindlichkeiten L+L	2 310	2 310	
	Rechnung		32 310					
Div.	Kleiderverkäufe							
	Verkaufspreis		70 000	Kasse	Warenertrag	70 000		
	+ MWST 7,7 %		5 390	Kasse	Geschuldete Umsatzsteuer	5 390		5 390
	Kassabeleg		75 390					
20.2.	Energierechnungen							
	Nettobetrag		1 500	Energieaufwand	Verbindlichkeiten L+L	1 500		
	+ MWST 7,7 %		116	Guthaben Vorsteuer	Verbindlichkeiten L+L	116	116	
	Rechnung		1 616					
10.3.	Kleidereinkauf							
	Kaufpreis		20 000	Warenaufwand	Verbindlichkeiten L+L	20 000		
	+ MWST 7,7 %		1 540	Guthaben Vorsteuer	Verbindlichkeiten L+L	1 540	1 540	
	Rechnung		21 540					
Div.	Kleiderverkäufe							
	Verkaufspreis		40 000	Kasse	Warenertrag	40 000		
	+ MWST 7,7 %		3 080	Kasse	Geschuldete Umsatzsteuer	3 080		3 080
	Kassabeleg		43 080					
31.3.	MWST-Abrechnung							
	Umsatzsteuerschuld		8 470	Geschuldete Umsatzsteuer	Guthaben Vorsteuer	4 736	4 736	4 736
	./. Vorsteuerguthaben		−4 736					
	abzuliefernde MWST		3 734					
5.4.	Banküberweisung der MWST netto		3 734	Geschuldete Umsatzsteuer	Bankguthaben	3 734		3 734
							4 736 / 4 736	8 470 / 8 470

[1] Für die Vorsteuerverbuchung werden von der Steuerverwaltung zwei getrennte Konten verlangt:
▶ Guthaben Vorsteuer für Material-, Waren- und Dienstleistungsaufwand
▶ Guthaben Vorsteuer für Investitionen und übrigen Betriebsaufwand
Aus methodischen Gründen wird hier ein einziges Konto verwendet.

Mehrwertsteuer

33

MWST-Abrechnung mit Saldosteuersätzen

Zur Vereinfachung von Buchhaltung und Administration kann auf Antrag des Steuerpflichtigen die MWST-Abrechnung mittels **Saldosteuersätzen** gewählt werden. Diese Abrechnungsart hat den Vorteil, dass die auf dem Umsatz anrechenbare Vorsteuer nicht ermittelt und verbucht werden muss und lediglich der Umsatz mittels eines branchenabhängigen Saldosteuersatzes besteuert wird[1]. Die Steuerabrechnung mit der MWST-Verwaltung erfolgt zudem nur halbjährlich.

Voraussetzungen für die Abrechnung mittels Saldosteuersatz sind:
- Der steuerbare Jahresumsatz (inklusive MWST) darf nicht mehr als CHF 5 005 000.– betragen.
- Die nach dem massgebenden Saldosteuersatz zu bezahlenden Steuern dürfen pro Jahr CHF 103 000.– nicht übersteigen.
- Der Steuerpflichtige hat diese Abrechnungsmethode während einer Steuerperiode beizubehalten; ein Wechsel von der effektiven zur Abrechnung mit Saldosteuersatz ist frühestens nach drei Jahren möglich.

[1] Branchenbezogene Saldosteuersätze sind z. B.
- Bäckerei 0,6 %
- Drogerie 1,2 %
- Möbelgeschäft 2,0 %
- Reiseveranstalter 2,0 %
- Optiker 3,5 %
- Maler/Tapezierer 5,1 %
- Treuhänder 5,9 %
- Temporärfirma 6,5 %

Mehrwertsteuer

33

■ Beispiel 2   Verbuchung der MWST nach der Saldomethode

Ein Architekt erzielt einen Halbjahresumsatz von CHF 200 000.– ohne Mehrwertsteuer. Gegenüber den Kunden rechnet er die MWST mit 7,7 % ab, gegenüber der Steuerverwaltung hingegen nur zum bewilligten Saldosteuersatz von 5,9 %, da er auf den Vorsteuerabzug verzichtet. Die MWST-Beträge sind auf ganze Franken gerundet.

Datum	Geschäftsverkehr			Buchung Soll	Buchung Haben	Betrag	Geschuldete Umsatzsteuer		Honorarertrag	
Div.	Honorarrechnungen									
	Nettopreis	200 000								
	+ MWST 7,7 %①	15 400								
	Rechnungen	215 400		Forderungen L+L	Honorarertrag	215 400			215 400	
10.6.	Mobiliarkauf									
	Kaufpreis	10 000								
	+ MWST 7,7 %	770								
	Rechnung	10 770		Mobiliar	Verbindlichkeiten L+L	10 770				
20.6.	Energierechnungen									
	Nettobetrag	1 500								
	+ MWST 7,7 %	116								
	Rechnung	1 616		Energieaufwand	Verbindlichkeiten L+L	1 616				
30.6.	MWST-Abrechnung									
	MWST 5,9 % vom Honorarumsatz von 215 400.–②			Honorarertrag	Geschuldete Umsatzsteuer	12 709		12 709	12 709	
2.7.	Banküberweisung der geschuldeten MWST			Geschuldete Umsatzsteuer	Bankguthaben	12 709	12 709			
	Saldo			Honorarertrag	Erfolgsrechnung				202 691	
							12 709	12 709	215 400	215 400

① In seinen Rechnungen an die Kunden macht der Architekt keinen Hinweis auf den Saldosteuersatz, sondern verrechnet ausschliesslich 7,7 % MWST.

② Die Ermittlung der Vorsteuer entfällt. Im Gegensatz zur effektiven Abrechnungsmethode ist der an die Kunden verrechnete Umsatz hier 100 %.

Mehrwertsteuer 33

Die Steuerpflichtigen rechnen mit der Eidgenössischen Steuerverwaltung in der Regel nach vereinbartem Entgelt ab. Die Abrechnung erfolgt grundsätzlich vierteljährlich, bei der Anwendung von Saldosteuersätzen halbjährlich. Der geschuldete Betrag muss innert 60 Tagen bezahlt werden.

Abrechnungsart

Nach vereinbartem Entgelt (Rechnungen)

Die Umsatzsteuer wird aufgrund der Rechnungen an die Kunden abgerechnet, die Vorsteuer aufgrund der Rechnungen der Lieferanten.

Diese Abrechnungsart entspricht dem Normalfall.

Für die Eidgenössische Steuerverwaltung ist von Vorteil, dass sie rascher zu ihrem Geld kommt, weil die Rechnungsstellung an die Kunden zeitlich vor der Zahlung erfolgt.

Vorteilhaft für den Steuerpflichtigen ist, dass er die Vorsteuer bereits bei Erhalt der Lieferantenrechnung geltend machen kann (und nicht erst bei deren Bezahlung).

Nachteilig ist, dass bei Rabatt- und Skontoabzug, bei Rücksendungen und bei Forderungsverlusten die Zahlung niedriger ist als der Rechnungsbetrag und deshalb der steuerbare Umsatz nachträglich korrigiert werden muss.

Nach vereinnahmtem Entgelt (Zahlungen)

Die Umsatzsteuer wird aufgrund der eingegangenen Zahlungen der Kunden abgerechnet, die Vorsteuer aufgrund der an die Lieferanten geleisteten Zahlungen.

Diese Abrechnungsart ist nur mit einer speziellen Bewilligung der Eidgenössischen Steuerverwaltung möglich. Sie ist vor allem für Geschäfte mit grossem Barverkehr geeignet.

34

Kalkulation im Handel

Unter Kalkulation[1] wird im Rechnungswesen die Ermittlung der Kosten für eine bestimmte Leistungseinheit (Stück, Kilogramm, Meter, Liter usw.) verstanden. Im Handel hat die Kalkulation zwei Ziele:

▶ Bestimmung des Einstandspreises, der Selbstkosten und des Nettoerlöses[2]
▶ Ermittlung der Zuschlagssätze zur Preisfindung bei neuen Warenangeboten, für die kein Marktpreis besteht.

Von Einzelkalkulation spricht man, wenn die Berechnungen sich auf einen einzelnen Artikel beziehen, von Gesamtkalkulation, wenn die Kalkulation eine ganze Abteilung oder einen ganzen Betrieb umfasst.

Kalkulation	
Gesamtkalkulation	**Einzelkalkulation**
▶ Die Gesamtkalkulation erfasst die gesamten Kosten für alle Artikel oder Leistungen einer Abteilung bzw. eines Betriebes. ▶ Aus der Gesamtkalkulation werden die Zuschlagssätze für die Einzelkalkulation abgeleitet.	▶ Die Einzelkalkulation erfasst nur die Kosten für einen bestimmten Artikel oder eine bestimmte Leistung. ▶ In der Einzelkalkulation werden die Zuschlagssätze aus der Gesamtkalkulation zur Bestimmung der Selbstkosten und des Nettoerlöses für das einzelne Verkaufsobjekt angewandt.

---

[1] Früher wurden die Preise mithilfe von Kalkkügelchen (Calculi) berechnet. Diese Berechnungsart hat der heutigen Preisfindung mittels Kalkulation den Namen gegeben.

[2] In der Kalkulation wird meistens von Kosten und Erlösen gesprochen, statt von Aufwand und Ertrag, um den unternehmungsinternen Charakter solcher Rechnungen zum Ausdruck zu bringen.

Kalkulation im Handel 34

■ **Beispiel 1** **Gesamtkalkulation und Berechnung der Zuschlagssätze**

Ausgangslage bildet die Erfolgsrechnung eines Optikergeschäfts:

Erfolgsrechnung 20_1

Nettoerlös[1]		420 000
./. Warenaufwand		− 200 000
= **Bruttogewinn**		220 000
./. Gemeinaufwand		
▶ Personalaufwand	− 150 000	
▶ Raumaufwand	− 30 000	
▶ Übriger Aufwand	− 20 000	− 200 000
= **Reingewinn**		20 000

Die Zusammenhänge zwischen den verschiedenen Grössen der Erfolgsrechnung lassen sich grafisch wie folgt veranschaulichen:

Bruttogewinn CHF 220 000.–	Gemeinkosten CHF 200 000.–	Reingewinn CHF 20 000.–	Nettoerlös CHF 420 000.–
Einstandswert (Warenkosten) CHF 200 000.–	Einstandswert (Warenkosten) CHF 200 000.–	Selbstkosten CHF 400 000.–	

[1] Anstatt Nettoerlös werden synonym oft auch folgende Begriffe verwendet: Umsatz, Verkaufsumsatz, Verkaufserlös, Warenertrag.

Kalkulation im Handel — 34

Im Rahmen der **Gesamtkalkulation** werden für die wichtigsten Grössen die prozentualen Zusammenhänge ermittelt. Diese Prozentsätze werden **Zuschlagssätze** genannt.

Berechnung der Zuschlagssätze aus der Gesamtkalkulation

Gesamtkalkulation		Gemeinkosten-Zuschlag	Reingewinn-Zuschlag	Bruttogewinn-Zuschlag[1]	Formeln für die Zuschlagssätze
Einstandswert	200 000	100 %		100 %	
+ Gemeinkosten	200 000	100 %			$\dfrac{\text{Gemeinkosten} \cdot 100\%}{\text{Einstandswert}}$
= Selbstkosten	400 000	200 %	100 %	110 %	$\dfrac{\text{Bruttogewinn} \cdot 100\%}{\text{Einstandswert}}$
+ Reingewinn	20 000		5 %		$\dfrac{\text{Reingewinn} \cdot 100\%}{\text{Selbstkosten}}$
= Nettoerlös	420 000		105 %	210 %	

[1] Der Bruttogewinn wird in der Praxis vor allem in der Bilanz- und Erfolgsanalyse auf den Nettoerlös bezogen (statt wie hier auf den Einstandswert). Dieser prozentuale Bezug wird **Bruttogewinnmarge** (manchmal auch Bruttogewinnquote) genannt:

Bruttogewinnmarge Bruttogewinn in Prozenten des Nettoerlöses	$\dfrac{\text{Bruttogewinn} \cdot 100\%}{\text{Nettoerlös}}$	$\dfrac{220\,000 \cdot 100\%}{420\,000}$	52,4 %

Kalkulation im Handel 34

■ **Beispiel 2**   **Einzelkalkulation vom Einstand zum Bruttoverkaufspreis**

In der Einzelkalkulation werden die aus der Gesamtkalkulation gewonnenen Zuschlagssätze für ein einzelnes Produkt angewandt.

Zu welchem Preis soll ein Feldstecher zum Einstandspreis von CHF 300.– im Laden angeboten werden, wenn den Kunden ein Rabatt von 10% und ein Skonto von 2 % gewährt wird? Die Mehrwertsteuer von 8,0 % ist im Preis einzurechnen.

Einzelkalkulation

	Einstandspreis[1]	CHF	300.–	100 %	
+	Gemeinkosten	CHF	300.–	100 %	
=	Selbstkosten	CHF	600.–	200 % ⟶ 100 %	
+	Reingewinn	CHF	30.–		5 %
=	Nettoerlös[2]	CHF	630.–	98 % ⟵	105 %
+	Skonto	CHF	12.85	2 %	
=	Rechnungsbetrag	CHF	642.85	100 % ⟶	90 %
+	Spezialrabatt	CHF	71.45		10 %
=	Bruttoverkaufspreis ohne MWST	CHF	714.30		100 %
+	MWST[3]	CHF	55.–		7,7 %
=	Bruttoverkaufspreis mit MWST	CHF	769.30		107,7 %

[1] Mit dem **Bruttogewinnzuschlag** ist es möglich, vom Einstandspreis direkt auf den Nettoerlös zu schliessen:

Einstandspreis	300.–	100 %
+ Bruttogewinn	330.–	110 %
= Nettoerlös	630.–	210 %

[2] In anderen Lehrmitteln werden für Nettoerlös oder Zahlung auch die Begriffe Nettobarverkauf oder Nettoverkaufspreis verwendet.

[3] Falls der Kunde den Rabatt oder den Skonto beansprucht, vermindert sich die abzuliefernde Mehrwertsteuer um den entsprechenden Prozentsatz.

Kalkulation im Handel — 34

Grafisch lässt sich die Einzelkalkulation treppenartig darstellen:

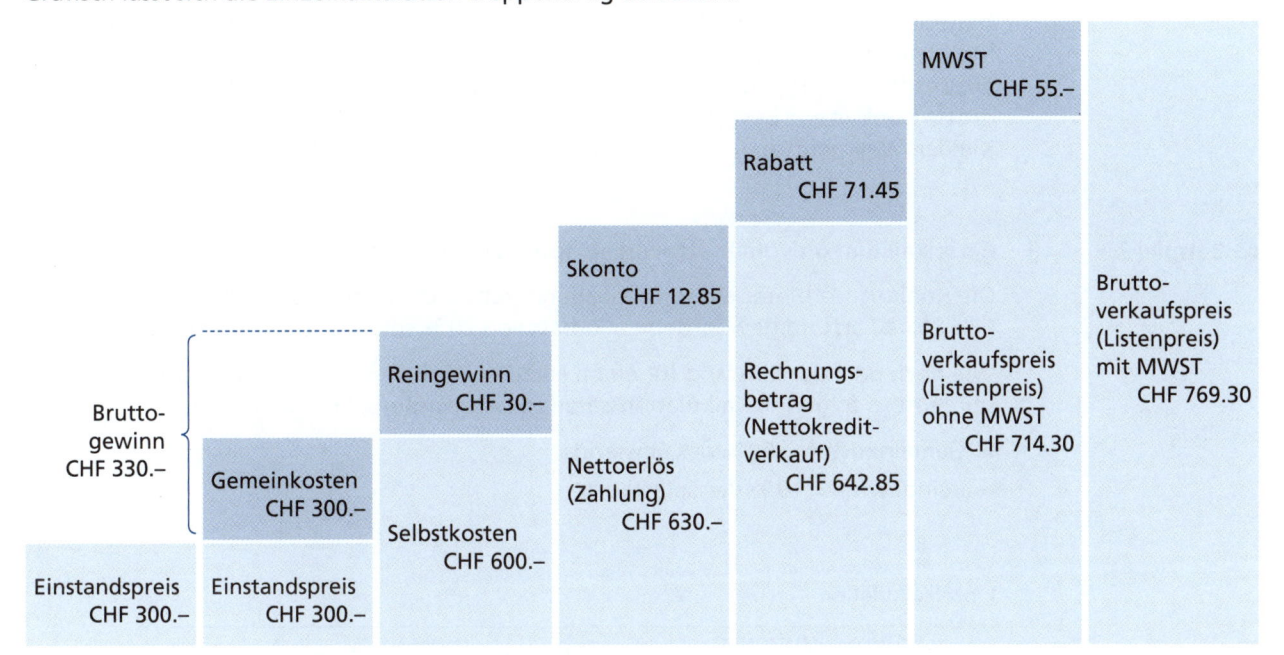

Einstandspreis	CHF 300.–
Einstandspreis	CHF 300.–
Gemeinkosten	CHF 300.–
Selbstkosten	CHF 600.–
Reingewinn	CHF 30.–
Nettoerlös (Zahlung)	CHF 630.–
Skonto	CHF 12.85
Rechnungsbetrag (Nettokreditverkauf)	CHF 642.85
Rabatt	CHF 71.45
Bruttoverkaufspreis (Listenpreis) ohne MWST	CHF 714.30
MWST	CHF 55.–
Bruttoverkaufspreis (Listenpreis) mit MWST	CHF 769.30
Bruttogewinn	CHF 330.–

Wird vom Einstand zum Bruttoverkaufspreis gerechnet, spricht man von **aufbauender Kalkulation**. Diese kommt zur Anwendung, wenn der Verkäufer den Verkaufspreis dank seiner starken Marktstellung selber bestimmen kann (sogenannter Verkäufermarkt). In der Praxis ist diese Situation anzutreffen, wenn das Angebot kleiner ist als die Nachfrage, zum Beispiel bei einem Angebotsmonopol oder bei Luxusartikeln.

Kalkulation im Handel 34

Wird vom Bruttoverkaufspreis auf den Einstand zurückgerechnet, spricht man von **abbauender Kalkulation**. Diese kommt zur Anwendung, wenn der Käufer eine starke Marktstellung einnimmt (sogenannter Käufermarkt). In der Praxis ist diese Situation anzutreffen, wenn das Angebot grösser ist als die Nachfrage und unter den Verkäufern grosse Konkurrenz besteht, zum Beispiel bei Massenartikeln und Alltagsprodukten wie Kleider, Waschmittel, Autos, Benzin, Haushaltsgeräten, Elektronik.

■ **Beispiel 3**   **Einzelkalkulation vom Bruttoverkaufspreis zum Einstandspreis**

Die Konkurrenz bietet ein Haushaltsgerät zum Bruttoverkaufspreis (Katalogpreis) von CHF 215.40 an und gewährt einen Rabatt von 20 % sowie 2 % Skonto bei Barzahlung.

Wie hoch darf der Einstand für einen Händler höchstens sein, um konkurrenzfähig zu sein, sofern folgende Kalkulationssätze zur Anwendung kommen?

▶ Gemeinkosten = 60 % des Einstands

▶ Reingewinn = 10 % der Selbstkosten

Einzelkalkulation

	Bruttoverkaufspreis mit MWST	CHF	215.40	107,7 %	
./.	MWST	– CHF	15.40	–7,7 %	
=	Nettoverkaufspreis	CHF	200.00	100 %	
./.	Rabatt	– CHF	40.00	–20 %	
=	Rechnungsbetrag (Nettokreditverkaufspreis)	CHF	160.00	80 %	100 %
./.	Skonto	– CHF	3.20		–2 %
=	Nettoerlös (Zahlung)	CHF	156.80	110 %	98 %
./.	Reingewinn	– CHF	14.25	10 %	
=	Selbstkosten	CHF	142.55	100 %	160 %
./.	Gemeinkosten	– CHF	53.46		60 %
=	Einstand	CHF	89.09		100 %

Das Preisziel (englisch Target) für den Einkauf liegt bei höchstens CHF 89.09.

35

Mehrstufige Erfolgsrechnung

Für die Analyse des Jahresergebnisses ist eine mehrstufige Gliederung unerlässlich.

Beispiel 1 zeigt, dass nur der mehrstufige Erfolgsausweis eine differenzierte Analyse der unternehmerischen Tätigkeit ermöglicht:

▶ Mit **Betrieb** bezeichnet man die Haupttätigkeit der Unternehmung; das ist in dieser Unternehmung der Handel mit Waren. In der einstufigen Erfolgsrechnung wird nicht sichtbar, dass der Betrieb verlustbringend ist.

▶ Der Unternehmungsgewinn kommt nur dank dem positiven Einfluss von **neutralem** Ertrag zustande. Neutral bedeutet: nicht zum betrieblichen Kernbereich gehörend. Hier zum Beispiel der Ertrag und der Aufwand eines nicht betriebsnotwendigen Wohnblocks sowie ein Gewinn bei der Veräusserung von Anlagevermögen.[1]

■ **Beispiel 1**   **Einstufige und dreistufige Erfolgsrechnung**

Einstufige Erfolgsrechnung

	Warenertrag	100
+	Liegenschaftenertrag	15
+	Veräusserungsgewinn	9
./.	Warenaufwand	– 60
./.	Personalaufwand	– 25
./.	Raumaufwand	– 7
./.	Übriger Gemeinaufwand	– 16
./.	Liegenschaftenaufwand	– 6
=	**Gewinn**	**10**

Dreistufige Erfolgsrechnung

	Warenertrag		100
./.	Warenaufwand		– 60
=	**Bruttogewinn**		**40**
./.	Personalaufwand	⎫	– 25
./.	Raumaufwand	⎬ Gemeinaufwand	– 7
./.	Übriger Gemeinaufwand	⎭	– 16
=	**Betriebsverlust**		**– 8**
+	Liegenschaftsertrag	⎫ Neutraler	15
./.	Liegenschaftsaufwand	⎬ Aufwand und	– 6
+	Veräusserungsgewinn	⎭ Ertrag	9
=	**Unternehmungsgewinn**		**10**

Je nach Branche und Informationsbedürfnissen ist eine andere Anzahl Stufen zweckmässig. Erfolgsrechnungen von Handelsbetrieben sind in der Praxis oft dreistufig:

1. Stufe Bruttogewinn	2. Stufe Betriebserfolg	3. Stufe Unternehmenserfolg
Der Bruttogewinn ergibt sich aus der Gegenüberstellung von Warenertrag und Warenaufwand. Der Bruttogewinn dient zur Deckung des Gemeinaufwands und ist eine zentrale Grösse bei der Beurteilung der Kosten- und Preispolitik einer Handelsunternehmung.	Vom Bruttogewinn wird der Gemeinaufwand abgezogen und als Ergebnis der Betriebserfolg ausgewiesen. Sämtliche Aufwände und Erträge der beiden ersten Stufen sind betrieblicher Natur, d. h., sie stehen im Zusammenhang mit dem eigentlichen Betriebszweck (hier der Handel mit Waren).	In der dritten Stufe werden zusätzlich die neutralen Aufwände und Erträge berücksichtigt und als Resultat der Unternehmungserfolg (Gesamterfolg der Unternehmung) ermittelt. Neutrale Aufwände sind entweder betriebsfremd oder ausserordentlich (siehe nächste Seite).

[1] Wenn Anlagevermögen zu einem über dem Buchwert liegenden Verkaufspreis veräussert wird, entsteht ein so genannter Veräusserungsgewinn (siehe Kapitel 25).

Mehrstufige Erfolgsrechnung 35

Schematisch dargestellt, ergibt sich folgende Gliederung von Aufwand und Ertrag:

Gesamte Unternehmung

Betrieb

Betriebliche Aufwände und Erträge stehen im Zusammenhang mit dem eigentlichen Betriebszweck (hier der Handel mit Waren).

In Handelsbetrieben wird zuerst der betriebliche Bruttogewinn ausgewiesen, dann der betriebliche Nettogewinn (kurz Betriebsgewinn genannt).[1]

Beispiele:
- Warenertrag
- Warenaufwand
- Personalaufwand
- Raumaufwand
- Reparatur und Unterhalt
- Fahrzeugaufwand
- Versicherungsaufwand
- Energieaufwand
- Werbeaufwand
- Abschreibungen
- Sonstiger Betriebsaufwand
- Zinsaufwand/Zinsertrag

Neutraler Bereich

Betriebsfremd

Betriebsfremde Aufwände und Erträge entstehen aus nicht betriebstypischen Tätigkeiten.

Beispiele:
Erträge und Aufwände aus nicht betriebsnotwendigen
- Wohnliegenschaften
- Wertschriftenanlagen
- Beteiligungen

Ausserordentlich

Ausserordentliche Aufwände und Erträge entstehen aufgrund von ungewöhnlichen, seltenen, periodenfremden nicht wiederkehrenden Ereignissen.

Beispiele:
- Einmaliger Veräusserungsgewinn oder -verlust
- Verluste aus Verstaatlichungen
- Erdbebenschäden
- Periodenfremde, aussergewöhnliche Auflösung nicht mehr benötigter Rückstellungen
- Einmalige Subventionen

---

[1] Gemäss Obligationenrecht wird der Betrieb nicht weiter unterteilt. Hingegen scheidet der Kontenrahmen KMU in der Kontenklasse 7 noch **Nebenbetriebe** separat aus (vgl. Anhang 2 dieses Buchs):
- In der Praxis wird häufig die **Betriebsliegenschaft** als Nebenbetrieb betrachtet (im Sinne eines Profit Centers). Um die Aufwände und Erträge der Betriebsliegenschaft separat zu erfassen, werden die Konten Liegenschaftsaufwand (Immobilienaufwand) und Liegenschaftsertrag (Immobilienertrag) geführt.
- Die ertragsbringende Anlage von überschüssiger Liquidität des Betriebs in Form von **Wertpapieren** kann auch als Nebenbetrieb mit den Konten Wertschriftenaufwand und Wertschriftenertrag erfasst werden.
- Ebenfalls als Nebenbetrieb betrachtet werden können betriebsnotwendige **Beteiligungen** an anderen Unternehmen mit den Konten Beteiligungsaufwand und Beteiligungsertrag.

Mehrstufige Erfolgsrechnung 35

Der **Kontenrahmen KMU** (siehe Anhang 2) berücksichtigt die Anforderungen an eine differenzierte Analyse des Jahresergebnisses. Die Kontennummern in den Kontenklassen 3 bis 8 wurden so gewählt, dass sich eine mehrstufige Erfolgsrechnung in Berichtsform nach dem Gesamtkostenverfahren (sogenannte Produktions-Erfolgsrechnung) gemäss folgendem Muster erstellen lässt (Kontenklassen bzw. Kontengruppen in der hintersten Spalte):

■ **Beispiel 2** **Erfolgsrechnung**

	Nettoerlöse aus Lieferungen und Leistungen	3
+/–	Bestandesänderungen an unfertigen und fertigen Erzeugnissen bzw. nicht fakturierten Dienstleistungen	3
=	**Betrieblicher Ertrag aus Lieferungen und Leistungen**	
./.	Material- und Warenaufwand sowie Aufwand für Drittleistungen	4
./.	Personalaufwand	5
./.	Übriger Betriebsaufwand (ohne Abschreibungen und Zinsen)	60–67
=	**Betriebsergebnis vor Zinsen, Steuern und Abschreibungen (EBITDA)**[1]	
./.	Abschreibungen	68
=	**Betriebsergebnis vor Zinsen und Steuern (EBIT)**	
+/–	Zinsaufwand und Zinsertrag (Finanzaufwand und Finanzertrag)	69
=	**Betriebsergebnis vor Steuern**	
+/–	Aufwand und Ertrag von Nebenbetrieben	7
+/–	Betriebsfremder Aufwand und Ertrag	8
+/–	Ausserordentlicher Aufwand und Ertrag	8
=	**Unternehmenserfolg vor Steuern**	
./.	Direkte Steuern	89
=	**Unternehmenserfolg**	

Je nach Branche und Anwendungsfall können noch Zwischenergebnisse hinzugefügt oder weggelassen werden.

---

[1] EBITDA = Earnings before Interest, Taxes, Depreciation and Amortization
  ▶ Earnings = Ergebnis
  ▶ Interest = Zinsen
  ▶ Taxes = Steuern
  ▶ Depreciation = Abschreibung von materiellem Anlagevermögen
  ▶ Amortization = Abschreibung von immateriellem Anlagevermögen

36

Lohnabrechnung

«Jeder Arbeiter
ist seines Lohnes wert.»

(Lukas 10.7)

Dieses alte Zitat hat heute genauso Gültigkeit wie vor 2000 Jahren. Aber was früher oft durch Naturalien oder bar auf die Hand abgegolten wurde, erfordert heute aufwändige Abrechnungen. Nicht nur der Arbeitende will seinen Lohn, auch die verschiedenen Sozialversicherungen beanspruchen namhafte Arbeitnehmer- und Arbeitgeberbeiträge.

■ **Beispiel 1**

Remo Ferrari ist Bankdirektor und verdient monatlich CHF 15000.– brutto. Er hat ein schulpflichtiges Kind. Seine Lohnabrechnung sieht wie folgt aus:

Bruttolohn					15 000.–	
Kinderzulagen					300.–	15 300.–
	Abzüge					
	AHV, IV, EO	5,125 %	von	15 000.–	768.75	
	ALV[1]	1,1 %	von	12 350.–	135.85	
		0,5 %	von	2 650.–	13.25	
	PK	7,0 %	von	12 926.25	904.85	
	NBU	0,8 %	von	15 000.–	120.–	1 942.70
Nettolohn						13 357.30

Neben den in der Lohnabrechnung enthaltenen Beiträgen des Arbeitnehmers zahlt der Arbeitgeber ebenfalls Beiträge an die Sozialversicherungen:

Sozialversicherungsbeiträge des Arbeitgebers				
AHV, IV, EO	5,125 %	von	15 000.–	768.75
VK	0,3075 %	von	15 000.–	46.15
ALV[1]	1,1 %	von	12 350.–	135.85
	0,5 %	von	2 650.–	13.25
PK	10,0 %	von	12 926.25	1 292.65
BU	0,2 %	von	15 000.–	30.–
FAK	1,5 %	von	15 000.–	225.–
Total				2 511.65

[1] Zur gestaffelten Berechnung der ALV-Beiträge siehe Fussnote [3] auf Seite 120.

Lohnabrechnung

Beispiel 2 — Verbuchung des Gehaltes von Remo Ferrari, Bankdirektor. (Die Beiträge sind aus Platzgründen auf ganze Franken auf- oder abgerundet.)

	Betrag	Lohnaufwand	Sozialversicherungsaufwand	Verbindlichkeiten Sozialversicherungen
Bruttolohn	15 000			
Kinderzulagen	300	300		300
AHV-Beitrag	769	769		769
ALV-Beitrag	149	149		149
Pensionskassenbeitrag	905	905		905
NBU-Beitrag	120	120		120
Nettolohn	13 357	13 357		
AHV-Beitrag	769		769	769
Verwaltungskosten	46		46	46
ALV-Beitrag	149		149	149
Pensionskassenbeitrag	1 293		1 293	1 293
BU-Beitrag	30		30	30
FAK-Beitrag	225		225	225
Salden		**15 000**	**2 512**	**4 155**
		15 300	15 300	2 512	2 512	4 455	4 455

Die Erläuterungen zu den Sozialversicherungen sind auf der nächsten Seite.

Lohnabrechnung 36

Überblick über die Sozialversicherungen

Bezeichnung der Sozialversicherung	Abkürzung	Zweck	Beiträge in % des Bruttolohnes		
			Arbeitnehmer	Arbeitgeber	Total
Alters- und Hinterlassenenversicherung[1]	AHV	Schutz gegen die wirtschaftlichen Folgen von Alter und Tod in Form von Alters-, Witwen- und Waisenrenten.	4,2 %	4,2 %	8,4 %
Invalidenversicherung[1]	IV	Schutz gegen die Folgen von Erwerbsunfähigkeit durch körperlichen oder geistigen Gesundheitsschaden.	0,7 %	0,7 %	1,4 %
Erwerbsersatzordnung[1]	EO	Anspruch von Dienstpflichtigen auf Erwerbsausfallentschädigung während des Militär- oder Zivilschutzdienstes und von erwerbstätigen Frauen während 14 Wochen nach der Niederkunft.	0,225 %	0,225 %	0,45 %
Verwaltungskostenbeitrag[2]	VK	Verwaltungskostenbeitrag der Arbeitgeber auf den gesamten AHV/IV/EO-Abgaben an die Ausgleichskassen.	–	0,3075 %	0,3075 %
Arbeitslosenversicherung und Insolvenzentschädigung[3]	ALV	Absicherung gegen Arbeitslosigkeit und Zahlungsunfähigkeit des Arbeitgebers.	1,1 %	1,1 %	2,2 %
Berufsunfallversicherung[4]	BU	Versicherungsschutz gegen Folgen von Unfällen während der Arbeitszeit und auf dem Arbeitsweg.	–	0,1 – 1 %	0,1 – 1 %
Nichtberufsunfallversicherung	NBU	Versicherungsschutz gegen Folgen von Unfällen während der Freizeit.	0,5 – 1 %	–	0,5 – 1 %
Pensionskasse[5]	PK	Berufliche Vorsorge (2. Säule, BVG) als Ergänzung zur staatlichen Vorsorge. Umfasst Alters-, Witwen- und Waisen- sowie Invalidenrente.	5 – 7 % vom Bruttolohn minus Koordinationsabzug	5 – 10 %	10 – 17 %
Familienausgleichskasse[6]	FAK	Sozialer Ausgleich durch Auszahlung von Kinder- und Ausbildungszulagen bis zum vollendeten 25. Altersjahr an Arbeitnehmer.	–	je nach Kanton 1 – 3 %	1 – 3 %

[1] Für Selbstständigerwerbende gelten leicht reduzierte Sätze bis maximal: AHV 7,8 %, IV 1,4 %, EO 0,45 % = total 9,65 %. FAK-Beitrag kantonal geregelt 0,9 % – 3 %.

[2] Der Arbeitgeber zahlt zusätzlich einen Verwaltungskostenbeitrag von 3 % der AHV/IV/EO-Beiträge an die AHV-Ausgleichskasse, das sind 0,3075 % des Bruttolohnes. Bei grösseren Beitragssummen gelten reduzierte Sätze. Der Einfachheit halber wird in diesem Buch generell mit einem Satz von 3 % gerechnet.

[3] Versichert wird nur bis zu einem bestimmten Bruttolohn (im Jahr 2019 bis CHF 148 200.– jährlich bzw. CHF 12 350.– monatlich). Je nach Lage auf dem Arbeitsmarkt, d. h. je nach Höhe der Arbeitslosigkeit, schwankt dieser Prozentsatz. Die ALV-Beiträge werden ebenfalls über die AHV-Ausgleichskasse abgerechnet. Für Löhne bis CHF 148 200.– beträgt der Beitragssatz 2,2 %. Für höhere Löhne ab CHF 148 200.– wird ein Solidaritätsbeitrag von 1 % erhoben. Alle Beiträge werden hälftig von Arbeitgeber- und Arbeitnehmerseite bezahlt.

[4] Die Unfallversicherung UV umfasst die Berufsunfall- und die Nichtberufsunfallversicherung. Die Prämienhöhe ist bei der BU vom Unfallrisiko der entsprechenden Berufsgattung abhängig. Die BU-Versicherung ist bis zu einem Einkommen von CHF 148 200.– obligatorisch, nachher freiwillig.

Lohnabrechnung 36

Zusammenfassende Darstellung zur Lohnabrechnung

Arbeitnehmer			Arbeitgeber		
Die Arbeitnehmerbeiträge werden direkt vom Lohn abgezogen. Buchung: Lohnaufwand/ Verbindlichkeiten Sozialversicherungen	AHV, IV, EO	5,125 %	AHV, IV, EO	5,125 %	Die Arbeitgeberbeiträge werden als Sozialversicherungsaufwand verbucht Buchung: Sozialversicherungsaufwand/Verbindlichkeiten Sozialversicherungen
	ALV	1,1 %	ALV	1,1 %	
	NBU	0,5–1 %	BU	0,1–1 %	
	PK	5–7 %	PK	5–10 %	
			FAK	1–3 %	
Die Nettolohnauszahlung erfolgt über die flüssigen Mittel. Buchung: Lohnaufwand/ Flüssige Mittel	Nettolohn	85–90 %			
Die Gutschrift der Kinderzulagen erfolgt über die FAK. Buchung: Verbindlichkeiten Sozialversicherungen/ Lohnaufwand					

⑤ Die Versicherungsbeiträge für die berufliche Vorsorge sind von den Leistungen der meist privaten Pensionskassen abhängig. Der Arbeitgeber muss mindestens die Hälfte der Gesamtkosten tragen. Viele Arbeitgeber übernehmen mehr als den obligatorischen Prämienanteil. Versichert wird in der Regel der um den Koordinationsabzug verminderte Jahreslohn. Der Koordinationsabzug beträgt CHF 24 885.–; das sind 7/8 der maximalen Altersrente von CHF 28 440.– (Stand 2019).

⑥ Bei Betrieben, die an die Familienausgleichskasse (FAK) angeschlossen sind, zahlt der Arbeitgeber für die Entrichtung von Kinder- und Ausbildungszulagen einen zusätzlichen Beitrag, der sich kantonal unterscheidet. Ebenso unterscheiden sich die in den Kantonen ausbezahlten Kinder- und Ausbildungszulagen. Die Abrechnungen erfolgen über die kantonalen AHV-Ausgleichskassen.

37

Immobilien (Liegenschaften)

Die Immobilienbuchhaltung umfasst alle mit dem Kauf, der Verwaltung und dem Verkauf von Liegenschaften zusammenhängenden Geschäftsfälle. Zu den Liegenschaften, auch Immobilien genannt, zählen vor allem:

- Stockwerkeigentum
- Gebäude
- Grundstücke

Die Buchungen erfolgen in den Bestandeskonten Immobilien und Hypotheken sowie den Erfolgskonten Immobilienaufwand und Immobilienertrag.[1]

Immobilienbuchhaltung

Immobilien Liegenschaften	Hypotheken	Immobilienaufwand Liegenschaftsaufwand	Immobilienertrag Liegenschaftsertrag
Das Immobilienkonto hält die Zuwächse und Abgänge bei den Liegenschaften fest.	Die Hypotheken zeigen den Bestand und die Zu- und Abgänge der pfandgesicherten Darlehen auf den Liegenschaftsbesitz.	Im Immobilienaufwand werden alle durch die Liegenschaften verursachten Aufwände aufgezeichnet.	Der Immobilienertrag umfasst alle Erträge, welche mit der Nutzung der Liegenschaft erwirtschaftet werden.

Immobilien

Soll	Haben
Anfangsbestand	Verkäufe
	Wertminderungen
	Verkaufsverlust
Käufe	Schlussbestand (Saldo)
Neubauten	
Wertvermehrende Renovationen	

Hypotheken

Soll	Haben
Rückzahlungen	Anfangsbestand
Schlussbestand (Saldo)	Erhöhungen

Immobilienaufwand

Soll	Haben
Hypothekarzinsen	Saldo
Liegenschaftsunterhalt	
Energieaufwand	
Abgaben, Gebühren, Steuern	
Versicherungen	
Verwaltungsaufwand	
Reinigung und Hauswartung	
Verkaufsverluste	
Abschreibungen	

Immobilienertrag

Soll	Haben
Saldo	Eigenmietwert Geschäft
	Eigenmietwert Privatwohnung
	Mietzinseinnahmen Geschäfte
	Mietzinseinnahmen Wohnungen
	Mietzinseinnahmen Garagen

[1] Anstelle der Konten Immobilien, Immobilienaufwand und Immobilienertrag werden synonym auch die Konten Liegenschaften, Liegenschaftsaufwand und Liegenschaftsertrag verwendet.

Immobilien (Liegenschaften) 37

Liegenschaften können buchhalterisch auf drei verschiedene Arten behandelt werden:
- als rein betrieblich genutzte Liegenschaften
- als Nebenbetrieb der Unternehmung im Sinne eines Profit Centers
- als betriebsfremder, unabhängiger Teil der Unternehmung

In den folgenden Ausführungen wird der Geschäftsverkehr einer als **Nebenbetrieb** genutzten Liegenschaft dargestellt.

■ **Beispiel**

Immobilienbuchhaltung

Schreiner H. Ott hat auf den 1. Januar 20_1 ein Mehrfamilienhaus für CHF 2 000 000.– gekauft. An eigenen Mitteln bringt er CHF 500 000.– auf, den Rest finanziert er mit einem Hypothekardarlehen, verzinslich zu 4 %.[1] H. Ott nutzt das Erdgeschoss als Geschäftslokalitäten für seine Schreinerei, und die Attikawohnung bewohnt er mit seiner Familie. Die mittleren Etagen mit drei Wohnungen werden an Dritte weitervermietet. Alle Zahlungen erfolgen über die Bank.

Im Folgenden ist die Verbuchung des Liegenschaftskaufs und des summarischen Geschäftsverkehrs dargestellt:

---

[1] Die Zinssätze verändern sich mit der wirtschaftlichen Lage. Im Zeitpunkt dieser Auflage (2018) beträgt der Zinsfuss für Hypotheken je nach Laufzeit zwischen 1 % und 2 %.

Immobilien (Liegenschaften) — 37

Geschäftsfall	Buchung	Bestandeskonten Immobilien	Hypotheken	Erfolgskonten Immobilienaufwand	Immobilienertrag
Kauf					
Anzahlung mit eigenen Mitteln	Immobilien/Bankguthaben	500 000			
Restfinanzierung durch Hypothekardarlehen zu 4 %	Immobilien/Hypotheken	1 500 000	1 500 000		
Handänderungssteuer und Grundbuchgebühren[1]	Immobilien/Bankguthaben	21 000			
Aufwände					
Unterhalt und Reparaturen	Immobilienaufwand/Bankguthaben			4 000	
Gebühren und Versicherungen	Immobilienaufwand/Bankguthaben			3 000	
Energie (Heizung und Strom allgemein)	Immobilienaufwand/Bankguthaben			2 000	
Hypothekarzinsen	Immobilienaufwand[2]/Bankguthaben			60 000	
Verwaltungsaufwand	Immobilienaufwand/Bankguthaben			5 000	
Reinigung und Hauswartung	Immobilienaufwand/Bankguthaben			6 000	
Abschreibungen	Immobilienaufwand[2]/Immobilien	11 000		11 000	
Erträge					
Mieteinnahmen	Bankguthaben/Immobilienertrag				66 000
Mietwert Geschäft[3]	Mietaufwand/Immobilienertrag				30 000
Mietwert Privatwohnung[4]	Privat/Immobilienertrag				24 000
Abschluss					
Salden	Diverse Buchungen	2 010 000	1 500 000	91 000	120 000
		2 021 000 / 2 021 000	1 500 000 / 1 500 000	91 000 / 91 000	120 000 / 120 000

Bilanz 31.12.20_1 (Auszug)[5]

Immobilien	2 010 000	Hypotheken	1 500 000

Erfolgsrechnung für 20_1 (Auszug)

Immobilienaufwand	91 000	Immobilienertrag	120 000
Immobiliengewinn	29 000		
	120 000		120 000

[1] Die Handänderungssteuer und Grundbuchgebühren erhöhen den Kaufpreis der Liegenschaft und werden auf Immobilien gebucht. Beim Verkauf werden sie als Verkaufsaufwand über Immobilienaufwand abgebucht.

[2] Aus rechtlicher Sicht als Finanz- bzw. Abschreibungsaufwand zu erfassen. Betriebswirtschaftlich betrachtet handelt es sich um Immobilienaufwand.

[3] Die Liegenschaft gehört zum Geschäftsvermögen der Schreinerei. Der Schreinerei ist der Mietwert für die benutzten Räume zu belasten, da sonst der Betriebsaufwand zu klein ausgewiesen würde und in der Liegenschaftsrechnung der Immobilienertrag um diesen Betrag zu gering ausfallen würde.

[4] Schreiner H. Ott bewohnt selber eine Wohnung in dieser Liegenschaft. Um den tatsächlichen Liegenschaftsertrag nachzuweisen, muss der Mietwert, der bei einer Vermietung an Dritte erzielt werden könnte, in den Liegenschaftsertrag einfliessen. Der Mietwert ist Schreiner Ott auf seinem Privatkonto zu belasten und im Liegenschaftsertrag gutzuschreiben.

[5] Die Bilanz und Erfolgsrechnung sind unvollständig; sie enthalten nur die Zahlen zur Liegenschaft.

38

Wertschriften

Unter Wertschriften fasst man im Rechnungswesen die zur **Kapitalanlage** geeigneten Wertpapiere wie Aktien, Partizipationsscheine (PS), Obligationen oder Pfandbriefe zusammen.[1] Regelmässig an der Börse gehandelte Wertpapiere werden auch als Effekten bezeichnet.

Mit dem Kauf von Wertschriften **bezwecken** Unternehmungen:
- überschüssige Liquidität ertragsbringend anzulegen[2]
- oder sich am Kapital einer anderen Unternehmung zu beteiligen, um einen massgeblichen Einfluss auf sie auszuüben und an ihrem wirtschaftlichen Erfolg teilzuhaben.

Die beiden wichtigsten Arten von Wertschriften sind Aktien und Obligationen, die sich stark voneinander unterscheiden:
- Mit dem Kauf von **Aktien** wird man Teilhaber einer anderen Unternehmung und partizipiert an deren wirtschaftlichen Entwicklung. Deshalb erbringen die Aktien in guten Jahren hohe Dividenden und Kursgewinne. Bei schlechtem Geschäftsgang wird keine Dividende ausgeschüttet, und es entstehen rasch grosse Kursverluste.
- **Obligationen** stellen als Gläubigerpapier eine Forderung dar. Sie werden vom Schuldner in der Regel fest verzinst und am Ende der Laufzeit zurückbezahlt. Obligationen unterliegen geringen Kursschwankungen.

---

[1] In diesem Kapitel werden die Wertschriften nur im Sinne von Kapitalanlagen besprochen. Wertpapiere sind für die Unternehmung auch Instrumente der **Kapitalbeschaffung,** die auf der Passivseite zu bilanzieren sind, zum Beispiel:
- Aktien dienen den Aktiengesellschaften zur Beschaffung von **Eigenkapital.**
- Obligationen werden von (grossen) Unternehmen und der öffentlichen Hand zur Beschaffung von **Fremdkapital** ausgegeben.

[2] Um die jederzeitige Zahlungsbereitschaft zu sichern, muss eine Unternehmung genügend flüssige Mittel halten. Allerdings wirft das Geld in der Kasse gar keinen Zins ab, und Guthaben bei den Banken erbringen sehr wenig Zins. Deshalb legen Unternehmungen die nicht sofort benötigten flüssigen Mittel oft kurzfristig in Wertpapieren an (so genannte Kasseneffekten).

Wertschriften 38

Je nach Art und Zweck der Wertschriften, werden die Wertschriftenbestände auf der Aktivseite der Bilanz an verschiedenen Orten aufgeführt:

Bilanz

Aktiven (Kapitalanlage)   Passiven (Kapitalbeschaffung)

Umlaufvermögen	Fremdkapital
▶ **Flüssige Mittel** ① Wertschriften gehören zu den flüssigen Mitteln, wenn der Anlagehorizont sehr kurz ist (in der Regel bis 90 Tage) und sie börsengängig, d.h. jederzeit verkäuflich sind, und keinen wesentlichen Wertschwankungen unterliegen.	
▶ Forderungen	
▶ Vorräte	
Anlagevermögen	
▶ **Finanzanlagen** Wertschriften gehören ins Anlagevermögen, wenn der Anlagehorizont mehr als ein Jahr beträgt. Beteiligungen gehören auf jeden Fall zum Anlagevermögen.	**Eigenkapital**
▶ Sachanlagen	
▶ Immaterielle Anlagen	

Der Wertpapierhandel wird an der Schweizer Börse (Swiss Exchange, SIX) elektronisch über ein Computersystem abgewickelt. Für den Wertpapierhandel an der Börse bedarf es einer staatlichen Bewilligung. Der Anleger kann die Effekten nicht selbst an der Börse kaufen oder verkaufen, sondern muss einer zum Handel zugelassenen Bank den entsprechenden Auftrag erteilen.

---

① In OR 959a wird die Bilanzposition «Flüssige Mittel und kurzfristig gehaltene Aktiven mit Börsenkurs» genannt.

Wertschriften 38

■ **Beispiel 1**

Kauf von Aktien

Die Meier AG beauftragt die RegioBank mit dem Kauf von 100 Namenaktien der Pharma AG. Die RegioBank schickt dem Auftraggeber nach Ausführung des Auftrags folgende Abrechnung:

Kauf von Wertschriften[1]

100 Namenaktien Pharma AG zum Kurs 900.–[2]	CHF 90 000.–[3]
+ Spesen[4]	CHF 900.–
= Endbetrag der Bankabrechnung, Valuta 14.01.20_1	CHF 90 900.–

Die Verbuchung dieses Kaufs wird in Beispiel 2 gezeigt.

---

[1] Diese Abrechnung ist gleichzeitig eine Eingangsanzeige ins Wertschriftendepot der Meier AG bei der RegioBank und eine Belastungsanzeige für das Kontokorrentkonto der Meier AG bei der RegioBank.

[2] Unter Kurs versteht man den Preis an der Börse für eine Aktie (so genannter Stückkurs).

[3] Das ist der Kurswert. Er ergibt sich durch die Multiplikation der Stückzahl mit dem Stückkurs.

[4] Der Einfachheit halber wurden hier die verschiedenen Spesen in einem Betrag zusammengefasst. Die Spesen betragen bei kleineren Aufträgen etwa 1 % des Kurswerts.

Den grössten Teil dieser Spesen erhält die Bank als Entschädigung für ihre Arbeit; das ist die so genannte Kommission oder Courtage. Sodann wird die Übertragung von Wertschriften durch Effektenhändler mit einer indirekten Bundessteuer belastet (so genannte Umsatzsteuer), die bei diesem Aktienkauf 0,75 Promille des Kaufpreises beträgt. Ausserdem erhebt die Schweizer Börse eine geringe Gebühr für die Benützung ihrer elektronischen Handelsplattform.

Beim Kauf müssen die Spesen zum Kurswert hinzugezählt werden, da sie den Kauf verteuern. Beim Verkauf werden die Spesen vom Kurswert abgezählt, da sie den Verkaufserlös schmälern.

Wertschriften — 38

■ Beispiel 2 Wertschriftenbuchhaltung am Beispiel von Aktien

Zu führen sind die Wertschriftenkonten der Meier AG für das Jahr 20_1. Es wird angenommen, dass die Meier AG vor dem Aktienkauf vom 14. Januar 20_1 keine Wertschriften besessen hat.

Datum	Geschäftsfall	Buchung	Wertschriften (Aktivkonto)		Wertschriftenaufwand		Wertschriftenertrag	
14.01.20_1	Aktienkauf, Kurswert	Wertschriften/Bankguthaben	90 000					
	Aktienkauf, Spesen	Wertschriftenaufwand/Bankguthaben			900			
25.05.20_1	Bankgutschrift der Nettodividende (65 %)①	Bankguthaben/Wertschriftenertrag						1 300
	Verrechnungssteuer auf Dividende (35 %)	Guthaben VSt/Wertschriftenertrag						700
06.12.20_1	Bankbelastung für Depotgebühren②	Wertschriftenaufwand/Bankguthaben			140			
31.12.20_1	Kursgewinn Aktien③	Wertschriften/Wertschriftenertrag	8 000					8 000
	Abschluss	Diverse		98 000	1 040		10 000	
			98 000	98 000	1 040	1 040	10 000	10 000

① Gutschriftsanzeige der Bank

Dividendenauszahlung Pharma AG	
Bruttodividende für 100 Namenaktien zu 20.–/Aktie	2 000.–
./. Verrechnungssteuer 35 %	700.–
= Nettodividende, Valuta 25.5.20_1	1 300.–

② Die Wertschriften befinden sich (in elektronischer Form) im Depot der Bank. Für die Depotführung verlangt die Bank eine Gebühr, die vom Depotwert und der Anzahl Titel abhängt.

③ Am Ende des Jahres werden die Aktien gemäss OR 960b zum Kurs am Bilanzstichtag bewertet. Gegenüber dem Kaufpreis ergibt sich ein Kursgewinn von CHF 80.– je Aktie:

Kurswert der Aktien beim Kauf	100 Aktien zum Kurs 900.–	90 000.–
Kurswert der Aktien beim Abschluss	100 Aktien zum Kurs 980.–	98 000.–
Kursgewinn	100 Aktien zu 80.–	8 000.–

Dieser **Kursgewinn** von CHF 8 000.– wird als **nicht realisiert** bezeichnet, weil er nur durch die buchmässige Bewertung am Jahresende entstand und nicht durch Verkauf wirklich (real) erzielt wurde.

Der Kursgewinn ist vorzugsweise wie oben beschrieben zu ermitteln. Er lässt sich aber auch direkt im Konto Wertschriften bestimmen: Wenn zuerst als Saldo der Wertschriftenbestand gemäss Wertschrifteninventar eingesetzt wird, ergibt sich im Konto eine Differenz, die dem Kursgewinn (bzw. in anderen Fällen dem Kursverlust) entspricht.

Wertschriften 38

■ **Beispiel 3** **Kauf von Obligationen**

Die Huber AG beauftragt die RegioBank mit dem Kauf von Obligationen der Schweizerischen Eidgenossenschaft mit einem Nominalwert von CHF 100 000.–. Die RegioBank schickt dem Auftraggeber nach Ausführung des Auftrags am 30. September 20_3 folgende Abrechnung:

Kauf von Wertschriften

CHF 100 000.–[1] 4 %[2] Schweizerische Eidgenossenschaft 20_1 bis 20_9[3] Zinstermin 30. Juni, zum Kurs 102 %[4]	CHF 102 000.–
+ Marchzins vom 30.06. bis 30.09.[5]	CHF 1 000.–
= Zwischentotal	CHF 103 000.–
+ Spesen	CHF 1 030.–
= Endbetrag der Bankabrechnung, Valuta 30.09.20_3	CHF 104 030.–

Die Verbuchung dieses Kaufs wird in Beispiel 4 gezeigt.

[1] Das ist der Nominalwert (Nennwert), d. h. der auf der Obligation aufgedruckte Betrag.

[2] Zu diesem Zinsfuss wird die Obligation während der Laufzeit verzinst: erstmals am 30. Juni 20_2, letztmals am 30. Juni 20_9.

Die Zinssätze verändern sich mit der wirtschaftlichen Lage. Im Zeitpunkt dieser Auflage (2018) liegt der Zinsfuss für Obligationen der Eidgenossenschaft nahe bei 0 %.

[3] Die Laufzeit dauert von der Ausgabe (Emission) der Anleihe am 30. Juni 20_1 bis zu ihrer Rückzahlung am 30. Juni 20_9.

[4] Der Kurs von Obligationen wird in Prozenten des Nominalwerts angegeben (Prozentkurs).

[5] **Erläuterungen zum Marchzins**

Der Käufer kann am nächsten Zinstermin (30.06.20_4) durch Einreichung des Zinscoupons den ganzen Jahreszins einkassieren. Da der Verkäufer entsprechend seiner Besitzdauer (vom 30.06. bis 30.09.20_3) Anspruch auf einen Anteil am Jahreszins hat, muss ihm der Käufer beim Erwerb der Obligation den **Marchzins für die Zeit zwischen dem letzten Zinstermin und dem Verkaufsdatum** bezahlen.

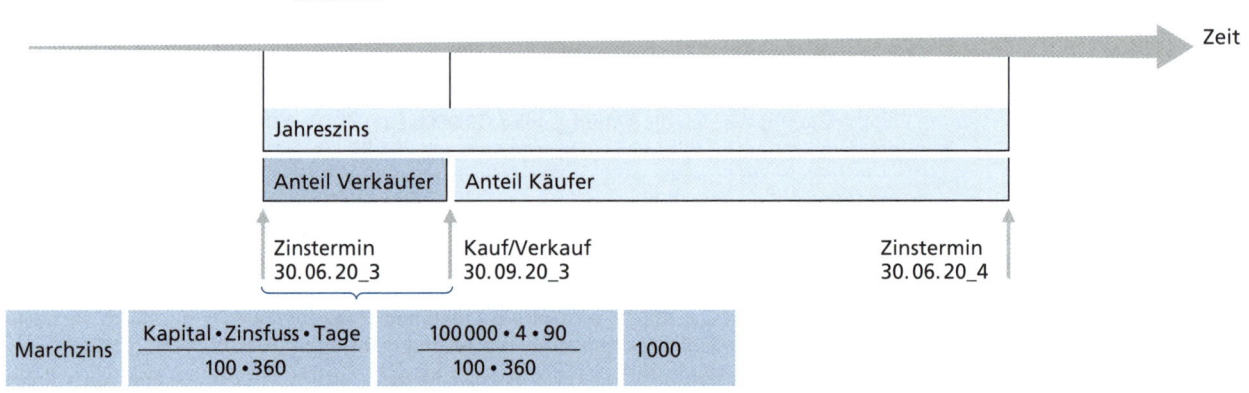

Marchzins: $\dfrac{\text{Kapital} \cdot \text{Zinsfuss} \cdot \text{Tage}}{100 \cdot 360} = \dfrac{100\,000 \cdot 4 \cdot 90}{100 \cdot 360} = 1000$

Zinstermin 30.06.20_3 — Kauf/Verkauf 30.09.20_3 — Zinstermin 30.06.20_4

Weil sich durch den Marchzins der Verkaufserlös für den Verkäufer erhöht und sich gleichzeitig der Kaufpreis für den Käufer vergrössert, muss der Marchzins immer zum Kurswert addiert werden.

Wertschriften 38

Beispiel 4

Wertschriftenbuchhaltung am Beispiel von Obligationen

Zu führen sind die Wertschriftenkonten der Huber AG, die vor dem Obligationenkauf vom 30. September 20_3 keine Wertschriften besass.

Datum	Geschäftsfall	Buchungssatz	Wertschriften (Aktivkonto)		Wertschriften- aufwand		Wertschriften- ertrag	
30.09.20_3	Obligationenkauf, Kurswert	Wertschriften/ Bankguthaben	102 000					
	Obligationenkauf, Marchzins	Wertschriftenertrag/ Bankguthaben					1 000	
	Obligationenkauf, Spesen	Wertschriftenaufwand/ Bankguthaben			1 030			
06.12.20_3	Bankbelastung für Depotgebühren	Wertschriftenaufwand/ Bankguthaben			150			
31.12.20_3	Zeitliche Abgrenzung Zins①	Aktive Rechnungsabgren- zungen/Wertschriftenertrag						2 000
	Kursverlust auf den Obligationen②	Wertschriftenaufwand/ Wertschriften		600	600			
	Abschluss	Diverse		**101 400**		**1 780**	③**1 000**	
			102 000	102 000	1 780	1 780	2 000	2 000

Das folgende Beispiel enthält alle wichtigen Buchungen im Zusammenhang mit Wertschriftengeschäften.

① Als aktive Rechnungsabgrenzung ist der vom letzten Zinstermin bis Ende Jahr (180 Tage) aufgelaufene Zins zu berücksichtigen:

Aufgelaufener Zins	$\dfrac{\text{Kapital} \cdot \text{Zinsfuss} \cdot \text{Tage}}{100 \cdot 360}$	$\dfrac{100\,000 \cdot 4 \cdot 180}{100 \cdot 360}$	2 000

② Der Kurs am Bilanzstichtag beträgt 101,4 %. Gegenüber dem Kauf entsteht ein Kursverlust von 0,6 % des Nominalwerts.

Kurswert der Obligationen beim Kauf	100 000.– zum Kurs 102 %	102 000.–
Kurswert der Obligationen beim Abschluss	100 000.– zum Kurs 101,4 %	101 400.–
Kursverlust	0,6 % von 100 000.–	600.–

Dieser Kursverlust von CHF 600.– wird als nicht realisiert bezeichnet, weil er nur durch die buchmässige Bewertung am Jahresende entstand und nicht durch Verkauf wirklich (real) erzielt wurde.

Der Kursverlust ist vorzugsweise wie oben beschrieben zu ermitteln. Er lässt sich aber auch direkt im Konto Wertschriften bestimmen: Wenn zuerst als Saldo der Wertschriftenbestand gemäss Wertschrifteninventar eingesetzt wird, ergibt sich im Konto eine Differenz, die dem Kursverlust (bzw. in anderen Fällen dem Kursgewinn) entspricht.

③ Der Saldo des Kontos Wertschriftenertrag zeigt den Zins für drei Monate Besitzdauer (vom 30.09. bis 31.12.20_3).

Wertschriften

■ Beispiel 5

Wertschriftenbuchhaltung

Über den Wertschriftenverkehr der Produkta AG liegen für das Jahr 20_2 folgende Belege vor:

Wertschrifteninventar am 31.12.20_1 (= am 1.1.20_2 übernommene Bestände)

Anzahl bzw. Nominalwert	Titelbezeichnung	Kurs	Kurswert
2 000	Namenaktien Chemie AG	80.–	160 000.–
400 000.–	6 % Obligationen Kraftwerk Eglisau 20_1 bis 20_9, Zinstermin 30. Mai	110 %	440 000.–
			600 000.–

Bankabrechnung über den Verkauf von Wertschriften

1 000 Namenaktien Chemie AG zum Kurs 120.–	120 000.–
./. Spesen	– 1 200.–
= Endbetrag der Bankabrechnung, Valuta 20. März 20_2	118 800.–

Gutschriftsanzeige der Bank

Dividendenauszahlung Chemie AG

Bruttodividende für 1 000 Namenaktien zu 4.–/Aktie	4 000.–
./. Verrechnungssteuer 35 %	– 1 400.–
= Nettodividende, Valuta 15. April 20_2	2 600.–

Gutschriftsanzeige der Bank

6 % Obligationen Kraftwerk Eglisau 20_1 bis 20_9

Bruttozins	24 000.–
./. Verrechnungssteuer 35 %	– 8 400.–
= Nettozins, Valuta 30. Mai 20_2	15 600.–

Bankabrechnung über den Verkauf von Wertschriften

CHF 100 000.– 6 %, Kraftwerk Eglisau 20_1 bis 20_9

Zinstermin 30. Mai, zum Kurs 108 %	108 000.–
+ Marchzins vom 30.05. bis 30.09.20_2 (120 Tage)	2 000.–
= Zwischentotal	110 000.–
./. Spesen	– 1 100.–
= Endbetrag der Bankabrechnung, Valuta 30. September 20_2	108 900.–

Bankbelastungsanzeige

Depotspesen, Valuta 10. Dezember 20_2	700.–

Wertschrifteninventar am 31.12.20_2

Anzahl bzw. Nominalwert	Titelbezeichnung	Kurs	Kurswert
1 000	Namenaktien Chemie AG	110.–	110 000.–
300 000.–	6 % Obligationen Kraftwerk Eglisau 20_1 bis 20_9, Zinstermin 30. Mai	105 %	315 000.–
			425 000.–

Wertschriften 38

Im Journal und Hauptbuch ergeben sich aufgrund dieser Belege folgende Eintragungen:

Datum	Geschäftsfall	Buchung	Wertschriften		Wertschriften-aufwand		Wertschriften-ertrag	
01.01.20_2	Eröffnung Wertschriftenbestand	Wertschriften/Bilanz	600 000					
	Rückbuchung aufgelaufener Zins[1]	Wertschriftenertrag/Aktive Rechnungsabgrenzungen					14 000	
20.03.20_2	Aktienverkauf, Kurswert	Bankguthaben/Wertschriften		120 000				
	Aktienverkauf, Spesen	Wertschriftenaufwand/Bankguthaben			1 200			
	Kursgewinn[2]	Wertschriften/Wertschriftenertrag	40 000					40 000
15.04.20_2	Gutschrift Nettodividende	Bankguthaben/Wertschriftenertrag						2 600
	Verrechnungssteuer	Guthaben VSt/Wertschriftenertrag						1 400
30.05.20_2	Gutschrift Nettozins	Bankguthaben/Wertschriftenertrag						15 600
	Verrechnungssteuer	Guthaben VSt/Wertschriftenertrag						8 400
30.09.20_2	Obligationenverkauf, Kurswert	Bankguthaben/Wertschriften		108 000				
	Marchzinsen	Bankguthaben/Wertschriftenertrag						2 000
	Spesen	Wertschriftenaufwand/Bankguthaben			1 100			
	Kursverlust[3]	Wertschriftenaufwand/Wertschriften		2 000	2 000			
10.12.20_2	Depotspesen	Wertschriftenaufwand/Bankguthaben			700			
31.12.20_2	Aufgelaufene Obligationenzinsen[4]	Aktive Rechnungsabgrenzungen/Wertschriftenertrag						10 500
	Kursgewinn Aktien[5]	Wertschriften/Wertschriftenertrag	30 000					30 000
	Kursverlust Obligationen[6]	Wertschriftenaufwand/Wertschriften		15 000	15 000			
	Salden	Diverse		425 000		20 000	96 500	
			670 000	670 000	20 000	20 000	110 500	110 500

[1] bis [6] Die Fussnoten sind auf der nächsten Seite.

Wertschriften 38

Überblick über die Wertschriftenkonten

Für die Verbuchung von Wertschriftengeschäften werden drei Konten benötigt, die schematisch wie folgt dargestellt werden können:

Wertschriften (Aktivkonto)		Wertschriftenaufwand		Wertschriftenertrag[7]	
Anfangsbestand	▶ Verkäufe ▶ Kursverluste	▶ Spesen ▶ Depotgebühren ▶ Kursverluste	Aufwandsminderungen Saldo	Ertragsminderungen (z. B. bezahlte Marchzinsen) Saldo	▶ Dividendenerträge ▶ Zinserträge ▶ Kursgewinne ▶ Erhaltene Marchzinsen
▶ Käufe ▶ Kursgewinne					
	Schlussbestand (Saldo)				

① Ende letztes Jahr wurde das aufgelaufene Zinsguthaben auf der Obligationenanleihe transitorisch abgegrenzt: 6 % von 400 000.– für 210 Tage (vom 30. Mai bis 31. Dezember 20_1) = 14 000.–.

② Der Kursgewinn von 40.– je Aktie ergibt sich als Differenz zwischen 80.– (Inventarkurs bei Eröffnung) und 120.– (Verkaufspreis). 1 000 Aktien zu 40.– = 40 000.–. Dieser Kursgewinn wird als **realisierter Kursgewinn** bezeichnet, weil er durch den Verkauf der Wertpapiere wirklich (real) erzielt wurde.

Bei diesem Kursgewinn handelt es sich nicht um den gegenüber dem seinerzeitigen Kaufpreis erzielten Gewinn, sondern um den im Jahr 20_2 im Vergleich zur Eröffnungsbilanz erwirtschafteten. Für weiter gehende Analysen wären umfangreiche zusätzliche (informatikgestützte) Aufzeichnungen notwendig, die sich nur bei grossem Wertschriftenverkehr lohnen.

③ Der Kursverlust beträgt 2 % (Eröffnungskurs gemäss Inventar 110 %, Verkaufskurs 108 %). 2 % von 100 000.– ergeben 2 000.–. Dieser Kursverlust ist realisiert, weil er durch den Verkauf der Wertpapiere entstanden ist.

④ 6 % von 300 000.– für 210 Tage (vom 30. Mai bis 31. Dezember 20_2) = 10 500.–.

⑤ Der Kursgewinn je Aktie beträgt 30.–. Dieser Betrag ergibt sich aus der Bewertungsdifferenz zwischen den Inventaren Anfang und Ende Jahr. 1 000 Aktien zu 30.– = 30 000.–. Dieser **Kursgewinn ist unrealisiert**, d. h., er ist nur buchmässig entstanden und nicht durch den Verkauf der Aktien wirklich erzielt worden.

⑥ Aus dem Inventar von Anfang Jahr ergibt sich ein Kurs von 110 % und aus dem Inventar von Ende Jahr ein solcher von 105 %. Der Kursverlust beträgt 5 % von 300 000.–, d. h. 15 000.–. Dieser Kursverlust ist unrealisiert, denn er ergibt sich nur buchmässig als Bewertungsdifferenz.

⑦ Wenn die Wertschriften den Charakter einer Beteiligung aufweisen, werden folgende Konten verwendet: Beteiligungen (Aktivkonto), Beteiligungsaufwand und Beteiligungsertrag. Die Buchungsregeln gelten sinngemäss.

Wertschriften 38

Exkurs

Die Rendite von Wertschriften

Unter Rendite (oder Rentabilität) versteht man das in Prozenten ausgedrückte Verhältnis zwischen dem jährlichen Ertrag, den ein bestimmtes Vermögen abwirft, und dem für den Erwerb dieses Vermögens eingesetzten Kapital:

$$\text{Rendite} = \frac{\text{Jahresertrag}}{\text{Kapitaleinsatz}}$$

Dabei ist der Kapitaleinsatz der bezahlte Kaufpreis.

Der Jahresertrag setzt sich aus Dividenden (bei Aktien) oder Zinsen (bei Obligationen) sowie Kursgewinnen oder -verlusten zusammen.

Bei einer Kapitalanlage sind für die Investoren drei Gesichtspunkte wichtig, die in der Betriebswirtschaftslehre als **magisches Dreieck der Kapitalanlage** dargestellt werden:

Rendite
Hauptziel der Kapitalanleger ist meist die Erzielung einer angemessenen Rendite.

magisches Dreieck der Kapitalanlage

Sicherheit
Das Verlustrisiko (z. B. Zahlungsunfähigkeit des Schuldners, Kursverluste bei Aktien) sollte möglichst gering sein.

Liquidität
Das ist die Verfügbarkeit des Geldes. Wie rasch lässt sich die Anlage wieder in Bargeld umwandeln?[1]

Zwischen Rendite und Sicherheit einer Anlage besteht ein **Zielkonflikt:** Je höher beispielsweise der vom Schuldner angebotene Zinsfuss bei einer Obligationenanleihe ist, desto grösser ist das Risiko der Zahlungsunfähigkeit des Schuldners. Auf der anderen Seite sind Anleihen von sicheren Schuldnern leider niedrig verzinslich (z. B. Obligationen der Schweizerischen Eidgenossenschaft). Ein anderes Beispiel sind Anlagen in Aktien, die zwar ein hohes Kursverlustrisiko bergen, aber auch grosse Kursgewinnchancen eröffnen.

Auch zwischen Liquidität und Rendite besteht ein Zielkonflikt: Je länger die Laufzeit einer Obligationenanleihe ist, desto höher ist normalerweise der Zinsfuss.

---

[1] Für den Investor (Kapitalanleger) ist die finanzielle Flexibilität sehr wichtig:
- ▶ Damit er seine Zahlungsverpflichtungen erfüllen kann, darf er nicht alle verfügbaren flüssigen (liquiden) Mittel langfristig anlegen.
- ▶ Wenn sich günstige Gelegenheiten für Investitionen ergeben, müssen die finanziellen Mittel vorhanden sein (und allenfalls bestehende Kapitalanlagen rasch in flüssige Mittel verwandelt werden können).

Wertschriften 38

■ **Beispiel 6** **Dividendenrendite von Aktien**

Eine Inhaberaktie der Tiefbau AG kann an der Börse zum Kurs von CHF 200.– erworben werden. Die Dividende beträgt CHF 6.–.

Wie gross ist die Dividendenrendite, d. h. die Rendite ohne Berücksichtigung von Kursdifferenzen?

Rendite	$\dfrac{\text{Jahresertrag}}{\text{Kapitaleinsatz}}$	$\dfrac{6}{200}$	3 %

Der Kapitaleinsatz entspricht dem Kaufpreis für die Aktie.

Der Jahresertrag besteht in diesem Beispiel nur aus der Dividende. Der Ertrag wird immer auf ein Jahr bezogen, damit die Rendite mit alternativen Kapitalanlagen verglichen werden kann, zum Beispiel mit dem (Jahres-)Zinsfuss einer Obligation. Auch andere Renditen, z. B. die Eigenkapital- oder die Gesamtkapitalrendite einer Unternehmung, beziehen sich immer auf ein Jahr.

Obwohl die Kauf- und Verkaufsspesen bei kleineren Aufträgen etwa je 1% des Kurswerts ausmachen, werden sie der Einfachheit halber sowohl von den Banken als auch in der Wirtschaftspresse meist vernachlässigt. Auch die Depotgebühren bleiben bei Renditeberechnungen in der Regel unberücksichtigt.

■ **Beispiel 7** **Rendite von Aktien (mit Kursgewinn, Besitzdauer ein Jahr)**

Eine Inhaberaktie der Tiefbau AG wird an der Börse zum Kurs von CHF 200.– erworben und ein Jahr später zu CHF 220.– verkauft. Die Dividende beträgt CHF 6.–.

Wie gross ist die Rendite unter Berücksichtigung des erzielten Kursgewinnes?

Rendite	$\dfrac{\text{Jahresertrag}}{\text{Kapitaleinsatz}}$	$\dfrac{26}{200}$	13 %

Berechnung des Jahresertrags

Dividende	6.–
+ Kursgewinn (Verkaufskurs 220 ./. Kaufkurs 200)	20.–
= Jahresertrag	26.–

■ **Beispiel 8** **Rendite von Aktien (mit Kursverlust, Besitzdauer ein Jahr)**

Grundsätzlich gelten die Zahlen von Beispiel 7. Allerdings wird die Aktie ein Jahr später zu CHF 190.– verkauft, sodass ein Kursverlust entsteht.

Wie gross ist die Rendite unter Berücksichtigung des erlittenen Kursverlusts?

Rendite	$\dfrac{\text{Jahresertrag}}{\text{Kapitaleinsatz}}$	$\dfrac{-4}{200}$	– 2 %

Berechnung des Jahresertrags

Dividende	6.–
./. Kursverlust (Verkaufskurs 190 ./. Kaufkurs 200)	– 10.–
= Jahresertrag	– 4.–

Wertschriften 38

Beispiel 9 **Rendite von Aktien (mit Kursgewinn, Besitzdauer über ein Jahr)**

Eine Inhaberaktie der Tiefbau AG wird an der Börse zum Kurs von CHF 200.– erworben und zweieinhalb Jahre (= 900 Tage) später zu CHF 220.– wieder verkauft. Die Dividenden betrugen im ersten Jahr CHF 6.– und im zweiten Jahr CHF 9.–.

Wie gross ist die Rendite unter Berücksichtigung des erzielten Kursgewinnes?

Rendite	$\dfrac{\text{Jahresertrag}}{\text{Kapitaleinsatz}}$	$\dfrac{14}{200}$	7 %

Berechnung des Jahresertrags

Dividenden[1]	6 + 9	15.–
+ Kursgewinn	Verkaufskurs 220 ./. Kaufkurs 200	20.–
= Ertrag in 900 Tagen		35.–
Jahresertrag	35 : 900 Tage • 360 Tage	14.–

Beispiel 10 **Rendite von Obligationen (mit Kursverlust, Besitzdauer ein Jahr)**

H. Haller kaufte Obligationen der Schweizerischen Eidgenossenschaft, Zinsfuss 4 %, Laufzeit 20_1 bis 20_9, zum Kurs 103 %. Ein Jahr später verkauft er die Obligationen zum Kurs 102 %.

Wie gross ist die Rendite unter Berücksichtigung des erlittenen Kursverlustes?

Rendite	$\dfrac{\text{Jahresertrag}}{\text{Kapitaleinsatz}}$	$\dfrac{3}{103}$	2,91 %

Berechnung des Jahresertrags

Jahreszins	4 % des Nominalwerts von 100	4.–
./. Kursverlust	Verkaufskurs 102 ./. Kaufkurs 103	– 1.–
= Jahresertrag		3.–

Bei Obligationen werden Zinsen, Kursdifferenzen und Kapitaleinsatz immer bezüglich einem Nominalwert von CHF 100.– berechnet.[2]

---

[1] In diesen zweieinhalb Jahren erhielt der Investor nur zwei Dividenden, weil er die Aktie im ersten Jahr nach der Dividendenausschüttung erworben hatte. Hätte er die Papiere vor der Generalversammlung gekauft, wäre er in nur zweieinhalb Jahren in Genuss von drei Dividendenausschüttungen gekommen.

[2] Damit wird das Rechnen einfacher und übersichtlicher. Rechnete man zum Beispiel mit einem Nominalwert von CHF 400 000.– (weil dieser dem tatsächlichen Geschäft zugrunde liegt), so würden der Jahresertrag und der Kapitaleinsatz je 4 000-mal grösser. Nur kürzt sich dieser Faktor 4 000 über und unter dem Bruchstrich wieder weg, sodass die Rendite unverändert bleibt.

Wertschriften

38

■ **Beispiel 11**   **Rendite von Obligationen (mit Kursgewinn, Besitzdauer über ein Jahr)**

H. Haller kaufte am 30. Juni 20_3 Obligationen der Schweizerischen Eidgenossenschaft, Zinsfuss 4 %, Laufzeit 20_1 bis 20_9, zum Kurs 97 %. Am 30. Oktober 20_5 verkauft er die Obligationen (nach einer Besitzdauer von 840 Tagen) zum Kurs 99 %.

Wie gross ist die Rendite unter Berücksichtigung des erzielten Kursgewinnes?

Rendite	$\dfrac{\text{Jahresertrag}}{\text{Kapitaleinsatz}}$	$\dfrac{4{,}86}{97}$	5,01 %

Berechnung des Jahresertrags

Jahreszins	4 % des Nominalwerts von 100	4.–
./. Kursgewinn pro Jahr	(99 – 97) : 840 Tage • 360 Tage	–.86
= Jahresertrag		4.86

Bei der Renditeberechnung für Obligationen ist es einfacher, nur die Kursdifferenz aufs Jahr umzurechnen, weil der Zins sich immer auf ein Jahr bezieht und direkt übernommen werden kann.[1]

[1] Der Zeitpunkt des Kaufs oder Verkaufs spielt bei Obligationen keine Rolle, da bei Kaufs- und Verkaufsabrechnungen immer anteilige Marchzinsen berücksichtigt werden.

Im Unterschied zu den Obligationen ist es beim Kauf oder Verkauf von Aktien nicht möglich, eine «Marchdividende» zu berechnen, da die Dividende im Zeitpunkt des Aktienkaufs noch nicht feststeht, weil sie vom Geschäftsergebnis und vom nächsten Generalversammlungsbeschluss abhängig ist: Kauft jemand eine Aktie *vor* der Generalversammlung, so erhält er nach der Generalversammlung die beschlossene Dividende; kauft er die Aktie *nach* der Generalversammlung, bekommt er im laufenden Jahr keine Dividende.

4. Teil Buchführungsvorschriften, stille Reserven und Aufbau des Rechnungswesens

Buchführungsvorschriften

Die kaufmännische Buchführung und Rechnungslegung ist im 32. Titel des schweizerischen Obligationenrechts geregelt:

Buchführungs- und Rechnungslegungsvorschriften[1]

Allgemein gültige Vorschriften (OR 957)	Rechnungslegung für grössere Unternehmen (OR 961)	Abschluss nach anerkanntem Standard (OR 962)
Diese Vorschriften sind anwendbar auf ▶ alle Einzelunternehmen und Personengesellschaften ab einem jährlichen Umsatzerlös von CHF 500 000[2] ▶ juristische Personen wie AG oder GmbH	Besondere Vorschriften gelten für Unternehmen, die zu einer ordentlichen Revision verpflichtet sind. Das sind grundsätzlich Unternehmen, die folgende Grössen überschreiten: Bilanzsumme 20 Mio., Umsatzerlös 40 Mio., 250 Vollzeitstellen.	Börsenkotierte Unternehmen müssen zusätzlich einen Abschluss nach einem anerkannten Standard zur Rechnungslegung erstellen. Bei nicht börsenkotierten Unternehmen können mindestens 20 % der Gesellschafter einen solchen Abschluss verlangen.
Zu den allgemeinen Vorschriften gehören: ▶ die anzuwendenden **Grundsätze** ordnungsmässiger Buchführung und Rechnungslegung. ▶ Inhalt und Aufbau der im Geschäftsbericht enthaltenen Jahresrechnung, bestehend aus **Bilanz, Erfolgsrechnung und Anhang.** ▶ die **Bewertung** der Aktiven und Verbindlichkeiten. ▶ die Pflicht zur Aufbewahrung von Buchhaltung und Belegen während zehn Jahren.	Diese Unternehmen müssen zusätzlich ▶ als Teil der Jahresrechnung eine **Geldflussrechnung** erstellen: ▶ einen **Lagebericht** verfassen, der den vergangenen und künftig erwarteten Geschäftsverlauf und die wirtschaftliche Lage des Unternehmens darstellt.	Der Abschluss soll ein den tatsächlichen Verhältnissen entsprechendes Bild der Vermögens-, Finanzierungs- und Ertragslage der Unternehmung vermitteln, die so genannte **True-and-Fair-View**. Die Anforderungen an Buchführung und Rechnungslegung sind sehr hoch. Anerkannte Standards sind die Swiss GAAP FER, die IFRS und ausnahmsweise die US GAAP.[3]

Die Buchführung bildet die Grundlage der Rechnungslegung. Sie erfasst diejenigen Geschäftsvorfälle und Sachverhalte, die für die Darstellung der Vermögens-, Finanzierungs- und Ertragslage notwendig sind. Sie wird in Landeswährung oder in der für die Geschäftstätigkeit wesentlichen Währung geführt. Nebst den Landessprachen ist für die Buchführung auch Englisch erlaubt.

---

[1] Der Gesetzgeber unterscheidet zwischen Buchführung und Rechnungslegung: Buchführung umschreibt die Tätigkeit des Führens einer Buchhaltung; Rechnungslegung bezeichnet das Ergebnis der durch die Buchführung erfassten Geschäftsfälle.

[2] Einzelunternehmen und Personengesellschaften mit weniger als 500 000 Franken Umsatzerlös müssen rechtlich gesehen lediglich eine einfache Buchhaltung führen (mit Einnahmen und Ausgaben sowie einer Vermögensübersicht; sogenanntes «Milchbüchlein»).

[3] Gemäss Verordnung des Bundesrates über die anerkannten Standards zur Rechnungslegung (VASR). In der Fussnote auf der nächsten Seite werden die Standards kurz charakterisiert.

Buchführungsvorschriften 41

Die Hauptunterschiede zwischen dem obligationenrechtlichen Buchführungsrecht und den anerkannten Standards lassen sich tabellarisch wie folgt darstellen:

Merkmale	Obligationsrecht	Swiss GAAP FER, IFRS und US GAAP[1]
Welche Unternehmungen müssen die Vorschriften anwenden?	Alle buchführungspflichtigen Unternehmungen in der Schweiz.	Diese Vorschriften sind hauptsächlich für börsenkotierte Gesellschaften anwendbar. Bei den anderen Unternehmen ist ein solcher Abschluss auf Verlangen der Gesellschafter zu erstellen (zum Beispiel von Aktionären mit mindestens 20 % des Grundkapitals).
Welches ist der zentrale Grundsatz ordnungsmässiger Rechnungslegung?	Die **Vorsicht** ist der dominierende Grundsatz: Der Adressat des Geschäftsberichts soll sich darauf verlassen können, dass die wirtschaftliche Lage der Gesellschaft mindestens so gut ist, wie in der Jahresrechnung dargestellt.	Die **Wahrheit** ist der wichtigste Grundsatz. Der Abschluss soll ein den tatsächlichen Verhältnissen entsprechendes Bild der Vermögens-, Finanzierungs- und Ertragslage der Unternehmung vermitteln (sogenannte **True-and-Fair-View**).
Wer steht im Zentrum der Betrachtungen, der Gläubiger oder der Investor?	Der **Gläubigerschutz** hat Priorität: Ein Kreditgeber soll sich darauf verlassen können, dass es der Unternehmung wirtschaftlich mindestens so gut geht, wie in der Jahresrechnung dargestellt. Die korrekte Information der Eigentümer (der Aktionäre) ist zweitrangig.	Die Investoren (die Aktionäre) sollen über die wirtschaftliche Lage ihrer Unternehmung wahrheitsgetreu informiert werden.
Welche stillen Reserven sind gestattet?	Die auf der Bilanzvorsicht basierenden Bewertungsvorschriften des Obligationenrechts ermöglichen die Bildung von **stillen Willkürreserven** (siehe nächstes Kapitel).	Es ist der Geschäftsleitung nicht erlaubt, willkürlich stille Reserven zu bilden.

Es bestehen in der Schweiz über 400 000 Unternehmungen; davon sind nur etwas mehr als 300 börsenkotiert. Deshalb stehen in diesem Lehrbuch die allgemeinen obligationenrechtlichen Vorschriften im Zentrum; auf die Rechnungslegung börsenkotierter Unternehmungen wird nicht weiter eingegangen.

[1] Die vom Obligationenrecht genannten anerkannten Standards zur Rechnungslegung können im Überblick wie folgt beschrieben werden:

Standards zur Rechnungslegung

Swiss GAAP FER	IFRS	US GAAP
Swiss Generally Accepted Accounting Principles, Fachempfehlungen zur Rechnungslegung	International Financial Reporting Standards	United States Generally Accepted Accounting Principles
▶ Die Swiss GAAP FER werden nur in der Schweiz angewandt. ▶ Hauptstärke: Die Regeln sind kurz, bündig und allgemein verständlich formuliert. ▶ Hauptschwäche: Die Regeln sind manchmal large und lassen zu viele alternative Methoden zu. ▶ Dieses Regelwerk umfasst etwa 200 Seiten.	▶ Die IFRS sind weltweit in über 100 Ländern anerkannt. ▶ Hauptstärke: Die IFRS sind ein umfassendes Regelwerk, das vor allem auf Regeln (Prinzipien, Grundsätzen) beruht. ▶ Hauptschwäche: Der Umfang ist beträchtlich, was den Einsatz von (teuren) Spezialisten notwendig macht. ▶ Dieses Regelwerk umfasst etwa 3 000 Seiten.	▶ Die US GAAP werden hauptsächlich in den USA angewandt. ▶ Hauptstärke: Die US GAAP sind meist sehr genau und lassen wenig Spielraum. ▶ Hauptschwächen: Das Regelwerk ist umfangreich und kompliziert. Es enthält viele Einzelvorschriften und wenig allgemein gültige Regeln. ▶ Dieses Regelwerk umfasst über 30 000 Seiten.

Grundsätze ordnungsmässiger Buchführung und Rechnungslegung

Eine ordnungsmässige Buchführung bzw. Rechnungslegung lässt sich durch folgende Grundsätze charakterisieren:

▶ **Vollständigkeit**
Alle für eine bestimmte Information (insbesondere für die Ermittlung von Vermögen und Erfolg) erheblichen Tatbestände müssen erfasst werden.

▶ **Klarheit**
Die Buchführung muss für eine Fachperson in allen Teilen mühelos verständlich sein.

▶ **Aktualität**
Die Buchhaltung muss laufend nachgeführt werden und innert angemessener Frist die Ergebnisse liefern.

▶ **Systematik**
Bei der Buchführung sollen alle zweckmässigen Ordnungsprinzipien angewandt werden. Beispiele sind die Chronologie der Journalbuchungen oder der Einsatz von Kontenplänen und Gliederungsschemen für das Hauptbuch sowie die Bilanz und Erfolgsrechnung.

▶ **Nachprüfbarkeit**
Von der Erfassung der Buchungstatbestände mithilfe von Belegen oder Hilfsbüchern über die Verarbeitung in Journal und Hauptbuch bis zum Schlussergebnis in Bilanz und Erfolgsrechnung soll ein lückenloser Zusammenhang bestehen. Für jede Buchung muss ein Beleg vorhanden sein.

▶ **Vorsicht**
In der Jahresrechnung soll sich das Unternehmen gegenüber anderen nicht reicher und im Zweifel eher ärmer darstellen, als es der Wirklichkeit entspricht. Bei Unsicherheit sind demnach die Aktiven und Erträge eher zu tief anzusetzen und die Schulden und Aufwände eher zu hoch.

▶ **Wesentlichkeit**
Bei der Rechnungslegung kommt es nicht auf absolute Genauigkeit an, sondern es müssen die wesentlichen Zahlen und Beziehungen stimmen. Unwesentliche Einflussgrössen, die das Urteil des Informationsempfängers nicht beeinflussen, können auch weggelassen werden.

▶ **Stetigkeit**
Bilanzen und Erfolgsrechnungen sind von Jahr zu Jahr nach den gleichen Grundsätzen bezüglich Darstellung, Inhalt und Bewertung aufzustellen.

▶ **Fortführung der Unternehmenstätigkeit**
Bei der Bewertung ist davon auszugehen, dass die Unternehmung eine unbestimmte, voraussichtlich längere Zeit weitergeführt wird.

▶ **Verrechnungsverbot (Bruttoprinzip)**
Es ist unzulässig, Aktiven und Passiven sowie Aufwand und Ertrag miteinander zu verrechnen. Diese Positionen sind einzeln (brutto) auszuweisen.

▶ **Zeitliche Abgrenzung (Periodizität)**
Die Auswirkungen von Geschäftsvorfällen werden als Aufwand oder Ertrag jener Periode zugerechnet, in der sie auftreten, und nicht dann, wenn flüssige Mittel ein- bzw. ausbezahlt werden.

▶ **Wirtschaftlichkeit (Zweckmässigkeit)**
Die Buchführung ist mit Kosten verbunden. Diese Kosten sollen nicht höher ausfallen als der Nutzen, der aus den Informationen gewonnen werden kann.

Buchführungsvorschriften 41

Bewertungsvorschriften des Obligationenrechts

Beim Abschluss der Buchhaltung stellt sich die Frage, zu welchem Wert die einzelnen Bilanzpositionen in die Bilanz einzusetzen sind. Diese Tätigkeit der Wertermittlung nennt man **bewerten**; das Ergebnis heisst **Bewertung**.

Nur die Aktiven und das Fremdkapital müssen bewertet werden; das Eigenkapital ergibt sich als Saldo:

Bilanz

Aktiven	Passiven
Aktiven Vermögen	**Fremdkapital** Verbindlichkeiten, Schulden
	Eigenkapital Nettovermögen

Bei einigen Bilanzpositionen ist die Bewertung einfach:

▶ Das Schweizer Geld in der Kasse zum Beispiel lässt sich leicht zählen (sogenannter Kassensturz); der Wert ist genau bestimmt.

▶ Ebenso steht die genaue Höhe einer Darlehensschuld in Schweizer Franken fest.

Bei den meisten Bilanzpositionen ist der Wert allerdings nicht so einfach feststellbar:

▶ Soll beispielsweise die Geschäftsliegenschaft zum früheren Kaufpreis oder zum geschätzten heutigen Marktwert in der Bilanz aufgeführt werden?

▶ Wie hoch sollen die Abschreibungen auf dem Mobiliar sein?

▶ Welchen Wert hat das Warenlager?

▶ Wie viele Kunden werden voraussichtlich nicht zahlen?

▶ Welche Rückstellungen sind angemessen?

▶ Zu welchem Wechselkurs soll ein Guthaben in fremder Währung umgerechnet werden?

Weil die Bewertung der Aktiven und des Fremdkapitals bei der Ermittlung des Eigenkapitals und des Periodenerfolgs von grosser Bedeutung ist, enthält das Obligationenrecht im Rahmen der Buchführungs- und Rechnungslegungsvorschriften auch Bestimmungen zur Bewertung.

Fussnoten zur rechten Seite:

① Unter **Anschaffungskosten** versteht man

▶ bei Maschinen, Mobiliar oder Fahrzeugen den Kaufpreis zuzüglich Bezugskosten wie Fracht und Zoll sowie die Montagekosten

▶ bei Liegenschaften den Kaufpreis zuzüglich Handänderungssteuer und Grundbuchgebühr

▶ bei Waren oder Material den Einstandspreis (Ankauf zuzüglich Bezugskosten wie Fracht und Zoll)

Die **Herstellungskosten** (auch Herstellkosten genannt) umfassen die Material- und Fertigungskosten, nicht aber die Verwaltungs- und Vertriebskosten.

② **Nettoveräusserungswert** = geschätzter Verkaufserlös abzüglich noch anfallender Kosten für Fertigstellung und Veräusserung.

③ **Imparität** heisst wörtlich Ungleichheit. Hier werden nicht realisierte Gewinn und Verluste ungleich behandelt.

Buchführungsvorschriften 41

Die obligationenrechtlichen Bewertungsvorschriften lassen sich wie folgt zusammenfassen:

Bewertungsvorschriften des Obligationsrechts

Allgemeine Vorschriften

Aktiven und Verbindlichkeiten sind in der Regel einzeln zu bewerten.

Die Bewertung hat **vorsichtig** zu erfolgen, darf aber die zuverlässige Beurteilung der wirtschaftlichen Lage nicht verhindern.

Die **Aktiven** dürfen höchstens zu Anschaffungs- oder Herstellungskosten[1] bewertet werden. Nutzungs- und altersbedingte sowie anderweitige Wertverluste müssen durch Abschreibungen bzw. Wertberichtigungen berücksichtigt werden.

Verbindlichkeiten werden zum Nennwert bilanziert. Die Rückstellungen müssen mindestens so hoch sein wie der erwartete Mittelabfluss.

Vorschriften für ausgewählte Aktiven

Aktiven mit Börsenkurs (zum Beispiel Wertschriften oder Edelmetalle) dürfen zum Kurs am Bilanzstichtag bewertet werden, auch wenn dieser über dem Anschaffungswert liegt.

Vorräte dürfen grundsätzlich höchstens zu Anschaffungs- oder Herstellungskosten bewertet werden. Wenn ihr Wert am Bilanzstichtag unter den Nettoveräusserungswert[2] sinkt, so muss dieser tiefere Wert eingesetzt werden.

Der wichtigste Bewertungsgrundsatz im Obligationenrecht ist die Vorsicht. Das Vorsichtsprinzip verlangt, dass sich die Unternehmung gegenüber anderen nicht reicher und im Zweifel ärmer darstellen soll, als sie in Wirklichkeit ist. Deshalb sind die Aktiven und Erträge eher zu tief, die Verbindlichkeiten und Aufwände eher zu hoch anzusetzen.

Das Vorsichtsprinzip lässt sich durch drei Grundsätze verdeutlichen:

Vorsichtsprinzip

Realisationsprinzip

Gewinne dürfen erst ausgewiesen werden, wenn sie durch Verkauf erzielt worden sind.

Beispiel:
Die Vorräte dürfen nicht schon zu Verkaufspreisen bilanziert werden, sondern höchstens zu Anschaffungs- bzw. Herstellkosten.

Niederstwertprinzip

Von mehreren für die Bewertung zur Verfügung stehenden Werten muss der niedrigste genommen werden.

Beispiel:
Bei den Vorräten müssen die Anschaffungs- bzw. Herstellkosten mit dem Nettoveräusserungswert verglichen werden. Der niedere von beiden Werten ist für die Bilanzierung massgeblich.

Imparitätsprinzip[3]

Gewinne dürfen erst ausgewiesen werden, wenn sie durch Verkauf erzielt worden sind (= Realisationsprinzip); *Verluste* müssen dagegen schon gezeigt werden, wenn deren Eintritt möglich ist.

Beispiel:
Steigt der Wert der Vorräte am Bilanzstichtag über die Anschaffungs- bzw. Herstellkosten (= unrealisierter Gewinn), darf nicht aufgewertet werden; sinkt der Wert unter den Nettoveräusserungswert (= unrealisierter Verlust), muss abgewertet werden.

[1] bis [3] Die Fussnoten sind auf der linken Seite.

42

Stille Reserven

Das Rechnungswesen ist das wichtigste Informationsmittel einer Unternehmung. Die Informationen richten sich an externe und interne Adressaten (Empfänger).

Adressaten

Externe

Externe Rechnungen sind zur Information Dritter (vor allem der Aktionäre und der Steuerbehörden) bestimmt. Sie zeigen in der Regel nicht die wahre Vermögens- und Ertragslage.

Interne

Interne Rechnungen sind als Entscheidungsgrundlage sowie als Kontrollinstrument für die Unternehmungsleitung bestimmt. Sie sind nach **True-and-Fair-View** erstellt und geben die wirklichen Werte wieder (so weit dies überhaupt möglich ist).

Handelsbilanz

Sie wird nach den Bewertungsvorschriften des **Obligationenrechts** erstellt und richtet sich hauptsächlich an die Aktionäre.[1]

Eine Unterbewertung von Aktiven bzw. Überbewertung von Verbindlichkeiten ist gestattet und in der Praxis verbreitet.

Steuerbilanz

Grundsätzlich ist die Handelsbilanz massgeblich für die Erstellung der Steuerbilanz; jedoch müssen die zusätzlichen Bewertungsvorschriften des **Steuerrechts** berücksichtigt werden.

In der Praxis von KMUs sind Handels- und Steuerbilanz oft identisch.

---

[1] Da die Aktionäre keine Treuepflicht gegenüber der Aktiengesellschaft haben (ein Aktionär kann gleichzeitig Aktien zweier sich konkurrenzierenden Unternehmungen halten), verfügen sie nicht über ein vollständiges Informationsrecht.

Stille Reserven 42

> In der schweizerischen Wirtschaftspraxis unterscheiden sich interne und externe Abschlussrechnungen in der Regel deutlich: Externe Bilanzen und Erfolgsrechnungen basieren auf den obligationenrechtlichen Bewertungsvorschriften und zeigen in der Regel eine schlechtere Vermögens- und Ertragslage, als es der Wirklichkeit entspricht.

In externen Bilanzen werden in der Regel die Aktiven unterbewertet und das Fremdkapital überbewertet. Das Eigenkapital (als Saldogrösse der Bilanz) ist daher in der externen Bilanz kleiner als in der internen. Die Differenz zwischen dem in der externen Bilanz ausgewiesenen und dem effektiven Eigenkapital gemäss interner Bilanz nennt man **stille Reserven**.[1]

Beispiel 1 — Der Bestand an stillen Reserven

Um das Wesen der stillen Reserven zu verdeutlichen, wurde in der unten stehenden externen Bilanz das Anlagevermögen (als Folge zu hoher Abschreibungen) um 20 unterbewertet. Bei den anderen Vermögens- und Schuldpositionen bestehen in diesem Einführungsbeispiel der Einfachheit halber keine Bewertungsunterschiede.[2]

Externe Schlussbilanz 31.12.20_1

Aktiven		Passiven	
Flüssige Mittel	20	Fremdkapital	50
Forderungen	30		
Vorräte	30	Aktienkapital	30
Anlagevermögen	40	Offene Reserven[3]	40

Eigenkapital 70

Interne Schlussbilanz 31.12.20_1

Aktiven		Passiven	
Flüssige Mittel	20	Fremdkapital	50
Forderungen	30		
Vorräte	30	Aktienkapital	30
Anlagevermögen	60	Offene Reserven[3]	40
		Stille Reserven[4]	20

Eigenkapital 90

---

[1] Still nennt man diese Reserven deshalb, weil sie in der externen Bilanz nicht sichtbar, d.h. für Aussenstehende nicht erkennbar sind. Auf Englisch heissen sie *secret reserves*, was geheime Reserven bedeutet.

[2] Bezüglich Problematik der latenten Steuern auf den Bewertungsunterschieden zwischen interner Bilanz und Steuerbilanz wird auf die Lehrbücher «Konzernrechnung» und «Konsolidierung» von Urs Prochinig, Andreas Winiger und Hansueli von Gunten verwiesen.

[3] Im Gegensatz zu den stillen Reserven sind die offenen Reserven in der externen Bilanz ausgewiesen, d.h. für Aussenstehende erkennbar. Die offenen Reserven setzen sich zusammen aus der gesetzlichen Kapitalreserve, der gesetzlichen Gewinnreserve und den freiwilligen Gewinnreserven. Der Gewinnvortrag ist Teil der freiwilligen Gewinnreserven.

[4] Da die interne Bilanz die richtige Höhe des Eigenkapitals zeigen soll, müssen die stillen Reserven in der internen Bilanz als Eigenkapital-Bestandteil aufgeführt werden. Dieser Bilanzposten gibt an, um wie viel das Eigenkapital in der externen Bilanz tiefer bilanziert ist.

Stille Reserven

42

■ **Beispiel 2** **Die Bildung von stillen Reserven**

Dieses Beispiel bildet die Fortsetzung von Beispiel 1; die Schlussbilanz von Beispiel 1 entspricht der Eröffnungsbilanz in Beispiel 2.

Im Jahr 20_2 wird durch eine erhöhte Abschreibung auf dem Anlagevermögen eine zusätzliche stille Reserve 10 gebildet.

Externe Eröffnungsbilanz 1.1.20_2

Aktiven		Passiven	
Flüssige Mittel	20	Fremdkapital	50
Forderungen	30		
Vorräte	30	Aktienkapital	30
Anlagevermögen[1]	40	Offene Reserven	40

Eigenkapital 70

Interne Eröffnungsbilanz 1.1.20_2

Aktiven		Passiven	
Flüssige Mittel	20	Fremdkapital	50
Forderungen	30		
Vorräte	30	Aktienkapital	30
Anlagevermögen	60	Offene Reserven	40
		Stille Reserven[1]	20

Eigenkapital 90

Externe Erfolgsrechnung 20_2

Aufwand		Ertrag	
Warenaufwand	140	Verkaufserlös	300
Personalaufwand	60		
Abschreibungen[2]	20		
Diverser Aufwand	60		
Gewinn	20		

Interne Erfolgsrechnung 20_2

Aufwand		Ertrag	
Warenaufwand	140	Verkaufserlös	300
Personalaufwand	60		
Abschreibungen	10		
Diverser Aufwand	60		
Gewinn	30		

42 Stille Reserven

Externe Schlussbilanz 31.12.20_2

Aktiven		Passiven	
Flüssige Mittel	25	Fremdkapital	45
Forderungen	35	Aktienkapital	30
Vorräte	40	Offene Reserven[3]	45
Anlagevermögen[4]	20		

Eigenkapital 75

Interne Schlussbilanz 31.12.20_2

Aktiven		Passiven	
Flüssige Mittel	25	Fremdkapital	45
Forderungen	35	Aktienkapital	30
Vorräte	40	Offene Reserven	45
Anlagevermögen	50	Stille Reserven[4]	30

Eigenkapital 105

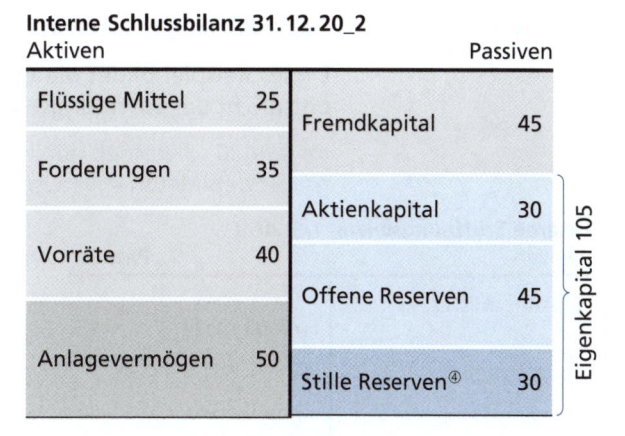

> Durch die Bildung von stillen Reserven werden in der externen Erfolgsrechnung der Aufwand zu hoch und der Gewinn zu tief ausgewiesen.

[1] In der externen Eröffnungsbilanz vom 1.1.20_2 ist das Anlagevermögen um 20 unterbewertet. Der Anfangsbestand an stillen Reserven beträgt demnach 20 (vgl. Schlussbilanz vom 31.12.20_1).

[2] Durch überhöhte Abschreibungen in der externen Erfolgsrechnung werden im Verlaufe des Jahres 20_2 zusätzlich 10 stille Reserven gebildet.

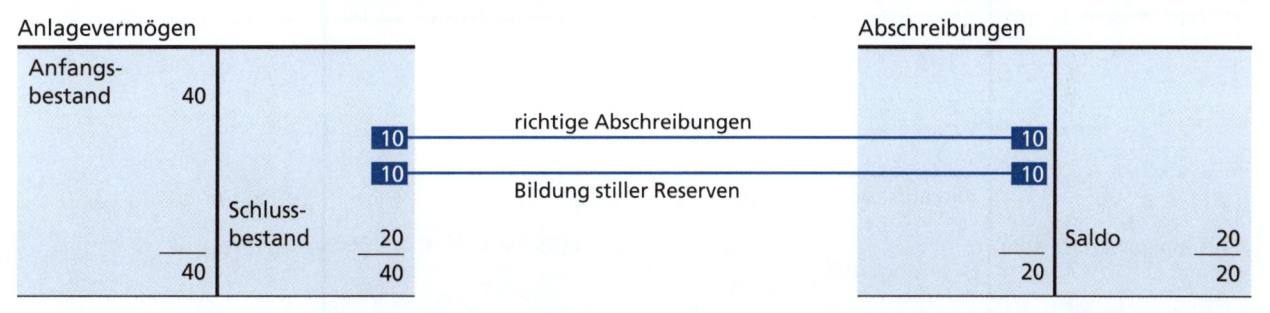

Anlagevermögen

Anfangsbestand	40	richtige Abschreibungen	10
		Bildung stiller Reserven	10
		Schlussbestand	20
	40		40

Abschreibungen

	10		
	10	Saldo	20
	20		20

Der Buchungssatz verdeutlicht, dass durch die Bildung von stillen Reserven der Aufwand in der externen Erfolgsrechnung zu hoch und das Vermögen in der externen Bilanz zu tief ausgewiesen wird.

Abschreibungen/Anlagevermögen   10

(+ Aufwand)   (– Vermögen)

Da der effektive Aufwand um 10 kleiner ist als der extern ausgewiesene, ist der effektive Gewinn um 10 höher.

[3] Werden zum Anfangsbestand an offenen Reserven von 40 der Gewinn von 20 hinzugezählt und die Dividendenausschüttung von 15 abgezählt, ergibt sich der Schlussbestand von 45.

[4] In der externen Schlussbilanz vom 31.12.20_2 wird das Anlagevermögen um 30 unterbewertet. Der Schlussbestand an stillen Reserven beträgt demnach 30.

Diesen Endbestand an stillen Reserven erhält man auch, wenn man zum Anfangsbestand an stillen Reserven die in der Periode 20_2 neu gebildeten stillen Reserven addiert:

Anfangsbestand an stillen Reserven gemäss Eröffnungsbilanz	20
Zuwachs an stillen Reserven gemäss Erfolgsrechnung	10
Endbestand an stillen Reserven gemäss Schlussbilanz	30

Stille Reserven

■ Beispiel 3 — Die Auflösung von stillen Reserven

Dieses Beispiel bildet die Fortsetzung von Beispiel 2; die Schlussbilanz von Beispiel 2 entspricht der Eröffnungsbilanz in Beispiel 3.

Im Jahr 20_3 werden durch zu geringe Abschreibungen auf dem Anlagevermögen die früher gebildeten stillen Reserven um 5 vermindert.

Externe Eröffnungsbilanz 1.1.20_3

Aktiven		Passiven	
Flüssige Mittel	25	Fremdkapital	45
Forderungen	35	Aktienkapital	30
Vorräte	40		
Anlagevermögen[1]	20	Offene Reserven	45

Eigenkapital 75

Interne Eröffnungsbilanz 1.1.20_3

Aktiven		Passiven	
Flüssige Mittel	25	Fremdkapital	45
Forderungen	35	Aktienkapital	30
Vorräte	40	Offene Reserven	45
Anlagevermögen	50	Stille Reserven[1]	30

Eigenkapital 105

Externe Erfolgsrechnung 20_3

Aufwand		Ertrag	
Warenaufwand	160	Verkaufserlös	320
Personalaufwand	60		
Abschreibungen[2]	5		
Diverser Aufwand	65		
Gewinn	30		

Interne Erfolgsrechnung 20_3

Aufwand		Ertrag	
Warenaufwand	160	Verkaufserlös	320
Personalaufwand	60		
Abschreibungen[2]	10		
Diverser Aufwand	65		
Gewinn[2]	25		

Stille Reserven — 42

Externe Schlussbilanz 31.12.20_3

Aktiven		Passiven	
Flüssige Mittel	25	Fremdkapital	40
Forderungen	40	Aktienkapital	30
Vorräte	50	Offene Reserven③	60
Anlagevermögen④	15		

Eigenkapital 90

Interne Schlussbilanz 31.12.20_3

Aktiven		Passiven	
Flüssige Mittel	25	Fremdkapital	40
Forderungen	40	Aktienkapital	30
Vorräte	50	Offene Reserven③	60
Anlagevermögen	40	Stille Reserven④	25

Eigenkapital 115

> Durch die Auflösung von stillen Reserven werden in der externen Erfolgsrechnung der Aufwand zu tief und der Gewinn zu hoch ausgewiesen.

① In der externen Eröffnungsbilanz vom 1.1.20_3 ist das Anlagevermögen um 30 unterbewertet. Der Anfangsbestand an stillen Reserven beträgt demnach 30 (vgl. Schlussbilanz vom 31.12.20_2).

② Durch zu kleine Abschreibungen in der externen Erfolgsrechnung werden im Verlaufe des Jahres 20_3 von den früher gebildeten stillen Reserven 5 aufgelöst.

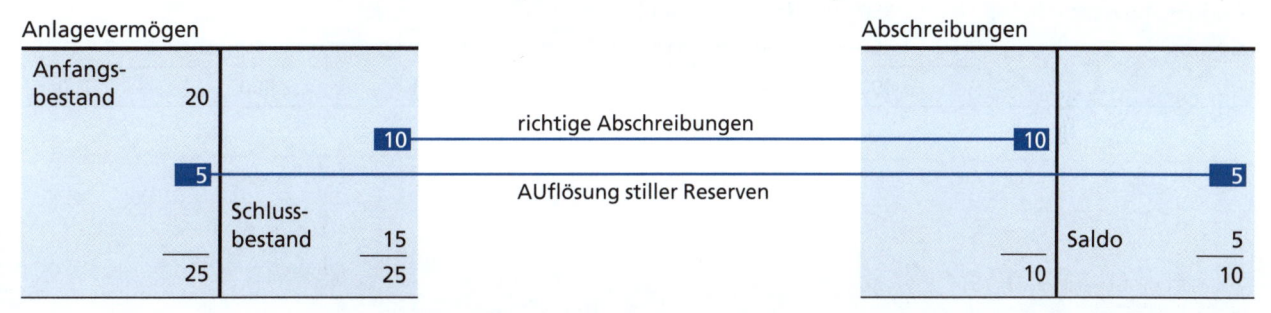

Anlagevermögen

Anfangsbestand	20	richtige Abschreibungen	10
	5	Auflösung stiller Reserven	
		Schlussbestand	15
	25		25

Abschreibungen

	10		
	5	Saldo	5
			10
	10		

Die Buchung verdeutlicht, dass durch die Auflösung von stillen Reserven der Aufwand in der externen Erfolgsrechnung um 5 zu tief eingesetzt wird. Die Unterbewertung des Anlagevermögens in der externen Bilanz wird um 5 vermindert.

Anlagevermögen/Abschreibungen	5

(+ Vermögen)   (– Aufwand)

Da der effektive Aufwand um 5 höher ist als der extern ausgewiesene, ist der effektive Gewinn um 5 tiefer.

③ Werden zum Anfangsbestand an offenen Reserven von 45 der Gewinn von 30 hinzugezählt und die Dividendenausschüttung von 15 abgezählt, ergibt sich der Schlussbestand von 60.

④ In der externen Schlussbilanz vom 31.12.20_3 wird das Anlagevermögen um 25 unterbewertet. Der Schlussbestand an stillen Reserven beträgt demnach 25.

Diesen Endbestand an stillen Reserven erhält man auch, wenn man vom Anfangsbestand an stillen Reserven die in der Periode 20_3 aufgelösten stillen Reserven wegzählt:

Anfangsbestand an stillen Reserven gemäss Eröffnungsbilanz	30
Auflösung an stillen Reserven gemäss Erfolgsrechnung	– 5
Endbestand an stillen Reserven gemäss Schlussbilanz	25

Stille Reserven

42

■ **Beispiel 4**

Bereinigung von Bilanz und Erfolgsrechnung

Diese Doppelseite zeigt ein vollständiges und übersichtliches Beispiel zur Bereinigung von Bilanz und Erfolgsrechnung. (Es besteht kein Bezug zum Zahlenmaterial der drei vorangegangenen Beispiele.)

Gegeben sind die externen Werte sowie die Bestände und Veränderungen an stillen Reserven. Gesucht sind die internen (bereinigten) Werte.

Angaben über die stillen Reserven

	Anfangsbestand an stillen Reserven	Endbestand an stillen Reserven	Veränderung an stillen Reserven
Warenvorrat	100	120	+ 20
Anlagevermögen	300	330	+ 30
Fremdkapital (Rückstellungen)[1]	40	50	+ 10
	440	500	+ 60

Erfolgsrechnung

Aufwand · Ertrag

	extern (unbereinigt)	Bereinigung	intern (bereinigt)		extern (unbereinigt)	Bereinigung	intern (bereinigt)
Warenaufwand	1 000	(20)	980	Warenertrag	2 000	–	2 000
Personalaufwand	500	–	500				
Abschreibungen	100	(30)	70				
Übriger Aufwand	350	(10)	340				
Gewinn	50	60	110				
	2 000	–	2 000		2 000	–	2 000

[1] Die Bildung der Rückstellungen erfolgt über den übrigen Aufwand.

Stille Reserven

Eröffnungsbilanz

Aktiven / Passiven

	extern (unbereinigt)	Bereinigung	intern (bereinigt)		extern (unbereinigt)	Bereinigung	intern (bereinigt)
Flüssige Mittel	50	–	50	Fremdkapital	370	(40)	330
Forderungen	150	–	150	Aktienkapital	200	–	200
Warenvorrat	200	100	300	Offene Reserven	230	–	230
Anlagevermögen	400	300	700	Stille Reserven	–	440	440
	800	400	1 200		800	400	1 200

Schlussbilanz vor Gewinnverbuchung

Aktiven / Passiven

	extern (unbereinigt)	Bereinigung	intern (bereinigt)		extern (unbereinigt)	Bereinigung	intern (bereinigt)
Flüssige Mittel	40	–	40	Fremdkapital	440	(50)	390
Forderungen	160	–	160	Aktienkapital	200	–	200
Warenvorrat	240	120	360	Offene Reserven	210	–	210
Anlagevermögen	460	330	790	Stille Reserven[1]	–	440	440
				Gewinn	50	60	110
	900	450	1 350		900	450	1 350

Schlussbilanz nach Gewinnverbuchung

Aktiven / Passiven

	extern (unbereinigt)	Bereinigung	intern (bereinigt)		extern (unbereinigt)	Bereinigung	intern (bereinigt)
Flüssige Mittel	40	–	40	Fremdkapital	440	(50)	390
Forderungen	160	–	160	Aktienkapital	200	–	200
Warenvorrat	240	120	360	Offene Reserven	260	–	260
Anlagevermögen	460	330	790	Stille Reserven[1]	–	500	500
	900	450	1 350		900	450	1 350

[1] Zu den stillen Reserven von 440 vor Gewinnverbuchung wird die Zunahme der stillen Reserven von 60 addiert, was die stillen Reserven von 500 nach Gewinnverbuchung ergibt.

Stille Reserven 42

Zusammenfassung Durch die **Bildung von stillen Reserven** werden in der externen Erfolgsrechnung der Aufwand zu hoch (bzw. der Ertrag zu tief) und der Gewinn zu tief ausgewiesen.

Die Bildung stiller Reserven ist auf zwei Wegen möglich:

Bildung von stillen Reserven

Unterbewertung von Aktiven

- Kassabestände in fremder Währung: Umrechnungskurs zu tief

  Betriebsaufwand/Kasse

- Wertschriften: Bilanzierung unter den aktuellen Börsenkursen

  Wertschriftenaufwand/Wertschriften

- Forderungen L+L in Schweizer Franken: WB Forderungen L+L höher als das tatsächliche Risiko

  Verluste Forderungen/WB Forderungen L+L

- Forderungen L+L in fremder Währung: Umrechnungskurs zu tief

  Warenertrag/Forderungen L+L

- Warenvorräte: Bilanzierung unter dem Einstandswert

  Warenaufwand/Warenvorrat

- Mobiliar, Maschinen, Fahrzeuge: Abschreibungen höher als der tatsächliche Wertverzehr

  Abschreibungen/Mobilien

- Liegenschaften: zu viel abschreiben oder bei steigendem Wert den Anschaffungswert in der Bilanz belassen.

  Immobilienaufwand/Immobilien, oder die stillen Reserven entstehen ohne Buchungssatz.

Überbewertung von Schulden

- Verbindlichkeiten L+L und andere Schulden in fremder Währung: Umrechnungskurse zu hoch

  Warenaufwand/Verbindlichkeiten L+L

- Rückstellungen: mehr Rückstellungen als nötig

  Garantieaufwand/Rückstellungen

Die **Auflösung stiller Reserven** erfolgt durch die umgekehrten Buchungen. Dadurch werden in der externen Erfolgsrechnung der Aufwand zu tief (bzw. der Ertrag zu hoch) und der Gewinn zu hoch ausgewiesen.

Stille Reserven — 42

Die Bestände an stillen Reserven in der Bilanz können sich von Periode zu Periode durch Bildung oder Auflösung von stillen Reserven verändern.

Der Bestand an stillen Reserven

Das ist die Differenz zwischen externem und internem Eigenkapital.

Weil in der externen Bilanz die Aktiven unterbewertet und das Fremdkapital überbewertet werden, ist das Eigenkapital in der externen Bilanz tiefer als in der internen Bilanz.

Die Differenz wird deshalb als stille Reserven bezeichnet, weil dieser Teil des Eigenkapitals für die Leser der externen Bilanz nicht sichtbar ist.

Die Bildung von stillen Reserven	Die Auflösung von stillen Reserven
Der Bestand an stillen Reserven nimmt zu.	Der Bestand an stillen Reserven nimmt ab.
Der Bestand an stillen Reserven wird erhöht, wenn in einer Periode mehr Aufwand oder weniger Ertrag gebucht wird, als betriebswirtschaftlich richtig ist.	Früher gebildete Bestände an stillen Reserven können wieder aufgelöst werden, wenn in einer Periode weniger Aufwand oder mehr Ertrag gebucht wird, als betriebswirtschaftlich richtig ist.
Beispiele: ▶ Es wird zu viel abgeschrieben, womit die Unterbewertung der Aktiven zunimmt. ▶ Es werden zu viele Rückstellungen gebildet, womit die Überbewertung des Fremdkapitals steigt.	Beispiele: ▶ Es wird zu wenig abgeschrieben, womit die Unterbewertung der Aktiven abnimmt. ▶ Es werden zu wenig Rückstellungen gebildet, womit sich die Überbewertung des Fremdkapitals verkleinert.
Durch die Bildung stiller Reserven wird der **Gewinn tiefer** ausgewiesen, als es der Wirklichkeit entspricht.	Durch die Auflösung stiller Reserven wird der **Gewinn höher** ausgewiesen, als es der Wirklichkeit entspricht.

Gesetzliche Grundlagen der stillen Reserven

Aus den folgenden OR-Artikeln geht hervor, dass die Bildung bzw. Auflösung stiller Reserven auch vom revidierten Obligationenrecht in beliebigem Umfang gestattet wird:

▶ OR 958c: In den Grundsätzen ordnungsmässiger Rechnungslegung wird die Vorsicht genannt, nicht aber die Wahrheit (True-and-Fair-View).

▶ OR 959c Abs. 1 Ziff. 3: Im Anhang muss der Gesamtbetrag der aufgelösten stillen Reserven ausgewiesen werden, sofern dadurch das Ergebnis wesentlich günstiger dargestellt wird.

▶ OR 960 Abs. 2: Bei den Bewertungsvorschriften wird als Grundsatz eine vorsichtige Bewertung verlangt, was bedeutet, dass Aktiven unterbewertet und Verbindlichkeiten überbewertet werden dürfen.

▶ OR 960a: Aktiven dürfen höchstens zu Anschaffungs- und Herstellkosten bewertet werden, auch wenn die Marktwerte gestiegen sind. Ausserdem können zu Wiederbeschaffungszwecken sowie zur Sicherung des dauernden Gedeihens des Unternehmens zusätzliche Abschreibungen vorgenommen werden. Darüber hinaus kann von einer Auflösung nicht mehr begründeter Wertberichtigungen abgesehen werden.

▶ OR 960e: Rückstellungen dürfen zur Sicherung des dauernden Gedeihens des Unternehmens gebildet werden und müssen nicht aufgelöst werden, sofern sie nicht mehr begründet sind.

Stille Reserven

Arten von stillen Reserven

Aus betriebswirtschaftlicher Sicht können zwei Arten von stillen Reserven unterschieden werden:

Stille Reserven

Zwangsreserven

Zwangsreserven entstehen ohne Zutun der Geschäftsleitung automatisch durch Wertsteigerungen, die wegen der gesetzlichen Höchstbewertungsvorschriften für die Aktiven nicht ausgewiesen werden dürfen.

Beispiele:
- Ein Grundstück darf höchstens zum Anschaffungswert bewertet werden, auch wenn der Marktwert höher liegt.
- Eine nicht börsenkotierte Beteiligung darf höchstens zum Anschaffungswert bilanziert werden, auch wenn die Beteiligung im Wert steigt.

Willkürreserven

Willkürreserven (auch Absichts- oder Verwaltungsreserven genannt) werden von der Geschäftsleitung bewusst gebildet, in der Absicht, den Vermögens- und Erfolgsausweis zu beeinflussen.

Beispiele:
- Die Warenvorräte werden um den steuerlich erlaubten Drittel unter dem Einstandswert bilanziert.
- Die Rückstellungen werden bewusst höher ausgewiesen, als betriebswirtschaftlich korrekt wäre.

Aus steuerlicher Sicht kann zwischen anerkannten und nicht anerkannten stillen Reserven unterschieden werden:

Nach Obligationenrecht erlaubte stille Reserven

Nach Steuerrecht anerkannt

Nach Obligationenrecht dürfen im Prinzip beliebig viele stille Reserven gebildet werden. Viele stille Reserven werden auch von den Steuergesetzen anerkannt.

Beispiele:
- Die Warenvorräte dürfen um einen Drittel unterbewertet werden.
- Die WB Forderungen L+L dürfen pauschal festgesetzt werden (5 % auf inländischen Forderungen, 10 % auf ausländischen).

Nach Steuerrecht nicht anerkannt

Einige vom Obligationenrecht erlaubte stille Reserven sind von den Steuergesetzen nicht zugelassen und werden von den Steuerbehörden aufgerechnet. Damit sollen angemessene Steuereinnahmen gewährleistet werden.

Beispiele:
- Betriebswirtschaftlich nicht begründbare Rückstellungen werden steuerlich nicht anerkannt.
- Überhöhte Abschreibungen werden aufgerechnet (von Kanton zu Kanton verschieden).

Beispiel

Anschaffungswert einer Sachanlage	100
Kalkulatorische (= betriebswirtschaftlich richtige) Abschreibung	15
Steuerlich anerkannte (zugelassene) Abschreibung	20
Buchmässige Abschreibung	50
Handelsrechtlich erlaubte, aber steuerlich nicht anerkannte stille Reserven (50–20)	30
+ Handelsrechtlich erlaubte und steuerlich zugelassene stille Reserven (20–15)	5
= Gesamtbetrag an stillen Reserven (50–15)	35

Beurteilung der stillen Reserven

Bei der Diskussion über die Zweckmässigkeit von stillen Reserven geht es in der Regel nicht um die auch international verbreiteten Zwangsreserven, sondern um die **Willkürreserven.** Die willkürliche Bewertung von Aktiven und Fremdkapital ist eine schweizerische Besonderheit, die nicht mit dem Grundkonzept der **True-and-Fair-View** vereinbar ist, welches den Swiss GAAP FER, den IFRS und den US GAAP zugrunde liegt.

Das Hauptproblem der stillen Willkürreserven liegt nicht einmal so sehr in der unrichtigen Darstellung der Vermögenslage. Schwerwiegender ist die Tatsache, dass durch die Bildung bzw. Auflösung von stillen Reserven die Darstellung der **Ertragslage** manipuliert werden kann, ohne dass der externe Adressat der Jahresrechnung imstande wäre, diese verzerrte irreführende Darstellung zu erkennen. Etwas abgeschwächt wird dieses Problem allerdings durch die Pflicht zur Angabe von wesentlichen Auflösungen stiller Reserven im Anhang (OR 959c Abs. 1 Ziff. 3).

Als Vorteil der schweizerischen Lösung wird oft aufgeführt, dass durch die Bildung von stillen Reserven der extern ausgewiesene Gewinn verkleinert wird, sodass den Aktionären weniger Gewinnanteile ausgeschüttet werden. Die zurückbehaltenen Gewinne stehen dem Unternehmen als zusätzliche eigene Mittel für die Finanzierung von Investitionen oder Forschung und Entwicklung zur Verfügung (so genannte **verdeckte Selbstfinanzierung**). Dieses selbst erarbeitete Eigenkapital erfordert im Gegensatz zum Aktienkapital keine periodischen Auszahlungen in Form von Dividenden und verursacht im Unterschied zum Fremdkapital keine festen Zins- und Rückzahlungsverpflichtungen.[1]

Sofern die stillen Reserven steuerlich anerkannt sind, führt eine Verminderung des ausgewiesenen Gewinnes bzw. des Vermögens zu einer **geringeren Steuerbelastung.**

Stille Reserven sind verstecktes Eigenkapital und bilden ein bewertungsmässiges **Fettpolster für schlechte Zeiten:** Die Gesellschaft kann durch die Auflösung von stillen Reserven den Verlustausweis verkleinern oder sogar beseitigen. Gegen aussen erscheint das Unternehmen dadurch in besserem Licht. Zu beachten ist jedoch, dass Bildung und Auflösung von stillen Reserven weder Gewinne noch Verluste wirklich verändern. Die finanzielle Realität des Unternehmens bleibt unverändert, lediglich deren buchhalterische Darstellung wird verschleiert. Stille (wie auch offene) Reserven sind auch nicht zur «Sicherung des dauernden Gedeihens des Unternehmens» geeignet, wie sich dies der Gesetzgeber vorstellt, denn Reserven sind nur eine rechnerische Grösse; es handelt sich dabei nicht um Vermögenswerte oder gar Geldbestände.

---

[1] Die *offene* Selbstfinanzierung durch bewusstes Zurückbehalten eines Teils des Gewinns hätte finanzwirtschaftlich allerdings die gleiche Wirkung wie die verdeckte; sie ist aber in der Praxis gegenüber dividendenhungrigen Aktionären schwieriger durchsetzbar.

43

Aufbau des Rechnungswesens

In kleineren Unternehmen lässt sich die Buchhaltung genau so führen, wie im Lehrmittel dargestellt.

Grössere Unternehmen arbeiten zur effizienten Bewältigung der grossen Datenmengen zusätzlich mit **Hilfsbüchern,** deren Daten elektronisch ins Hauptbuch übertragen werden.

Debitoren-buchhaltung[1]	Kreditoren-buchhaltung[1]	Lager-buchhaltung	Lohn-buchhaltung	Anlagen-buchhaltung
Hilfsbuch	Hilfsbuch	Hilfsbuch	Hilfsbuch	Hilfsbuch

Finanzbuchhaltung
- Journal (zeitliche Aufzeichnung der Geschäftsfälle)
- Hauptbuch (kontenmässig-systematische Aufzeichnung der Geschäftsfälle)
- Bilanz (Darstellung der Vermögenslage)
- Erfolgsrechnung (Darstellung der Ertragslage)
- Geldflussrechnung (Darstellung der Liquiditäts- und Finanzlage)[2]

Die einzelnen Hilfsbücher lassen sich wie folgt umschreiben:

▶ **Debitorenbuchhaltung**
Die durch den Verkauf (bzw. die Auftragsabwicklung) ausgestellten Kundenrechnungen werden in der Debitorenbuchhaltung pro Kunde einzeln erfasst und überwacht (Mahnwesen).

Die im Hilfsbuch einzeln erfassten Beträge werden summarisch periodisch im Hauptbuch auf dem Konto Forderungen L+L (Debitoren) verbucht. Die Gegenbuchungen erfolgen je nach Fall auf ein Ertragskonto oder die flüssigen Mittel.

▶ **Kreditorenbuchhaltung**
Die einzelnen Lieferantenrechnungen werden in der Kreditorenbuchhaltung kontiert und einzeln je Lieferant erfasst. Aufgrund der Fälligkeiten werden Zahlungsaufträge an die Lieferanten aufbereitet.

Die im Hilfsbuch einzeln erfassten Beträge werden summarisch periodisch im Hauptbuch auf dem Konto Verbindlichkeiten L+L (Kreditoren) verbucht. Die Gegenbuchungen erfolgen je nach Fall auf einem Aktivkonto (Vorräte und Sachanlagen) oder einem Aufwandskonto.

▶ **Lagerbuchhaltung**
Die Lagereingänge und -ausgänge werden pro Artikel mengen- und wertmässig verwaltet und ausgewertet. Periodisch erfolgt eine Kontrolle der Lagerbestände (Inventur).

Die im Hilfsbuch einzeln erfassten und bewerteten Bewegungen werden summarisch im Hauptbuch auf den Konten Waren- oder Materialvorrat sowie Waren- oder Materialaufwand verbucht.

---

[1] In der Buchhaltungspraxis werden die Forderungen aus Lieferungen und Leistungen umgangssprachlich **Debitoren** genannt und die Verbindlichkeiten aus Lieferungen und Leistungen **Kreditoren**, weshalb die Hilfsbücher so bezeichnet werden.

[2] Die Geldflussrechnung (Mittelflussrechnung) wird erklärt im Lehrbuch von Leimgruber/Prochinig: Das Rechnungswesen als Führungsinstrument, Kapitel 12, Verlag SKV.

▶ **Lohnbuchhaltung**
Die Löhne und Sozialabgaben von Arbeitnehmern und Arbeitgebern werden pro Mitarbeiter einzeln aufbereitet.

Die im Hilfsbuch einzeln erfassten Beträge werden als Summen periodisch im Hauptbuch auf verschiedene Bilanzkonten (zum Beispiel Verbindlichkeiten AHV, Verbindlichkeiten SUVA, Bankguthaben) sowie Aufwandskonten (zum Beispiel Lohnaufwand, Sozialversicherungsaufwand) verbucht.

▶ **Anlagenbuchhaltung**
Beim Kauf wird der Anschaffungswert für jede Sachanlage einzeln erfasst. Dabei wird festgelegt, wie die Sachanlage abgeschrieben wird.

Die im Hilfsbuch ermittelten Abschreibungsbeträge werden summarisch im Hauptbuch als Wertberichtigung auf Sachanlagen sowie als Abschreibungsaufwand verbucht.

Finanzbuchhaltung (FIBU) und Betriebsbuchhaltung (BEBU)

Ab einer bestimmten Unternehmensgrösse oder Komplexität sind die Informationen aus der gesetzlich vorgeschriebenen Finanzbuchhaltung für die Führung einer Unternehmung nicht ausreichend.

Deshalb wird oft zusätzlich eine Betriebsbuchhaltung (auch Kostenrechnung genannt) geführt, die folgende Aufgaben hat:

▶ Die Aufwände der FIBU werden sachlich abgegrenzt und in der BEBU als Kosten den einzelnen Produkten zugerechnet, wodurch der **Erfolg je Produkt** ermittelt werden kann.

▶ Abweichungen der effektiven Kosten gegenüber den Planvorgaben werden analysiert und geben Anstoss für Verbesserungen der Produktionsprozesse **(Soll/Ist-Vergleich).**

▶ Die BEBU liefert die Grundlagen für die **Kalkulation** von Herstellkosten, Selbstkosten und Verkaufspreisen.[1]

---

[1] Die Kostenrechnung wird erklärt im Lehrbuch von Leimgruber/Prochinig: Das Rechnungswesen als Führungsinstrument, Teil 3, Verlag SKV.

Aufgaben

1. Teil — Die Grundlagen des Rechnungswesens

Vermögen, Fremd- und Eigenkapital

11.01

Zur Vermögenslage der Privatperson **Aline Hotz** sind am 10. März 20_1 die folgenden Angaben bekannt:

Bargeld CHF 1 100.–, Guthaben bei der Bank CHF 9 200.–, Kleider und Schuhe CHF 3 800.–, Auto Toyota CHF 24 000.–, Wohnungseinrichtung mit Schränken, Bett, Tisch, Stühlen, Teppichen und Bildern CHF 12 000.–, Audio- und TV-Anlage CHF 2 500.–, Küchen- und Kochutensilien CHF 1 100.–, unbezahlte Rechnungen CHF 2 300.–.

a) Ermitteln Sie das Vermögen, die Schulden (Fremdkapital) und das Nettovermögen (Eigenkapital) von Aline Hotz am 10. März 20_1, indem Sie den entsprechenden Text mit dazugehörigem Betrag ins Schema einsetzen.

Vermögen		
	Bargeld	CHF 1 100
	Bank	CHF 9 200
	Kleider	CHF 3 800
	Auto	CHF 24 000
	Einrichtung	CHF 12 000
	Hifi	CHF 2 500
	Küche	CHF 1 100 CHF 53 700
./. Schulden		CHF 2 300
= Nettovermögen		CHF 51 400

b) Setzen Sie die unter a) ermittelten Totalbeträge für das Vermögen, das Fremd- und das Eigenkapital per 10. März 20_1 in die grafische Darstellung ein.

Vermögen CHF 53 700	Schulden CHF 2 300
	Nettovermögen CHF 51 400

11 Vermögen, Fremd- und Eigenkapital

11.02

Die Unternehmungen sind gemäss Obligationenrecht verpflichtet, am Ende jedes Geschäftsjahres ein **Inventar** zu erstellen. Unter Inventar versteht man ein detailliertes Verzeichnis aller Vermögens- und Schuldenteile einer Unternehmung.

Ermitteln Sie aufgrund des unten stehenden am 31. 12. 20_1 aufgenommenen Inventars des **Jeans Shop Vanessa Graf** das Vermögen, das Fremd- sowie das Eigenkapital (Lösungshilfe auf nächster Seite).

Kassenbestand (laut Kassensturz)			2 375.–
Bankguthaben (laut Kontoauszug)			9 180.–
Offene Kundenrechnungen			
▶ A. Fetz, Weiningen		261.–	
▶ N. Orlando, Regensdorf		145.–	
▶ A. Isler, Zürich		219.–	
▶ M. Göhner, Geroldswil		379.–	
▶ E. Hoffmann, Unterengstringen		229.–	
▶ C. Knecht, Zürich		438.–	1 671.–
Offene Lieferantenrechnungen			
▶ Jeans Import, Zürich		2 135.–	
▶ American Textiles, Basel		1 765.–	
▶ Hongkong Trade, Zürich		2 100.–	6 000.–
Warenvorräte			
▶ 170 Paar Levis	zu CHF 49.–	8 330.–	
▶ 95 Paar Rifle	zu CHF 43.–	4 085.–	
▶ 117 Paar Lee	zu CHF 39.–	4 563.–	
▶ 125 Paar Leggings	zu CHF 29.–	3 625.–	
▶ 87 Paar Shorts	zu CHF 27.–	2 349.–	
▶ 65 Jupes	zu CHF 41.–	2 665.–	
▶ 55 Blusen	zu CHF 35.–	1 925.–	
▶ 44 Hemden	zu CHF 28.–	1 232.–	28 774.–
Laden- und Büroeinrichtung			
▶ 20 Regale	zu CHF 80.–	1 600.–	
▶ Verkaufskorpus		700.–	
▶ Büromöbel		4 700.–	7 000.–
Lieferwagen			14 000.–
Darlehen von G. Senn			30 000.–

Lösungshilfe zu 11.02

Vermögen

Kasse	2375
Bank	9180
FLL	1671
Vorräte	28774
Lieferwagen	14000
Mobiliar	7000
	63'000

Fremdkapital (Verbindlichkeiten)

VLL	6000
Darlehen	30000
	36000

Eigenkapital (Nettovermögen)

Nettovermögen	27000

Vermögen, Fremd- und Eigenkapital 11

11.03

Von der **Getränkehandlung Luca Petito** aus Oberrieden liegt am 31.12. 20_1 folgendes Inventar vor:

Kassenbestand (laut Kassensturz)			950.–
Bankguthaben (laut Kontoauszug)			8 400.–
Offene Kundenrechnungen			
▶ C. Ceppi, Bergstrasse 20, 8810 Horgen		78.–	
▶ R. Högger, Dorfgasse 10, 8810 Horgen		87.–	
▶ M. Lätsch, Widenweg 3, 8942 Oberrieden		143.–	
▶ V. Müller, Speerstrasse 24, 8942 Oberrieden		102.–	
▶ F. Rohrer, Bahnhofstr. 44, 8800 Thalwil		210.–	620.–
Getränkevorräte			
▶ 1200 Flaschen	zu CHF –.60	720.–	
▶ 1500 Flaschen	zu CHF –.70	1 050.–	
▶ 2400 Flaschen	zu CHF –.75	1 800.–	
▶ 3300 Flaschen	zu CHF –.90	2 970.–	
▶ 2040 Flaschen	zu CHF 1.–	2 040.–	8 580.–
Vorräte an Gebinden			
▶ 10 640 Flaschen	zu CHF –.50	5 320.–	
▶ 670 Getränkeharassen	zu CHF 5.–	3 350.–	8 670.–
Büromobiliar (Schreibtisch, Stuhl, Schrank u. Ä.)			3 000.–
Lieferwagen			20 000.–
Geschäftsliegenschaft			500 000.–
Offene Lieferantenrechnungen			
▶ Mineralquelle Brunnenwasser AG, Bern		2 330.–	
▶ Brauerei Hopfen und Malz AG, Basel		920.–	
▶ Mineralquelle Weissenburg AG, Luzern		1 250.–	4 500.–
Hypothekardarlehen der Sparkasse Oberrieden			300 000.–

Ermitteln Sie das Vermögen, das Fremd- und das Eigenkapital (Lösungshilfe auf nächster Seite stehend).

Vermögen, Fremd- und Eigenkapital — Aufgabe 11.03

Beschriften Sie in der nachstehenden Lösungshilfe die fehlenden Titel, und ermitteln Sie das Vermögen, das Fremdkapital und das Eigenkapital für den 31.12.20_3.

Lösungshilfe zu 11.03

	550 000		
Kasse	950	Rechnungen	4 500
Bank	8 400	Hypothek	305 000
Kundenrechnungen	620		309 500
Getränkevorrat	8 580		
Gebinde	8 670		
Mobilien	3 000		
Lieferwagen	2 000	Nettovermögen	245 720
Liegenschaft	500 000		
	555 220		

Vermögen, Fremd- und Eigenkapital 11

11.04

In der Buchhaltung werden für die meisten Vermögens- und Fremdkapitalanteile Fachausdrücke verwendet.

Schreiben Sie folgende Fachausdrücke neben die allgemeine Umschreibung:

- ▶ Bankguthaben
- ▶ Warenvorrat (Handelswarenvorrat)
- ▶ Mobile Sachanlagen
- ▶ Fertige Erzeugnisse
- ▶ Hypothek
- ▶ Immobile Sachanlagen
- ▶ Verbindlichkeiten aus Lieferungen und Leistungen
- ▶ Forderungen aus Lieferungen und Leistungen
- ▶ Materialvorrat
- ▶ Eigenkapital
- ▶ Kasse
- ▶ Unfertige Erzeugnisse

Allgemeine Umschreibung	Fachausdruck
Bargeld (Banknoten und Münzen) in der Kasse	
Kontokorrent-Guthaben bei einer Bank	
Offene Kundenrechnungen	
Zum Verkauf bestimmte Waren im Lager eines Handelsbetriebs	
Unverarbeitetes Material im Lager eines Produktionsbetriebs	
Angefangene, aber noch nicht fertig gestellte Erzeugnisse in einem Produktionsbetrieb	
Zum Verkauf bestimmte, fertig gestellte Erzeugnisse in einem Produktionsbetrieb	
Maschinen, Mobiliar und Einrichtungen, IT-Systeme, Fahrzeuge	
Grundstücke und Gebäude (Liegenschaften)	
Unbezahlte Lieferantenrechnungen	
Erhaltenes Darlehen gegen Verpfändung der Liegenschaft	
Überschuss des Vermögens über das Fremdkapital	

Die Bilanz

12.01

Lösen Sie aufgrund des Inventars des **Jeans Shop Vanessa Graf** von Aufgabe 11.02 folgende Aufgaben:

a) Errichten Sie die Bilanz vom 31.12.20_1.

Bilanz vom 31.12.20_1

Aktiven			Passiven		
Umlaufvermögen			**Fremdkapital**		
Kasse	2375		Verbindlichkeiten L+L	6000	
Bankguthaben	9180		Langfristiges Darlehen	30000	36000
Forderungen L+L	1671				
Warenvorrat	28774	42000			
Anlagevermögen			**Eigenkapital**		
Mobiliar und Einrichtungen	7000		Eigenkapital	6'3600	27000
Fahrzeug	14000	21000			

b) Was versteht man unter Aktiven?

Verfügbares Kapital

c) Was versteht man unter Passiven?

Wer stellt das Kapital zur Verfügung

d) Wodurch unterscheiden sich Umlauf- und Anlagevermögen?

e) Weshalb werden die Verbindlichkeiten L+L *vor* dem Darlehen bilanziert?

Die Bilanz

12.02

Lösen Sie mithilfe des Inventars der **Getränkehandlung Luca Petito** von Aufgabe 11.03 folgende Aufgaben:

a) Errichten Sie die Bilanz vom 31.12.20_1. Die einzelnen Inventarpositionen sind in den vorgegebenen Gruppen zusammenzufassen.

Bilanz vom 31.12.20_1

Aktiven			Passiven		
Umlaufvermögen			**Fremdkapital**		
Flüssige Mittel	9350		Kurzfristiges Fremdkapital	4500	
Forderungen L+L	620		Langfristiges Fremdkapital	300000	304500
Vorräte	17250	27220			
Anlagevermögen			**Eigenkapital**		
Mobile Sachanlagen	23000		Eigenkapital		245720
Immobile Sachanlagen	500000	523000			550220
		550220			

b) Warum wird das Eigenkapital auch als Nettovermögen bezeichnet?

c) Bilanz kommt vom italienischen Wort *bilancia* (Waage). Was hat die Bilanz mit einer Waage zu tun?

Links und Rechts sind immer im Gleichgewicht

d) Welches Merkmal bestimmt die Reihenfolge der Bilanzpositionen im Umlaufvermögen?

Die Bilanz

12.03

Erstellen Sie die Bilanz der **Schreinerei H. Bättig**. Die Bilanzpositionen sind einzeln aufzuführen. Um sich beim Lernen auf das Wesentliche zu konzentrieren, werden anstelle von Frankenbeträgen Kurzzahlen verwendet.

Bargeld in der Kasse	2
▶ Eigenkapital	?
Geschäftsliegenschaft	220
Grundpfandgesichertes Darlehen einer Bank	150
Kontokorrentguthaben bei einer Bank	19
Lieferungswagen	13
Maschinen	39
Materialvorrat wie Holz, Nägel und Schrauben	14
Mobiliar	7
Offene Rechnungen gegenüber Kunden	21
Offene Rechnungen von Lieferanten	30
Werkzeuge	6
Zum Verkauf bereitstehende fertige Produkte	9

Bilanz vom 31.12.20_7

Aktiven			Passiven		
Umlaufvermögen					
Kasse	2		VLL	30	
FLL	21		Darlehen	150	180
Waren	9				
Bank	19				
Vorrat	14	65			
Liegenschaft	220		EigKap		105
Maschinen	39				
Mobiliar	7				
Werkzeuge	6				
Lieferwagen	13	285			170
		350			

Die Bilanz

12.04

Ordnen Sie die Bilanzpositionen einer Aktiengesellschaft durch Ankreuzen der richtigen Gruppe zu.

Bilanzpositionen	Umlauf-vermögen	Anlage-vermögen	Fremdkapital	Eigenkapital
Kasse	✓			
Hypothek			✓	
Forderungen aus Lieferungen und Leistungen	✓			
Mobile Sachanlagen		✓		
Aktienkapital				✓
Vorräte	✓			
Verbindlichkeiten aus Lieferungen und Leistungen			✓	
Immobile Sachanlagen		✓		
Gewinnreserven				✓
Bankkontokorrent-Guthaben	✓			

12.05

Die Zusammensetzung des Eigenkapitals gibt Auskunft über die **Rechtsform** einer Unternehmung.

Ordnen Sie folgende Bezeichnungen der richtigen Rechtsform zu (ankreuzen):

Bezeichnung	Einzelunter-nehmung	Kollektiv-gesellschaft	Aktien-gesellschaft	Gesellschaft mit beschränkter Haftung
Aktienkapital				
Kapital Meyer				
Gewinnreserven				
Eigenkapital				
Kapital Huber				
Gewinnvortrag				
Stammkapital				

Die Bilanz

12.06

Erstellen Sie mithilfe dieser Angaben die Bilanz für das **Hotel Alpenrose AG.** Die Beträge sind Kurzzahlen.

- Aktienkapital — 100
- Bankguthaben — 10
- Geschirr, Besteck, Wäsche — 5
- Hotelliegenschaft — 123
- Hypothek — 50
- Kassenbestand — 1
- Kleinbus — 7
- Lebensmittel, Getränke, Kosmetikartikel — 6
- Mobiliar, Einrichtungen, Apparate — 25
- Offene Kundenrechnungen — 3
- Offene Lieferantenrechnungen — 7
- Gewinnreserven und Gewinnvortrag — ?

Bilanz vom 31.12.20_4

Aktiven			Passiven		
Flüssige Mittel	11		Kurzfristiges	7	
Kundenrechnungen	3		Langfristiges	50	57
Vorräte	6	20			
Mobile Sachanlagen	32		Aktienkapital	100	
Hotelliegenschaft	123	160	Gewinnreserven und Gewinnvortrag	23	123
		180			180

Die Bilanz

12.07

Dem Inventar vom 31.12.20_5 eines kleinen **Produktionsbetriebs** können folgende Informationen in alphabetischer Reihenfolge entnommen werden.

- Unfertige Erzeugnisse in der Produktionshalle — 7
- Bargeld in der Kasse — 4
- Geschäftsliegenschaft — 250
- Grundpfandgesichertes Darlehen einer Bank — 150
- Kontokorrentguthaben bei einer Bank — 10
- Lastwagen — 15
- Maschinen — 70
- Mobiliar und Einrichtungen — 25
- Offene Rechnungen gegenüber Kunden — 33
- Offene Rechnungen von Lieferanten — 20
- Materialvorrat — 11
- Zum Verkauf bereitstehende fertige Produkte — 15

a) Erstellen Sie die Bilanz per 31.12.20_5. Die Bilanzpositionen sind einzeln aufzuführen.

Bilanz vom 31.12.20_5

Aktiven			Passiven		
Umlaufvermögen					
Kasse	4		Darlehen	150	
Erzeugnisse	7		VLL	20	170
Bank	10				
FLL	33				
Vorrat	11				
Produkte	15	80			
Liegenschaft	250				
Lastwagen	15				360
Maschinen	70				
Mobiliar	25				
		360			190

b) Erklären Sie den Unterschied bei den Vorräten zwischen dem Jeans Shop von Aufgabe 12.01 und diesem Produktionsbetrieb.

12.08

Kreuzen Sie die jeweils falsche bzw. nicht passende Auswahlantwort an.

a) ☐ Aktiven = Passiven
☐ Aktiven ./. Fremdkapital = Eigenkapital
☐ Passiven = Fremdkapital + Eigenkapital
☒ Umlaufvermögen + Anlagevermögen = Eigenkapital

b) ☐ Mobile Sachanlagen
☐ Bankguthaben
☒ Verbindlichkeiten L+L
☐ Forderungen L+L

c) ☐ Kasse
☐ Forderungen L+L
☐ Vorräte
☒ Immobile Sachanlagen

d) ☐ Hypotheken
☐ Verbindlichkeiten L+L
☒ Bankguthaben
☐ Bankverbindlichkeiten

e) ☐ Passivdarlehen (Darlehensschuld)
☒ Aktienkapital
☐ Hypotheken
☐ Verbindlichkeiten L+L

f) ☐ Aktiven ./. Anlagevermögen = Umlaufvermögen
☐ Passiven ./. Eigenkapital = Fremdkapital
☐ Vermögen = Kapital
☒ Anlagevermögen = Umlaufvermögen

g) ☐ Aktienkapital
☒ Hypotheken
☐ Gewinnreserven
☐ Gewinnvortrag

h) ☐ Stammkapital gehört zur GmbH
☐ Kapital Moser gehört zur Kollektivgesellschaft
☒ Gewinnreserven gehören zur Einzelunternehmung
☐ Gewinnvortrag gehört zur AG oder GmbH

Die Bilanz

12.09

Von einer Unternehmung liegt folgende mit Mängeln behaftete Bilanz vor:

Bilanz vom 1.1. bis 31.12.20_1

Aktiven			Passiven		
Umlaufvermögen			**Fremdkapital**		
Kassa	20		Forderungen L+L	110	
Darlehen von A	150		Bankguthaben	50	
Verbindlichkeiten L+L	300		Aktienkapital	600	760
Gewinnvortrag	110	580			
Anlagevermögen			**Eigenkapital**		
Warenvorräte	650		Immobilien	1 200	
Mobiliar	170		Gewinnreserven	240	1 440
Hypotheken	800	1 620			
		2 200			2 200

a) Beheben Sie die Mängel, und erstellen Sie eine korrekte Bilanz per 31.12.20_1.

Aktiven	Passiven
Umlaufvermögen	**Fremdkapital**
	Eigenkapital
Anlagevermögen	

b) In welcher Branche ist diese Unternehmung tätig?

c) Welche Rechtsform hat diese Unternehmung?

d) Was ist ein Gewinnvortrag?

13

Veränderungen der Bilanz durch Geschäftsfälle

13.01

U. Waser eröffnet am 1. März 20_1 ein **Taxiunternehmen**. Bei der Gründung leistet sie aus ihrem Privatvermögen eine Kapitaleinlage von CHF 40 000.–, die sie auf das Bankkonto des Geschäfts einzahlt.

a) Wie lautet die Bilanz nach der Gründungseinlage am 1. März 20_1?

b) Wie verändert sich die Bilanz durch die nachfolgenden Geschäftsfälle?
   ▶ Es ist nach jedem Geschäftsfall eine neue Bilanz zu errichten.
   ▶ Bei den Auswirkungen in der Bilanz sind die Veränderungen der Aktiven bzw. Passiven hinzuschreiben und jeweils die Entwicklung der Bilanzsumme anzukreuzen. (Als Muster sind die Auswirkungen der Gründung bereits eingetragen.)

c) Warum ist trotz der verschiedenen Geschäftsfälle die Bilanzgleichung (Summe der Aktiven = Summe der Passiven) erhalten geblieben?

Veränderungen der Bilanz

13 Aufgabe 13.01

Geschäftsfälle	Bilanzen		Auswirkungen in der Bilanz
1.3. Eröffnung durch Einzahlung von CHF 40 000.–	**Bilanz vom 1.3.20_1** Aktiven: 40'000	Passiven: 40'000	+ Aktiven + Passiven Die Bilanzsumme [X] wird grösser [ ] wird kleiner [ ] bleibt gleich
2.3. Kauf eines Taxis für CHF 50 000.– gegen Rechnung	**Bilanz vom 2.3.20_1** Aktiven: Bank 40000 Mobile/Fahrzeug 50000 90000	Passiven: VLL 50000 Eigenkapital 40000 90000	+ Aktiv + Passiv Die Bilanzsumme [X] wird grösser [ ] wird kleiner [ ] bleibt gleich
4.3. Bankzahlung an den Fahrzeugverkäufer CHF 35 000.–	**Bilanz vom 4.3.20_1** Aktiven: Bank 5000 Fahrzeuge 50'000 55'000	Passiven: VLL 15'000 Eigenkapital 40000 55'000	– Aktiv – Passiv Die Bilanzsumme [ ] wird grösser [X] wird kleiner [ ] bleibt gleich
5.3. Barbezug ab dem Bankkonto CHF 3 000.–	**Bilanz vom 5.3.20_1** Aktiven: Bank 2'000 Fahrzeuge 50'000 Kasse 3'000 55000	Passiven: VLL 15000 Eigenkapital 40'000 55000	Die Bilanzsumme [ ] wird grösser [ ] wird kleiner [X] bleibt gleich
8.3. Der Fahrzeugverkäufer ist bereit, CHF 10 000.– seines Restguthabens in ein langfristiges Darlehen umzuwandeln.	**Bilanz vom 8.3.20_1** Aktiven: Bank 2000 Fahrzeuge 50000 Kasse 3'000 55'000	Passiven: VLL 5000 Langfristig 10'000 Eigenkapital 40'000 55000	Die Bilanzsumme [ ] wird grösser [ ] wird kleiner [X] bleibt gleich

Veränderungen der Bilanz — 13

13.02

W. Fürst eröffnet am 1. Juni 20_5 ein eigenes **Ingenieurbüro** in der Rechtsform einer Einzelunternehmung. Aus seinem Privatvermögen leistet er eine Kapitaleinlage von CHF 40 000.– und zahlt diese als Gründungseinlage auf das Bankkonto des Geschäftes ein.

a) Wie lautet die Bilanz der neu gegründeten Einzelunternehmung am 1.6.20_5?

Gründungsbilanz vom 1.6.20_5

Aktiven		Passiven
40'000		40'000

b) Am 2. Juni kauft W. Fürst Mobiliar für CHF 25 000.– auf Kredit.
Wie lautet die Bilanz nach diesem Kauf?

Bilanz vom 2.6.20_5

Aktiven			Passiven
Bank	40000	Eigenkapital	40'000
Mobiliar	25 000	Kredit	25 000
	65 000		65 000

c) Am 10. Juni zahlt W. Fürst einen Teilbetrag der Rechnung durch Banküberweisung.
Wie lautet die Bilanz nach der Banküberweisung von CHF 10 000.–?

Bilanz vom 10.6.20_5

Aktiven			Passiven
Bank	30'000	EK	40'000
Mobiliar	25 000	Kredit	15 000
	55 000		55 000

d) Am 12. Juni bezieht W. Fürst am Bancomat einen Betrag von CHF 2 000.– für die Geschäftskasse.
Wie lautet die Bilanz nach dem Barbezug?

Bilanz vom 12.6.20_5

Aktiven			Passiven
Bank	28'000	EK	40'000
Kasse	2000	Kredit	15 000
Mobiliar	25 000		
	55 000		55 000

Veränderungen der Bilanz — Aufgabe 13.02

e) Am 19. Juni wandelt der Mobiliar-Lieferant CHF 10 000.– in ein langfristiges Darlehen um.

Wie lautet die Bilanz nach Umwandlung der Lieferantenverbindlichkeit in ein Darlehen?

Bilanz vom 19. 6. 20_5

Aktiven		Passiven	
Bank	28 000	Kredit	5 000
Mobiliar	25 000	Langfristig	10 000
Kasse	2 000	EK	40 000
	55 000		55 000

f) Wie verändert sich die Bilanzsumme durch die oben behandelten Geschäftsfälle? Kreuzen Sie die richtige Lösung an.

Datum	Geschäftsfall	Bilanzsumme steigt	Bilanzsumme sinkt	Bilanzsumme bleibt
1. 6.	Kapitaleinlage	✓		
2. 6.	Kauf von Mobiliar auf Kredit	✓		
10. 6.	Banküberweisung		✓	
12. 6.	Barbezug ab Bancomat			✓
19. 6.	Lieferant gewährt Darlehen			✓

g) Weshalb ist die Bilanzgleichung (Summe der Aktiven = Summe der Passiven) bei allen Geschäftsfällen erhalten geblieben?

h) Geben Sie ein eigenes Beispiel, bei welchem die Bilanzsumme steigt.

Bei einem Einkauf

i) Geben Sie ein eigenes Beispiel, bei welchem die Bilanzsumme sinkt.

Bei Rückzahlung

k) Bei welcher Art von Geschäftsfällen bleibt die Bilanzsumme unverändert?

Bei Vermögensverschiebung

Veränderungen der Bilanz

13

13.03

Die Eröffnungsbilanz[①] des Transportunternehmers H. Huber zeigt am Jahresanfang folgendes Bild (alle Zahlen in CHF 1 000.–):

Eröffnungsbilanz vom 1.1.20_1

Aktiven			Passiven		
Umlaufvermögen			**Fremdkapital**		
Kassa	4		Verbindlichkeiten L+L	50	
Bankguthaben	41		Hypotheken	300	350
Forderungen L+L	28				
Treibstoffvorrat	37	110			
Anlagevermögen			**Eigenkapital**		
Mobiliar	18		Eigenkapital		500
Fahrzeuge	122				
Immobilien	600	740			
		850			850

Erstellen Sie die Bilanz vom 15. Januar 20_1 nach Berücksichtigung der folgenden Geschäftsfälle:

4. 1. Kauf eines neuen Transporters für 60 gegen Rechnung.
7. 1. Kunden zahlen 15 auf das Bankkonto ein.
11. 1. Barbezug ab Bancomat 3
12. 1. Barverkauf von altem Mobiliar 2

Bilanz vom 15.1.20_1

Aktiven			Passiven		
Umlaufvermögen			**Fremdkapital**		
Kassa	9		VLL	110	
Bankguthaben	53		Hypo	300	410
FLL	13				
TV	37	112			
Anlagevermögen			**Eigenkapital**		
Mobiliar	16				500
Fahrzeuge	182				
Immo	600	798			
		810			

[①] Unter Eröffnungsbilanz versteht man die Bilanz, mit welcher eine neue Rechnungsperiode eröffnet wird, meistens der 1. Januar als Beginn eines neuen Geschäftsjahres.

Veränderungen der Bilanz — 13

13.04

Welche Bilanzpositionen werden durch die folgenden Geschäftsfälle verändert? Geben Sie durch + und – für jeden Fall an, ob die betroffenen Bestände grösser oder kleiner werden. Die Lösung zum ersten Geschäftsfall ist bereits eingetragen.

Nr.	Geschäftsfall	+/–	Bilanzpositionen[1]
1	Barbezug am Bancomaten	+	Kasse
		–	Bankguthaben
2	Barkauf eines neuen PCs	–	Kassa
		+	mobile Sachanlagen
3	Banküberweisung an einen Lieferanten	–	Bank
		–	VLL
4	Aufnahme eines Darlehens. Die Gutschrift des Darlehensbetrages erfolgt auf dem Bankkonto.	+	Bank
		+	Langfristig
5	Kauf einer Liegenschaft. Die Finanzierung erfolgt durch Aufnahme einer Hypothek.	+	Immobilie
		+	Hypothek
6	Verkauf von altem Mobiliar gegen bar.	+	Kasse
		–	Mobiles Sachanlagen
7	Die Geschäftsinhaberin erhöht die Kapitaleinlage durch eine Überweisung auf das Bankkonto.	+	Bankkonto
		+	EK
8	Gewährung eines Darlehens an einen Geschäftsfreund durch Banküberweisung.	–	Bankkonto
		+	Aktiv Darlehen
9	Umwandlung einer Lieferantenschuld in ein fünfjähriges Darlehen.	–	VLL
		+	Darlehen
10	Bareinzahlung auf das Bankkonto.	–	Kassa
		+	Bankkonto
11	Ein Kunde zahlt auf das Bankkonto ein.	–	FLL
		+	Bankkonto
12	Verkauf von Wertschriften. Bankgutschrift des Verkaufserlöses.	–	Aktien
		+	Bankkonto

[1] Die Reihenfolge der Bilanzpositionen spielt in dieser Übung keine Rolle.

Das Konto

14.01

Das **Malergeschäft P. Moser** führt für die laufenden Barzahlungen ein **Kassenbuch**.

Kassenbuch

Datum	Text (Geschäftsverkehr)	Soll	Haben
1.3.	Anfangsbestand (Saldovortrag)	1 500	
5.3.	Kauf von Büromaterial		180
9.3.	Kauf von Malutensilien (CHF 720.–)		720
11.3.	Barspende für Rotes Kreuz (CHF 100.–)		100
15.3.	Barbezug am Bancomaten (CHF 1 000.–)	1000	1000
20.3.	Blumenkauf für Büro (CHF 50.–)		50
22.3.	Reparatur am Lieferwagen bar bezahlt (CHF 650.–)		650
31.3.	Schlussbestand (Saldo)		800
		2500	2500
1.4.	Saldovortrag	800	

a) Was bedeutet der Saldovortrag am 1. März?

Der Saldo das wir vom vortrag/monat übernommen haben

b) Tragen Sie den Geschäftsverkehr für den Monat März mit den entsprechenden Beträgen in der Soll- oder Habenspalte ein.

c) Auf welchen Betrag müsste ein Kassensturz am 21. März lauten?

1450

d) Schliessen Sie das Kassenbuch für den Monat März ab.

e) Wie lautet die Eröffnung des Kassenbuchs am 1. April?

f) Welche Eintragungen sind grundsätzlich im Soll und welche im Haben zu buchen?

Soll einnahmen, haben ausgaben

Das Konto — Aufgabe 14.01

g) Eine Gegenüberstellung der Zu- und Abgänge, wie sie hier im Kassenbuch erfolgte, nennt man **Konto**. Das Kassenkonto ist ein Aktivkonto, da der Kassenbestand zu den Aktiven einer Unternehmung zählt. Die Buchungsregeln sind dieselben für alle Aktivkonten.

Leiten Sie mithilfe des Kassenbuchs die Buchungsregeln für ein **Aktivkonto** her, und tragen Sie diese Regeln im schematisch dargestellten Aktivkonto ein. Verwenden Sie die folgenden Ausdrücke:
- Anfangsbestand
- Schlussbestand (Saldo)
- Zunahmen
- Abnahmen

Aktivkonto

Soll	Haben
1500	Abnahmen
Anfangsbestand	1700
Zunahmen	
1000	
	800
2500	2500 Endbestand

Passivkonto

Soll	Haben
	Anfangsbestand
Abnahme	
	Zunahme
Endbestand	

h) Die Verbuchung in den Passivkonten ist im Vergleich zu den Aktivkonten gerade seitenverkehrt.

Füllen Sie mit den gleichen Begriffen von oben das schematisch gezeichnete **Passivkonto** analog zum Aktivkonto aus.

i) Angenommen, es handle sich beim Aktivkonto um das Fahrzeugkonto. Welche Tatbestände könnten zu einer Abnahme im Haben des Kontos führen?

> Kosten (Reperatur, Benzin usw.), Abschreibungen, Verkauf

k) Angenommen, es handle sich beim Passivkonto um eine Hypothekarschuld. Welcher Tatbestand könnte zu einer Abnahme im Soll des Kontos führen?

> Rückzahlung von Schulden

Das Konto

14

14.02

Der Zahlungsverkehr der **Arztpraxis Dr. Brunner** wird teilweise über das **Bankguthaben** abgewickelt.

a) Führen Sie das Bankkonto für den Monat Juni. Das Konto ist Ende Monat abzuschliessen und im neuen Monat wieder zu eröffnen.

Bankguthaben

Datum	Geschäftsverkehr	Soll	Haben	Saldo
1.6.	Anfangsbestand (Saldovortrag)			12 780
3.6.	Überweisung an Lieferant Labor GmbH (CHF 1 260.–)		1260	
10.6.	Zahlungsgutschrift von diversen Patienten (CHF 6 480.–)	6480		
11.6.	Spende für Alzheimervereinigung (CHF 100.–)		100	
15.6.	Barbezug am Bancomaten (CHF 400.–)		400	
20.6.	Zahlungsgutschrift von Patientin M. Hauser (CHF 395.–)	395		
28.6.	Belastung der für Telefon und Internet (CHF 245.–)		245	
30.6.	Belastung für die Zahlung von Versicherungsprämien (CHF 2 670.–)		2670	
30.6.	Belastung Praxismiete (CHF 4 020.–)		4020	
30.6.	Schlussbestand (Saldo)		10960	
		19655	19655	
1.7.	Anfangsbestand (Saldovortrag)	10960		

b) Wie wird in der Praxis überprüft, ob der Saldo gemäss Bankkonto mit dem tatsächlichen Guthaben bei der Bank übereinstimmt?

c) Warum werden die Konten in der Praxis meist mit einer Saldospalte geführt?

d) Handelt es sich beim Schlussbestand um einen Soll- oder einen Habensaldo? Begründen Sie Ihre Antwort.

Das Konto

14.03

Für die Verbuchung des Geschäftsverkehrs mit den Kunden führt die **Imhaus Geräte GmbH** ein Konto **Forderungen aus Lieferungen und Leistungen.**

a) Führen Sie das Konto Forderungen L+L. Das Konto ist abzuschliessen und am 1. Oktober wieder zu eröffnen.

Forderungen L+L

Datum	Geschäftsverkehr	Soll	Haben	Saldo
1.9.	Anfangsbestand (Saldovortrag) (CHF 11 630.–)	11630		11630
4.9.	Rechnung an P. Kuhn (CHF 1 310.–)	1310		
9.9.	Bankzahlung von CasaNova SA (CHF 4 175.–)		4175	
12.9.	Rechnung an Meyer AG (CHF 3 300.–)	3300		
15.9.	Rabattgutschrift an Meyer AG (CHF 330.–)		830	
22.9.	Bankzahlung der Meyer AG (Rest)		2970	
25.9.	Faktura an A. Kleiner (CHF 790.–)	790		
29.9.	Teilzahlung von P. Kuhn (CHF 500.–)		500	
30.9.	Bankzahlung von R. Hofer (CHF 2 465.–)		2465	
30.9.	Schlussbestand (Saldo)		6590	
		17030	17030	
1.10.	Anfangsbestand (Saldovortrag)	6590		

b) Wofür könnte Kunde Meyer AG am 15. 9. eine Rabattgutschrift erhalten haben?

c) Kreuzen Sie an, welche der folgenden Buchungstatbestände in den Vormonaten zum Anfangsbestand von CHF 11 630.– am 1. September geführt haben könnten:

☐ An Kunden versandte Rechnungen

☐ Zahlungen an Lieferanten

☐ Erhaltene Gutschriften für zurückgeschickte Waren

☐ Von Lieferanten erhaltene Rechnungen

☐ Rabatte an Kunden

☐ Zahlungen von Kunden auf das Bankkonto

☐ Umwandlung einer Forderung L+L in ein kurzfristiges Darlehen

☐ Anfangsbestand vom 1. Januar

Das Konto 14

14.04

Für die Verbuchung des Geschäftsverkehrs mit den Lieferanten führt das **Pneucenter Schlatter AG** das Konto **Verbindlichkeiten aus Lieferungen und Leistungen.**

a) Führen Sie das Konto Verbindlichkeiten L+L. Das Konto ist abzuschliessen und am 1. November wieder zu eröffnen.

Verbindlichkeiten L+L

Datum	Geschäftsverkehr	Soll	Haben	Saldo
1.10.	Anfangsbestand (Saldovortrag) (CHF 25 970.–)		25 970	
5.10.	Rechnung von Pirelli SA (CHF 4 800.–)		4 800	
8.10.	Bankzahlung an Firestone AG (CHF 6 350.–)	6 350		
13.10.	Rechnung von Goodyear SA (CHF 2 530.–)		2 530	
14.10.	Rabattgutschrift von Pirelli SA, 10 % auf Rechnung vom 5.10.	480		
21.10.	Bankzahlung an Pirelli SA (Rest)	4 320		
23.10.	Faktura von Michelin SA (CHF 8 500.–)		8 500	
29.10.	Bankzahlung an Semperit AG (CHF 3 470.–)	3 470		
30.10.	Skonto auf Rechnung von Michelin SA (2 %)	170		
30.10.	Bankzahlung an Michelin SA (Rest)	8 330		
31.10.	Teilzahlung durch die Bank an Lieferant Bau AG für erfolgten Umbau (CHF 10 000.–)	10 000		
31.10.	Schlussbestand (Saldo)	8 680		
		41 800	41 800	
1.11.	Anfangsbestand (Saldovortrag)		8 680	

b) Welche anderen kurzfristigen Verbindlichkeiten neben den Verbindlichkeiten aus Lieferungen und Leistungen kennen Sie?

14.05

Führen Sie für das **Gartencenter Hoffmann AG,** Unterengstringen, das Konto Verbindlichkeiten L+L für den Monat März 20_8. Ermitteln Sie den Schlussbestand, und eröffnen Sie das Konto wieder am 1. April 20_8. Alle Beträge in Franken.

1.3. Saldovortrag 12 745; 4.3. Bankzahlung an P. Gerber, Dietikon, 3 150; 6.3. Rechnung von Hauenstein AG, Rafz, 6 850; 7.3. Rechnung von T. Van Oordt, Stäfa, 4 295; 10.3. Banküberweisung an R. Kurattli, Trogen, 1 380; 13.3. Bankzahlung an Hauenstein AG, Rafz, unter Abzug von 2 % Skonto (Rechnung vom 6.3.); 18.3. Rechnung von Rutishauser AG, Fällanden, 5 200; 21.3. Bankzahlung an E. Meier, Rüti, 2 430; 22.3. Faktura von Blumenbörse, Zürich, 5 140; 25.3. Mengenrabatt 10 % (auf Rechnung vom 18.3.) von Rutishauser AG, Fällanden; 31.3. Rechnung von Garage H. Huber, Zürich, für Servicearbeiten 950.

Das Konto

14.06 Bankkontokorrent

Bankkonten können sowohl aktiv- als auch passiv sein.

a) Wie lauten die Buchungsregeln für Bankguthaben und Bankverbindlichkeiten?

Bankguthaben

Soll	Haben
Anfangsbestand	Abnahme
Zunahme	Sollbestand

Bankverbindlichkeiten

Soll	Haben
Abnahme	Anfangsbestand
Sollbestand	Zunahme

b) Führen Sie das Bankkonto der **Handelsschule Merkur AG** für den Monat Januar.

Bankguthaben

Datum	Geschäftsverkehr	Soll	Haben	Saldo
1.1.	Anfangsbestand (Saldovortrag)	9 200		9 200
6.1.	Studenten überweisen Schulgelder (CHF 21 600.–)	21 600		
9.1.	Barbezug (CHF 1 000.–)		1 000	
11.1.	Zahlung an Verlag SKV für Schulbücher (CHF 3 120.–)		3 120	
13.1.	Zahlung an Computer Shop (CHF 15 450.–)		15 450	
17.1.	Überweisung von Schulgeldern (CHF 7 200.–)	7 200		
25.1.	Zahlung der Dozentenlöhne (CHF 16 100.–)		16 100	
28.1.	Überweisung der Monatsmiete für Schulräume (CHF 7 330.–)		7 330	
30.1.	Barbezug am Bancomaten für die Lehrmittelkasse (CHF 1 500.–)		1 500	
31.1.	Schlussbestand (Saldo)		6 500	
		44 500	44 500	
1.2.	Anfangsbestand (Saldovortrag)	6 500		

c) Handelt es sich bei diesem Bankkonto um ein Aktiv- oder Passivkonto?

d) Weshalb wird ein Barbezug in einem Bankkonto in jedem Fall im Haben verbucht?

e) Wie überprüft die Schulleiterin, ob die Buchungen in diesem Bankkonto mit den Buchungen bei der Bank übereinstimmen?

14.07

Nachfolgend sind die drei Konten **Bank, Forderungen L+L und Verbindlichkeiten L+L** abgebildet. Allerdings sind sie nur mit den Buchstaben X, Y und Z überschrieben und nicht mit den richtigen Bezeichnungen.

Konto X

Datum	Text (Geschäftsverkehr)	Soll	Haben	Saldo
1.1.	Anfangsbestand (Saldovortrag)		6 000	6 000
5.1.	Lieferung an Kunden / von Lieferanten		2 000	8 000
9.1.	Seine / Unsere Bankzahlung	1 400		6 600
10.1.	Seine / Unsere Rabattgewährung	200		6 400
11.1.	Seine / Unsere Zahlung	4 000		2 400
24.1.	Seine / Unsere Rücksendung	500		1 900
31.1.	Schlussbestand (Saldo)			
1.2.	Anfangsbestand (Saldovortrag)			

Konto Y

Datum	Text (Geschäftsverkehr)	Soll	Haben	Saldo
1.1.	Anfangsbestand (Saldovortrag)		15 000	15 000
8.1.	Einlage / Bezug des Geschäftsinhabers	10 000		5 000
11.1.	Zahlungen von Kunden / an Lieferanten	4 000		1 000
17.1.	Rückzahlung des gewährten / erhaltenen Darlehens		5 000	6 000
22.1.	Kauf / Verkauf von Mobiliar gegen Bankcheck		3 000	9 000
28.1.	Barbezug / Bareinlage	2 000		7 000
31.1.	Schlussbestand (Saldo)			
1.2.	Anfangsbestand (Saldovortrag)			

Das Konto — Aufgabe 14.07

Konto Z

Datum	Text (Geschäftsverkehr)	Soll	Haben	Saldo
1.1.	Anfangsbestand (Saldovortrag)	8 200		8 200
9.1.	Rücksendung von / an A. Amrein		600	7 600
11.1.	Zahlungen an Lieferanten / von Kunden		4 000	3 600
14.1.	Unsere / Seine Lieferung	2 400		6 000
19.1.	Unsere / Seine Rabattgewährung		240	5 760
22.1.	Unser Kreditverkauf / Krediteinkauf	2 000		7 760
29.1.	Sein / Unser Skontoabzug		60	7 700
29.1.	Seine / Unsere Banküberweisung		1 940	5 760
31.1.	Schlussbestand (Saldo)			
1.2.	Anfangsbestand (Saldovortrag)			

a) Wie heissen die mit Buchstaben bezeichneten Konten in Wirklichkeit?

Konto X = VLL

Konto Y = Bankkonto

Konto Z = FLL

b) In den Konten enthalten die blau geschriebenen Textstellen jeweils zwei Vorschläge für einen zum Geschäftsfall passenden Text. Ein Vorschlag ist jeweils richtig; den falschen müssen Sie streichen.

c) Schliessen Sie die drei Konten ab.

d) Wie hoch sind die offenen (noch unbezahlten) Lieferantenrechnungen am 31. Januar?

e) Weist das Bankkonto am 31. Januar ein Guthaben oder eine Schuld gegenüber der Bank aus?

f) Wie hoch sind die Kundenforderungen am 31. Januar?

Journal und Hauptbuch

15.01

Jeder Geschäftsfall wird durch einen **Beleg** dokumentiert, zum Beispiel eine Quittung, eine Rechnung, eine Gutschrifts- bzw. eine Belastungsanzeige oder einen Kontoauszug der Bank. Diese Belege bilden die Grundlage für die Verbuchung.

Damit man weiss, wie die Belege zu verbuchen sind, müssen diese **kontiert** werden, d. h., man muss auf den Belegen vermerken, auf welchen Konten gebucht werden muss. Dazu werden die Belege oft mit einem Kontierungsstempel abgestempelt.

Geben Sie bei den folgenden Belegen die Verbuchung durch Ausfüllen des Kontierungsstempels an. Das Bankkonto ist aktiv.

Beleg Nr. 1:
Gutschriftsanzeige der Bank
Kundin D. Fluder überweist CHF 8 700.–.

Soll-buchung	Haben-buchung	Betrag

Beleg Nr. 2:
Bancomatquittung
Barbezug von CHF 1 000.–

Soll-buchung	Haben-buchung	Betrag

Beleg Nr. 3:
Belastungsanzeige der Bank
Überweisung von CHF 3 300.–
an Lieferant N. Brockhaus

Soll-buchung	Haben-buchung	Betrag

Beleg Nr. 4:
Quittung
Barkauf eines Aktenschranks
für CHF 6 100.–

Soll-buchung	Haben-buchung	Betrag

Beleg Nr. 5:
Rechnung
Kauf eines Fahrzeugs auf Kredit für
CHF 20 000.–

Soll-buchung	Haben-buchung	Betrag

Journal und Hauptbuch

15.02

Ursula Aeschbacher gründet auf den 1. Dezember 20_4 eine **Privatschule**. Sie zahlt CHF 30 000 aus ihrem Privatvermögen auf das neu eröffnete Bankkonto der Schule ein.

a) Erstellen Sie die Gründungsbilanz vom 1. Dezember 20_4.

Bilanz vom 1.12. 20_4

Aktiven		Passiven	
Bank	30000	EK	30000

b) Führen Sie das Journal für die folgenden Geschäftsfälle.

Journal

Datum	Text (Geschäftsfälle)	Soll	Haben	Betrag
2.12.	Kauf von Mobiliar auf Kredit für CHF 8 000.–	Mobiliar	VCL	8000
4.12.	Vom Bankkonto werden CHF 2 000.– bezogen und in die Geschäftskasse gelegt.	Kasse	Bank	2'000
14.12.	Bankzahlung der Rechnung vom 2.12.	VCL	Bank	8'000
17.12.	Barkauf von Flipchart-Tafeln für CHF 1 500.–	Mobiliar	Kasse	1 500
19.12.	Kreditkauf von 50 PC für CHF 25 000.–	Mobiliar	VCL	25'000
28.12.	Bankgutschrift von CHF 20 000.– für ein von P. Moser erhaltenes langfristiges Darlehen	Bank	Darlehen	20'000

c) Verbuchen Sie die Eröffnungsbilanz und die Geschäftsstelle in den Hauptbuchkonten auf der nächsten Seite.

Verwenden Sie die Buchstaben A für den Anfangsbestand gemäss Eröffnungsbilanz und S für den Schlussbestand bzw. Saldo des Kontos.

d) Schliessen Sie die Konten des Hauptbuchs ab, und erstellen Sie die Schlussbilanz vom 31. Dezember 20_4.

Journal und Hauptbuch — Aufgabe 15.02

Hauptbuch

Kasse + / −

+	−
2'000	1'500
	SB 500
2000	2000

Verbindlichkeiten L+L − / +

−	+
8'000	8'000
SB 25'000	25'000
33'000	33'000

Bankguthaben + / −

+	−
AB 30'000	2'000
20'000	8'000
	SB 40'000
50'000	50'000

Darlehen − / +

−	+
SB 20'000	20'000

Mobiliar und Einrichtungen + / −

+	−
8'000	
1'500	
25'000	SB 34'500
34'500	34'500

Eigenkapital − / +

−	+
SB 30'000	AB 30'000

Bilanz vom 31.12.20_4

Aktiven		Passiven	
Kasse	500	Verbindlichkeiten L+L	25'000
Bankguthaben	40'000	Darlehen	20'000
Mobiliar und Einrichtungen	34'500	Eigenkapital	30'000
	75'000		75'000

AB = Anfangsbestand
SB = Schlussbestand

Journal und Hauptbuch

15.03

C. Benz führt ein kleines Töpferatelier. Die Eröffnungsbilanz per 1.1.20_2 lautet:

Eröffnungsbilanz vom 1.1.20_2

Aktiven			Passiven	
Umlaufvermögen			**Fremdkapital**	
Kasse	500		Verbindlichkeiten L+L	700
Bankguthaben	2 200			
Forderungen L+L	1 800	4 500		
Anlagevermögen			**Eigenkapital**	
Mobiliar und Einrichtungen		2 000	Eigenkapital	5 800
		6 500		6 500

a) Eröffnen Sie aufgrund der Zahlen in der Eröffnungsbilanz die Konten des Hauptbuchs. (Eine Lösungshilfe finden Sie auf der rechten Seite.)

b) Führen Sie das Journal.

Journal

Datum	Text (Geschäftsfall)	Soll	Haben	Betrag
15.1.	Kunde K. Käser überweist CHF 1 400.– auf das Bankkonto	Bank	FLL	1400
30.1.	Barbezug von CHF 1 000.– am Bancomaten	Kasse	Bank	1000
1.2.	Barkauf einer elektrischen Töpferscheibe für CHF 1 300.–	Mobiliar	Kasse	1300
11.3.	Banküberweisung von CHF 600.– an Lieferant A. Häni	VLL	Bank	600
15.3.	Barverkauf des alten Brennofens für CHF 900.–	Mobiliar	Kasse	900
20.3.	Kreditkauf eines neuen Brennofens für CHF 3 700.– bei S. Michel	Mobiliar	VLL	3'700

c) Übertragen Sie die Buchungen des Journals ins Hauptbuch.

d) Schliessen Sie die Konten des Hauptbuchs ab, und übertragen Sie die Salden in die Schlussbilanz vom 31.3.20_2.

Journal und Hauptbuch — Aufgabe 15.03

Hauptbuch

Kasse

Soll		Haben	
AB	500		1300
	1000		900
	900		1100
	2400		2700

Bankguthaben

Soll		Haben	
AB	2200		1000
	1400		600
			2000
	3600		3600

Forderungen L+L

Soll		Haben	
AB	1800		1400
	1400		
			400
	1800		1800

Mobiliar und Einrichtungen

Soll		Haben	
AB	2000		900
	1300		
	3700		6100
	7000		7000

Verbindlichkeiten L+L

Soll		Haben	
AB	600	AB	700
	3700		3700
	3800		
	4900		4400

Eigenkapital

Soll	Haben	
	AB	5800
		5800

Schlussbilanz vom 31.3.20_2

Aktiven			Passiven	
Umlaufvermögen			**Fremdkapital**	
Kasse	400		Verbindlichkeiten L+L	3800
Bankguthaben	2000			
Forderungen L+L	400	3500		
Anlagevermögen			**Eigenkapital**	
Mobiliar und Einrichtungen		6100	Eigenkapital	5800
		9600		9600

Journal und Hauptbuch

15.04

In den bisherigen Aufgaben wurde die Buchhaltung von Hand geführt. Zu Beginn einer Rechnungsperiode mussten die Anfangsbestände aus der Eröffnungsbilanz von Hand ins Hauptbuch übertragen werden. Und am Schluss der Rechnungsperiode wurden die Salden der Hauptbuchkonten wieder von Hand in die Schlussbilanz übertragen.

IT-Systeme verbuchen sowohl die Eröffnung wie auch den Abschluss automatisch, sodass man sich in der Praxis um diese Buchungen nicht zu kümmern braucht.

Damit Sie das System der doppelten Buchhaltung besser verstehen lernen, werden in dieser Aufgabe nebst den gewohnten Buchungssätzen für den Geschäftsverkehr ausnahmsweise auch die Eröffnungs- und Abschlussbuchungen verlangt. (Diese sind im folgenden Journal blau dargestellt.)

Für die **Treuhandunternehmung P. Signorell** gilt folgende Eröffnungsbilanz:

Eröffnungsbilanz 1.1.20_1

Aktiven			Passiven	
Umlaufvermögen			**Fremdkapital**	
Kasse	2 000		Verbindlichkeiten L+L	8 000
Bankguthaben	28 000	30 000		
Anlagevermögen			**Eigenkapital**	
Mobiliar		40 000	Eigenkapital	62 000
		70 000		70 000

Führen Sie das Journal und das Hauptbuch. Wie lautet die Schlussbilanz?

Journal

Datum	Text (Geschäftsfall)	Soll	Haben	Betrag
1.1.	Anfangsbestand Kasse (Eröffnung)	Kasse	Eröffnungsbilanz	2 000.–
1.1.	Anfangsbestand Bank (Eröffnung)			28 000.–
1.1.	Anfangsbestand Mobiliar (Eröffnung)			40 000.–
1.1.	Anfangsbestand Verbindlichkeiten L+L (Eröffnung)			8 000.–
1.1.	Anfangsbestand Eigenkapital (Eröffnung)			62 000.–
8.1.	Kauf von Mobiliar auf Kredit			10 000.–
14.1.	Bankzahlung an Lieferant P. Ellis			5 000.–
22.1.	Barbezug am Bancomaten			1 000.–
31.1.	Saldo Kasse (Abschluss)	Schlussbilanz	Kasse	3 000.–
31.1.	Saldo Bank (Abschluss)			
31.1.	Saldo Mobiliar (Abschluss)			
31.1.	Saldo Verbindlichkeiten L+L (Abschluss)			
31.1.	Saldo Eigenkapital (Abschluss)			

Journal und Hauptbuch

15 Aufgabe 15.04

Hauptbuch

Kasse
Soll | Haben

Verbindlichkeiten L+L
Soll | Haben

Bankguthaben
Soll | Haben

Eigenkapital
Soll | Haben

Mobiliar
Soll | Haben

Schlussbilanz vom 31.1.20_1

Aktiven | Passiven

Umlaufvermögen

Kasse

Bankguthaben

Anlagevermögen

Mobiliar

Fremdkapital

Verbindlichkeiten L+L

Eigenkapital

Eigenkapital

Journal und Hauptbuch

15.05

Damit die Übersicht in der Buchhaltung gewahrt bleibt und eine gezielte Auswertung der Aufzeichnungen möglich ist, führen die Unternehmungen einen **Kontenplan.** Darunter versteht man ein übersichtlich gegliedertes und systematisch geordnetes Verzeichnis aller Konten, welche die Unternehmung verwendet.

Für die **Maurer AG** gilt folgender Kontenplan:

Umlaufvermögen	**Fremdkapital**
Kasse	Verbindlichkeiten L+L
Bankguthaben	Darlehen
Forderungen L+L	Hypotheken
Warenvorrat	
Anlagevermögen	**Eigenkapital**
Maschinen	Aktienkapital
Mobiliar	Gewinnreserven
Fahrzeuge	Gewinnvortrag
Immobilien	

Vervollständigen Sie das Journal für das 2. Halbjahr 20_9 (alle Beträge in CHF 1 000.–):

Journal

Datum	Text (Geschäftsfall)	Soll	Haben	Betrag
1.7.	Banküberweisung von Kunde O. Jansen	FLL	Bank	3
16.7.	Bankzahlung an Lieferant P. Kunz	VLL	Bank	2
27.7.	Barkauf von Mobiliar	Mobiliar	Kasse	1
3.8.	Kauf von Fz für darlehen	Fahrzeuge	Verbindlichkeiten L+L	45
11.8.	Rückzahlung Darlehen	Darlehen	Bankguthaben	20
4.9.	Der Maurer AG wird eine Hypothek gewährt, der Betrag wird auf dem Bankkonto gutgeschrieben.	Hypothek	Bank	300
4.9.	Kauf von Liegenschaft auf Bank	Immobilien	Bankguthaben	500
20.9.	Maschinenkauf auf Kredit	Kredit	Maschinen	12
30.9.	Bankzahlung der Aktionäre zur Aktienkapitalerhöhung			100
7.10.	Fahrzeug verkauft	Forderungen L+L	Fahrzeuge	8
11.11.	Rückzahlung des Darlehens an M. Minder durch die Bank	Darlehen	Bankguthaben	30
16.11.	Barverkauf alter Büroeinrichtungen			4
26.11.	Die Schuld bei Lieferant D. Meyer wird in ein langfristiges Darlehen umgewandelt.			25
1.12.	Lieferant S. Käser nimmt eine alte Maschine an Zahlungs statt.			5
15.12.		Bankguthaben	Kasse	6

15.06

Vervollständigen Sie das Journal mithilfe der Aktiv- und Passivkonten gemäss Kontenrahmen KMU, den Sie als Anhang 2 hinten im Buch finden. Das Bankkonto ist aktiv. Die Beträge verstehen sich in CHF 1 000.–. Die Geschäftsfälle sind voneinander unabhängig.

Nr.	Text (Geschäftsfall)	Soll	Haben	Betrag
1	Kauf von Mobiliar auf Kredit (15)	Mobiliar	Verbindlichkeiten L+L	15
2	Das neu angeschaffte IT-System wird bar bezahlt (7).	IT-Anlagen	Kasse	7
3	M. Arnold wird eine gebrauchte Produktionsanlage auf Kredit verkauft (20).	Forderungen L+L	Produktionsanlagen	20
4	Kauf eines Lieferwagens auf Kredit (42)	Fahrzeuge	Verbindlichkeiten L+L	42
5	Barbezug am Bancomat (2)	Kasse	Bank	2
6	Kauf von kotierten Wertschriften durch die Bank (37)	Wertschriften	Bank	37
7	Der Geschäftsinhaber erhöht seine Kapitaleinlage durch Überschreibung einer privaten Liegenschaft (300).	Liegenschaften	Eigenkapital	300
8	Einem Lieferanten wird eine gebrauchte Maschine an Zahlung gegeben (6).	Verbindlichkeiten L+L	Maschinen	6
9	Kunden zahlen auf das Bankkonto ein (23).	Bank	Forderungen L+L	23
10	Kreditverkauf nicht mehr benötigter Büroeinrichtungen (4)	Forderungen L+L	Mobiliar	4
11	Ein Kunde begleicht seine Schuld durch Lieferung von Hardware (3).	IT-Anlagen	Forderungen L+L	3
12	Für Mängel am gekauften Mobiliar (Nr. 1) wird ein Rabatt von 20 % gewährt.	Verbindlichkeiten L+L	Mobiliar	3
13	Für den neuen Lieferwagen (Nr. 4) wird eine erste Teilzahlung von 1/3 des Kaufpreises durch die Bank bezahlt.	Verbindlichkeiten L+L	Bank	14
14	Restzahlung für das gekaufte Mobiliar (Nr. 1 und 12) durch die Bank	Verbindlichkeiten L+L	Bank	12
15	An U. Dürr wird ein langfristiges Darlehen durch Banküberweisung gewährt (20).	Darlehen	Bank	20
16	Bankgutschrift für die Zahlung von M. Arnold (Nr. 3), unter Abzug von 5 % Skonto	Bank	Forderungen L+L	19

Die Erfolgsrechnung

16.01

In der Erfolgsrechnung werden die Aufwände und Erträge einer bestimmten Periode einander gegenübergestellt. Als Differenz ergibt sich der Erfolg.

Erstellen Sie für folgende Betriebe die Erfolgsrechnung für das Jahr 20_1, und ermitteln Sie den Erfolg. Die Beträge sind in CHF 1 000.–.

Kleiderboutique

- Warenaufwand 720
- Personalaufwand 170
- Raumaufwand (Miete, Energie, Reinigung) 90
- Verkaufsertrag (Warenertrag) 1 000
- Verwaltungsaufwand 15
- Werbeaufwand 50
- Zinsaufwand 20
- Abschreibungen 15

Erfolgsrechnung für 20_1

Aufwand	Ertrag

Schreinerei

- Materialaufwand 100
- Personalaufwand 98
- Raumaufwand 10
- Unterhalt und Reparaturen 5
- Zinsertrag 1
- Fahrzeugaufwand 10
- Werbeaufwand 5
- Abschreibungen 13
- Verkaufsertrag (Produktionserlös) 270

Erfolgsrechnung für 20_1

Aufwand	Ertrag

Die Erfolgsrechnung 16

16.02
Bezeichnen Sie die fehlenden Grössen, und bestimmen Sie die Branche.

a) **Erfolgsrechnung**

Aufwand	Ertrag
....	Warenertrag
Personalaufwand	
Raumaufwand	
Diverser Aufwand	
....	....

b) **Erfolgsrechnung**

Aufwand	Ertrag
....	Produktionserlös
....	
Raumaufwand	
Kapitalzinsen	
Unterhalt und Rep.	
....	
Verwaltungs- und Vertriebsaufwand	....

c) **Erfolgsrechnung**

Aufwand	Ertrag
....	Ertrag Flugbetrieb
....	
Wartungsaufwand/ Ersatzteile	
....	
Allgemeiner Betriebs- und Verwaltungsaufw.	....

d) **Erfolgsrechnung**

Aufwand	Ertrag
Filmverleih- gebühren	
	....
....	
Werbeaufwand	Erlös aus Getränke- und Snacksverkauf
Aufwand für Getränke und Snacks	Erlös aus Reklame
Sonstiger Aufwand	....

201

Die Erfolgsrechnung 16

16.03

Geben Sie die passenden Kontenbezeichnungen zu den entsprechenden Umschreibungen.

Erfolgsrechnung für 20_1

Aufwand			Ertrag
Umschreibung	Kontenbezeichnung	Kontenbezeichnung	Umschreibung
Verbrauch von Handelswaren zum Verkauf			Ertrag aus dem Verkauf von Handelswaren
Verbrauch von Material für die Produktion			Ertrag aus dem Verkauf von Erzeugnissen
Entschädigung an die Arbeitnehmer für geleistete Arbeit			Ertrag aus dem Erbringen von Dienstleistungen für Kunden
Wertverminderungen auf dem Anlagevermögen			Erhaltene Zinsen und Dividenden aus Wertpapieranlagen
Zahlungen für benutzte Räumlichkeiten			Ertrag aus Kapital, das Dritten zur Verfügung gestellt wird
Ausgaben für Instandhaltung von Mobiliar und Maschinen			
Entschädigung für von Dritten beanspruchtes Kapital			
Ausgaben für Treibstoff, Unterhalt, Versicherungen und Verkehrsabgaben für die Fahrzeuge			
Ausgaben für Inserate, Drucksachen, Reklame, Sponsoring usw.			
Verbrauch von Strom und Heizöl			
Saldo zum Ausgleich des Ertragsüberschusses			Saldo zum Ausgleich des Aufwandüberschusses

16.04

Erstellen Sie für die **Handel AG** die Erfolgsrechnung und die Bilanz. Die Beträge sind Kurzzahlen. Die Zahl der Linien in den Lösungshilfen entspricht nicht der Musterlösung.

Abschreibungen 53. Aktienkapital 800, Einrichtungen 70, Fahrzeuge 64, Flüssige Mittel 68, Forderungen L+L 129, Gewinnvortrag 200, Hypotheken 500, Immobilien 1 000, Nebenerträge 52, Personalaufwand 580, Raumaufwand 36, Gewinnreserven 250, Verbindlichkeiten L+L 101, Warenertrag 2 420, Warenaufwand 1 465, Warenvorräte 520, Übriger Aufwand 115, Zinsaufwand 28, Gewinn?

Erfolgsrechnung für 20_1
Aufwand / Ertrag

Bilanz vom 31.12.20_1
Aktiven / Passiven

Umlaufvermögen / Fremdkapital

Anlagevermögen / Eigenkapital

16.05

Kreuzen Sie in der folgenden Darstellung für die einzelnen Konten die zutreffende Spalte an.

Nr.	Sachverhalte	Bilanzkonten		Erfolgskonten	
		Aktiven	Passiven	Aufwand	Ertrag
1	Bankverbindlichkeiten		X		
2	Materialverbrauch			X	
3	Werbung			X	
4	Verbindlichkeiten L+L		X		
5	Fertige Erzeugnisse	X			
6	Energieverbrauch			X	
7	Mietzinseinnahmen				X
8	Unterhalt und Reparaturen			X	
9	Gewinnvortrag		X		
10	Löhne			X	
11	Fahrzeuge	X			
12	Abschreibungen			X	
13	Zinsen für an Dritte gewährte Darlehen				X
14	Produktionserlös				X
15	Forderungen L+L	X			
16	Warenverkauf				X
17	Warenvorräte	X			
18	Büromaterialverbrauch			X	
19	IT-Systeme	X			
20	Erhaltenes Darlehen		X		

16.06

Das Eigenkapital einer Unternehmung errechnet sich als Saldo zwischen den Aktiven und dem Fremdkapital. Erfolgswirksame Geschäftsfälle beeinflussen immer das Eigenkapital:

Bilanz

Aktiven	Passiven
Umlaufvermögen	Fremdkapital
Anlagevermögen	Eigenkapital

> Aufwandsverbuchungen führen zu einer Abnahme des Eigenkapitals (man wird «ärmer»), Ertragsverbuchungen führen zu einer Zunahme des Eigenkapitals (man wird «reicher»).

a) Beurteilen Sie, welche Auswirkungen die folgenden Geschäftsfälle auf das Eigenkapital des Coiffeur-Salons Lara haben:

Nr.	Geschäftsfälle	bleibt unverändert	nimmt zu	nimmt ab
1	Barkauf einer neuen Föhnhaube			
2	Bareinzahlung auf das Bankkonto			
3	Banküberweisung der Monatsmiete			
4	Eine Kundin zahlt bar für Haarwaschen und -schneiden.			
5	Kreditkauf eines neuen Kundensessels			
6	Barverkauf des alten Mobiliars (zum Buchwert)①			
7	Bankbelastung für Telefon und Internet			
8	Rückzahlung eines Darlehens durch Banküberweisung			
9	Bankbelastung für Versicherungsprämien			
10	Rechnungsversand für Haarpflege an Kundinnen im Altersheim			

b) Welche dieser Buchungen sind erfolgswirksam (verändern den Gewinn oder Verlust)?

---

① Der Buchwert ist der Wert gemäss Buchhaltung.

Die Erfolgsrechnung 16

16.07

a) Verbuchen Sie folgende erfolgswirksame Geschäftsfälle des Coiffeur-Salons Lara, und weisen Sie die Auswirkungen auf die Bilanz und Erfolgsrechnung nach.

Aufwandsverbuchung

Geschäftsfälle	Bilanzkonto	Aufwandskonto	Auswirkungen
1. Banküberweisung der Monatsmiete CHF 1 500.–	**Bankguthaben** Soll / Haben	**Raumaufwand** Soll / Haben	+ Aufwand – Aktiven Das Eigenkapital ☐ wird grösser ☐ wird kleiner ☐ bleibt gleich
2. Banküberweisung der Monatslöhne CHF 5 000.–	**Bankverbindlichkeiten** Soll / Haben	**Lohnaufwand** Soll / Haben	Das Eigenkapital ☐ wird grösser ☐ wird kleiner ☐ bleibt gleich

Ertragsverbuchung

Geschäftsfälle	Bilanzkonto	Ertragskonto	Auswirkungen
3. Barzahlungen von Kundinnen für Haarschneiden CHF 2 000.–	**Kasse** Soll / Haben	**Dienstleistungsertrag** Soll / Haben	Das Eigenkapital ☐ wird grösser ☐ wird kleiner ☐ bleibt gleich
4. Kundinnen zahlen die ausgeführten Coiffeurarbeiten mit EC-Direct auf das Bankkonto CHF 3 500.–	**Bankverbindlichkeiten** Soll / Haben		Das Eigenkapital ☐ wird grösser ☐ wird kleiner ☐ bleibt gleich

Die Erfolgsrechnung — Aufgabe 16.07

b) Die Buchungsregeln für die Aufwands- und Ertragskonten ergeben sich zwangsläufig aus ihrer Verbindung mit den Aktiv- und Passivkonten. Leiten Sie aus den nebenstehenden vier Geschäftsfällen die Buchungsregeln für die Erfolgskonten her, und veranschaulichen Sie diese in den Kontenschemen.

Aufwandskonto
Soll	Haben
	Aufwandsminderungen

Ertragskonto
Soll	Haben

c) Erklären Sie, warum es bei den Aufwands- und Ertragskonten keine Anfangsbestände gibt.

d) Geben Sie Beispiele für Aufwands- bzw. Ertragsminderungen.

Aufwandsminderungen	Ertragsminderungen

e) In welche Abschlussrechnung sind die Saldi aus den Aufwands- bzw. Ertragskonten zu übertragen?

f) Weshalb spricht man bei Aufwands- und Ertragskonten von Erfolgskonten?

g) Welche Erfolgskonten bewirken

eine Zunahme des Eigenkapitals?

eine Abnahme des Eigenkapitals?

Die Erfolgsrechnung 16

16.08

Welche Geschäftsfälle haben die folgenden Buchungen im **Haushaltgeschäft R. Grieshaber** bewirkt? Die erfolgswirksamen und die erfolg*un*wirksamen (erfolgsneutralen) Vorgänge sind in der entsprechenden Spalte anzukreuzen.

Nr.	Soll	Haben	Geschäftsfälle	erfolgs-wirksam	erfolgs-*un*wirksam
1	Kasse	Bankguthaben			
2	Lohnaufwand	Bankguthaben			
3	Forderungen L+L	Warenertrag			
4	Mobiliar	Verbindlichkeiten L+L			
5	Immobilien	Eigenkapital			
6	Zinsaufwand	Bankguthaben			
7	Abschreibungen	Mobiliar			
8	Warenertrag	Forderungen L+L			
9	Bankguthaben	Passivdarlehen			
10	Eigenkapital	Fahrzeuge			
11	Unterhalt und Reparaturen	Kasse			
12	Immobilien	Hypotheken			
13	Werbeaufwand	Verbindlichkeiten L+L			
14	Bankguthaben	Zinsertrag			
15	Passivdarlehen	Bankguthaben			

16.09

a) Wie lauten die Buchungen zu den Geschäftsfällen im Journal? Zeigen Sie zudem die Auswirkungen auf die Bestandes- und Erfolgskonten auf (Aktiven = a, Passiven = p, Aufwand = A, Ertrag = E). Die Auswirkung bei Nr. 1 ist bereits eingetragen.

Journal

Nr.	Geschäftsfall	Soll	Haben	Auswirkungen Soll	Auswirkungen Haben
1	Barkauf von Mobiliar	Mobiliar	Kasse	+a	−a
2	Kunden zahlen auf das Bankkonto (Guthaben) ein.	Bank	Forderungen (Debitoren)	+a	−a
3	Banküberweisung (Verbindlichkeit) für die Miete der Geschäftsräume	Mietaufwand	Bank	+A	+p
4	Die Rechnung für ein Werbeinserat trifft ein.	Werbeaufwand	Kreditoren	+A	+p
5	Lohnzahlungen durch Bank (Guthaben)	Lohnaufwand	Bank	+A	−a
6	Verkauf von Waren auf Kredit	Debitoren	Warenertrag	+a	+E
7	Kunden zahlen auf das Bankkonto (Verbindlichkeit) ein.	Bank	Debitoren	+p	−a
8	Die Bank belastet Zinsen.	Zinsaufwand	Bank	+A	+p
9	Die Fahrzeuge werden abgeschrieben.	Abschreibungen	Fahrzeuge	+A	−a
10	Der Kauf eines Landstückes wird durch Hypotheken finanziert.	Grundstück	Hypothek	+a	+p
11	Einem Kunden wird auf der verkauften Ware ein Rabatt gewährt.	Rabatt (Erlösminderung)	Debitoren	−E	−a
12	Das Aktienkapital wird erhöht. Die Einzahlung des Gegenwertes erfolgt auf die Bank (Guthaben).	Bank	Aktienkapital	+a	+p
13	Bankgutschrift (Guthaben) für Zinsen auf dem gewährten Darlehen an L. Hess	Bank	Zinsertrag	+a	+E
14	Barverkauf von selbst hergestellten Erzeugnissen	Kasse	Produktionsertrag	+a	+E
15	Monatsrechnung für Dieselbezug für den Transportwagen	Fahrzeugaufwand	Kreditoren	+A	+p

b) Kreuzen Sie an, wie sich die folgenden Buchungen auf den Gewinn auswirken.

	Zunahme	Abnahme	keine Wirkung
Buchung Nr. 1			X
Buchung Nr. 4		X	
Buchung Nr. 6	X		
Buchung Nr. 9		X	

Die Erfolgsrechnung — 16

16.10

Für Unterhalt und Reparaturen führt die **Produktion AG** das folgende Aufwandskonto.

a) Verbuchen Sie den Geschäftsverkehr, führen Sie den Saldo nach, und schliessen Sie das Konto ab.

Unterhalt und Reparaturen

Datum	Text (Geschäftsverkehr)	Soll	Haben	Saldo
5.1.	Rechnung für Servicearbeiten (CHF 750.–)			
15.1.	Barzahlung für Reparaturen an der Stanzmaschine (CHF 1 720.–)			
27.1.	Rechnung der Elektro Volt SA für elektrische Installationen (CHF 2 100.–)			
5.2.	Barzahlung für diverses Verbrauchsmaterial (CHF 480.–)			
6.2.	Die Elektro Volt SA gewährt nachträglich 10 % Rabatt.			
22.2.	Rechnung für die Revision der Fräsmaschine (CHF 650.–)			
31.3.	Die in den obigen Rechnungen enthaltene Mehrwertsteuer (MWST) wird von der eidg. Steuerverwaltung als Vorsteuerabzug zurückgefordert (CHF 393.–).			
31.3.	Saldo			

b) Weshalb beginnt das Konto nicht mit einem Anfangsbestand?

c) Welche Eintragungen sind grundsätzlich im Soll, welche im Haben zu verbuchen?

Die Erfolgsrechnung 16

16.11

Die **Fabrik GmbH** führt für den Verkauf ihrer Produkte das Konto Produktionserlös.

a) Verbuchen Sie den Geschäftsverkehr, führen Sie den Saldo nach, und schliessen Sie das Konto ab.

Produktionserlös

Datum	Text (Geschäftsverkehr)	Soll	Haben	Saldo
7.1.	Rechnung an Konstruvit GmbH (CHF 1 850.–)			
12.1.	Barverkäufe im Laden (CHF 9 700.–)			
27.1.	Rechnung an die Mecano SA (CHF 12 100.–)			
8.2.	Rücknahme mangelhafter Erzeugnisse (CHF 820.–)			
9.2.	Der Mecano SA wird nachträglich 10 % Rabatt gewährt.			
22.3.	Rechnung an die Alesa AG (CHF 3 650.–)			
31.3.	Die in den obigen Verkäufen enthaltene Mehrwertsteuer (MWST) wird der eidg. Steuerverwaltung gutgeschrieben (CHF 1 807.–).			
31.3.	Saldo			

b) Welche Eintragungen sind grundsätzlich im Soll, welche im Haben zu verbuchen?

c) Weshalb spricht man bei der mit 7,7 % eingerechneten Mehrwertsteuer von einer Umsatzsteuer?

Die Erfolgsrechnung 16

16.12

Im Folgenden sind die Buchungssätze für den Januar 20_6 im Journal der Einzelunternehmerin **A. Beyer, Geschenkartikel,** korrekt eingetragen. Ergänzen Sie die Buchungen mit dem entsprechenden Text.

Journal

Datum	Text	Soll	Haben	Betrag
4.1.		Bankguthaben	Eigenkapital	10 000
9.1.		Forderungen L+L	Warenertrag	1 450
12.1.		Versicherungsaufwand	Verbindlichkeiten L+L	290
15.1.		Warenertrag	Forderungen L+L	60
15.1.		Bankguthaben	Forderungen L+L	750
18.1.		Verbindlichkeiten L+L	Bankguthaben	830
21.1.		Energieaufwand	Verbindlichkeiten L+L	175

17

Doppelter Erfolgsnachweis

17.01

In den vorangehenden Kapiteln haben Sie mit den Konto, dem Journal, dem Hauptbuch sowie mit Bilanz- und Erfolgsrechnung alle Elemente der doppelten Buchhaltung kennen gelernt.

Mit dieser Aufgabe können Sie nun eine Geschäftsbuchhaltung von Anfang bis Schluss einer Periode selbständig führen. Nach diesem Kapitel beherrschen Sie das **System der doppelten Buchhaltung.**

S. Nüesch führt seit kurzem als Einzelunternehmerin eine eigene **Anwaltskanzlei**. Ihre Hauptgebiete sind Familienrecht und Sozialversicherungen. Die Eröffnungsbilanz lautet (alle Zahlen in CHF 1 000.–):

Eröffnungsbilanz vom 1. 1. 20_9

Aktiven			Passiven		
Umlaufvermögen			**Fremdkapital**		
Kassa	3		Verbindlichkeiten L+L	1	
Forderungen L+L	12	15	Bankverbindlichkeiten	6	7
Anlagevermögen			**Eigenkapital**		
Mobiliar		15	Eigenkapital		23
		30			30

a) Die Geschäftsfälle für das Jahr 20_9 sind in dieser Aufgabe summarisch dargestellt. Führen Sie mithilfe der Konten des Hauptbuches (auf der rechten Seite dargestellt) das Journal.

Journal

Nr.	Geschäftsfall	Soll	Haben	Betrag
1	Versand von Honorarrechnungen	FLL	Dienstleistungsertrag	215
2	Zahlung von Mandanten (Kunden) auf das Bankkonto	Bank	FLL	165
3	Lohnzahlungen an die Teilzeit arbeitende Sekretärin durch Banküberweisung	Personalaufwand	Bank	40
4	Werbeinserate und -aktionen bar bezahlt	Werbeaktionen	Kasse	2
5	Barbezüge ab Bank für die Geschäftskasse	Kasse	Bank	4
6	Barkauf eines Kopierer/Druckers	Mobiliar	Kasse	1
7	Rechnungen für Energiebezüge (übriger Aufwand)	Übriger Aufwand	VLL	9
8	Bankzahlungen für Miete	Raumaufwand	Bank	51
9	Barkauf von Büromaterial	Übriger Aufwand	Bank/Kasse	2
10	Lohnbezüge der Inhaberin durch die Bank	Personal Aufwand	Bank	78
11	Bankzahlungen an Lieferanten	VLL	Bank	7
12	Abschreibungen auf Mobiliar	Abschreibungen	Mobiliar	3

Doppelter Erfolgsnachweis

17 Aufgabe 17.01

b) Führen Sie das Hauptbuch (Eröffnung, Geschäftsverkehr und Abschluss).

c) Wie gross ist der erzielte Gewinn?

d) Wie hoch ist das Einkommen der Jungunternehmerin aus Geschäftstätigkeit?

e) Wie hätten sich höhere Lohnbezüge der Unternehmerin auf das Einkommen aus Geschäftstätigkeit ausgewirkt?

Hauptbuch 20_9

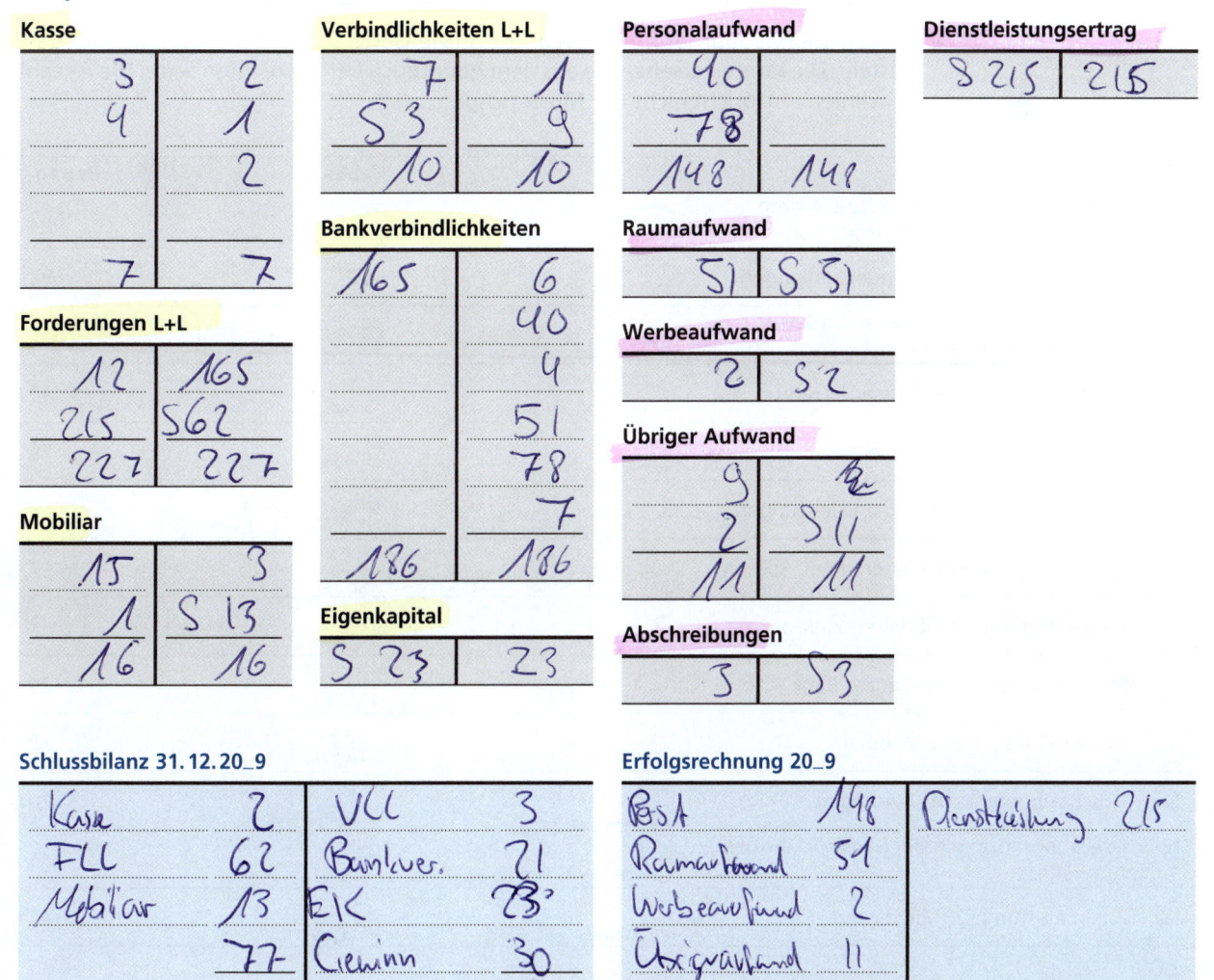

Kasse

3	2
4	1
	2
7	7

Forderungen L+L

12	165
215	562
227	227

Mobiliar

15	3
1	S 13
16	16

Verbindlichkeiten L+L

7	1
S 3	9
10	10

Bankverbindlichkeiten

165	6
	40
	4
	51
	78
	7
186	186

Eigenkapital

S 23	23

Personalaufwand

40	
78	
148	148

Raumaufwand

51	S 51

Werbeaufwand

2	S 2

Übriger Aufwand

9	
2	S 11
11	11

Abschreibungen

3	S 3

Dienstleistungsertrag

S 215	215

Schlussbilanz 31.12.20_9

Kasse	2	VLL	3
FLL	62	Bankver.	21
Mobiliar	13	EK	23
		Gewinn	30
	77		77

Erfolgsrechnung 20_9

PA	148	Dienstleistung	215
Raumaufwand	51		
Werbeaufwand	2		
Übrigeraufwand	11		
Abschreibungen	3		
Gewinn	30		
	215		215

Doppelter Erfolgsnachweis

17.02

Von der **Data GmbH,** einer Unternehmung, welche Beratungen und Installationen im IT-Bereich anbietet, liegt die Eröffnungsbilanz per 1.1.20_5 vor.

Eröffnungsbilanz vom 1.1.20_5

Aktiven			Passiven		
Umlaufvermögen			**Fremdkapital**		
Kasse	7		Verbindlichkeiten L+L	9	
Forderungen L+L	33	40	Bankverbindlichkeiten	18	
			Darlehen	20	47
Anlagevermögen			**Eigenkapital**		
Mobiliar	45		Stammkapital	100	
Informatik	65	110	Gewinnreserven	3	103
		150			150

a) Führen Sie das Journal für das Jahr 20_5. Die Geschäftsfälle sind summarisch dargestellt. Die Konten ersehen Sie aus dem Hauptbuch auf der rechten Seite. Die Anzahl Hilfslinien entspricht nicht der Musterlösung.

Journal

Nr.	Geschäftsfall	Soll	Haben	Betrag
1	Rechnungen an Kunden für geleistete Beratungsaufträge und Installationen	FLL	Dienstleistungsertrag	685
2	Bankgutschriften für Kundenzahlungen	Bankverbindlichkeit	FLL	692
3	Belastungsanzeige der Bank für Lohnzahlungen und Sozialleistungen	Personalaufwand	Bankverbindlichkeiten	531
4	Hard- und Softwarekäufe auf Kredit	Informatik	VLL	42
5	Banküberweisung an Lieferanten	VLL	Bank	39
6	Bareinnahmen für Akutdienstleistungen	Kasse	Dienstleistungen	8
7	Barzahlung von Büromaterial und Spesen	Übriger Aufwand	Kasse	7
8	Bankbelastung für Darlehenszinsen	Zinsaufwand	Bankverbindlichkeit	1
9	Rückzahlung Darlehen durch Bank	Darlehen	Bank	20
10	Abschreibungen auf Mobiliar	Abschrieb	Mobiliar	8
11	Abschreibungen auf IT-Anlagen	Abschrieb	Informatik	20
12	Belastungsanzeigen der Bank für übrigen Aufwand	Übriger Aufwand	Bank	43
13	Bankbelastung für Mietzinsen	Raumaufwand	Bank	41

b) Führen Sie das Hauptbuch (Eröffnung, Geschäftsverkehr und Abschluss)

c) Wie gross ist der erzielte Gewinn?

d) Wie hoch ist die Eigenkapitalrendite (Jahresgewinn in Prozenten des Eigenkapitals anfangs Jahr)?

Doppelter Erfolgsnachweis — Aufgabe 17.02

Hauptbuch 20_5

Kasse

7	7
8	
	S 8
15	

Forderungen L+L

33	692
685	
	S 26

Mobiliar

45	8
	S 37
45	

Informatik

65	20
42	S 87
107	

Verbindlichkeiten L+L

39	9
	42
S 12	
	51

Bankverbindlichkeiten

692	18
	531
	39
	1
	20
	43
	41
S 1	
	693

Darlehen

20	20
80	
	0

Stammkapital

S 100	100

Gewinnreserven

S 3	3

Personalaufwand

531	S 531

Raumaufwand

41	S 41

Übriger Aufwand

7	
43	S 50
50	

Abschreibungen

8	
20	S 28
28	

Zinsaufwand

1	S 1

Dienstleistungsertrag

	685
S 693	8
	693

Schlussbilanz 31.12.20_5

8	12
26	1
37	0
87	100
	3
158	Gewinn 42

Erfolgsrechnung 20_5

531	693
41	
50	
28	
1	
Gewinn 42	693

Doppelter Erfolgsnachweis

17.03

Weil in der doppelten Buchhaltung jeder erfolgswirksame Geschäftsfall zugleich ein Bilanz- und ein Erfolgskonto verändert, wird der Erfolg (Gewinn oder Verlust) doppelt nachgewiesen:

▶ in der Schlussbilanz als Differenz zwischen Aktiven und Passiven
▶ in der Erfolgsrechnung als Differenz zwischen Aufwand und Ertrag

Schematisch lassen sich Bilanz und Erfolgsrechnung bei Gewinn und bei Verlust wie folgt darstellen:

■ Beispiel 1 — Gewinn

Bilanz
Aktiven | Passiven

Aktiven	Passiven
	Gewinn

Erfolgsrechnung
Aufwand | Ertrag

Aufwand	Ertrag
Gewinn	

■ Beispiel 2 — Verlust

Schlussbilanz
Aktiven | Passiven

Aktiven	Passiven
Verlust	

Erfolgsrechnung
Aufwand | Ertrag

Aufwand	Ertrag
	Verlust

Ermitteln Sie in der Tabelle die fehlenden Grössen, und setzen Sie diese in die Tabelle ein. Der Erfolg ist jeweils als Gewinn oder Verlust zu bezeichnen. Alle Beträge sind Kurzzahlen. Die Aufgaben a) bis f) sind voneinander unabhängig.

Aufgabe	Aktiven	Passiven	Aufwand	Ertrag	Erfolg	
a)	50	45		80		
b)	8	9	14			
c)		200		500	Gewinn	30
d)	34		50		Gewinn	4
e)		100	300	280		
f)	300			700	Verlust	80

Doppelter Erfolgsnachweis 17

17.04

In der Tabelle sind die fehlenden Grössen zu ermitteln. Bezeichnen Sie den Erfolg als Gewinn oder Verlust. Die Teilaufgaben sind unabhängig voneinander, die Beträge sind Kurzzahlen.

Aufgabe	Aktiven	Passiven	Aufwand	Ertrag	Erfolg	
a)	15	13		45		
b)	60		195	186		
c)		200		420	Gewinn	45
d)		140	290		Verlust	25
e)		330	950	890		
f)	800			2 450	Gewinn	140
g)	600	670	1 420			
h)		37	62		Gewinn	9
i)		350	1 468		Verlust	23
k)	89			274	Gewinn	11

Doppelter Erfolgsnachweis — 17

17.05

H. P. Graf betreibt die **Gartenplan AG**. Zu den Kernaufgaben gehören die Planung und die Bauleitung bei der Realisation von öffentlichen und privaten Garten- und Parkanlagen.

Die Eröffnungsbilanz für das Jahr 20_6 lautet (alle Zahlen in CHF 1 000.–):

Eröffnungsbilanz vom 1.1. 20_6

Aktiven					Passiven
Umlaufvermögen			**Fremdkapital**		
Kasse	7		Verbindlichkeiten L+L	8	
Forderungen L+L	70	77	Bankverbindlichkeiten	16	
			Darlehen	50	74
Anlagevermögen			**Eigenkapital**		
Mobiliar	116		Aktienkapital	100	
Fahrzeuge	27	143	Gewinnreserven	46	146
		220			220

a) Die Geschäftsfälle für das Jahr 20_6 sind summarisch aufgelistet. Führen Sie mithilfe der Hauptbuchkonten (auf der rechten Seite dargestellt) das Journal.

Journal

Nr.	Geschäftsfall	Soll	Haben	Betrag
1	Rechnungsversand für Planungs-, Leitungs- und Realisationsaufgaben			412
2	Kunden zahlen ihre Rechnungen auf das Bankkonto ein			434
3	Barbezüge ab Bancomat			15
4	Barzahlung von Inseraten im Lokalblatt, Werbegeschenken und Flyers			8
5	Banküberweisungen für Mieten			51
6	Bankzahlungen für Autoversicherungsprämie und -steuern			2
7	Rechnungen für Büromaterialeinkäufe			1
8	Bankbelastung für Darlehenszinsen			3
9	Rechnungen für Energie, Wasser und Entsorgung (übriger Aufwand)			4
10	Barzahlung von Service- und Treibstoffaufwand für Geschäftswagen			7
11	Barkauf von Büroeinrichtungen			4
12	Bankbelastungen für Lohnzahlungen			297
13	Bankzahlungen an Lieferanten			9
14	Abschreibung auf Mobiliar, 33 1/3 % vom Buchwert Ende Jahr			?
15	Abschreibungen Fahrzeuge			10

b) Führen Sie das Hauptbuch (Eröffnung, Geschäftsverkehr und Abschluss).

Doppelter Erfolgsnachweis

17 Aufgabe 17.05

c) Wie gross ist der Erfolg?
d) Zu welchem Zinsfuss wird das Darlehen verzinst (Nr. 8)?

Hauptbuch 20_6

Kasse

Forderungen L+L

Mobiliar

Fahrzeuge

Verbindlichkeiten L+L

Bankverbindlichkeiten

Darlehen

Aktienkapital

Gewinnreserven

Personalaufwand

Raumaufwand

Fahrzeugaufwand

Übriger Aufwand

Abschreibungen

Zinsaufwand

Dienstleistungsertrag

Schlussbilanz 31.12.20_6

Erfolgsrechnung 20_6

18

Fremde Währungen

18.01

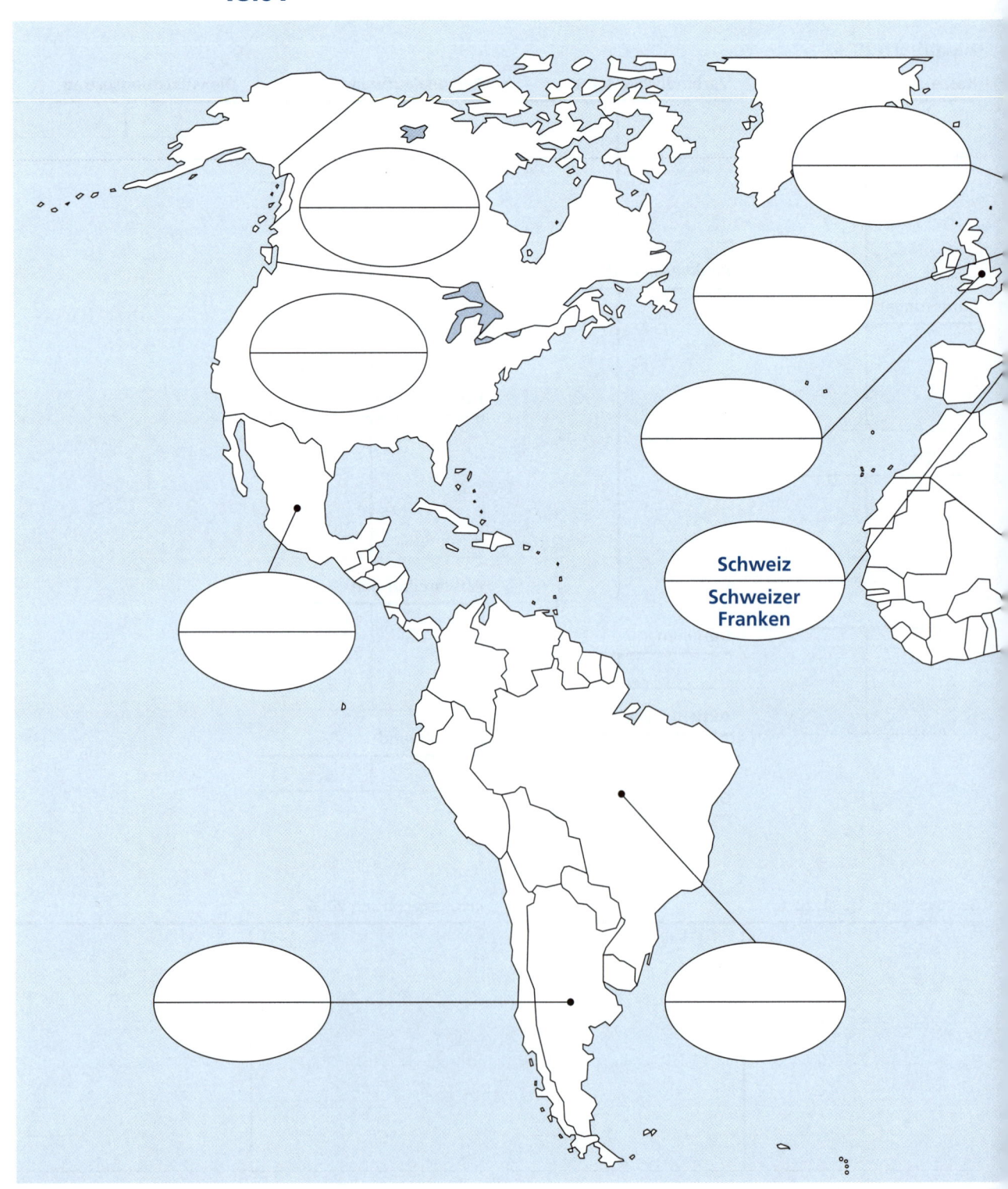

Schweiz
Schweizer Franken

Fremde Währungen — Aufgabe 18.01

a) Wie heissen diese Länder und ihre Währungen? Vgl. Schweiz.
b) Malen Sie auf der Karte alle Länder mit dem Euro als Zahlungsmittel an.

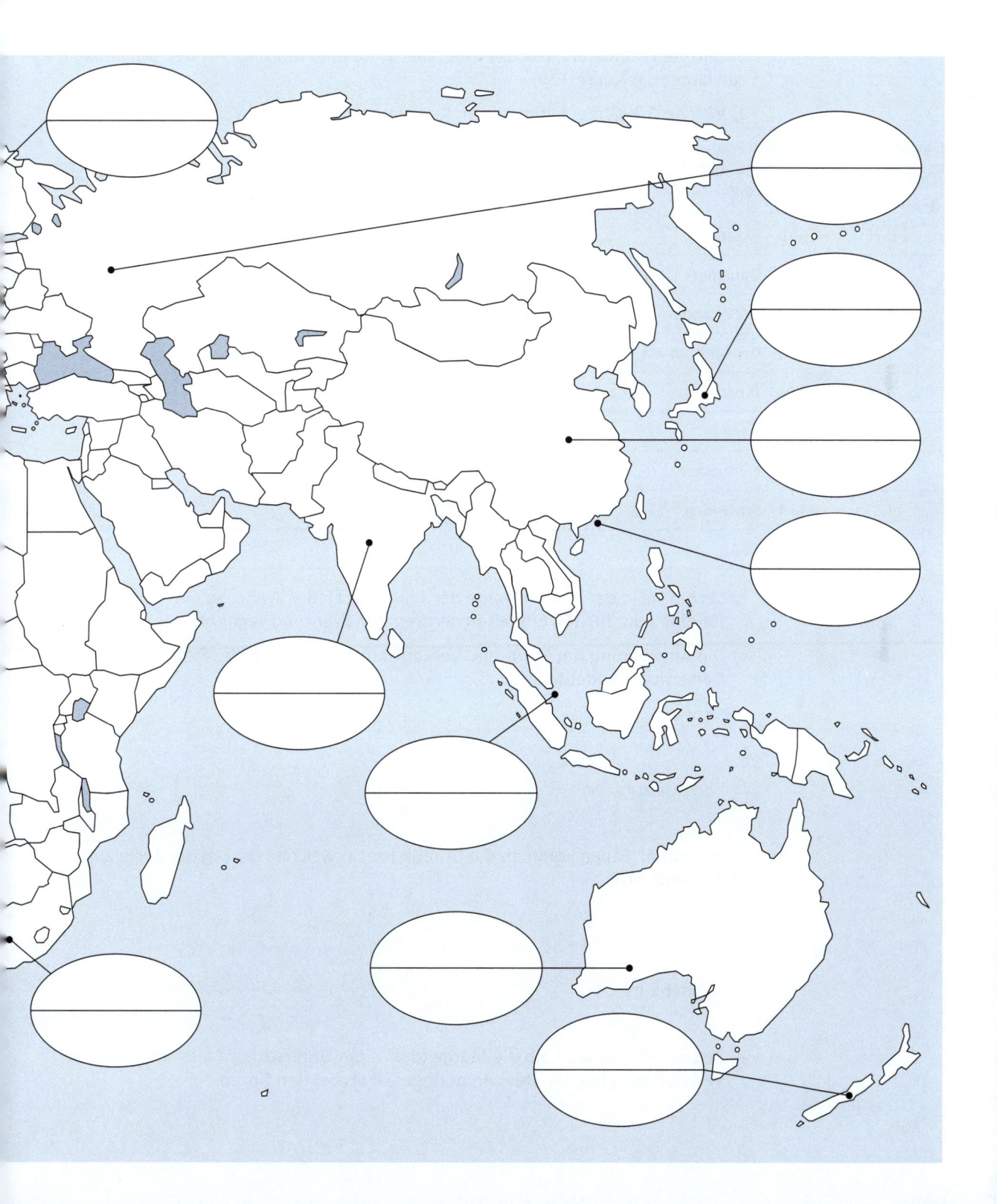

Fremde Währungen 18

18.02

Die Währungen der verschiedenen Länder bzw. Ländergruppen werden heute mit dem so genannten ISO-Währungskürzel bezeichnet. Diese internationalen Abkürzungen haben den Vorteil, dass sie in allen Sprachen gleich lauten. Die ersten beiden Buchstaben bezeichnen normalerweise das Land, der dritte die Währung. Für den Schweizer Franken lautet das Kürzel CHF.

a) Welche ISO-Kürzel haben die im Kursblatt aufgeführten Währungen?

Devisen- und Notenkurse vom 20. Juli 20_8

Devisen		Land	Noten		Währung	ISO-Kürzel	Notierung in Einheiten
Kauf	Verkauf		Kauf	Verkauf			
0.76	0.79	Australien	0.73	0.83			
16.04	16.44	Dänemark	15.42	17.06			
1.10	1.13	EWU-Länder	1.09	1.14			
1.28	1.32	Grossbritannien	1.22	1.38			
0.90	0.93	Japan	0.85	0.98			
0.75	0.79	Kanada	0.73	0.80			
12.53	12.96	Norwegen	11.93	13.55			
11.57	11.94	Schweden	10.95	12.56			
0.92	0.95	USA	0.90	0.97			

b) Setzen Sie in der letzten Spalte der Tabelle bei jeder Währung ein, ob sich der Preis für eine oder für 100 Einheiten der fremden Währung versteht.

c) Die Anwendung der Kauf- und Verkaufskurse erfolgt aus der Sicht der Banken. Demzufolge bedeuten:

Kaufkurs

Verkaufskurs

d) In welchen Fällen kommen die Notenkurse, in welchen die Devisenkurse zur Anwendung?

Notenkurs

Devisenkurs

e) Begründen Sie, weshalb die Marge (das ist der Unterschied zwischen Kauf- und Verkaufskurs) bei den Devisen geringer ist als bei den Noten.

Fremde Währungen 18

18.03

Welchen Kurs wählt die Bank? Kreuzen Sie das richtige Feld an.

Aufgabe	Geschäftsfall	Devisen		Noten	
		Kauf	Verkauf	Kauf	Verkauf
a)	Ein amerikanischer Tourist tauscht bei einer Raiffeisenbank USD-Noten in CHF-Noten um.				
b)	Eine Sängerin kauft im Flughafen Zürich kurz vor dem Abflug nach Tokio JPY und zahlt in CHF.				
c)	Ein Schweizer bezieht mit seiner Eurocard in London GBP aus dem Geldautomaten. Die Belastung erfolgt auf der Monatsrechnung in CHF.				
d)	Ein schweizerischer Importeur zahlt eine in EUR ausgestellte Rechnung durch Banküberweisung. Die Belastung erfolgt auf seinem CHF-Konto.				
e)	Einem schweizerischen Exporteur werden zur Begleichung einer Rechnung AUD überwiesen. Die Gutschrift dafür erfolgt auf seinem CHF-Konto.				
f)	Eine Schweizerin kauft auf USD lautende Reisechecks. Die Belastung erfolgt in CHF auf ihrem Salärkonto.				
g)	Ein deutscher Tourist bezieht mithilfe seiner EC-Karte an einem Bancomaten in Zürich CHF. Die Belastung erfolgt auf seinem Konto in EUR.				

18.04

Vervollständigen Sie die Tabelle mithilfe des Kursblattes von Aufgabe 18.02.

Aufgabe	Geschäftsfall	Kurs	Betrag in CHF
a)	Ein Bankkunde kauft USD 2 400.– in Banknoten.		
b)	Die Bank wechselt Banknoten von SEK 3 300.– in CHF um.		
c)	Eine Kundin beauftragt die Bank, eine Überweisung von GBP 790.– nach London auszuführen.		
d)	Ein Reisender wechselt in Zürich seine auf JPY 18 000.– lautenden Reisechecks in Bargeld um.		
e)	Die Bank schreibt einer Kundin einen Check von AUD 650.– auf ihrem Konto gut.		
f)	Ein Schweizer Importeur lässt seinem italienischen Lieferanten für eine gekaufte Maschine EUR 9 400.– überweisen.		

Fremde Währungen 18

18.05
Berechnen sie den angewandten Kurs aus Schweizer Sicht:

Aufgabe	Geschäftsfall	Angewandter Kurs
a)	Für den Kauf von USD 720.– zahlte eine Touristin CHF 669.60.	
b)	Für GBP 2 460.– erhielt ein Kunde CHF 3 198.–.	
c)	Eine Überweisung nach Japan von JPY 700 000.– kostet CHF 6 720.–.	
d)	Ein Check von EUR 12 400.– wurde mit CHF 14 384.– belastet.	
e)	Für ihren Bezug am Bancomaten in Stockholm von SEK 500.– werden einer Schweizer Touristin CHF 59.75 belastet.	
f)	Für die aus Australien zurückgebrachten Reisechecks im Betrag von AUD 650.– erhält ein Reisender CHF 487.50.	

18.06
Wie lauten die Buchungen für die folgenden Geschäftsfälle? Die Buchhaltung wird in CHF geführt.

Journal

Aufgabe	Text	Soll	Haben	Betrag
a)	Kreditkauf einer Maschine in Frankreich für EUR 4 200.–, Kurs 1.15			
b)	Bankzahlung der Transportkosten von EUR 380.– für obige Maschine, Kurs 1.13			
c)	Kreditverkauf von Waren nach Japan im Betrag von JPY 44 250.–, Kurs 0.92			
d)	Bankbelastung für die Gehaltsüberweisung von CAD 6 800.– für einen in Kanada tätigen Angestellten, Kurs 0.80			
e)	Bankgutschrift für den Verkauf einer Geschäftsliegenschaft in Italien für EUR 400 000.–, Kurs 1.11			
f)	Die Hotelrechnung von USD 890.– für eine Geschäftsreise des Geschäftsinhabers wurde von der Bank belastet, Kurs 0.95.	Übriger Aufwand		

Fremde Währungen 18

18.07

a) Ein Reisender kauft USD 300.– für CHF 285.–.
   Zu welchem Kurs hat die Bank umgerechnet?

b) Ein Schweizer Importeur überweist seinem Lieferanten in Birmingham GBP 467.50.
   Wie hoch ist die Bankbelastung bei einem Kurs von 1.34?

c) Ein Schweizer Exporteur reicht seiner Bank einen Check in der Höhe von JPY 47 650.– ein.
   Auf wie viel CHF lautet die Gutschrift bei einem Umrechnungskurs von 0.90?

d) Eine Schweizerin erhält für ihre belgischen Obligationen EUR 165.– Zins.
   Die Bank schreibt ihr CHF 186.45 gut.
   Zu welchem Kurs wurden die EUR umgerechnet?

e) Für EUR 400.– erhält ein Franzose in Paris CHF 456.–.
   Berechnen Sie, mit welchem Kurs die EUR in Paris auf die Schweiz umgerechnet wurden (Kurs in EUR auf 3 Dezimalen genau angeben).

f) Retour von einer Geschäftsreise, tauscht N. Kubli die restlichen CAD um und erhält dafür CHF 258.50 bei einem Umrechnungskurs von CHF 0.73/CAD.
   Wie viele CAD hat N. Kubli umgetauscht?

g) Für eine Vergütung an den Lieferanten in Stockholm in der Höhe von SEK 52 850.– verrechnet die Bank des Schweizer Importeurs CHF 6 320.85.
   Mit welchem Umrechnungskurs hat die Bank gerechnet?

18.08

Ein Kur- und Wellnesscenter in Österreich wirbt in der Schweiz mit Gesundheitswochen zu Spezialkonditionen.

a) Wie hoch ist die Tagespauschale in CHF, wenn pro Tag EUR 125.– verlangt werden und mit einem Umrechnungskurs von 1.15 gerechnet wird?

b) Ein Schweizer Kunde zahlt seinen Kuraufenthalt mit Kreditkarte. Welchen Kurs wendet die Bank an? (Richtige Antwort ankreuzen.)

   ☐ Devisen/Geld
   ☐ Noten/Geld
   ☐ Devisen/Brief
   ☐ Noten/Brief

c) Dem Schweizer Kunden werden für 6 Tage Kuraufenthalt CHF 875.25 auf seinem Bankkonto belastet.
   Mit welchem Kurs hat die Bank umgerechnet (Kurs auf 3 Dezimalen angeben)?

Fremde Währungen 18

18.09

Daniela May kauft in Spanien eine Tasche. Sie erhält auf dem im Schaufenster angeschriebenen Preis einen Rabatt von 10 %. Sie übergibt der Verkäuferin eine 50-Euro-Note und erhält ein Herausgeld von 14 Euro.

a) Mit welchem Preis war die Tasche im Schaufenster angeschrieben?

b) Zurück in der Schweiz, sieht Daniela May dieselbe Tasche in Basel in einem Schaufenster für CHF 46.90 angeschrieben.
Wie viel günstiger bzw. teurer hat sie die Tasche in Spanien gekauft, wenn ihre Euros zum Kurs 1.17 umgerechnet wurden?

c) Bei welchem EUR-Umrechnungskurs in der Schweiz hätten sich die beiden Angebote gerade entsprochen (Kurs auf 3 Dezimalen angeben)?

18.10

Die Maschinen AG exportierte Maschinen im Wert von USD 36 450.– nach Chicago. Bei der Rechnungsstellung belief sich der USD-Kurs auf CHF 0.98.–.

a) Mit welchem Verkaufserlös in CHF hat die Maschinen AG bei Rechnungsstellung gerechnet?

b) Drei Monate nach Rechnungsstellung erfolgt die Zahlung des amerikanischen Kunden auf die Schweizer Bank zum Kurs 0.91.
Welcher Betrag in CHF wird gutgeschrieben?

c) Wie gross ist der durch den Kurseinbruch erlittene Erlösrückgang in CHF und in Prozenten des bei der Rechnungsstellung angenommenen Verkaufserlöses?

18.11

Ein Schweizer Exporteur verkauft Waren nach Norwegen in drei Teillieferungen:

a) Ermitteln Sie das Total der erfolgten Bankgutschriften in CHF.

Datum	Tageskurs	Betrag in NOK	Betrag in CHF
4.2.	12.60	2 950.–	
5.3.	12.80	4 900.–	
11.4.	12.50	3 875.–	

b) Berechnen Sie den für die ganze Sendung angewandten durchschnittlichen Umrechnungskurs auf 3 Dezimalen genau.

Fremde Währungen

18.12

Eine Kreditkartenorganisation verrechnete T. Liniger CHF 226.50 für zwei Übernachtungen in der Ernest Hemingway Lodge in Key West, USA. Die Kosten betrugen USD 240.–.

a) Mit welchem Umrechnungskurs hatte die Kreditkartenorganisation gerechnet, wenn bekannt ist, dass sie eine Bearbeitungsgebühr von 0,5 % auf dem Rechnungsbetrag des Hotels und für die Transaktion noch CHF 1.50 verlangt?

b) Welcher Umrechnungskurs kam zur Anwendung? (Richtiges ankreuzen!)

- ☐ Noten
- ☐ Devisen
- ☐ Kauf
- ☐ Verkauf

18.13

Eine Schweizer Importunternehmung hatte im Frühjahr eine Rechnung von 360 000 Yen zu begleichen. Der Devisenkurs für JPY betrug damals CHF 0.95. Anstatt einer Direktzahlung aus der Schweiz wäre auch eine Vergütung mit USD durch eine Bank in Chicago möglich gewesen.

Hätte sich dieser Umweg über Amerika gelohnt, wenn der USD-Kurs in Zürich damals auf 0.98 stand und der Yen-Kurs in Amerika auf 0.94 (JPY 100.– = USD –.94)? An zusätzlichen Bankkosten wären durch die indirekte Zahlung CHF 27.– angefallen.

18.14

Ein Schweizer Tourist wechselt auf dem Flugplatz Kloten für drei 200-Franken-Noten GBP und USD um. Er möchte gleich viele Pfund- wie Dollarnoten. Die Kurse betragen für den USD 1.02 und für das GBP 1.38.

Wie viele GBP und USD erhält der Tourist?

18.15

In einem Pariser Schaufenster ist ein Kleid mit EUR 830.– angeschrieben. Mit welchem Preis müsste dasselbe Kleid in London zum Verkauf angeboten werden, wenn es dort gleich teuer wie in Paris verkauft werden soll? Der Kurs in Zürich für einen EUR beträgt 1.16 und für ein GBP 1.35.

Fremde Währungen 18

18.16

Ein Schweizer Händler wird von seiner Bank für aus Japan importierte Autoradios mit den unten aufgeführten Beträgen belastet.

a) Ermitteln Sie die Gesamtbelastung für diese Käufe.

b) Berechnen Sie den durchschnittlich angewandten Umrechnungskurs auf Rappen genau.

Datum	Betrag in JPY	Kurs	Betrag in CHF
22.3.	354 000.–	0.95	
15.5.	198 000.–	0.90	
28.6.	567 000.–	0.94	
	Total 1 119 000.–	b)	a)

18.17

Ein Schweizer kauft auf dem Flugplatz in Kopenhagen einen Artikel für DKK 1160.–. Er bezahlt bar mit einer 200-Franken-Note und erhält noch DKK 70.– Herausgeld.

a) Zu welchem Kurs wurden die Schweizer Franken umgerechnet?

b) Wie lautet aufgrund dieser Umrechnung die Kursnotierung in Dänemark auf die Schweiz?

18.18

Die Zürrer Gartenbau GmbH, Erstellung von Outdoor-Pools, beauftragt ihre Bank, einem deutschen Lieferanten für eine Wärmepumpe EUR 8650.– zu überweisen. Gleichzeitig wird von einem amerikanischen Kunden ein Check von USD 12 760.– eingelöst. Wie gross ist die Differenz zwischen der Überweisung und der Checkgutschrift in CHF.

Die Kurse sind der Tabelle aus Aufgabe 18.02 zu entnehmen.

Fremde Währungen 18

18.19

Nennen Sie die Buchungssätze und die Beträge. Die Buchhaltung wird in CHF geführt (Beträge auf ganze CHF runden). Das Bankkonto ist passiv.

Journal

Nr.	Text	Soll	Haben	Betrag
1a)	Kreditkauf einer Maschine in Japan für JPY 780 000.–, Kurs 0.96	Maschinen	Kreditoren	748 800
b)	Bankbelastung für den Kauf obiger Maschine, Kurs 0.94	Kreditoren	Bank	733 200
c)	Verbuchung der Kursdifferenz	Kreditoren	Kursgewinn	15 600
2a)	Kreditverkauf von Waren nach Italien für EUR 40 000.–, Kurs 1.17	Debitoren	Warenertrag	46 800
b)	Gewährung eines Rabattes wegen Mängeln an der verkauften Ware 10 %	Warenertrag	Debitoren	4 680
c)	Der italienische Kunde zahlt die Rechnung auf die Bank ein zum Kurs 1.15	Bank	Debitoren	41 400
d)	Verbuchung der Kursdifferenz	Kursverlust	Debitoren	720
3a)	Kreditverkauf einer selbst hergestellten Schweissanlage nach Australien für AUD 220 000.–, Kurs 0.75	Debitoren	Fabrikationsertrag	165 000
b)	Bankgutschrift für die Überweisung des australischen Kunden zum Kurs 0.78	Bank	Debitoren	171 600
c)	Verbuchung der Kursdifferenz	Debitoren	Kursgewinn	6 600
4a)	Rechnung an einen Mandanten in Schweden für ein Rechtsgutachten für SEK 36 000. Kurs 12.50	Debitoren	Dienstleistungsertrag	4 500
b)	Bankgutschrift für die Zahlung obiger Rechnung, Kurs 12.55	Bank	Debitoren	4 518
c)	Verbuchung der Kursdifferenz	Debitoren	Kursgewinn	18
5a)	Kreditkauf einer Produktionsanlage in England für GBP 45 000, Kurs 1.30	Maschinen	Kreditoren	58 500
b)	Nachträglich gewährter Rabatt 5 %	Kreditoren	Maschinen	2 925
c)	Bankzahlung unter Abzug von 2 % Skonto, Zahlungskurs 1.40	Kreditoren	Maschinen	1 197
		Kreditoren	Bank	58 653
d)	Verbuchung Kursdifferenz	Kursverlust	Kreditoren	4 275

Zinsrechnen

19.01

Formen Sie die allgemeine Zinsformel um, indem Sie die Gleichung nach den gesuchten Grössen Kapital (K), Zinsfuss (p) und Tage (t) auflösen.

$$\text{Zins} = \frac{\text{Kapital} \cdot \text{Zinsfuss} \cdot \text{Tage}}{100 \cdot 360} = \frac{K \cdot p \cdot t}{100 \cdot 360} = Z$$

K =

p =

t =

19.02

Ermitteln Sie auf jeder Zeile die fehlende Grösse.

Nr.	Kapital (K)	Zinsfuss (p)	Tage (t)	Zins (Z)
1	8 000	3	360	
2	3 000	4	240	
3	4 000	5		100
4	5 000		150	125
5		6	90	30

19.03

Nach wie vielen Tagen ergibt ein Kapital von CHF 24 000.– bei einem Zinsfuss von 2 % einen Zins von CHF 160.–?

19.04

Welches Kapital gibt bei einem Zinsfuss von 3,25 % in 200 Tagen einen Zins von CHF 162.50?

19.05

Welcher Zinsfuss bringt bei einem Kapital von CHF 60 000.– in 90 Tagen einen Zins von CHF 712.50?

19.06

Die **Heinrich AG** legte überschüssige Liquidität von CHF 80 000.– in Obligationen der schweizerischen Eidgenossenschaft mit einem Zinsfuss von 3 % an. Die Obligationen befinden sich im Wertschriftendepot bei der Kantonalbank.

a) Erstellen Sie die Bankabrechnung für die Gutschrift des Jahreszinses.

Zins (brutto)	CHF	100 %
./. Verrechnungssteuer	CHF	%
Zins (netto)	CHF	%

b) Zur Absicherung gegen die Steuerhinterziehung überweist die Bank 35 % des Bruttozinses als Verrechnungssteuer an die eidg. Steuerverwaltung.
Wie verbucht die Heinrich AG die Gutschriftsanzeige der Bank (aktiv)?

Soll	Haben	Betrag

c) Welche wichtige Voraussetzung ist vom Bankkunden zu erfüllen, um die Verrechnungssteuer zurückerstattet zu erhalten?

d) Wie bucht die Heinrich AG einige Zeit später die Rückerstattung der Verrechnungssteuer durch die Bank (aktiv)?

Soll	Haben	Betrag

19.07

E. Farner nimmt für CHF 20 000.– ein Darlehen auf, Wert 31. 1. 20_8, Zinsfuss 5 %.
Die Rückzahlung erfolgt in drei Teilzahlungen:
- die Hälfte am 31. Mai 20_8
- ein Viertel am 30. September 20_8
- der Rest samt Zins am 31. Dezember 20_8.

a) Wie gross ist der gesamte Zins, Wert 31. Dezember 20_8?

b) Welchen Betrag muss E. Farner am 31. Dezember 20_8 gesamthaft zurückzahlen?

Zinsrechnen 19

19.08

In den meisten Schweizer Banken werden die Tage nicht genau nach Kalender, sondern nach den Regeln der **deutschen Zinsusanz** (Usanz = Brauch, Gepflogenheit im Geschäftsverkehr) gerechnet. Die deutsche Usanz lautet:

> ▶ Das Zinsjahr hat immer 360 Tage.
> ▶ Der Zinsmonat hat 30 Tage.
> ▶ Der letzte Kalendertag eines Monats gilt immer als der dreissigste Tag des Monats.

Ermitteln Sie die Anzahl Tage nach deutscher Usanz.

Aufgabe	Zeitspanne	Anzahl Tage
a)	15.5.2019 bis 18.5.2019	
b)	15.5.2019 bis 31.5.2019	
c)	30.5.2019 bis 1.6.2019	
d)	31.5.2019 bis 30.6.2019	
e)	1.6.2019 bis 30.6.2019	
f)	13.8.2020 bis 24.12.2020	
g)	15.2.2020 bis 28.5.2020	
h)	15.2.2020 bis 29.2.2020	
i)	15.2.2020 bis 28.2.2020	
k)	15.2.2021 bis 28.2.2021	

19.09

Nebst der in der Schweiz mehrheitlich verwendeten deutschen Usanz kommen weltweit noch viele andere Usanzen zur Anwendung.

▶ **Englische Usanz:** Tage genau nach Kalender, das Jahr mit 365 Tagen
▶ **Internationale Usanz:** Tage genau nach Kalender, das Jahr nur mit 360 Tagen
▶ **Japanische Usanz:** Tage nach Kalender plus 1 Tag, das Jahr mit 365 Tagen

a) Ermitteln Sie den Zins für ein zu 6 % p.a. verzinsliches Darlehen von CHF 500 000 vom 1.2.2021 bis 28.2.2021 nach den verschiedenen Usanzen.

Zinsusanz	Anzahl Tage	Zins
Deutsche Usanz		
Englische Usanz		
Internationale Usanz		
Japanische Usanz		

b) Wie lautet die Regel für die Festlegung der Schaltjahre?

c) Nennen Sie die Schaltjahre zwischen 2020 und 2030.

19.10

Eine Rechnung von CHF 140 000.– wurde am 31. März 20_1 zur Zahlung fällig. Wegen Zahlungsschwierigkeiten ersuchte der Kunde um Ratenzahlungen mit einem Verzugszins von 6 %, was der Gläubiger akzeptierte.

1. Rate	CHF 30 000.–	Fällig am 30. Juni 20_1
2. Rate	CHF 50 000.–	Fällig am 30. September 20_1
3. Rate	CHF 60 000.–	Fällig am 31. Oktober 20_1

Auf welchen Betrag lautet die Schlusszahlung inkl. gesamter Verzugszins am 31. Oktober 20_1, wenn nach der Deutschen Zinsusanz gerechnet wird?

19.11

Das Konto eines Bankkunden wird auf Ende Dezember 20_8 abgeschlossen. Es liegen folgende Daten vor:

- Rechnungsperiode: 15. 7. bis 31.12. 20_8
- Zinsfuss 4 %
- Spesen CHF 33.60
- Saldo zu Gunsten des Kunden vor Abschlussbuchung: CHF 53 544.–
- Habenzins netto (ohne Verrechnungssteuer) CHF 219.70

a) Wie viele Tage wurde das Kontokorrent verzinst (deutsche Usanz)?

b) Wie hoch ist der Bruttozins?

c) Wie viel beträgt der Saldo nach den Abschlussbuchungen?

d) Wie hoch müsste ein festes Darlehen sein, damit in derselben Zeitspanne bei gleichem Zinsfuss derselbe Bruttozins erzielt würde?

19.12

K. Maurer legt bei einer Privatbank CHF 150 000.– zu 4 % für ein Jahr an. Nach 9 Monaten erhöht die Bank den Zinsfuss auf 5 %.

a) Wie gross ist der Jahreszins?

b) Wie hoch müsste der Jahreszinsfuss bei einer anderen Bank sein, dass K. Maurer gleich viel Zins erhielte wie bei a)?

19.13

Zwei gleiche Kapitalien werden zu unterschiedlichen Zinssätzen angelegt. Das erste Kapital wird für 8 Monate zu 3 % angelegt.

Wie lang muss das zweite Kapital zu 4 % am Zins liegen, um gleich viel Zins zu erzielen wie das erste?

19.14

S. Mägli hat bei einer Bank EUR 45 000 angelegt. Nach 10 Monaten zahlt ihm die Bank bei einem Umrechnungskurs von 1.12 CHF 51 240.– zurück.

Zu welchem Zinsfuss wurde das Kapital verzinst?

Zinsrechnen

19.15

Ein grosser Teil des Zahlungsverkehrs wird über Bank- und Postkonten abgewickelt. Weil sich die Höhe des Kontostandes durch die Zahlungsein- und ausgänge häufig ändert, werden solche Konten als **Kontokorrente** geführt (italienisch conto corrente bedeutet laufende Rechnung).

Berechnen Sie für folgendes Salärkonto den Zins, und schliessen Sie das Kontokorrent ab. (Das Kontokorrent wird aus der Sicht der Bank erstellt, d. h., der Anfangsbestand im Haben bedeutet für die Bank eine Schuld und für den Kontoinhaber ein Guthaben.)

Datum	Text	Verkehr		Saldo		Valuta	Tage	Zins	
		Soll	Haben	Soll	Haben			Soll	Haben
01.10.	Saldovortrag zu Ihren Gunsten		6 000.00		6 000.00	30.09.			
23.10.	Barbezug	1 000.00			5 000.00	23.10.			
28.10.	Gutschrift Salär		4 400.00		9 400.00	28.10.			
15.11.	Vergütungsauftrag	3 200.00			6 200.00	15.11.			
27.11.	Gutschrift Salär		4 400.00		10 600.00	27.11.			
10.12.	Kauf von Wertschriften	8 200.00			2 400.00	13.12.			
28.12.	Gutschrift Salär		4 400.00		6 800.00	28.12.			
31.12.	Zins (p = 2 %)					31.12.			
31.12.	Verrechnungssteuer 35 %					31.12.			
31.12.	Spesen	15.00				31.12.			
31.12.	Saldo zu Ihren Gunsten								

Zinsrechnen 19

19.16
Berechnen Sie die Saldi, die Tage und den Zins, und schliessen Sie das Kontokorrent ab.

Kontokorrent

Datum	Text	Verkehr		Saldo		Valuta	Tage	Zins	
		Soll	Haben	Soll	Haben			Soll	Haben
01.10.	Saldovortrag	12 000.00				30.09.			
04.10.	Zahlungen von Kunden		10 500.00			04.10.			
23.10.	Wertpapierverkauf		6 900.00			23.10.			
05.11.	Barbezug	1 000.00				05.11.			
20.12.	Zahlungen an Lieferanten	5 800.00				20.12.			
31.12.	Sollzins 6 %					30.12.			
31.12.	Habenzins 0,5 %					30.12.			
31.12.	Verrechnungssteuer 35 %					30.12.			
31.12.	Kommission und Spesen	60.00				30.12.			
31.12.	Saldo					30.12.			

19.17
Wie verbucht der Bankkunde die in Aufgabe 19.16 aufgeführten Geschäftsfälle?

Datum	Text	Buchung		Bankverbindlichkeiten	
		Soll	Haben	Soll	Haben
01.10.	Saldovortrag				
04.10.	Zahlungen von Kunden				
23.10.	Wertpapierverkauf				
05.11.	Barbezug				
20.12.	Zahlungen an Lieferanten				
31.12.	Sollzins 6 %				
31.12.	Habenzins 0,5 %				
31.12.	Verrechnungssteuer 35 %				
31.12.	Kommission und Spesen				
31.12.	Saldo				

21

2. Teil Der Jahresabschluss

Einzelunternehmung

21.01

In der **Buchhaltung** einer Einzelunternehmung werden für die Abwicklung des Verkehrs zwischen der Geschäftsinhaberin bzw. dem Geschäftsinhaber und der Unternehmung zwei Konten benötigt:

- Das **Eigenkapitalkonto** zeigt das der Unternehmung langfristig zur Verfügung gestellte Kapital.
- Im **Privatkonto** werden die laufend anfallenden Gutschriften und Bezüge des Geschäftsinhabers aufgezeichnet. Vor dem Jahresabschluss wird der Saldo des Privatkontos immer über das Eigenkapital ausgeglichen. Das Privatkonto erscheint deshalb nie in der Bilanz einer Einzelunternehmung.

T. Vonesch ist eine jung verwitwete Mutter von zwei schulpflichtigen Kindern. Als gelernte Schneiderin gründet sie als Einzelunternehmerin ein Nähatelier, um die knappe Witwen- und Halbwaisenrente aufzubessern. Sie bittet Sie um Abklärung folgender Fragen:

Nr.	Frage	Antwort
1	Wie ist die Firma (Name) für das Atelier von T. Vonesch zu bilden?	
2	Welche minimale Kapitaleinlage muss T. Vonesch leisten?	
3	Welche Bestimmungen bestehen für den Handelsregister-Eintrag?	
4	Wie haftet die Inhaberin einer Einzelunternehmung?	

Nr.	Frage	Antwort
5	Frau Vonesch befürchtet ein buchhalterisches Chaos zwischen privaten Haushaltauslagen und Geschäftseinnahmen und -ausgaben. Mithilfe des Privatkontos kann sie die beiden Bereiche auf einfache Art trennen. Setzen Sie die folgenden Geschäftsfälle im nebenstehenden Privatkonto richtig ein: ▶ Barbezüge ▶ Eigenzins ▶ Warenbezüge ▶ Eigenlohn ▶ Privatrechnungen durch Geschäft bezahlt	**Privatkonto** **Soll** — **Haben** Belastungen für / Gutschriften für
6	Was bedeutet es, wenn das Privatkonto Ende Jahr einen Sollüberschuss aufweist?	
7	Weshalb wird der Geschäftsinhaberin ein Eigenlohn gutgeschrieben?	
8	Weshalb wird der Geschäftsinhaberin für das zur Verfügung gestellte Kapital ein Eigenzins gutgeschrieben?	
9	Das Unternehmereinkommen setzt sich aus Eigenlohn, Eigenzins und Gewinn zusammen. Kann durch die Gutschrift eines hohen Eigenzinses das Unternehmereinkommen erhöht werden?	
10	Inwiefern unterscheiden sich die Geschäftsfälle, die über das Privatkonto gebucht werden, von jenen, die über das Eigenkapitalkonto abgerechnet werden?	
11	Der Abschluss der Einzelunternehmung erfolgt buchhalterisch in drei Schritten. Wie lauten die Buchungen für diese Schritte? 1. Ausgleich des Privatkontos (Sollüberschuss) 2. Gewinnverbuchung 3. Saldo des Eigenkapitals auf die Bilanz	1. 2. 3.
12	Weshalb erscheint das Eigenkapitalkonto in der Bilanz, das Privatkonto jedoch nicht?	

Einzelunternehmung

21.02

M. Keller führt eine eigene **Drogerie** in Bülach.

a) Verbuchen Sie die ausgewählten, summarisch zusammengefassten Geschäftsfälle auf der Grundlage des Kontenrahmens KMU. Die Beträge sind in CHF 1 000.

Journal und Hauptbuch

Nr.	Text	Sollbuchung	Habenbuchung	Betrag	Eigenkapital	Privat
1	Anfangsbestand Eigenkapital			200		
2	Barbezüge von M. Keller für private Zwecke			50		
3	Barverkäufe von Waren			800		
4	Private Warenbezüge			4		
5	Bankzahlung für den Lohn einer Angestellten		Bankguthaben	70		
6	Privatrechnungen von M. Keller über das Bankkonto des Geschäfts bezahlt			25		
7	Erhöhung des Eigenkapitals durch Einbringung eines Fahrzeugs aus dem Privatvermögen			20		
8	Bankzahlung für die Miete des Geschäftslokals			48		
9	Bankbelastung für Darlehenszinsen			6		
10	Abschreibung des Geschäftsmobiliars			14		
11	Gutschrift Eigenlohn			90		
12	Gutschrift Eigenzins (2,5 % auf Anfangskapital)					
13	Ausgleich Privatkonto					
14	Übertrag des Jahresgewinns gemäss Erfolgsrechnung			15		
15	Schlussbestand Eigenkapital					

b) Berechnen Sie das Geschäftseinkommen der Drogistin.

c) Wie hoch wäre das Geschäftseinkommen der Drogistin, wenn weder Eigenlohn noch Eigenzins verbucht worden wären?

d) Wie lauten die Buchungsregeln für das Eigenkapital- und das Privatkonto?

Einzelunternehmung 21

21.03

Eine Bäuerin betreibt in einer kleinen Berggemeinde einen «Tante-Emma-Laden» und verkauft vorwiegend Milchprodukte, Frischgemüse und andere Waren des täglichen Bedarfs. Der Geschäftsverkehr mit dem Privat- und dem Eigenkapitalkonto ist für das Jahr 20_1 summarisch dargestellt.

a) Verbuchen Sie die summarischen Beträge, und gleichen Sie das Privatkonto aus. Der Erfolg ist mit dem Eigenkapital zu verrechnen.

Vorgänge	Buchung	Konten	
		Eigenkapital	Privat
Eröffnung		100 000	
Gutschrift des Eigenlohns von CHF 48 000.–			
Privatbezüge von Waren für CHF 2 000.–			
Barbezug von R. Pfeiffer CHF 55 000.–			
Eigenzins 5% vom Eigenkapital			
1. Schritt Privatkontoausgleich über das Eigenkapital			
		Erfolgsrechnung	
Total Jahresaufwand	Diverse	73 000	
Total Jahresertrag	Diverse		85 000
2. Schritt Erfolgsverrechnung mit dem Eigenkapital			
		Schlussbilanz	
Total Aktiven	Diverse	408 000	
Total Fremdkapital	Diverse		300 000
3. Schritt Eigenkapitalübertrag auf die Schlussbilanz			

b) Wie errechnet sich das Einkommen der Bäuerin aus Geschäftstätigkeit für das Jahr 20_1?

21.04

Führen Sie das Journal für die ausgewählten Geschäftsfälle der **Antikschreinerei** G. Kreider, Bulgenbach, und errechnen Sie das Unternehmereinkommen. Das Eigenkapital beträgt am Anfang der Periode CHF 120 000.

1. G. Kreider bezieht für private Zwecke CHF 500 aus der Geschäftskasse.
2. Kreditkauf einer Hobelmaschine in Deutschland für EUR 10 000. Die Rechnung wird zum Buchkurs von CHF 1.10/EUR erfasst.
3. Privatrechnungen von G. Kreider im Betrage von CHF 2 500 werden übers Bankguthaben des Geschäfts bezahlt.
4. Rechnung der Garage von CHF 1 200 für ausgeführten Service am Geschäftsauto.
5. Einem temporär angestellten Schreiner wird ein Lohn von CHF 3 200 per Bank überwiesen. Das Bankkonto ist aktiv.
6. Der Lieferant der Hobelmaschine (siehe Nr. 2) gewährt nachträglich einen Rabatt von 10 %, der zum Buchkurs von CHF 1.10/EUR verbucht wird.
7. G. Kreider kauft ein neues Geschäftsauto und gibt sein bisheriges Fahrzeug zum Buchwert (= Wert des Fahrzeugs gemäss Buchhaltung) an Zahlung. Der Geschäftsfall ist über das Konto Verbindlichkeiten L+L abzuwickeln.

Brutto-Kaufpreis	46 000
./. Rabatt	– 6 000
= Anschaffungswert	40 000
./. Eintausch altes Auto	– 8 000
./. Barzahlung	–10 000
= Restbetrag auf Kredit	22 000

8. Um eine geplante Vergrösserung des Betriebs zu ermöglichen, zahlt der Geschäftsinhaber Mitte Jahr aus seinem Privatvermögen CHF 50 000 auf das Bankkonto des Geschäfts ein.
9. Die Rechnung für den Kauf der Hobelmaschine wird bezahlt (siehe Nr. 2 und 6). Die Bank belastet die Zahlung zum Kurs CHF 1.08/EUR.
10. G. Kreiders Steuerrechnung von CHF 13 600 wird übers Bankkonto des Geschäfts bezahlt.
11. G. Kreider bezieht vom Geschäft einen nicht renovierten Antikschrank (Handelsware) im Einstandswert von CHF 5 000 für privaten Gebrauch.
12. Bankgutschrift für Zinsen auf dem Kontokorrent CHF 130. Verrechnungssteuer auch buchen.
13. Das Geschäftsfahrzeug wird teilweise privat genutzt. Der Privatanteil wird aufgrund des Fahrtenbuchs auf CHF 3 000 festgelegt.
14. G. Kreider stellt sein Privatauto manchmal für Geschäftszwecke zur Verfügung. Gemäss Aufzeichnungen werden ihm CHF 800 gutgeschrieben.
15. Dem Eigentümer sind als Eigenlohn CHF 72 000 gutzuschreiben.
16. Das Eigenkapital vor Übertrag des Privatkontos und vor Gewinnverbuchung ist mit 3 % zu verzinsen. Der Eigenzins wird G. Kreider gutgeschrieben.
17. Das Privatkonto weist vor dem Abschluss einen Habensaldo (= Habenüberschuss) von CHF 6 200 auf.
18. Verbuchung des Gewinns von CHF 16 000.

Einzelunternehmung 21

21.05

Von der **Autofahrschule** H. Hegi liegt die provisorische Probebilanz[1] für das Geschäftsjahr 20_5 vor.

a) Verbuchen Sie die unten aufgeführten Nachträge, und erstellen Sie die definitive Probebilanz.

b) Erstellen Sie die Erfolgsrechnung sowie die Bilanz nach Gewinnverbuchung.

c) Wie hoch ist das Unternehmereinkommen?

d) Wie hoch wären das Eigenkapital und das Unternehmereinkommen, wenn ein Eigenlohn von CHF 80 000 verbucht worden wäre?

Probebilanz per 31.12.20_5

Konto	Provisorische Probebilanz		Nachträge		Definitive Probebilanz	
Kasse	93 000	91 000				
Bankguthaben[2]	33 000	23 600				
Fahrzeug	32 000	6 400				
Eigenkapital vor Gewinnverbuchung		30 000				
Privat	55 000					
Lohnaufwand						
Fahrzeugaufwand	22 000					
Zinsaufwand						
Übriger Aufwand	8 000					
Ertrag Autofahrstunden		92 000				
	243 000	243 000				

Nachtragsbuchungen

1 Im übrigen Aufwand wurde aus Versehen eine über das Bankkonto des Geschäfts bezahlte Privatrechnung von CHF 400 erfasst.

2 Privatanteil Geschäftsfahrzeug: 0,8 % des Anschaffungswerts von CHF 40 000 je Monat

3 Eigenlohn: CHF 5 000 je Monat

4 Eigenzins: 2,5 %

5 Übertrag Privatkonto

[1] Die Probebilanz wird auch Summenbilanz genannt, weil sie die Summen aller Soll- und Habenbuchungen in den einzelnen Konten zeigt. Sie dient der Kontrolle, dass jeder Geschäftsfall seinen Niederschlag gleichermassen im Soll und im Haben gefunden hat. Deshalb muss das Solltotal immer dem Habentotal entsprechen.

[2] Der Einfachheit halber wird hier (wie in vielen Aufgaben) die Erfassung eines Zinsertrags vernachlässigt.

Einzelunternehmung 21

21.06

Wie werden die genannten Geschäftsfälle in den Konten Eigenkapital und Privat erfasst? Die Lösungen sind mit **X** zu markieren; Nr. 1 ist als Muster bereits eingetragen.

Nr.	Geschäftsfälle	Eigenkapital		Privat	
		Soll	Haben	Soll	Haben
1	Anfangsbestand Eigenkapital (Eröffnung)		X		
2	Anfangsbestand Privat (Eröffnung)				
3	Barbezüge des Eigentümers aus der Geschäftskasse				
4	Warenbezüge des Geschäftsinhabers				
5	Erhöhung der Kapitaleinlage				
6	Eigenlohn				
7	Privatanteil am Geschäftsauto				
8	Eigenzins				
9	Eigenmiete (Privatwohnung in der Geschäftsliegenschaft)				
10	Verminderung Kapitaleinlage				
11	Übertrag Privatkonto (Habenüberschuss)				
12	Verbuchung Jahresverlust				
13	Schlussbestand Eigenkapital				
14	Schlussbestand Privat				

21.07

Die Buchhaltung von W. Nievergelt, **Plattenleger,** weist für das Jahr 20_5 einen Gewinn von CHF 40 000 aus. Vor dem Ausgleich des Privatkontos am 31.12.20_5 wies dieses einen Sollüberschuss von CHF 10 000 auf.

a) Wie lautet die Buchung für den Ausgleich des Privatkontos?

b) Mit welchem Eigenkapital hat W. Nievergelt das Jahr begonnen, wenn das Eigenkapital per Ende 20_5 CHF 110 000 beträgt?

c) Wie gross waren die gesamten Bezüge (Belastungen) von W. Nievergelt, wenn der Anfangsbestand des Eigenkapitals zu 3 % verzinst wurde und ein Eigenlohn von CHF 60 000 verbucht wurde?

d) Wie hätte sich der Gewinn verändert, wenn das Eigenkapital zu 5 % verzinst worden wäre?

e) Welchen Einfluss hätte die höhere Verzinsung des Eigenkapitals auf das Unternehmereinkommen?

f) Wie hätte sich der Eigenzins und das Unternehmereinkommen verändert, wenn W. Nievergelt am 31. August eine Kapitaleinlage von CHF 20 000 geleistet hätte und diese ebenfalls zu 3 % verzinst worden wäre?

g) Wie hätte sich das Unternehmereinkommen verändert, wenn W. Nievergelt am 31. August statt einer Kapitaleinlage ein zu 4,5 % verzinsliches Darlehen aufgenommen hätte?

21.08

Wie lauten die Buchungssätze für die folgenden Geschäftsfälle des **Treuhandbüros** J. Maurer für das Geschäftsjahr 20_3? Das Bankkonto ist aktiv.

1. Privatbezüge ab dem Bankguthaben des Geschäfts CHF 80 000.
2. Die Mietzinse für das Geschäftslokal von CHF 24 000 werden durch Banküberweisung bezahlt.
3. Die Krankenkassenprämien für die Familie Maurer von CHF 12 000 werden über das Bankkonto des Geschäfts bezahlt.
4. Eine Rechnung von CHF 870 für Internet-Werbung wird erfasst.
5. Dem Ehemann werden für gelegentliche Mitarbeit CHF 1 500 per Bank überwiesen.
6. J. Maurer erhöht ihre Kapitaleinlage Mitte Jahr durch Bankeinzahlung von CHF 20 000.
7. Die direkten Bundessteuern von CHF 2 000 werden per Bank überwiesen.
8. Erbrachte Dienstleistungen für einen Kunden in Frankreich werden mit EUR 3 000 in Rechnung gestellt und zum Buchkurs von CHF 1.10/EUR erfasst.
9. Der Kunde aus Frankreich bezahlt die Rechnung (siehe Nr. 8) unter Abzug von 2 % Skonto. Der Skonto wird zum Buchkurs erfasst, die Bankgutschrift erfolgt zum Kurs von CHF 1.15/EUR.
10. Kauf eines neuen Geschäftsfahrzeugs. Das bisherige wird zum Buchwert an Zahlung gegeben.

	Grundpreis	42 000
+	Sonderausstattung	8 000
=	Bruttopreis gemäss Katalog	50 000
./.	Geschäftsrabatt 8 %	– 4 000
=	Anschaffungswert	46 000
./.	Eintausch altes Auto	–9 000
./.	Bankcheck	–20 000
=	Restbetrag auf Kredit	17 000

11. Rechnung von CHF 3 000 für die Geschäftshaftpflichtversicherung.
12. Rechnung eines befreundeten Rechtsanwalts von CHF 4 500 für gelegentliche Beratungen bei komplexen Mandaten.
13. Rechnung für Reparatur des Fotokopierers CHF 600.
14. Privatanteil am Geschäftsfahrzeug gemäss Fahrtenheft CHF 2 400.
15. Abschreibung Mobiliar CHF 6 000.
16. Bankgutschrift für Kontokorrentzinsen CHF 325.
17. Gutschrift Eigenlohn CHF 96 000.
18. Gutschrift Eigenzins von 2,5 %. Das Eigenkapital betrug Anfang Jahr CHF 200 000.
19. Übertrag Privatkonto. Der Betrag ist aus den Geschäftsfällen zu ermitteln.
20. Verbuchung Gewinn CHF 22 000.

21.09

H. Rau hat sich vor kurzem als **Unternehmungsberater** selbstständig gemacht. Sein Gesamtvermögen setzt sich am 31.12.20_2 wie folgt zusammen (alle Zahlen in CHF 1 000.–):

Gesamtvermögen

Geschäftsvermögen

Bilanz vom 31.12.20_2

Flüssige Mittel	20	Verbindlichkeiten L+L	20
Forderungen L+L	75	Bankverbindl.	30
Mobiliar	65	Darlehen	50
Fahrzeug	40	Eigenkapital	100
	200		200

Privatvermögen

Bilanz vom 31.12.20_2

Flüssige Mittel	10	Verbindlichkeiten L+L	20
Wertschriften	100	Hypotheken	480
Vorräte	2		
Autos	30	Nettovermögen	500
Immobilien	800		
Übriges AV	58		
	1 000		1 000

H. Rau möchte seine Unternehmung vergrössern und erhöht zu diesem Zweck am 1.1.20_3 seine Kapitaleinlage, indem er aus seinem Privatvermögen die Wertpapiere sowie die Immobilien mit den darauf lastenden Hypotheken auf das Geschäft überschreibt.

a) Wie lauten **im Geschäft** die Buchungen für die Vermögens- und Schuldüberführung?

	Soll	Haben	Betrag
Überschreibung Wertpapiere			
Überschreibung Immobilien			
Überschreibung Hypothek			

Einzelunternehmung — Aufgabe 21.09

b) Erstellen Sie die Geschäfts- und die Privatbilanz nach der Überführung vom 1.1.20_3.

Geschäft

Bilanz vom 1.1.20_3

Privat

Bilanz vom 1.1.20_3

c) Wie hoch ist das Nettovermögen vor und nach der Überführung?

	Vor Überführung	Nach Überführung
Eigenkapital Geschäft		
Nettovermögen privat		
Gesamtvermögen		

Einzelunternehmung 21

21.10

C. Benz betreibt ein kleines **Zügelunternehmen** in Winterthur.

Der summarisch zusammengefasste Geschäftsverkehr ist im Journal und im Hauptbuch zu verbuchen. Ende Jahr sind die Erfolgsrechnung sowie die Schlussbilanz zu erstellen. Alle Beträge sind in CHF 1 000.–.

Eröffnungsbilanz per 1.1.20_3

Aktiven					Passiven
Umlaufvermögen			**Fremdkapital**		
Bankguthaben	6		Verbindlichkeiten L+L	4	
Forderungen L+L	12	18	Darlehen	20	24
Anlagevermögen			**Eigenkapital**		
Büroeinrichtung	8		Eigenkapital		50
Fahrzeug	48	56			
		74			74

Journal 20_3

Nr.	Geschäftsfall	Sollbuchung	Habenbuchung	Betrag
1	An Kunden versandte Rechnungen für ausgeführte Zügeldienste			230
2	Bankzahlungen von Kunden			210
3	Private Barbezüge des Geschäftsinhabers am Bancomaten			18
4	Lohnüberweisungen an einen Angestellten			50
5	Kauf eines neuen PCs fürs Büro gegen Rechnung			3
6	Privatrechnungen über das Bankkonto des Geschäfts bezahlt			14
7	Rechnungen für übrigen Aufwand			106
8	Bankzahlungen an Lieferanten			110
9	Bankbelastung für Darlehenszinsen (Zinstermin 31.12., Zinsfuss 5 % p.a.)			
10	Teilrückzahlung Darlehen			15
11	Abschreibung Büroeinrichtung			2
12	Abschreibung Fahrzeug			8
13	Gutschrift Eigenlohn			70
14	Gutschrift Eigenzins 4 % auf Anfangskapital			
15	Saldierung Privatkonto			
16	Verbuchung des Jahresverlusts			

Einzelunternehmung 21 Aufgabe 21.10

Hauptbuch 20_3

Bankguthaben

Forderungen L+L

Büroeinrichtung

Fahrzeug

Verbindlichkeiten L+L

Darlehen

Eigenkapital

Privat

Personalaufwand

Übriger Aufwand

Abschreibungen

Zinsaufwand

Dienstleistungsertrag

Schlussbilanz nach Gewinnverbuchung 31.12.20_3

Erfolgsrechnung 20_3

22

Kollektivgesellschaft

22.01

Beantworten Sie die Fragen zur Kollektivgesellschaft unter Zuhilfenahme des Obligationenrechts.

Nr.	Frage	Antwort
1	Wo wird das Rechtsverhältnis der Gesellschafter untereinander (Innenverhältnis) geregelt?	
2	Wie hoch ist der mangels vertraglicher Vereinbarung verrechenbare Eigenzins auf der Kapitaleinlage?	
3	Um welche Kontenart gemäss Kontenrahmen KMU handelt es sich bei den Privatkonten der Gesellschafter?	
4	Was bedeutet es, wenn ein Privatkonto im Soll bzw. im Haben eröffnet wird?	Eröffnung im Soll: Eröffnung im Haben:
5	Wie ist ein Verlust auf die Gesellschafter zu verteilen, wenn vertraglich nichts vereinbart wurde?	
6	Ist eine vertragliche Vereinbarung, dass ein Gesellschafter nur am Gewinn, nicht aber am Verlust teilhaben soll, zulässig?	
7	Die Kollektivgesellschaft Lämmli & Wölfli wurde am 31. August 20_1 gegründet. Lämmli leistete eine Kapitaleinlage von CHF 50 000.–, Wölfli eine solche von CHF 80 000.–. Zinsfuss 6 %. Wie viel Zins erhalten die beiden Gesellschafter Ende 20_1 gutgeschrieben?	Zins Lämmli = ——— = Zins Wölfli = ——— =
8	Über welches Konto werden in der Regel die Gewinn- bzw. Verlustanteile der Gesellschafter abgebucht?	Gewinnanteil: Verlustanteil:
9	Wie wird ein Privatkonto mit einem Sollüberschuss in der Bilanz berücksichtigt?	
10	Wie ist die Haftung in der Kollektivgesellschaft geregelt?	

22.02

In der Schweiz gibt es etwa 120 000 Aktiengesellschaften, 90 000 GmbH und 330 000 Einzelunternehmungen, aber nur 7 000 Kollektivgesellschaften.

Welches sind die Gründe für die geringe Verbreitung der Kollektivgesellschaft?

22.03

Gegeben ist ein Ausschnitt aus der Eröffnungsbilanz der Kollektivgesellschaft **Hinz & Kunz**. Die Beträge sind Kurzzahlen.

Eröffnungsbilanz per 1.1.20_3

Aktiven		Passiven
	Eigenkapital	
	Kapital Hinz	300
	Kapital Kunz	500
	Privat Hinz	15
	Privat Kunz	10

Verbuchen Sie den summarisch zusammengefassten Geschäftsverkehr, und erstellen Sie die Schlussbilanz.

Journal und Hauptbuch 20_3

Text	Buchung	Kapital Hinz	Kapital Kunz	Privat Hinz	Privat Kunz
Eröffnung	Diverse				
Privatbezüge zulasten Bankguthaben Geschäft: ▶ Hinz 95 ▶ Kunz 106					
Privatrechnung Hinz von 12 übers Bankkonto des Geschäfts bezahlt					
Private Warenbezüge durch Kunz für 7					
Zinsen (Eigenzinsen) 4 % auf Kapitalanteilen					
Honorare (Eigenlöhne) je 84					
Gewinnanteile Ende Jahr je 13					
Salden	Diverse				

Schlussbilanz nach Gewinnverbuchung per 31.12.20_3

Aktiven		Passiven
	Eigenkapital	
	Kapital Hinz	
	Kapital Kunz	
	Privat Hinz	
	Privat Kunz	

Kollektivgesellschaft 22

22.04

Das Eigenkapital des **Ingenieurbüros Fehr & Schmidt** setzte sich am 01.01.20_1 wie folgt zusammen (alle Beträge in CHF 1 000.–):

Eigenkapital per 1.1.20_1

Kapital Fehr	80
Kapital Schmidt	40
Privat Fehr	25
Privat Schmidt	–4
Total Eigenkapital	141

a) Führen Sie das Journal auf der Grundlage des Kontenrahmens KMU.

Journal

Nr.	Geschäftsfall	Sollbuchung	Habenbuchung	Betrag
1	Versand von Kundenrechnungen, 420			
2	Kreditkauf eines neuen Fotokopierers, 2			
3	Private Geldbezüge zulasten Bankguthaben Geschäft: ▶ Fehr 101 ▶ Schmidt 68			
4	Private Rechnungen übers Bankkonto des Geschäfts bezahlt: ▶ Fehr 9 ▶ Schmidt 12			
5	Übernahme eines Geschäftsautos durch Fehr zum Buchwert von 5			
6	Gutschrift Eigenlöhne, je 90			
7	Gutschrift Eigenzins von 5 % auf den Kapitaleinlagen			
8	Gutschrift anteiliger Jahresgewinn (Gewinn total 12; es bestehen keine vertraglichen Abmachungen)			

b) Wie setzt sich das Eigenkapital am 31.12.20_1 nach Gewinnverbuchung zusammen?

c) Wie hoch sind die Geschäftseinkommen der Gesellschafter?

Kollektivgesellschaft 22

22.05

Von der **Streit & Hahn** ist das Eigenkapital vor Erfolgsverbuchung gemäss Probebilanz per 31.12.20_1 in CHF 1 000 gegeben.

Kapital Streit		Kapital Hahn		Privat Streit		Privat Hahn	
	60		40	75	81	79	80

a) Wie setzt sich das Eigenkapital gemäss Schlussbilanz nach Gewinnverbuchung per 31.12.20_1 in folgenden Fällen zusammen?

Fall	Sachverhalt	Eigenkapital in CHF 1 000	
1	Streit & Hahn erwirtschafteten 20_1 einen Gewinn von 20, der gemäss Gesellschaftsvertrag im Verhältnis zu ihren Kapitaleinlagen den Privatkonten gutgeschrieben wird.	Kapital Streit	
		Kapital Hahn	
		Privat Streit	
		Privat Hahn	
2	Streit & Hahn erwirtschafteten 20_1 einen Gewinn von 30, und es besteht keine vertragliche Abmachung über die Gutschriften der Gewinnanteile auf den Privatkonten.	Kapital Streit	
		Kapital Hahn	
		Privat Streit	
		Privat Hahn	
3	Streit & Hahn erleiden 20_1 einen Verlust von 10, der zulasten ihrer Kapitalanteile verbucht werden soll. Es besteht eine vertragliche Abmachung, wonach die Gewinne im Verhältnis der Kapitaleinlagen verteilt werden sollen, aber über eine Verlustaufteilung besteht keine Vereinbarung.	Kapital Streit	
		Kapital Hahn	
		Privat Streit	
		Privat Hahn	

b) Diese Aufgabe basiert auf dem obigen Fall 3.

Kreuzen Sie die Aussagen als richtig an, oder begründen Sie, weshalb diese falsch sind.

Nr.	Aussagen	Richtig	Begründung bei falscher Aussage
1	Im Jahr 20_2 wird Hahn ein Eigenzins von CHF 1 800 gutgeschrieben, sofern der Zinsfuss 5% beträgt.		
2	Im Jahr 20_2 wird Streit ein Eigenzins von CHF 2 160 gutgeschrieben, sofern im Gesellschaftsvertrag keine Abmachung zum Eigenzins besteht.		
3	Streit & Hahn müssen ihren Eigenlohn im Jahr 20_2 um je CHF 5 000 kürzen, damit der Vorjahresverlust von CHF 10 000 wieder ausgeglichen wird.		
4	Wenn im Jahr 20_2 ein Gewinn von CHF 15 000 erzielt wird, dürfen davon nur CHF 5 000 ausgeschüttet werden.		

23

Aktiengesellschaft

23.01

Julia Müller und Lucia Keller gründen zusammen die **Planta AG**. Sie zeichnen je 50 Namenaktien zu CHF 1 000 Nominalwert.

Verbuchen Sie die Gründung, und erstellen Sie die Gründungsbilanzen in den folgenden drei Fällen (Beträge in CHF 1 000).

a) Die Liberierung erfolgt durch Bareinzahlung der Gründerinnen auf das Bank-Sperrkonto der entstehenden Aktiengesellschaft.

Text	Buchung	Bankguthaben		Aktionäre		Aktienkapital	
Zeichnung der Aktien							
Liberierung							
Salden	Diverse						

Gründungsbilanz

Aktiven		Passiven	

b) Die Liberierung erfolgt durch Bareinzahlung von CHF 80 000 auf das Bank-Sperrkonto und durch Einbringung einer Büroeinrichtung im Wert von CHF 20 000.

Text	Buchung	Bankguthaben		Aktionäre		Mobiliar		Aktienkapital	
Zeichnung der Aktien									
Liberierung durch Barzahlung									
Liberierung durch Sacheinlage									
Salden	Diverse								

Gründungsbilanz

Aktiven		Passiven	

Aktiengesellschaft

Aufgabe 23.01

c) Die Teilliberierung erfolgt zum gesetzlichen Minimum durch Bareinzahlung der Gründerinnen auf das Bank-Sperrkonto.

Text	Buchung	Bankguthaben	Aktionäre	Nicht einbez. AK	Aktienkapital
Zeichnung der Aktien					
Bareinzahlung					
Nicht einbezahltes AK					
Salden	Diverse				

Gründungsbilanz

Aktiven		Passiven	

23.02

Am 31. März 20_3 wird die **Spenglerei Häni AG** mit einem Aktienkapital von CHF 100 000 gegründet. Der Nominalwert einer Aktie beträgt CHF 1 000.

Beni Häni ist dipl. Spenglermeister. Er betrieb bisher eine Spenglerei als Einzelunternehmung. Er zeichnet 60 Aktien und bringt zur Liberierung der Anteile seine bisherige Einzelfirma in die Aktiengesellschaft ein. Den Überschuss überlässt er der Aktiengesellschaft als Darlehen.

Schlussbilanz der Einzelfirma Beni Häni per 31.03.20_3

Aktiven			Passiven	
Umlaufvermögen			**Fremdkapital**	
Bankguthaben	2 000		Verbindlichkeiten L+L	5 000
Forderungen L+L	7 000			
Vorräte	8 000	17 000		
Anlagevermögen			**Eigenkapital**	
Maschinen und Apparate	30 000		Eigenkapital	66 000
Büromobiliar	10 000			
Fahrzeug	14 000	54 000		
		71 000		71 000

Mario König, ein Sanitärmonteur, und Simone Roth, eine Kauffrau, zeichnen je 20 Aktien und liberieren ihre Anteile durch Einzahlung auf das Bank-Sperrkonto.

Erstellen Sie die Gründungsbilanz der Aktiengesellschaft.

Aktiengesellschaft 23

23.03

Von zwei Drogerien mit unterschiedlicher Rechtsform liegen die Schlussbilanzen vor Gewinnverbuchung vor. Die Beträge sind in CHF 1 000.

Drogerie Evelin Ackermann, Richterswil
Schlussbilanz vor Gewinnverbuchung per 31.12.20_2

Aktiven			Passiven		
Umlaufvermögen			**Fremdkapital**		
Flüssige Mittel	17		Verbindlichkeiten L+L	35	
Forderungen L+L	13		Darlehen	15	50
Vorräte	50	80			
Anlagevermögen			**Eigenkapital**		
Sachanlagen		100	Eigenkapital	60	
			Gewinn	70	130
		180			180

Zentral-Drogerie AG, Olten
Schlussbilanz vor Gewinnverbuchung per 31.12.20_2

Aktiven			Passiven		
Umlaufvermögen			**Fremdkapital**		
Flüssige Mittel	21		Verbindlichkeiten L+L	62	
Forderungen L+L	29		Darlehen	38	100
Vorräte	90	140			
Anlagevermögen			**Eigenkapital**		
Sachanlagen		160	Aktienkapital	100	
			Gesetzliche Gewinnreserve	30	
			Freiwillige Gewinnreserven	50	
			Gewinnvortrag	2	
			Gewinn	18	200
		300			300

a) Wie lauten die Buchungssätze für die Gewinnverbuchung?

Einzelunternehmung	Aktiengesellschaft

b) Vervollständigen Sie die Schlussbilanzen nach Gewinnverbuchung.

Schlussbilanz nach Gewinnverbuchung per 31.12.20_2

Aktiven			Passiven		
Umlaufvermögen			**Fremdkapital**		
Flüssige Mittel	17		Verbindlichkeiten L+L	35	
Forderungen L+L	13		Darlehen	15	50
Vorräte	50	80			
Anlagevermögen			**Eigenkapital**		
Sachanlagen		100			
		180			180

Schlussbilanz nach Gewinnverbuchung per 31.12.20_2

Aktiven			Passiven		
Umlaufvermögen			**Fremdkapital**		
Flüssige Mittel	21		Verbindlichkeiten L+L	62	
Forderungen L+L	29		Darlehen	38	100
Vorräte	90	140			
Anlagevermögen			**Eigenkapital**		
Sachanlagen		160			
		300			300

c) Warum blieb die Höhe des Eigenkapitals bei der Gewinnverbuchung unverändert?

d) Beschreiben Sie eine Gemeinsamkeit und einen Unterschied zwischen der Gewinnverbuchung bei der Einzelunternehmung und der Aktiengesellschaft.

23.04

Bei der **Bonum AG** setzt sich das Eigenkapital in der Schlussbilanz vor Gewinnverbuchung per 31. Dezember 20_1 wie folgt zusammen (alle Beträge in CHF 1 000):

	Aktienkapital	400
+	Gesetzliche Gewinnreserve	54
+	Gewinnvortrag	10
+	Jahresgewinn	60
=	**Eigenkapital**	**524**

a) Wie lautet der Buchungssatz für die Gewinnverbuchung per 31. Dezember 20_1?

Sollbuchung	Habenbuchung	Betrag

An der ordentlichen Generalversammlung vom 10. April 20_2 beschliessen die Aktionäre, nur das gesetzliche Minimum an Reserven gemäss OR 671 zu bilden und so viele ganze Prozente Dividende wie möglich auszuschütten.

b) Vervollständigen Sie den Gewinnverwendungsplan.

Gewinnverwendungsplan 20_2

Gewinnvortrag (Bilanzgewinn)

./.

Am 12. April 20_2 wird die Nettodividende an die Aktionäre überwiesen und am 8. Mai 20_2 die geschuldete Verrechnungssteuer an die eidg. Steuerverwaltung.

c) Verbuchen Sie die Gewinnverwendung sowie die beiden Überweisungen. Das Konto Bankguthaben wurde aus Platzgründen weggelassen.

Journal und Konten 20_2 (Ausschnitt)

Datum	Text	Buchung	Geschuldete VSt	Dividenden	Gesetzl. Gewinnres.	Gewinnvortrag
01.01.	Anfangsbestände	Diverse Eröffnungsbuchungen				
10.04.	Reservenzuweisung					
10.04.	Dividendenzuweisung					
10.04.	Verrechnungssteuer					
12.04.	Auszahlung Nettodividenden					
08.05.	Überweisung VSt					
08.05.	Neue Kontensalden	Keine Buchungen				

Aktiengesellschaft 23

23.05

Bei der **Eglisana AG** setzt sich das Eigenkapital in der Schlussbilanz vor Gewinnverbuchung per 31. Dezember 20_4 wie folgt zusammen (alle Beträge in CHF 1 000):

	Aktienkapital	1 000
+	Gesetzliche Gewinnreserve	250
+	Gewinnvortrag	12
+	Jahresgewinn	80
=	**Eigenkapital**	**1 342**

a) Nennen Sie den Buchungssatz für die Gewinnverbuchung per 31. Dezember 20_4.

Sollbuchung	Habenbuchung	Betrag
Erfolgsrechnung	Gewinnvortrag	80

Die Aktionäre beschliessen an ihrer ordentlichen Generalversammlung vom 15. Mai 20_5, die Zuweisung an die gesetzliche Gewinnreserve auf das in OR 671 vorgeschriebene Minimum zu beschränken und so viele ganze Prozente Dividende wie möglich auszuschütten.

b) Erstellen Sie den Gewinnverwendungsplan.

Gewinnverwendungsplan 20_5

	CHF 1 000
Jahresgewinn	80
+ Gewinnvortrag alt	12
= Bilanzgewinn	92
− Zuweisung gesetzliche Gewinnreserve (5 %)	4
− Dividende 8 % von 1 000	80
= Gewinnvortrag neu	8

Am 20. Mai 20_5 wird die Nettodividende an die Aktionäre überwiesen und am 16. Juni 20_5 die geschuldete Verrechnungssteuer.

c) Verbuchen Sie die Gewinnverwendung sowie die beiden Überweisungen. Das Konto Bankguthaben wurde aus Platzgründen weggelassen.

Journal und Konten 20_5 (Ausschnitt)

Datum	Text	Buchung	Geschuldete VSt	Dividenden	Gesetzl. Gewinnres.	Gewinnvortrag
01.01.	Anfangsbestände	Diverse Eröffnungsbuchungen			H 250	H 92
15.05.	Reservenzuweisung	Gewinnvortrag / Gesetzl. Gewinnres. 4			H 4	S 4
	Dividendenbeschluss	Gewinnvortrag / Dividenden 80		H 80		S 80
	Verrechnungssteuer	Dividenden / Geschuldete VSt 28	H 28	S 28		
20.05.	Nettodividende	Dividenden / Bank 52		S 52		
16.06.	VSt-Zahlung	Geschuldete VSt / Bank 28	S 28			
16.06.	Neue Kontensalden	Keine Buchungen	0	0	H 254	H 8

d) Wie setzt sich das Eigenkapital nach der Gewinnverwendung zusammen?

Aktienkapital	1 000
Gesetzliche Gewinnreserve	254
Gewinnvortrag	8
Eigenkapital	**1 262**

23.06

Alle vier Aktiengesellschaften führen ihre Generalversammlung im April 20_2 durch. Die Aktionäre beschliessen, nur die gesetzlich vorgeschriebenen Reservenzuweisungen vorzunehmen und aus dem Bilanzgewinn so viele ganze Prozente Dividende wie möglich auszuschütten.

Erstellen Sie die Gewinnverwendungspläne auf Franken genau.

Eigenkapital gemäss Eröffnungsbilanz vom 1.1.20_2

	Alpha AG	Beta AG	Gamma AG	Delta AG
Aktienkapital	400 000	500 000	200 000	100 000
Gesetzliche Gewinnreserve	60 000	150 000	10 000	10 000
Freiwillige Gewinnreserven	60 000	0	0	0
Gewinnvortrag (Bilanzgewinn)	42 000	103 000	41 000	16 500
Total Eigenkapital	**562 000**	**753 000**	**251 000**	**126 500**
Zusatzinformationen				
Jahresgewinn 20_1	40 000	100 000	30 000	16 000
Nicht einbezahltes Aktienkapital	0	0	100 000	50 000

23.07

Das Aktienkapital der **Raffa AG** ist in 600 Namenaktien zu CHF 1 000 Nominalwert eingeteilt. Das Eigenkapital setzt sich gemäss Schlussbilanz vom 31.12.20_7 wie folgt zusammen:

Aktienkapital	600 000
+ Gesetzliche Gewinnreserve	135 000
+ Freiwillige Gewinnreserven	265 000
+ Gewinnvortrag	6 000
+ Jahresgewinn	84 000
= **Eigenkapital**	**1 090 000**

a) Wie lautet der Buchungssatz für die Gewinnverbuchung per Ende 20_7?

b) Die Generalversammlung beschliesst am 17.04.20_8 folgende Verwendung des Bilanzgewinns:
- ▶ Gesetzliche Reserven: Minimum gemäss OR 671
- ▶ Statutarische Reserven: CHF 20 000
- ▶ Dividenden: so viele ganze Prozent wie möglich

Erstellen Sie den Gewinnverwendungsplan.

c) Führen Sie das Journal für die Gewinnverwendung sowie die Banküberweisung der Dividenden (per 20.04.20_8) und der Verrechnungssteuer (per 16.05.20_8).

d) Wie setzt sich das Eigenkapital nach der Gewinnverwendung zusammen?

e) Die Aktionärin S. Meier GmbH besitzt 50 Aktien der Raffa AG.
Wie verbucht die Aktionärin die Bankgutschrift für die Dividendenausschüttung?

Aktiengesellschaft 23

23.08

Kreuzen Sie eine Aussage als richtig an, oder geben Sie eine Begründung.

Nr.	Aussage	Richtig	Begründung bei falscher Aussage
1	Zum Eigenkapital einer Aktiengesellschaft gehören das Aktienkapital, die Reserven, der Gewinnvortrag sowie die Dividenden.		
2	Für die Verbindlichkeiten der Aktiengesellschaft haftet nur das Gesellschaftsvermögen, sofern das Aktienkapital voll liberiert wurde. Die Aktionäre haften nicht mit ihrem Privatvermögen.		
3	Mit der Pflicht zur Reservenbildung will der Gesetzgeber den ausschüttungsfähigen Betrag vermindern und damit die Liquidität (Zahlungsbereitschaft) der Aktiengesellschaft fördern.		
4	Die gesetzlichen Reserven dürfen nur aufgelöst und an die Aktionäre ausgeschüttet werden, wenn sie weniger als 50 % des Aktienkapitals betragen.		
5	Ein wichtiger Vorteil der Aktiengesellschaft ist die getrennte Besteuerung der Gesellschaft und der Aktionäre.		
6	Sofern eine Aktiengesellschaft ein Aktienkapital von CHF 500 000 aufweist, müssen mindestens CHF 50 000 einbezahlt sein.		
7	Für die Mehrheitsaktionäre werden oft Kontokorrentkonten geführt, deren Salden beim Abschluss der AG als kurzfristige Forderung oder Verbindlichkeit ausgewiesen werden.		
8	Als letzte Buchung eines Geschäftsjahrs wird der Gewinn (bzw. der Verlust) auf die Erfolgsrechnung übertragen.		
9	Die Namen der Aktionäre sind aus dem Handelsregister ersichtlich.		
10	Über die Gewinnverwendung einer Aktiengesellschaft entscheidet der Verwaltungsrat.		
11	Der Mindestnennwert einer Aktie beträgt einen Franken.		
12	Für die Abwicklung der Gründungsbuchungen wird das Hilfskonto *Aktionäre* verwendet. Dieses Konto ist ein Passivkonto und erscheint nach der Gründung nicht mehr in der Bilanz.		

23.09

Die **Poseidon AG** weist in ihrer Schlussbilanz vor Gewinnverwendung per 31.12.20_3 dieses Eigenkapital aus:

	Aktienkapital	2 000 000
+	Gesetzliche Gewinnreserve	300 000
./.	Verlustvortrag	–40 000
+	Jahresgewinn	220 000
=	**Eigenkapital**	**2 480 000**

a) Wie lautet der Buchungssatz für die Gewinnverbuchung per Ende 20_3?

b) Die Generalversammlung beschliesst am 28.04.20_4, so viele ganze Prozente Dividende wie möglich auszuschütten.

Erstellen Sie den Gewinnverwendungsplan.

c) Wie setzt sich das Eigenkapital nach der Gewinnverwendung zusammen?

d) Die buchführungspflichtige Einzelunternehmerin A. Sette besitzt einen Anteil von 2 % am Aktienkapital der Poseidon AG.

Wie verbucht sie die Bankgutschrift (aktiv) für die Dividende (auf Franken genau)?

23.10

Die Schlussbilanz vor Gewinnverbuchung der **Speer AG** weist per Ende 20_7 folgendes Eigenkapital aus (Beträge in CHF 1 000):

	Aktienkapital	300
+	Gesetzliche Gewinnreserve	50
+	Freiwillige Gewinnreserven	10
+	Gewinnvortrag	5
./.	Jahresverlust	–30
=	**Eigenkapital**	**335**

a) Mit welcher Buchung wird der Verlust per Ende 20_7 verbucht?

b) An der Generalversammlung vom 16.02.20_8 bestehen grundsätzlich zwei Möglichkeiten für die künftige Behandlung des Verlustvortrags:

▶ Variante 1: Der Verlustvortrag wird so weit wie möglich über den Gewinnvortrag und die freiwilligen Gewinnreserven ausgebucht; der Rest wird vorgetragen (stehen gelassen).

▶ Variante 2: Der Verlustvortrag wird über den Gewinnvortrag, die freiwilligen und die gesetzlichen Gewinnreserven vollständig ausgebucht.

Wie setzt sich das Eigenkapital nach der Generalversammlung gemäss den beiden Varianten zusammen?

Aktiengesellschaft 23

23.11

Eine Bilanz mit Ausweis eines Verlustvortrags (Bilanzverlusts) wird **Unterbilanz** genannt.

Welche Pflichten hat der Verwaltungsrat nach OR 725, wenn folgende schematisch dargestellten Unterbilanzen vorliegen?

Bilanz 1

Aktiven	450	Fremdkapital	360
		Aktienkapital	200
Verlustvortrag	150	Gesetzliche Reserven	40

Bilanz 2

Aktiven	250	Fremdkapital	360
Verlustvortrag	350	Aktienkapital	200
		Gesetzliche Reserven	40

23.12

Die **Omega AG** erhöht ihr Aktienkapital um nominell CHF 200 000 mit einem Agio (Aufgeld) von 40 %. In einem ersten Schritt zeichnen die Aktionäre die Aktien. Anschliessend erfolgt die Liberierung durch Einzahlung auf das Bankguthaben der AG. Das Agio wird gemäss OR 671 den gesetzlichen Reserven zugewiesen. Das Bankkonto ist aktiv.

Wie lauten die Buchungen?

Text	Sollbuchung	Habenbuchung	Betrag
Zeichnung Aktienkapital mit Agio			
Liberierung			

23.13

Das Aktienkapital der Turbo AG beträgt CHF 500 000. Es ist eingeteilt in Namenaktien mit einem Nominalwert von CHF 10. Im Rahmen der Gewinnverwendung mussten für die Zuweisung von Zusatzdividenden (Superdividenden) gesetzliche Gewinnreserven von CHF 3 500 gebildet werden.

Wie verbucht die **A. Brunner AG** die Bankgutschrift (Bankguthaben), wenn sie 1 000 Namenaktien der Turbo AG besitzt? Als Antwort sind im Kontierungsstempel nebst den Beträgen die Kontennummern gemäss KMU-Kontenrahmen einzusetzen (Anhang 2).

Soll	Haben	Betrag

23 Aktiengesellschaft

23.14

Die **Transit AG,** Hüntwangen, besitzt einen Dreiachslastwagen mit Zweiachsanhänger, die zusammen mit der Ladung ein Gesamtgewicht von 40 Tonnen aufweisen. Im Auftrag eines grossen Getränkekonzerns führt sie regelmässige Fahrten nach einem bestimmten Routenplan zur Versorgung von Läden mit Getränken in der Ostschweiz durch.

Der summarisch zusammengefasste Geschäftsverkehr ist im Journal und Hauptbuch zu verbuchen. Ende Jahr sind die Erfolgsrechnung sowie die Schlussbilanz zu erstellen. Alle Beträge sind in CHF 1 000.–.

Eröffnungsbilanz per 1.1.20_5

Aktiven					Passiven
Umlaufvermögen			**Fremdkapital**		
Bankguthaben	13		Verbindlichkeiten L+L	3	
Forderungen L+L	30	43	Darlehen	120	123
			Eigenkapital		
Anlagevermögen			Aktienkapital	100	
Mobiliar	10		Gesetzl. Gewinnreserve	15	
Fahrzeuge	210	220	Gewinnvortrag	25	140
		263			263

Journal 20_5

Nr.	Geschäftsfall	Sollbuchung	Habenbuchung	Betrag
1	Rechnungen an den Getränkekonzern für ausgeführte Transporte			280
2	Vom Getränkekonzern bezahlte Rechnungen			270
3	Bankzahlungen für Personalaufwand			80
4	Rechnungen der Touring-Garage, Eglisau, für Dieselbezüge sowie Unterhalt und Reparaturen			65
5	Gewinnverwendung gemäss Beschluss der Generalversammlung: ▸ Gesetzl. Reservenbildung 4 ▸ Dividendenzuweisung 20 ▸ Verrechnungssteuer 35 %			
6	Bankzahlung der Nettodividende an die Aktionäre			
7	Überweisung der Verrechnungssteuer an die eidg. Steuerverwaltung			
8	Rechnungen für übrigen Aufwand			70
9	Bankzahlungen an Lieferanten			130
10	Bankbelastung für Darlehenszinsen (Zinstermin 31.12., Zinsfuss 5 % p.a.)			
11	Teilrückzahlung Darlehen			30
12	Abschreibung Mobiliar			2
13	Abschreibung Anhängerzug			40
14	Verbuchung des Jahresgewinns			

Aktiengesellschaft — Aufgabe 23.14

Hauptbuch 20_5

Bankguthaben

Forderungen L+L

Mobiliar

Fahrzeuge

Verbindlichkeiten L+L

Geschuldete VSt

Dividenden

Darlehen

Aktienkapital

Gesetzl. Gewinnreserve

Gewinnvortrag

Personalaufwand

Fahrzeugaufwand

Übriger Aufwand

Abschreibungen

Zinsaufwand

Dienstleistungsertrag

Erfolgsrechnung 20_5

Schlussbilanz nach Gewinnverbuchung 31.12.20_5

Gesellschaft mit beschränkter Haftung

24.01

Die **Maximus GmbH** wurde vor einigen Jahren durch M. Gerber und S. Sieber gegründet. Beide Gesellschafter sind am Stammkapital je zur Hälfte beteiligt.

Das Eigenkapital in der Schlussbilanz vor Gewinnverbuchung per 31. Dezember 20_1 setzt sich wie folgt zusammen:

	Stammkapital	40 000
+	Gesetzliche Gewinnreserve	5 000
+	Gewinnvortrag	3 500
+	Jahresgewinn	15 000
=	**Eigenkapital**	**63 500**

a) Bei welcher Bilanzposition unterscheidet sich die GmbH von der Aktiengesellschaft?

b) Wie lautet der Buchungssatz für die Gewinnverbuchung per 31. Dezember 20_1?

Sollbuchung	Habenbuchung	Betrag

An der ordentlichen Gesellschafterversammlung vom 11. März 20_2 beschliessen die Gesellschafter, nur das gesetzliche Minimum an Reserven zu bilden und so viele ganze Prozente Dividende wie möglich auszuschütten.

c) Vervollständigen Sie den Gewinnverwendungsplan.

Gewinnverwendungsplan 20_2

Gewinnvortrag (Bilanzgewinn)	
./.	

Die Gesellschaft mit beschränkter Haftung 24

Aufgabe 24.01

Am 13. März 20_2 wird die Nettodividende an die Gesellschafter überwiesen und am 9. April 20_2 die geschuldete Verrechnungssteuer an die eidg. Steuerverwaltung.

d) Verbuchen Sie die Gewinnverwendung sowie die beiden Banküberweisungen. Das Konto Bankguthaben wurde aus Platzgründen weggelassen.

Journal und Konten 20_2 (Ausschnitt)

Datum	Text	Buchung	Geschuldete VSt	Dividenden	Gesetzl. Gewinnres.	Gewinn-vortrag
01.01.	Anfangsbestände	Diverse Eröffnungsbuchungen				
11.03.	Reservenzuweisung					
11.03.	Dividendenzuweisung					
11.03.	Verrechnungssteuer					
13.03.	Auszahlung Nettodividenden					
09.04.	Überweisung VSt					
09.04.	Neue Kontensalden	Keine Buchungen				

e) Wie wäre der Buchungssatz für die Dividendenausschüttung, wenn die Dividenden nicht über das Bankkonto ausbezahlt, sondern den Kontokorrentkonten der Gesellschafter gutgeschrieben worden wären?

Sollbuchung	Habenbuchung	Betrag

f) Wie setzt sich das Eigenkapital der GmbH nach der Gewinnverwendung zusammen, wenn die Dividenden wie unter e) den Kontokorrentkonten gutgeschrieben wurden?

g) Wie erfasst der buchführungspflichtige M. Gerber die Dividende, wenn diese durch die Bank überwiesen wurde?

Sollbuchung	Habenbuchung	Betrag

267

Die Gesellschaft mit beschränkter Haftung 24

24.02

Das Eigenkapital der **B. Krauer GmbH** setzt sich in der Schlussbilanz vor Gewinnverbuchung per 31. Dezember 20_6 wie folgt zusammen:

	Stammkapital	20 000
+	Gesetzliche Gewinnreserve	4 600
+	Gewinnvortrag	300
+	Jahresgewinn	3 000
=	**Eigenkapital**	**27 900**

a) Nennen Sie den Buchungssatz für die Gewinnverbuchung per 31. Dezember 20_6?

An der ordentlichen Gesellschafterversammlung vom 10. Mai 20_7 wird beschlossen, nur das gesetzliche Minimum an Reserven zu bilden und so viele ganze Prozente Dividende wie möglich auszuschütten.

b) Erstellen Sie einen Gewinnverwendungsplan.

Am 11. Mai 20_7 wird die Nettodividende an die Gesellschafterinnen überwiesen und am 10. Juni 20_7 die geschuldete Verrechnungssteuer an die eidg. Steuerverwaltung.

c) Verbuchen Sie die Gewinnverwendung sowie die beiden Banküberweisungen. Das Konto Bankguthaben wurde aus Platzgründen weggelassen.

Journal und Konten 20_7 (Ausschnitt)

Datum	Text	Buchung	Geschuldete VSt	Dividenden	Gesetzl. Gewinnres.	Gewinnvortrag
01.01.	Anfangsbestände	Diverse Eröffnungsbuchungen				
10.06.	Neue Kontensalden	Keine Buchungen				

d) Wie setzt sich das Eigenkapital nach der Gewinnverwendung zusammen?

e) Die buchführungspflichtige J. Wespi besitzt Stammanteile für CHF 12 000. Wie verbucht sie die Bankgutschrift für die Dividendenauszahlung?

f) Wie beurteilen Sie die Höhe des Gewinns aus dem Jahr 20_6?

g) Welches ist der wichtigste Vorteil bzw. Nachteil der GmbH im Vergleich zur Einzelunternehmung?

24.03

Welche zehn rechtlichen bzw. buchhalterischen Fehler bestehen in den folgenden Ausführungen?

Die beiden Gesellschafter H. Koch und E. Lirk betreiben eine kleine Gesellschaft mit beschränkter Haftung unter dem Firmennamen **Koch & Lirk Consulting** (Consulting heisst auf Deutsch so viel wie Unternehmensberatung). H. Koch besitzt 100 Stammanteile zu CHF 50 und E. Lirk 200 Stammanteile zu CHF 50. Da der Honorarumsatz weniger als CHF 100 000 beträgt, haben sie sich nicht ins Handelsregister eintragen lassen und sind deshalb auch nicht buchführungspflichtig.

Das zu 75 % einbezahlte bzw. durch Sacheinlagen gedeckte Eigenkapital setzte sich in der Schlussbilanz vor Gewinnverbuchung per 31.12.20_4 wie folgt zusammen:

	Eigenkapital	15 000
+	Gesetzliche Gewinnreserve	1 000
+	Gewinnvortrag	200
+	Jahresgewinn	5 900
=	**Total Eigenkapital**	**22 100**

Am 1. September 20_5 beschliessen die beiden Gesellschafter an der jährlichen Gesellschafterversammlung, den Gewinn wie folgt zu verwenden:

Gewinnverwendungsplan 20_5

	Gewinnvortrag (Bilanzgewinn)	6 100
./.	Dividende	–6 000
=	Neuer Gewinnvortrag	100

Die Dividende wird anschliessend per Banküberweisung an die Gesellschafter ausbezahlt (H. Koch = CHF 2 000; E. Lirk = CHF 4 000).

24.04

Vervollständigen Sie die Tabelle.

Nr.	Frage	Einzelunternehmung	Kollektivgesellschaft
1	Aus welchen Positionen besteht das Eigenkapital in der Schlussbilanz nach Gewinnverbuchung?		
2	Mit welcher Buchung wird der Jahresgewinn auf das Eigenkapital übertragen (Gewinnverbuchung)?		
3	Mit welchen Buchungen werden die Gewinnauszahlungen erfasst?		
4	Wie erfolgt die Besteuerung von Gewinn und Eigenkapital der Unternehmung?		
5	Weshalb unterliegen die einen Gewinnauszahlungen der Verrechnungssteuer und andere nicht?		
6	Wie haften der Unternehmer bzw. die Gesellschafter für die Schulden ihrer Unternehmung?		
7	Welche Personen (Unternehmer bzw. Gesellschafter) werden im Handelsregister mit Namen aufgeführt?		
8	Wie wird das Privatkonto bilanziert?		

Aufgabe 24.04

	GmbH

Die Gesellschaft mit beschränkter Haftung 24

24.05

Das Eigenkapital der **R. Schmalz GmbH** setzt sich in der Schlussbilanz vor Gewinnverbuchung per 31. Dezember 20_4 wie folgt zusammen:

	Stammkapital	50 000
+	Gesetzliche Gewinnreserve	6 000
+	Freiwillige Gewinnreserven	10 000
+	Gewinnvortrag	700
+	Jahresgewinn	13 000
=	**Eigenkapital**	**79 700**

a) Nennen Sie den Buchungssatz für die Gewinnverbuchung per 31. Dezember 20_4?

b) Erstellen Sie einen Gewinnverwendungsplan für die Gesellschafterversammlung vom 16. April 20_5, der so wenig Reservenzuweisungen und so viele ganze Prozente Dividende wie möglich aufweist.

c) Wie setzt sich das Eigenkapital nach der Gewinnverwendung zusammen?

d) Zur Zeit der Gewinnverwendung weist die GmbH einen Bestand an flüssigen Mitteln von CHF 12 500 auf.

Welchen Einfluss auf die Zahlungsbereitschaft der GmbH hat die Gewinnverwendung?

e) Angenommen, es bestünden keine obligationenrechtlichen Vorschriften zur Reservenbildung.

Wie viele ganze Prozent Dividende könnten in diesem Fall maximal ausbezahlt werden?

f) Beschreiben Sie den Zweck der Pflicht zur Bildung von Reserven, indem Sie die Ergebnisse der Teilaufgaben d) und e) miteinander vergleichen.

24.06

Das Eigenkapital der **Optimum GmbH** setzt sich in der Schlussbilanz vor Gewinnverbuchung per 31. Dezember 20_2 wie folgt zusammen:

	Stammkapital	20 000
+	Gesetzliche Gewinnreserve	3 000
./.	Verlustvortrag	–5 000
+	Jahresgewinn	12 200
=	**Eigenkapital**	**30 200**

a) Erstellen Sie einen Gewinnverwendungsplan für die Gesellschafterversammlung vom 25. Februar 20_3. Die gesetzliche Reservenbildung soll so tief wie möglich und die Dividendenausschüttung in ganzen Prozenten so hoch wie möglich ausfallen.

b) Der buchführungspflichtige Gesellschafter F. Kägi erhält am 1. März 20_3 die Bankgutschrift von CHF 1 612 für die Dividenden auf seinem Stammanteil.

Kontieren Sie den Bankbeleg unter Verwendung von Kontennummern gemäss Kontenrahmen KMU.

Soll	Haben	Betrag

c) Wie hoch ist der Stammanteil von F. Kägi in Franken?

25

Abschreibungen

25.01

Unter Abschreibungen versteht man die buchhalterische Erfassung von Wertverlusten auf den Aktiven, vor allem auf den Sachanlagen.

Nennen Sie die wichtigsten Ursachen für Wertverluste bei den genannten Aktiven.

Aktivum	Ursachen für Wertverluste
Maschine	
Computer	
Flüssige Mittel in fremder Währung	
Fahrzeuge	
Kupfermine	
Patente	
Aktien in CHF	
Milchkuh	
Forderungen L+L in CHF	
Waren und Erzeugnisse	
Fussballspieler	

Abschreibungen 25

25.02

Beim Kreditkauf einer Maschine entstehen folgende Ausgaben:

Kaufpreis für die Maschine	CHF 190 000.–
+ Bezugskosten (Fracht, Zoll, Transportversicherung)	CHF 4 000.–
+ Montage der Maschine	CHF 6 000.–
= Anschaffungswert	CHF 200 000.–

a) Wie wird dieser Kauf verbucht? Nennen Sie den Buchungssatz mit Betrag.

Im Verlaufe der Zeit nimmt der Wert der Maschine infolge Abnützung und technischem Fortschritt ab, weshalb sie in der Buchhaltung abgeschrieben werden muss.

b) Wie wirkt sich die Abschreibung auf das Vermögen und den Erfolg dieser Unternehmung aus?

c) Welche Grössen benötigen Sie, um den jährlichen Abschreibungsbetrag zu bestimmen?

▶
▶
▶

d) Wie hoch ist der jährliche Abschreibungssatz in Prozenten des Anschaffungswertes, sofern die Maschine im Verlaufe der Nutzungsdauer gleichmässig (linear) abgeschrieben wird und folgende Annahmen gelten?

▶ Die voraussichtliche Nutzungsdauer der Maschine beträgt fünf Jahre.
▶ Am Ende der Nutzungsdauer kann nicht mit einem Liquidationswert gerechnet werden.

e) Ermitteln Sie mithilfe der Tabelle die jährlichen Abschreibungsbeträge bei einem jährlichen Abschreibungssatz von 20 % des Anschaffungswertes.

Lineare Abschreibung: Abschreibungssatz = 20 % des Anschaffungswertes

Jahr	Buchwert Anfang Jahr	Abschreibungsbetrag	Buchwert Ende Jahr
1	CHF 200 000.–	20 % von CHF 200 000.– =	
2			
3			
4			
5			

Abschreibungen — Aufgabe 25.02

f) Ermitteln Sie mithilfe der Tabelle die jährlichen Abschreibungsbeträge bei einem jährlichen Abschreibungssatz von 40 % des Buchwertes.

Degressive Abschreibung: Abschreibungssatz = 40 % des Buchwertes

Jahr	Buchwert Anfang Jahr	Abschreibungsbetrag	Buchwert Ende Jahr
1	CHF 200 000.–	40 % von CHF 200 000.– =	
2			
3			
4			
5			

g) Tragen Sie die in den beiden Tabellen ermittelten Werte ins Koordinatensystem ein:

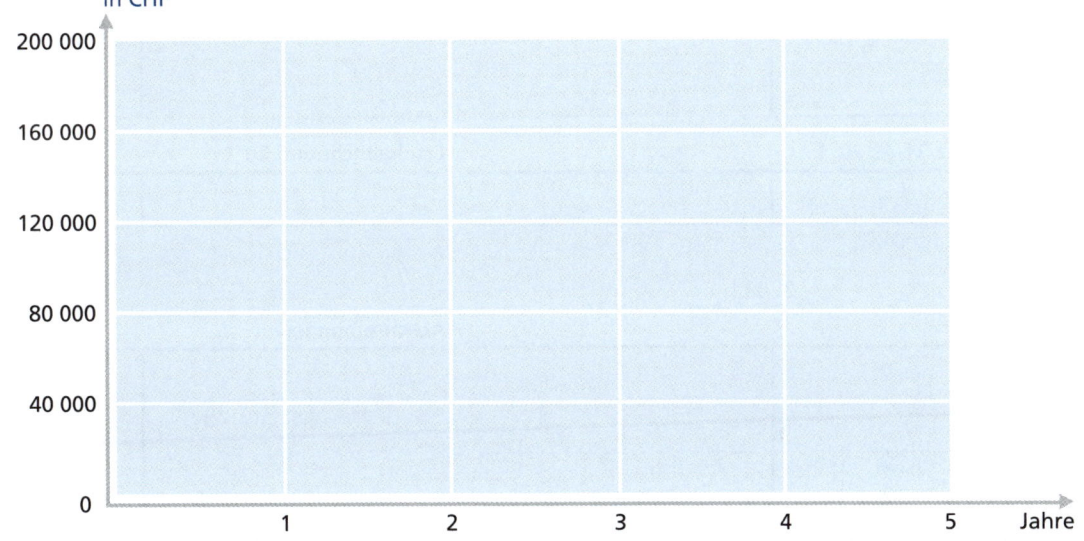

h) Ab welchem Jahr ist die jährliche Abschreibung vom Anschaffungswert betragsmässig grösser als die Abschreibung vom Buchwert?

i) Weshalb ist der Prozentsatz bei der Abschreibung vom Buchwert doppelt so hoch wie bei der Abschreibung vom Anschaffungswert?

k) Die degressive Abschreibung führt rechnerisch nie zu einem Buchwert von 0. Wie wird dieses Problem in der Praxis gelöst?

l) Welches Abschreibungsverfahren ist für die Abschreibung dieser Maschine zweckmässiger?

Abschreibungen 25

25.03

Ein Fahrzeug mit einem Anschaffungswert von CHF 80 000.– ist im Verlaufe der voraussichtlichen Nutzungsdauer von 3 Jahren auf einen Liquidationswert von CHF 5 000.– linear abzuschreiben.

Wie lauten die Konteneintragungen sowie die Bilanz und die Erfolgsrechnung, wenn

a) direkt abgeschrieben wird?

b) indirekt abgeschrieben wird?

a) Direkte Abschreibung

1. Jahr

Fahrzeug

Schlussbilanz 31.12.20_1

Abschreibungen

Erfolgsrechnung 20_1

2. Jahr

Fahrzeug

Schlussbilanz 31.12.20_2

Abschreibungen

Erfolgsrechnung 20_2

3. Jahr

Fahrzeug

Schlussbilanz 31.12.20_3

Abschreibungen

Erfolgsrechnung 20_3

Abschreibungen — Aufgabe 25.03

b) Indirekte Abschreibung

1. Jahr

Fahrzeug	Wertberichtigung Fahrzeug	Abschreibungen

Schlussbilanz 31.12.20_1

Erfolgsrechnung 20_1

2. Jahr

Fahrzeug	Wertberichtigung Fahrzeug	Abschreibungen

Schlussbilanz 31.12.20_2

Erfolgsrechnung 20_2

3. Jahr

Fahrzeug	Wertberichtigung Fahrzeug	Abschreibungen

Schlussbilanz 31.12.20_3

Erfolgsrechnung 20_3

Abschreibungen

25.04

Für eine Maschine liegen folgende Informationen vor:

Anschaffungswert brutto ab Werk	CHF 90 000
Rabatt	10 %
Transport- und Montagekosten	CHF 19 000
Inbetriebnahme der Maschine	1.1.20_1
Voraussichtliche Nutzungsdauer	5 Jahre
Geschätzter Liquidationswert am Ende der Nutzungsdauer	CHF 20 000
Abschreibung	linear

a) Nennen Sie die Buchungssätze, und führen Sie die Konten für das Jahr 20_3 bei direkter und indirekter Abschreibung in CHF 1 000.

Direkte Abschreibung

Datum	Text	Buchungssatz	Maschinen	Abschreibungen
01.01.20_3	Eröffnung			
31.12.20_3	Abschreibung			
31.12.20_3	Abschluss			

Indirekte Abschreibung

Datum	Text	Buchungssatz	Maschinen	WB Maschinen	Abschreibungen
01.01.20_3	Eröffnung				
31.12.20_3	Abschreibung				
31.12.20_3	Abschluss				

b) Wie wird die Maschine in der Schlussbilanz per 31.12.20_3 nach direkter und indirekter Methode dargestellt? Skizzieren Sie die Bilanzen in CHF 1 000.

c) Was ist je der Hauptvorteil der direkten bzw. indirekten Abschreibung?

Abschreibungen 25

25.05

Am 1.1.20_1 wurde Geschäftsmobiliar für CHF 320 000 gekauft.

Wie lauten für das Jahr 20_3 die Buchungen und Konteneinträge in CHF 1 000 bei linearer bzw. bei degressiver Abschreibung, wenn die Abschreibungssätze der eidg. Steuerverwaltung angewandt werden (siehe Anhang 1)?

Lineare Abschreibung

Datum	Text	Buchung	Mobiliar	WB Mobiliar	Abschreibungen
01.01.20_3	Eröffnung				
31.12.20_3	Abschreibung				
31.12.20_3	Abschluss				

Degressive Abschreibung

Datum	Text	Buchung	Mobiliar	WB Mobiliar	Abschreibungen
01.01.20_3	Eröffnung				
31.12.20_3	Abschreibung				
31.12.20_3	Abschluss				

25.06

Bisher wurden die Maschinen direkt abgeschrieben, was Ende 20_6 einen Buchwert von CHF 110 000 ergab. Um die Aussagekraft der Bilanz zu erhöhen, soll neu indirekt abgeschrieben werden.

Wie lautet der Buchungssatz für die Umstellung, wenn der Anschaffungswert der Maschinen CHF 270 000 beträgt?

25.07

Die Anschaffungskosten eines Bürogebäudes betragen ohne Land CHF 2 000 000.

Wie hoch ist die lineare und die degressive Abschreibung im 3. Jahr, wenn das Merkblatt der eidg. Steuerverwaltung als Grundlage dient (siehe Anhang 1)?

Abschreibungen 25

25.08

Per 1.1.20_1 wird eine IT-Anlage für CHF 40 000 gekauft. Es gelten die Abschreibungssätze gemäss Merkblatt der eidg. Steuerverwaltung (siehe Anhang 1).

a) Nennen Sie in folgenden vier Fällen die Buchungssätze für die Abschreibungen im Jahr 20_3, und skizzieren Sie die entsprechenden Schlussbilanzen.

	Lineare Abschreibung	Degressive Abschreibung
Direkte Abschreibung	Fall 1	Fall 2
Indirekte Abschreibung	Fall 3	Fall 4

b) Wie unterscheiden sich die Abschreibungsbeträge zwischen direkter und indirekter Abschreibung?

c) Welchen Vorteil weist die indirekte Methode gegenüber der direkten auf?

d) Begründen Sie, ob mit linearer oder degressiver Abschreibung schneller auf 0 abgeschrieben wird.

25.09

Eine Bauunternehmung kauft am 1.1.20_1 eine Spezialbohrmaschine für CHF 250 000. Die Nutzungsdauer wird auf 5 Jahre geschätzt. Am Ende der Nutzungsdauer kann mit einem Liquidationswert von CHF 50 000 gerechnet werden.

Führen Sie die benötigten Bestandeskonten für das Jahr 20_3 in CHF 1 000

a) bei linearer, direkter Abschreibung.

b) bei linearer, indirekter Abschreibung.

25.10

Ein Fahrzeug mit einem Anschaffungswert von CHF 50 000 soll linear, indirekt auf einen Liquidationswert nach vier Jahren von CHF 6 000 abgeschrieben werden, was in der Buchhaltung am Ende des zweiten Jahres mit der Buchung «Abschreibungen/Fahrzeuge 11 000» erfasst wurde.

a) Wie lässt sich dieser Fehler mit einer Buchung oder mit zwei Buchungen beheben?

b) Welche Korrekturmethode wird in der Praxis bevorzugt?

Abschreibungen

25.11

Über den gesamten Maschinenpark liegen gemäss Anlagenbuchhaltung[1] folgende Informationen zum Geschäftsjahr 20_7 vor (Beträge in CHF 1 000):

01.01.20_7	Eröffnung: Anschaffungswerte der Maschinen 800, kumulierte Abschreibungen 300
01.01.20_7	Verkauf einer alten Maschine gegen Bankzahlung von 6 (Anschaffungswert 70, kumulierte Abschreibungen 64)
01.07.20_7	Kreditkauf und Inbetriebnahme einer neuen Maschine: Kaufpreis 93
02.07.20_7	Rechnung für Bezugskosten 7 (für den Kauf der neuen Maschine gemäss 01.07.20_7)
31.12.20_7	Abschreibung: linear 10 % der Anschaffungswerte (bei Käufen innerhalb des Geschäftsjahres pro rata temporis, d.h. zeitanteilig)

a) Führen Sie das Journal sowie die ausgewählten Hauptbuchkonten.

Journal   **Hauptbuchkonten**

Datum	Text	Buchung	Maschinen	WB Maschinen	Abschreibungen
01.01.	Eröffnung				
03.01.	Verkauf Maschine	Bankguthaben			
	Ausbuchung WB				
01.07.	Kauf Maschine				
02.07.	Bezugskosten				
31.12.	Abschreibung				
31.12.	Abschluss				

b) Ermitteln Sie den Buchwert der Maschinen per Ende 20_7?

c) Wie hoch wäre der Saldo im Konto Maschinen per Ende 20_7, wenn direkt abgeschrieben worden wäre?

[1] Anlagenbuchhaltung = Hilfsbuch mit detaillierten Aufzeichnungen zu den Sachanlagen

Abschreibungen 25

25.12

Führen Sie die Buchhaltung bei direkter und indirekter Abschreibung für folgende Buchungstatbestände (Beträge in CHF 1 000):

01.01.20_3	Eröffnung: Anschaffungswerte der Maschinen 400, kumulierte Abschreibungen 250
20.05.20_3	Kauf einer neuen Maschine für 70 auf Kredit
14.10.20_3	Verkauf einer alten Maschine gegen Bankzahlung (Guthaben) von 8 (Anschaffungswert 100, Buchwert 10)
31.12.20_3	Abschreibungen 30

Direkte Abschreibung

Datum	Text	Buchung	Maschinen	Abschreibungen
01.01.	Eröffnung	Diverse		
20.05.	Kauf Maschine			
14.10.	Verkauf Maschine			
	Veräusserungsverlust			
31.12.	Abschreibungen			
31.12.	Abschluss	Diverse		

Indirekte Abschreibung

Datum	Text	Buchung	Maschinen	WB Maschinen	Abschreibungen
01.01.	Eröffnung	Diverse			
20.05.	Kauf Maschine				
14.10.	Verkauf Maschine				
	Veräusserungsverlust				
	Ausbuchung WB				
31.12.	Abschreibung				
31.12.	Abschluss	Diverse			

Abschreibungen

25.13

Gegeben sind diese Buchungstatbestände einer Einzelunternehmung (Beträge in CHF 1 000):

01.01.20_4	Eröffnung: Anschaffungswerte der Fahrzeuge 300, kumulierte Abschreibungen 120
20.02.20_4	Kauf eines neuen Fahrzeugs für 70 auf Kredit
14.10.20_4	Verkauf eines nicht mehr benötigten Fahrzeugs gegen Bankzahlung (Guthaben) von 11 (Anschaffungswert 50, Buchwert 10)
31.12.20_4	Abschreibungen 60

Führen Sie die Buchhaltung bei direkter und indirekter Abschreibung.

Direkte Abschreibung

Datum	Text	Buchung	Fahrzeuge		Abschreibungen	
01.01.	Eröffnung	Diverse				
20.05.	Kauf Fahrzeug					
14.10.	Verkauf Fahrzeug					
	Veräusserungsgewinn					
31.12.	Abschreibungen					
31.12.	Abschluss	Diverse				

Indirekte Abschreibung

Datum	Text	Buchung	Fahrzeuge		WB Fahrzeuge		Abschreibungen	
01.01.	Eröffnung	Diverse						
20.05.	Kauf Fahrzeug							
14.10.	Verkauf Fahrzeug							
	Veräusserungsgewinn							
	Ausbuchung WB							
31.12.	Abschreibung							
31.12.	Abschluss	Diverse						

25.14

Eine Aktiengesellschaft verkauft ein nicht mehr benötigtes Fahrzeug, das einen Buchwert von CHF 14 000 aufweist, gegen Barzahlung. Der ursprüngliche Anschaffungswert betrug CHF 50 000.

Wie lauten die Buchungssätze bei direkter und indirekter Abschreibung für die drei in der Tabelle genannten Fälle?

Verkaufserlös	Direkte Abschreibung	Indirekte Abschreibung
CHF 14 000		
CHF 12 000		
CHF 17 000		

25.15

Ein Fahrzeug wurde nach fünfjährigem Gebrauch zu Beginn des sechsten Jahres für CHF 37 000 auf Kredit veräussert, da sich eine unerwartete Gelegenheit für die Beschaffung eines zweckmässigeren Fahrzeugs ergab.

Anschaffungswert	90 000
Am Anfang geschätzte Nutzungsdauer	8 Jahre
Am Anfang erwarteter Liquidationserlös nach 8 Jahren	10 000
Abschreibungsmethode	linear

Wie lauten die Buchungssätze für den Verkauf des alten Fahrzeugs bei direkter und bei indirekter Abschreibung?

25.16

Der Kauf eines neuen Fahrzeugs mit einem Anschaffungswert von CHF 54 000 wird wie folgt finanziert:

▶ Der Eintausch eines gebrauchten Autos mit einem Anschaffungswert von CHF 45 000 und kumulierten Abschreibungen von CHF 28 000 wird mit CHF 15 000 angerechnet.
▶ Baranzahlung CHF 20 000.
▶ Restzahlung per Banküberweisung (Guthaben) nach 30 Tagen.

Wie lauten die Buchungssätze bei indirekter Abschreibung, wenn der Kauf über das Konto Verbindlichkeiten L+L abgewickelt wird?

25.17

Führen Sie das Konto Verbindlichkeiten L+L in CHF, und nennen Sie die Buchungssätze.

Nr.	Text	Buchung	Verbindlichkeiten L+L	
1	Die Rechnung für den Kauf einer Maschine aus den USA von USD 20 000.– wird zum Kurs von CHF –.95/USD verbucht.			
2	Die Rechnung wird zwei Monate später mittels Banküberweisung von USD 20 000.– bezahlt. Die Bank belastet den Betrag zum Kurs von CHF –.90/USD.			
3	Verbuchung der Kursdifferenz			

25.18

Führen Sie das Konto Verbindlichkeiten L+L in CHF, und nennen Sie die Buchungssätze.

Nr.	Text	Buchung	Verbindlichkeiten L+L	
1	Die Rechnung für den Kauf eines Spezialfahrzeugs aus Frankreich von EUR 50 000.– wird zum Kurs von CHF 1.10/EUR verbucht.			
2	Der Lieferant gewährt nachträglich einen Rabatt von 4 %. Die Gutschrift ist zum Kurs von CHF 1.10/EUR zu verbuchen.			
3	Die Rechnung wird nach 30 Tagen per Bank unter Anwendung eines Tageskurses von CHF 1.14/EUR beglichen.			
4	Verbuchung der Kursdifferenz			

25.19

Die Rechnung von EUR 10 000.– für den Kauf eines Werkzeugs in Deutschland wurde im Zeitpunkt der Lieferung zum Kurs von CHF 1.15/EUR erfasst. Bei der Zahlung der Rechnung nach 60 Tagen wandte die Bank einen Kurs von 1.10 an.

Mit welchen drei Buchungen wurde dieser Geschäftsverkehr erfasst?

Abschreibungen

25.20

Beantworten Sie die Fragen zu den linearen und degressiven Abschreibungen. Für Berechnungen gilt folgendes Zahlenbeispiel: Eine Maschine mit einem Anschaffungswert von CHF 200 000.– wird innerhalb einer Nutzungsdauer von 5 Jahren vollständig abgeschrieben.

Nr.	Frage	Lineare Abschreibung (Abschreibungssatz 20 %)	Degressive Abschreibung (Abschreibungssatz 40 %)
1	Auf welche Werte beziehen sich die genannten Abschreibungssätze?		
2	Wie hoch ist der Abschreibungsbetrag im 2. Jahr?		
3	Weshalb werden die Verfahren linear bzw. degressiv genannt?		
4	Wie lautet der Buchungssatz mit Betrag für die Abschreibung im 2. Jahr, wenn direkt abgeschrieben wird?		
5	Wie lautet der Buchungssatz mit Betrag für die Abschreibung im 2. Jahr, wenn indirekt abgeschrieben wird?		
6	Wie hoch muss der Abschreibungsbetrag im 5. Jahr sein, damit am Ende der Nutzungsdauer ein Buchwert von Null erreicht wird?		
7	Welches ist der wichtigste Vorteil jeder Methode?		

Abschreibungen

25.21

Beantworten Sie die Fragen zur direkten und indirekten Abschreibung. Für Berechnungen gilt folgendes Zahlenbeispiel: Ein Reisebus mit einem Anschaffungswert von CHF 500 000.– wird innerhalb einer Nutzungsdauer von 5 Jahren linear auf einen Occasionswert von CHF 100 000.– abgeschrieben.

Nr.	Frage	Direkte Abschreibung	Indirekte Abschreibung
1	Welche Buchung ergibt sich beim Barkauf?		
2	Wie lautet die Sollbuchung mit Betrag für die Abschreibung im 4. Jahr?		
3	Wie lautet die Habenbuchung mit Betrag für die Abschreibung im 4. Jahr?		
4	Weshalb heissen die Abschreibungstechniken direkt bzw. indirekt?		
5	Welche Informationen zum Reisebus enthält die Bilanz Ende 3. Jahr?		
6	Welche Abschreibungsinformationen können der Erfolgsrechnung des 3. Jahres entnommen werden?		
7	Welches ist der wichtigste Vorteil jeder Methode?		

Abschreibungen

25.22

H. Haller erhält von der öffentlichen Hand die Konzession für den Betrieb einer privaten **Buslinie** von Seldwyla nach Oberdorf in den Jahren 20_1 bis 20_3.

Um den Busbetrieb zu gewährleisten, gründet er Ende 20_0 eine Einzelunternehmung mit einer Bareinzahlung aus seinem Privatvermögen von CHF 20 000.–. Mit diesem Geld kauft er Ende 20_0 einen gebrauchten Kleinbus, den er voraussichtlich noch drei Jahre fahren kann und anschliessend einem Occasionshändler für etwa CHF 2 000.– verkaufen will. Mit der Durchführung der Busfahrten betraut er einen zuverlässigen Chauffeur.

H. Haller rechnet (budgetiert) jährlich mit folgenden Aufwänden und Erträgen:

Erfolgsrechnung

Aufwand		Ertrag	
Diverser Baraufwand wie Löhne, Diesel, Öl, Reifen, Service, Reparaturen und Unterhalt, Steuern, Versicherungen, Reinigung, Abgaben	50 000	Transportertrag bar	60 000
Abschreibungen (linear)			
Gewinn			

a) Vervollständigen Sie die obige Erfolgsrechnung.

b) Führen Sie das **Kassakonto** für die Jahre 20_1 bis 20_3.

Datum	Geschäftsfall	Buchung
01.01.	Anfangsbestand	Kasse/Bilanz
Diverse	Transporterträge bar	Kasse/Transportertrag
Diverse	Baraufwände	Diverser Aufwand/Kasse
31.12.	Abschluss	Bilanz/Kasse

Abschreibungen — Aufgabe 25.22

c) Wie hoch ist die jährliche Zunahme des Geldbestandes infolge der Geschäftstätigkeit?

d) Die bei Frage c) ermittelte Grösse wird im Geschäftsleben Cashflow (wörtlich Bargeldfluss) genannt.

Wie lässt sich der Cashflow aus der obigen Erfolgsrechnung direkt bzw. indirekt berechnen?

Cashflow-Berechnung

Direkte Berechnung		Indirekte Berechnung	
Einnahmen	....	Gewinn	....
./. Ausgaben	_____	+ Abschreibungen	_____
= Cashflow	....	= Cashflow	....

e) Um wie viel Franken wächst der Kassabestand von Anfang 20_1 bis Ende 20_3?

f) Wie kann H. Haller das aus der Geschäftstätigkeit erarbeitete Geld am Ende des Jahres 20_3 verwenden?

Kasse 20_1		Kasse 20_2		Kasse 20_3	

25.23

Über die Fahrzeuge einer Transportunternehmung liegen folgende Informationen vor (Beträge in CHF 1 000.–):

Datum.	Text	Beträge
01.01.	Anschaffungswerte	700
	Kumulierte Abschreibungen	400
14.01.	Barkauf eines neuen Fahrzeugs	150
18.01.	Barverkauf eines gebrauchten Fahrzeugs:	
	▶ Anschaffungswert	70
	▶ Kumulierte Abschreibungen	60
	▶ Verkaufspreis	14
13.02.	Beim Kauf eines neuen Fahrzeugs wird ein gebrauchtes an Zahlung gegeben:	
	▶ Gesamter Kaufpreis für das neue Fahrzeug (= zu verbuchender Rechnungsbetrag)	100
	▶ Barzahlung eines Teils der Rechnung durch den Käufer	90
	▶ Gutschrift für Übergabe des gebrauchten Fahrzeugs	10
	▶ Anschaffungswert des gebrauchten Fahrzeugs	80
	▶ Buchwert des gebrauchten Fahrzeugs	12
31.12.	Abschreibung auf dem gesamten Anschaffungswert der Ende Jahr vorhandenen Fahrzeuge	20 %

Nennen Sie die Buchungssätze, und führen Sie die Konten Fahrzeuge, Wertberichtigung Fahrzeuge sowie Abschreibungen Fahrzeuge.

25.24

Über den Kauf einer Verpackungsmaschine per 1. Januar 20_1 liegen folgende Informationen vor:

Bruttoverkaufspreis gemäss Katalog des Lieferanten	EUR 50 000.–
Rabatt-Gewährung auf dem Katalogpreis durch den Lieferanten (auf der Rechnung in Abzug gebracht)	20 %
Transportkosten laut Rechnung des Spediteurs	CHF 2 000.–
Montagekosten gemäss Faktura der Montagefirma	CHF 3 000.–
Umrechnungskurse	
▶ bei der Rechnungsstellung	CHF 1.16/EUR
▶ bei der Bankzahlung	CHF 1.15/EUR
Erwartete Nutzungsdauer	4 Jahre
Geschätzter Restwert am Ende der Nutzungsdauer	CHF 3 000.–
Abschreibung	linear, indirekt

a) Wie lauten die Buchungssätze beim Eingang und bei der Zahlung der Lieferantenrechnung?

b) Wie hoch ist der Anschaffungswert der Maschine?

c) Führen Sie für diese Verpackungsmaschine die Konten Maschine, Wertberichtigung Maschine und Abschreibungen im Jahr 20_2.

Abschreibungen

25.25

Aus der Anlagenbuchhaltung lassen sich für die Maschinen folgende Werte in CHF 1 000 entnehmen:

	Ende 20_1	Ende 20_2	Ende 20_3	Ende 20_4
Anschaffungswerte	500	600	580	630
Kumulierte Abschreibungen	200	240	270	320

a) Skizzieren Sie die Schlussbilanz Ende 20_3 bei direkter und bei indirekter Abschreibung der Maschinen.

b) Wie lauten die Buchungssätze für die Abschreibungen Ende 20_2 bei direkter und bei indirekter Abschreibung, wenn in diesem Jahr keine Maschinen verkauft worden sind?

c) Kreuzen Sie die Aussagen als richtig oder falsch an.

Nr.	Aussage	Richtig	Falsch
1	Ende 20_3 betrug der Buchwert der Maschinen 310.		
2	Im Jahr 20_4 betrugen die Abschreibungen 320.		
3	Im Jahr 20_2 wurde mindestens eine Maschine gekauft.		
4	Im Jahr 20_3 wurde mindestens eine Maschine verkauft.		
5	Im Jahr 20_3 wurden keine Maschinen gekauft.		
6	Es ist nicht klar, ob linear oder degressiv abgeschrieben wird.		
7	Beim Verkauf einer Maschine im Jahr 20_3 entstand ein Verlust von 20.		
8	Ende 20_1 betrug die Wertberichtigung Maschinen 300.		

26

Verluste Forderungen, Wertberichtigung Forderungen

26.01

Die **Kälin AG, Informatikberatungen,** wurde neu gegründet. Der Verkehr mit den Kunden während des Jahres ist summarisch dargestellt (alle Zahlen in CHF 1 000.–). Verbuchen Sie den Geschäftsverkehr für die 2 Jahre.

Vorgänge	Bilanz				Erfolgsrechnung	
1. Jahr	Forderungen L+L		WB Forderungen L+L		Verluste Forderungen	
Bisheriger Geschäftsverkehr	910	600				
Kunde Carlen macht Konkurs. Der definitive Verlust beträgt 10.						
Bildung bzw. Erhöhung WB Forderungen L+L Am Jahresende wird auf dem Forderungsbestand eine WB Forderung von 5 % gebildet.						
Salden						

Schlussbilanz

  Forderungen L+L ....
  ./. WB Forderungen ____ ....

Erfolgsrechnung

2. Jahr	Forderungen L+L		WB Forderungen L+L		Verluste Forderungen	
Eröffnung						
Lieferungen an Kunden	600					
Zahlungen von Kunden		720				
Kundin Widmer macht Konkurs. Der definitive Verlust beträgt 20.						
Eine bereits abgeschriebene Forderung von 4 wird auf die Bank überwiesen.						
Senkung WB Forderungen L+L Die mutmasslichen Verluste auf dem Forderungsbestand betragen 5 %.						
Salden						

Schlussbilanz

  Forderungen L+L ....
  ./. WB Forderungen ____ ....

Erfolgsrechnung

Verluste Forderungen, WB Forderungen — 26

26.02

Ergänzen Sie das folgende Journal mit Buchungssatz und Betrag:

Nr.	Geschäftsfall	Soll	Haben	Betrag
1	Warenverkauf auf Kredit für CHF 20 000.–.			
2	Kunde Zingg, gegen welchen wir die Betreibung eingeleitet haben, zahlt die Forderung von CHF 1 500.– auf unser Bankkonto (Bankguthaben).			
3	Kundin Lehmann wird zum dritten Mal für die fällige Forderung von CHF 2 100.– gemahnt.			
4	Das Konkursverfahren gegen Kunde Kugler ist abgeschlossen. Von der ursprünglichen Forderung von CHF 3 500.– erhalten wir noch CHF 500.– als Konkursdividende[1] auf die Bank überwiesen. Die Restforderung ist abzuschreiben.			
5	Die Forderung gegenüber Kunde Schnyder wurde dieses Jahr bereits abgeschrieben. Jetzt überweist er unverhofft CHF 1 200.– auf unser Bankkonto.			
6	Kundin Lehmann hat nicht auf die Mahnung geantwortet (vgl. Nr. 3). Wir leiten die Betreibung gegen sie ein und leisten bar einen Kostenvorschuss von CHF 70.–.[2]			
7	Auf verkauften Waren zahlen wir bar Transportkosten von CHF 320.–. Es wurde Frankolieferung vereinbart.			
8	Kunden überweisen auf unser Bankkonto CHF 41 350.–.			
9	Von einem Kunden nehmen wir ein Fahrzeug im Wert von CHF 6 200.– an Zahlung.			
10	Kundin Lehmann (vgl. Nr. 6) begleicht ihre Schulden durch Banküberweisung: Forderungsbetrag CHF 2 100.– Kostenvorschuss CHF 70.– Verzugszinsen CHF 61.– Total CHF 2 231.– (Die Verzugszinsen wurden noch nicht verbucht.)			
11	Die WB Forderungen L+L wird von CHF 33 000.– auf CHF 26 000.– herabgesetzt.			

[1] Die Konkursdividende ist der prozentuale Anteil der Forderung, der nach Abschluss des Konkursverfahrens noch ausbezahlt wird.

[2] Gemäss Schuldbetreibungs- und Konkursgesetz (SchKG) Art. 68 dürfen die Betreibungskosten dem säumigen Schuldner belastet werden.

Verluste Forderungen, WB Forderungen 26

26.03

Vervollständigen Sie die Tabelle. Die einzelnen Jahre bauen aufeinander auf.

Jahr	Bestand an Forderungen L+L Ende Jahr in CHF	WB Forderungen L+L in % des Forderungsbestandes	WB Forderungen L+L in CHF	Soll	Haben	Betrag
1	100 000	3 %				
2	80 000	4 %				
3		7 %	4 900			
4		6 %		WB Forderungen L+L	Verluste Forderungen	1 300
5	65 000	5 %				
6		6 %	4 500			

26.04

Welche Geschäftsfälle haben die folgenden Buchungen bewirkt?

Nr.	Soll	Haben	Geschäftsfall
1	Forderungen L+L	Warenertrag	
2	Forderungen L+L	Zinsertrag	
3	Erfolgsrechnung	Verluste Forderungen	
4	Forderungen L+L	Bankguthaben	
5	Warenertrag	Forderungen L+L	
6	Bankguthaben	Forderungen L+L	
	Verluste Forderungen	Forderungen L+L	
7	Bankguthaben	Verluste Forderungen	
8	WB Forderungen L+L	Bilanz	
9	Verluste Forderungen	WB Forderungen L+L	

Verluste Forderungen, WB Forderungen 26

26.05

Führen Sie das Journal zu folgenden Tatbeständen:

Datum	Geschäftsfall	Betrag	
1.6.	Zahlung an einen Lieferanten über das Bankguthaben.	CHF	3 100
3.6.	Kauf einer Maschine auf Kredit für USD 2 500.–, Kurs 0.98.	CHF	?
4.6.	Der Konkurs von K. Hug ist abgeschlossen. 30% unserer Forderung von CHF 12 000.– werden auf die Bank überwiesen. Der Rest ist verloren.		?
12.6.	Unsere Forderung an Kunde Götz, die wir bereits abgeschrieben haben, wird unverhofft auf unser Bankkonto überwiesen.	CHF	1 200
15.6.	Die Rechnung vom 3.6. wird durch die Bank bezahlt. Kurs 0.94. Die Kursdifferenz ist auch zu buchen.		?
20.6.	Betreibung von Kunde R. Bader. Barzahlung für Kostenvorschuss.	CHF	75
22.6.	Der Geschäftsinhaber vermindert seine Kapitaleinlage durch Bankauszahlung.	CHF	10 000
30.6.	Die WB Forderungen L+L wird herabgesetzt.	CHF	3 000
30.6.	Die Fahrzeuge werden indirekt abgeschrieben.	CHF	8 000

26.06

Die Konten Forderungen L+L, WB Forderungen L+L und Verluste Forderungen weisen in der Ausgangslage folgende Summen auf:

Forderungen L+L		WB Forderungen L+L		Verluste Forderungen	
180 000	141 340		2 000	4 200	

Nennen Sie für die folgenden Geschäftsfälle die Buchungssätze, und führen Sie die drei Konten. Die Konten sind abzuschliessen und wieder zu eröffnen. Bank aktiv.

1. Wir verkaufen Ware auf Kredit für CHF 70 000.–.
2. Kunde K. Schnyder wird für CHF 4 000.– betrieben. Wir leisten einen Kostenvorschuss von CHF 75.– in bar.
3. Das Konkursverfahren gegen die Textil-AG ist abgeschlossen. 20 % unserer Forderung, d. h. CHF 600.–, werden auf die Bank überwiesen, der Rest ist abzuschreiben.
4. Die Kunden haben CHF 62 000.– auf unser Bankkonto überwiesen.
5. Für Versandfrachten zulasten unserer Kunden zahlen wir bar CHF 340.–.
6. Die Betreibung gegen Kunde K. Schnyder war wirksam; wir erhalten folgende Banküberweisung:
   ▶ Forderungsbetrag   CHF 4 000.–
   ▶ Betreibungskosten   CHF 75.–
   ▶ Verzugszinsen
     (noch nicht verbucht)   CHF 80.–
7. Eine Forderung von CHF 3 000.– gegen Kunde Katz, die wir dieses Jahr bereits abgeschrieben haben, wird unverhofft auf unser Bankkonto überwiesen.
8. Die WB Forderungen L+L soll Ende Jahr 4 % des Bestandes an Forderungen L+L betragen.

Verluste Forderungen, WB Forderungen 26

26.07

Kreuzen Sie eine Aussage als richtig an, oder begründen Sie, warum diese falsch ist.

Nr.	Aussage	Richtig	Begründung bei falscher Aussage
1	Das Konto WB Forderungen L+L ist ein ruhendes Konto, da es nur am Ende einer Periode angepasst wird.		
2	Wird eine Kundenforderung direkt abgeschrieben, lautet die Buchung *Verluste Forderungen/ WB Forderungen L+L*.		
3	Das Konto WB Forderungen L+L ist ein Minus-Passivkonto und hat dieselben Buchungsregeln wie ein Passivkonto.		
4	Eine Habenbuchung im Konto Verluste Forderungen ergibt sich, wenn ein bereits abgeschriebener Kunde unverhofft zahlt.		
5	Die Erhöhung der WB Forderungen L+L hat immer eine Verminderung des Gewinnes zur Folge.		
6	Falls ein dieses Jahr abgeschriebener Kunde seine Schulden noch per Bank begleicht, lautet die Buchung *Bankguthaben/Verluste Forderungen*.		
7	Der Saldo des Kontos Verluste Forderungen wird am Periodenende mit der Buchung *Bilanz/ Verluste Forderungen* übertragen.		
8	Die Buchung *Forderungen L+L/Bankguthaben* steht für die Banküberweisung eines Kunden.		
9	Das Konto WB Forderungen L+L wird wie das Konto Verluste Forderungen nicht wiedereröffnet.		
10	Falls auf den fälligen Forderungen Verzugszinsen verrechnet werden, lautet die Buchung *Forderungen L+L/Zinsertrag*.		
11	Der Buchwert der Forderungen L+L ergibt sich aus dem Bestand an Forderungen L+L minus WB Forderungen L+L.		
12	Die Buchung *WB Forderungen L+L/Bilanz* steht für die Eröffnung der WB Forderungen L+L.		
13	Verluste Forderungen ist ein Minus-Ertragskonto mit denselben Buchungsregeln wie ein Aufwandskonto.		

Verluste Forderungen, WB Forderungen

26.08

a) Beantworten Sie die Fragen zu den Verlusten aus Forderungen.

Nr.	Frage	Endgültige Verluste Forderungen	Mutmassliche Verluste Forderungen
1	Bei welchen Verlusten ▸ ist der Kunde immer bekannt? ▸ handelt es sich um ein allgemeines Risiko auf dem Bestand an Forderungen L+L? Zutreffendes ankreuzen.	☐ ☐	☐ ☐
2	In welchem Zeitpunkt werden die Verluste Forderungen verbucht?		
3	Bei welchen Verlusten ▸ ist der Betrag meistens genau bekannt? ▸ muss der Betrag geschätzt werden? Zutreffendes ankreuzen.	☐ ☐	☐ ☐
4	Welche Abschreibungsmethode ist anzuwenden (direkt oder indirekt)?		
5	Wie wird die Zunahme der geschätzten Verluste Forderungen von 80 Ende Jahr verbucht?		
6	Wie lautet der Buchungssatz für einen Verlust von 240 infolge Konkurses eines Kunden am 13. August?		

b) Welche Gemeinsamkeit und welcher Unterschied bestehen zwischen den Buchungen von Fragen 5 und 6 (abgesehen vom Betrag)?

c) Was für ein Konto ist das Konto Verluste Forderungen? Zu welcher Kontenklasse im KMU-Kontenrahmen gehört es?

d) Der Eröffnungsbestand der WB Forderungen L+L beträgt 40, der Schlussbestand soll 30 betragen. Wie lautet die Buchung am Jahresende?

e) Welches könnten die Gründe für die Verminderung der WB Forderungen L+L in Frage d) sein?

26.09

Vom **Treuhandbüro J. Müller** sind die Eröffnungsbilanz sowie der summarisch zusammengefasste Geschäftsverkehr bekannt.

Zu führen sind das Journal sowie das Hauptbuch. Ende Jahr sind die Erfolgsrechnung sowie die Schlussbilanz aufzustellen.

Eröffnungsbilanz per 1.1.20_2

Aktiven		Passiven	
Bankguthaben	6 300	Verbindlichkeiten L+L	4 000
Forderungen L+L	14 000	Eigenkapital	30 000
./. WB Forderungen L+L	– 700		
Einrichtungen	24 000		
./. WB Einrichtungen	– 9 600		
	34 000		34 000

Journal 20_2

Nr.	Geschäftsfall	Soll	Haben	Betrag
1	Fakturierter Honorarumsatz			120 000
2	Bankzahlungen von Kunden			118 000
3	Abschreibung der Forderung gegenüber Faber AG infolge Konkurseröffnung			2 000
4	Privatbezüge mit der Bancomatkarte des Geschäfts			20 000
5	Bankzahlungen für Mietzinse			24 000
6	Banküberweisung des Kostenvorschusses für die Betreibung von Kunde Vestido GmbH			70
7	Rechnungen für übrigen Aufwand			15 000
8	Banküberweisungen auf das private Bankkonto der Geschäftsinhaberin			50 000
9	Im Betreibungsfall gegenüber dem Kunden Creativ GmbH wird CHF 670.– auf das Bankkonto überwiesen; der Rest ist abzuschreiben.			670
				1 400
10	Bankzahlungen von erhaltenen Rechnungen			16 000
11	Abschreibung der Einrichtungen: 20 % des Anschaffungswerts			
12	Die WB Forderungen L+L soll gleich viele Prozente betragen wie im Vorjahr.			
13	Gutschrift Eigenlohn			72 000
14	Gutschrift Eigenzins (3,5 % auf Anfangskapital)			
15	Saldierung des Privatkontos			
16	Übertrag des Jahresverlusts			

Verluste Forderungen, WB Forderungen — 26 — Aufgabe 26.09

Hauptbuch 20_2

Bankguthaben

Forderungen L+L

WB Forderungen L+L

Einrichtungen

WB Einrichtungen

Verbindlichkeiten L+L

Eigenkapital

Privat

Personalaufwand

Raumaufwand

Übriger Aufwand

Abschreibungen

Zinsaufwand

Dienstleistungsertrag

Verluste Forderungen

Erfolgsrechnung 20_2

Schlussbilanz 31.12.20_2

27

Rechnungsabgrenzungen und Rückstellungen

27.01

P. Kohler gründet per 31. März 20_1 eine **Autofahrschule**. Am 31. Dezember 20_1 liegen die provisorischen Abschlussrechnungen vor.

Provisorische Schlussbilanz per 31.12.20_1 (in CHF 1 000)

Aktiven					Passiven
Umlaufvermögen			**Fremdkapital**		
Kasse	3		Verbindlichkeiten L+L		1
Bankguthaben	10	13			
Anlagevermögen			**Eigenkapital**		
Mobiliar	7		Eigenkapital	40	
Fahrzeuge	30	37	Gewinn	9	49
		50			50

Provisorische Erfolgsrechnung 20_1 (in CHF 1 000)

Aufwand		Ertrag	
Personalaufwand	54	Fahrschulertrag bar	12
Fahrzeugaufwand	22	Fahrschulertrag Abonnemente	80
Raumaufwand	4	Theoriestunden bar	8
Übriger Aufwand	11		
Gewinn	9		
	100		100

Zusätzliche Angaben

▶ Die Miete für das Theorielokal von 4 musste am 31. März 20_1 für ein Jahr zum Voraus per Banküberweisung bezahlt werden, was als Raumaufwand verbucht wurde. (Im Konto Raumaufwand wurden ausschliesslich Mietzinse verbucht.)

▶ Die bar verkauften Abonnemente wurden als Ertrag verbucht. Der Fahrlehrer schätzt, dass 10% dieser vorausbezahlten Fahrstunden noch nicht eingelöst worden sind.

a) Wie lauten die zeitlich abgegrenzten Abschlussrechnungen?

Schlussbilanz per 31.12.20_1 (in CHF 1 000)

Aktiven			Passiven		
Umlaufvermögen			**Fremdkapital**		
Kasse			Verbindlichkeiten L+L		
Bankguthaben					
Anlagevermögen			**Eigenkapital**		
Mobiliar			Eigenkapital		
Fahrzeuge			Gewinn		

Rechnungsabgrenzungen und Rückstellungen — 27

Aufgabe 27.01

Erfolgsrechnung 20_1 (in CHF 1 000)

Aufwand		Ertrag	
Personalaufwand		Fahrschulertrag bar	
Fahrzeugaufwand		Fahrschulertrag Abonnemente	
Raumaufwand		Theoriestunden bar	
Übriger Aufwand			
Gewinn			

b) Wie lauten die Buchungen für den Raumaufwand und den Fahrschulertrag im Jahr 20_1? Verlangt wird auch die Wiedereröffnung im Geschäftsjahr 20_2.

Geschäftsjahr 20_1 (in CHF 1 000)

Datum	Text	Buchung	Aktive Rechnungsabgrenzungen (ARA)	Passive Rechnungsabgrenzungen (PRA)	Raumaufwand	Fahrschulertrag Abonnemente
31.03.	Vorauszahlung Miete					
Diverse	Verkauf Abonnemente					
31.12.	Zeitliche Abgrenzungen					
31.12.	Abschluss					

Geschäftsjahr 20_2 (in CHF 1 000)

Datum	Text	Buchung	Aktive Rechnungsabgrenzungen (ARA)	Passive Rechnungsabgrenzungen (PRA)	Raumaufwand	Fahrschulertrag Abonnemente
01.01.	Eröffnung					
01.01.	Rückbuchungen zeitliche Abgrenzungen					

Rechnungsabgrenzungen und Rückstellungen 27

27.02

S. Köpfer gründet Ende August 20_1 eine kleine **Drogerie**.

Zur Finanzierung seiner Unternehmung leistet er eine Eigenkapitaleinlage von CHF 80 000 und nimmt ein Bankdarlehen von CHF 50 000 auf, das jährlich am 31. August zu 6 % nachschüssig verzinst werden muss. Die Geschäftsmiete von 24 im Jahr muss er Anfang September und Anfang März jeweils für sechs Monate zum Voraus (vorschüssig) per Bank zahlen.

a) Ende 20_1 ergeben sich die links dargestellten provisorischen Abschlussrechnungen (alle Zahlen in Bilanzen und Erfolgsrechnungen in CHF 1 000).
   Wie lauten die zeitlich abgegrenzten Abschlussrechnungen per 31.12. 20_1?

Provisorische Schlussbilanz per 31.12. 20_1

Aktiven			Passiven	
Umlaufvermögen		**Fremdkapital**		
Kasse	4	Verbindlichkeiten L+L	49	
Bankguthaben	11	Darlehen	50	99
Warenvorrat	60	75		
		Eigenkapital		
Anlagevermögen		Eigenkapital	80	
Ladeneinrichtung		105	Gewinn	1	81
		180			180

Definitive Schlussbilanz per 31.12. 20_1

Aktiven	Passiven
Umlaufvermögen	**Fremdkapital**
Kasse	Verbindlichkeiten L+L
Bankguthaben	
	Darlehen
Warenvorrat	
	Eigenkapital
Anlagevermögen	Eigenkapital
Ladeneinrichtung	Gewinn

Provisorische Erfolgsrechnung 20_1

Aufwand		Ertrag	
Warenaufwand	120	Warenertrag	180
Personalaufwand	40		
Raumaufwand	12		
Übriger Aufwand	7		
Gewinn	1		
	180		180

Definitive Erfolgsrechnung 20_1

Aufwand	Ertrag
Warenaufwand	Warenertrag
Personalaufwand	
Raumaufwand	
Übriger Aufwand	
Gewinn	

b) Warum war im provisorischen Abschluss bereits ein Raumaufwand verbucht, aber noch kein Zinsaufwand?

Rechnungsabgrenzungen und Rückstellungen

Aufgabe 27.02

c) Nennen Sie die Buchungssätze, und führen Sie die vier Konten für die Geschäftsjahre 20_1 und 20_2 (Beträge in CHF 1 000).

Geschäftsjahr 20_1

Datum	Text	Buchung	Aktive Rechnungsabgrenzungen (ARA)	Passive Rechnungsabgrenzungen (PRA)	Raumaufwand	Zinsaufwand
01.09.	Vorauszahlung Miete					
31.12.	Zeitliche Abgrenzungen					
31.12.	Abschluss (Salden)	Diverse Buchungen				

Geschäftsjahr 20_2

Datum	Text	Buchung	Aktive Rechnungsabgrenzungen (ARA)	Passive Rechnungsabgrenzungen (PRA)	Raumaufwand	Zinsaufwand
01.01.	Eröffnung	Diverse Buchungen				
01.01.						
01.03.						
31.08.						
01.09.						
31.12.						
31.12.	Abschluss (Salden)	Diverse Buchungen				

d) Begründen Sie, warum die Salden der Konten Raumaufwand und Zinsaufwand Ende 20_2 korrekt sind.

27.03

Führen Sie für folgende Geschäftsfälle die aktiven und passiven Rechnungsabgrenzungskonten sowie die dazu passenden Erfolgskonten. Das Geschäftsjahr 20_1 ist vollständig zu erfassen; für das Jahr 20_2 sind nur Eröffnung und Rückbuchung verlangt. Das Bankkonto ist aktiv.

a) Eine Apotheke nimmt für die Finanzierung eines Umbaus am 31. Oktober 20_1 eine halbjährlich nachschüssig zu verzinsende Hypothek von CHF 120 000.– mit einem Zinsfuss von 5 % p. a. auf.

Datum	Text	Buchung			Zinsaufwand
31.12.20_1	Zeitliche Abgrenzung				
31.12.20_1	Abschluss				

Datum	Text	Buchung			
01.01.20_2	Eröffnung				
01.01.20_2					

b) Ein Produktionsbetrieb gewährt am 30. September 20_1 ein halbjährlich nachschüssig zu verzinsendes Darlehen von CHF 50 000.– mit einem Zinsfuss von 6 % p. a.

Datum	Text	Buchung			
	Zeitliche Abgrenzung				
	Abschluss				

Datum	Text	Buchung			

Rechnungsabgrenzungen und Rückstellungen

Aufgabe 27.03

c) Die neu gegründete Boutique GmbH zahlt den Jahresmietzins von CHF 24 000.– am 31. August 20_1 zum Voraus per Bank.

Datum	Text	Buchung			
	Zahlung Mietzins				
	Abschluss				

Datum	Text	Buchung			

d) Die Immobilien AG erhält den Jahresmietzins von der Boutique GmbH (siehe Teilaufgabe c) am 31. August 20_1 zum Voraus per Bank.

Datum	Text	Buchung			
	Erhalt Miete				
	Abschluss				

Datum	Text	Buchung			

Rechnungsabgrenzungen und Rückstellungen 27

27.04

Vervollständigen Sie die Tabelle mit Überlegungen zur Rechnungsabgrenzung per Ende 20_1. Die Geschäftsfälle stammen aus verschiedenen Unternehmungen, die alle im Jahr 20_1 gegründet wurden. Die Beträge sind Kurzzahlen.

Aufgabe	Geschäftsfall	Bereits verbucht ①	Anteil 20_1 ②	Anteil 20_2 ③	LG/LS/GG/GS ④	Buchungssatz mit Betrag für die zeitliche Abgrenzung Ende 20_1
a)	Eine Informatikschule hat Kursgelder von 80 vereinnahmt. Kurse im Umfang von 10 wurden noch nicht erteilt. (Sicht der Schule)	80	70	10	LS	Kursertrag 10 / TP 10
b)	Aufgelaufener Zins auf einem Passivdarlehen von 200. Zinsfuss 6 %. Zinstermin 31. Oktober. (Sicht des Darlehensnehmers)	10	12	0	GS	Zinsaufwand 2 / TP 2
c)	Aufgelaufener Zins auf einem Aktivdarlehen von 120. Zinsfuss 5 %. Zinstermin 30. April. (Sicht des Darlehensgebers)	2	6	0	GG	TA 4 / Zinsertrag 4
d)	Am 30. November 20_1 für 3 Monate vorausbezahlter Mietzins von 15. (Sicht des Mieters)	15	5	10	LG	TA 10 / Mietaufwand 10
e)	Am 31. August 20_1 im Voraus erhaltener Mietzins von 18 für 6 Monate. (Sicht des Vermieters)	18	12	6	LS	Mietertrag 6 / TP 6
f)	Am 31. Juli 20_1 für ein Jahr vorausbezahlte Sachversicherungsprämien von 12. (Sicht des Versicherten)	12	5	7	LG	TA 7 / Versicherungsaufwand 7
g)	Eine Fahrlehrerin verkaufte Fahrschulabonnemente von 50 gegen bar. Etwa 20 % dieser Fahrstunden sind bis Ende Jahr noch nicht erteilt worden. (Sicht der Fahrlehrerin)	50	40	10	LS	Fahrschulertrag 10 / TP 10
h)	Am 31. Oktober 20_1 erhaltene und einen Monat später bezahlte Rechnung von 12 für die Reparatur an einer Maschine. (Sicht des Maschinenbesitzers)	12	12	0	—	keine Abgrenzung

① In dieser Spalte ist der im Jahr 20_1 bereits verbuchte Betrag anzugeben. Beachten Sie, dass **unter dem Jahr fast alle Buchungen entweder auf Zahlungsvorgänge oder eingehende bzw. ausgehende Rechnungen zurückzuführen sind.**

② In dieser Spalte ist anzugeben, wie gross der Aufwands- bzw. der Ertragsanteil für das Geschäftsjahr 20_1 ist.

③ In dieser Spalte ist anzugeben, wie gross der Aufwands- bzw. der Ertragsanteil für das Geschäftsjahr 20_2 ist.

④ Geben Sie in dieser Spalte an, ob für die betreffende Unternehmung Ende 20_1 ein Leistungsguthaben (LG), eine Leistungsschuld (LS), ein Geldguthaben (GG) oder eine Geldschuld (GS) besteht.

Rechnungsabgrenzungen und Rückstellungen

27.05

Im Kontenrahmen KMU gibt es vier Konten für die zeitliche Rechnungsabgrenzung:

Konto-Nr.	Name des Kontos	Erläuterung
1300	Bezahlter Aufwand des Folgejahres (Vorausbezahlter Aufwand)	Dieser Aufwand wurde zwar im alten Jahr bezahlt, aber er betrifft erst das nächste Jahr (so genannter Aufwandsvortrag).
1301	Noch nicht erhaltener Ertrag	Dieser Ertrag gehört noch ins alte Jahr, obwohl die Zahlung erst im nächsten Jahr erfolgen wird (Ertragsnachtrag).
2300	Noch nicht bezahlter Aufwand	Dieser Aufwand gehört noch ins alte Jahr, obwohl die Zahlung erst im nächsten Jahr erfolgen wird (Aufwandsnachtrag).
2301	Erhaltener Ertrag des Folgejahres (Im Voraus erhaltener Ertrag)	Die Zahlung ist bereits eingegangen, aber der Ertrag gehört ins nächste Jahr (Ertragsvortrag).

Wie lauten die Buchungen für die zeitlichen Abgrenzungen in den vier Beispielen aus unterschiedlichen Unternehmungen? (In Beispiel 1 ist der Pfeil als Musterlösung bereits eingetragen, es fehlt aber noch die passende Kontenbezeichnung.)

■ **Beispiel 1** Anfang November wurde der Mietzins für ein halbes Jahr zum Voraus bezahlt. Wie bucht der Mieter am Jahresende?

6000 Raumaufwand

■ **Beispiel 2** Kunden eines Reisebüros haben die Reisen im alten Jahr zum Voraus bezahlt und werden die Leistungen erst im neuen Jahr beziehen. Wie bucht das Reisebüro am Jahresende?

3400 Ertrag aus Verkauf von Reisen

■ **Beispiel 3** Für ein Darlehen wird der Jahreszins jeweils Anfang Oktober nachschüssig bezahlt. Wie bucht der Darleiher am Jahresende?

6950 Zinsertrag

■ **Beispiel 4** Für ein Darlehen wird der Jahreszins jeweils Anfang Oktober nachschüssig bezahlt (gleiches Beispiel wie oben). Wie bucht der Borger am Jahresende?

6900 Zinsaufwand

Rechnungsabgrenzungen und Rückstellungen 27

27.06

Lösen Sie folgende Aufgaben im Zusammenhang mit der Rechnungsabgrenzung aus verschiedenen Unternehmungen:

▶ Handelt es sich bei den genannten Buchungen jeweils um eine Bildung oder um eine Rückbuchung von Rechnungsabgrenzungen (ankreuzen)?

▶ Beschreiben Sie die zu den Buchungssätzen gehörenden Geschäftsfälle in Stichworten.

Nr.	Buchung	Bildung	Rückbuchung	Geschäftsfall
1	Aktive Rechnungsabgrenzungen/ Mietaufwand (Raumaufwand)			
2	Aktive Rechnungsabgrenzungen/ Zinsertrag			
3	Zinsaufwand/ Passive Rechnungsabgrenzungen			
4	Reiseertrag/ Passive Rechnungsabgrenzungen			
5	Passive Rechnungsabgrenzungen/ Zinsaufwand			
6	Mietertrag (oder Liegenschaftsertrag)/ Passive Rechnungsabgrenzungen			
7	Versicherungsaufwand/ Aktive Rechnungsabgrenzungen			
8	Prämienertrag/ Passive Rechnungsabgrenzungen			

27.07

Einem Mitarbeiter wird am 15. Dezember 20_1 ein Lohnvorschuss von CHF 2 000 zulasten des Bankguthabens ausbezahlt. Die Rückzahlung des Vorschusses erfolgt durch einen Abzug bei der Lohnauszahlung je hälftig im Januar und Februar 20_2.

a) Wie verbucht die Unternehmung den Vorschuss am 15. Dezember 20_1 auf der Grundlage des Kontenrahmens KMU?[1]

b) Wie lautet die zeitliche Abgrenzung per 31. Dezember 20_1?

[1] Es handelt sich um die Gewährung eines Darlehens der Unternehmung an den Mitarbeiter. Das ist eine erfolgsneutrale Transaktion.

Die Erfassung als Lohnaufwand würde zu Sozialversicherungsabzügen führen (u. a. Arbeitnehmer-Beiträge an die AHV, die Arbeitslosenversicherung oder die Pensionskasse), was nicht korrekt wäre, weil diese erst im nächsten Jahr geschuldet werden. Mehr zur Lohnabrechnung erfahren Sie in Kapitel 36.

Rechnungsabgrenzungen und Rückstellungen

27.08

Gegeben ist diese unvollständige Bilanz eines Handelsbetriebs in Kurzzahlen:

Schlussbilanz per 31. 12. 20_5

Aktiven			Passiven		
Umlaufvermögen			**Fremdkapital**		
Flüssige Mittel	50		Verbindlichkeiten L+L	700	
Forderungen L+L	800			20	
....	15		....	35	
....	25		Passivdarlehen	550	
Warenvorrat	590	1 480	....	45	1 350
Anlagevermögen			**Eigenkapital**		
Sachanlagen	420		Aktienkapital	400	
Aktivdarlehen	100	520	Gewinnreserven und Gewinnvortrag	250	650
		2 000			2 000

a) Vervollständigen Sie die Bilanz durch folgende fünf Kontengruppen (die Beträge haben in dieser Aufgabenstellung keine Bedeutung, weshalb die Reihenfolge der Konten für die Lösung der Aufgabe keine Rolle spielt):

▶ Vorausbezahlter Aufwand (bezahlter Aufwand des Folgejahres)
▶ Im Voraus erhaltener Ertrag (erhaltener Ertrag des Folgejahres)
▶ Noch nicht bezahlter Aufwand
▶ Noch nicht erhaltener Ertrag
▶ Rückstellungen

b) Welche Geschäftsfälle gehören zu welcher Kontengruppe (ankreuzen)?

Nr.	Geschäftsfall	Voraus-bezahlter Aufwand	Noch nicht erhaltener Ertrag	Im Voraus erhaltener Ertrag	Noch nicht bezahlter Aufwand	Rück-stellungen
1	Aufgelaufener Zins auf Passivdarlehen					
2	(Von uns) im Voraus bezahlte Sachversicherungsprämien					
3	Ein Kunde macht auf gerichtlichem Weg einen Schaden geltend, der durch eine unserer Lieferungen entstanden ist. Unser Risiko ist in der Bilanz zu berücksichtigen.					
4	Aufgelaufener Zins auf Aktivdarlehen					
5	(Von uns) im Voraus bezahlte Mietzinse					

27.09

Lösen Sie zu den Rückstellungen diese Aufgaben:

a) Wie verbucht ein Zigarettenproduzent die folgenden Geschäftsfälle? Die Zahlen sind in der unten stehenden Lösungshilfe in Millionen Franken einzusetzen.

15.11.20_1	Krebskranke Raucher haben den Zigarettenproduzenten auf Schadenersatz eingeklagt. Es ist damit zu rechnen, dass im nächsten Jahr aufgrund des Gerichtsurteils Schadenersatzansprüche von CHF 20 000 000.– zur Zahlung fällig werden könnten.
31.12.20_1	Jahresabschluss
01.01.20_2	Eröffnung
28.08.20_2	Aufgrund des Gerichtsurteils werden Schadenersatzzahlungen zulasten von Bankguthaben CHF 12 000 000.– geleistet.
28.08.20_2	Eine Neubeurteilung des Risikos erlaubt die Reduktion der gebildeten Rückstellung auf CHF 5 000 000.–.
31.12.20_2	Jahresabschluss

Geschäftsjahr 20_1

Datum	Text	Buchung	Rückstellungen		Aufwand für Schadenersatz	
15.11.20_1						
31.12.20_1	Abschluss					

Geschäftsjahr 20_2

Datum	Text	Buchung	Rückstellungen		Aufwand für Schadenersatz	
01.01.20_2	Eröffnung					
28.08.20_2						
31.12.20_2	Abschluss					

Aufgabe 27.09

b) Welche Aussagen zu den Rückstellungen sind richtig bzw. falsch (ankreuzen)?

Nr.	Aussage	Richtig	Falsch
1	Rückstellungen sind Fremdkapital.		
2	Rückstellungen sind immer kurzfristig.		
3	Typisch für Rückstellungen ist die ungewisse Höhe.		
4	Rückstellungen müssen gebildet werden zum Beispiel für Prozessrisiken bei hängigen Gerichtsverfahren oder für versprochene Garantieleistungen.		
5	Bei der Bildung von Rückstellungen erfolgt die Sollbuchung über ein Aufwands- oder Ertragskonto.		
6	Die Bildung von Rückstellungen führt zu einer Erhöhung des Fremdkapitals.		
7	Durch die Bildung von Rückstellungen wird der ausgewiesene Erfolg des Geschäftsjahres verbessert.		
8	Eine Auflösung von Rückstellungen ist immer erfolgsunwirksam.		
9	Rückstellungen werden zum Beispiel aufgelöst, wenn das Risiko nicht mehr besteht.		

c) Wie werden die folgenden Geschäftsfälle verbucht?

Datum	Geschäftsfall	Sollbuchung	Habenbuchung	Betrag
10.05.	Die vor drei Jahren für einen Prozess gebildete Rückstellung wird aufgelöst, da das Gerichtsurteil zu unseren Gunsten lautet.			80 000
13.08.	Bankzahlung eines Schadenfalls zulasten der Rückstellungen			15 000
31.12.	Bildung von Rückstellungen für unterlassene Instandstellungsarbeiten an der eigenen Liegenschaft			50 000
31.12.	Bildung einer Rückstellung für gewährte Garantien			70 000
31.12.	Aufgelaufene Schuldzinsen			6 000
31.12.	Verminderung der Wertberichtigung Forderungen L+L			8 000

27.10

Vom **Architekturbüro W. Müller** sind die Eröffnungsbilanz sowie der summarisch zusammengefasste Geschäftsverkehr bekannt. Alle Zahlen sind in CHF 1 000.–.

Zu führen sind das Journal sowie das Hauptbuch. Ende Jahr sind die Schlussbilanz sowie die Erfolgsrechnung aufzustellen.

Eröffnungsbilanz per 1.1.20_7

Aktiven		Passiven	
Bankguthaben	17	Verbindlichkeiten L+L	7
Forderungen L+L	200	Passive Rechnungsabgrenzungen	2
./. WB Forderungen L+L	−10	Darlehen	50
Einrichtungen	100	Rückstellungen	8
./. WB Einrichtungen	−40	Eigenkapital	200
	267		267

Journal 20_7

Nr.	Geschäftsfall	Soll	Haben	Betrag
1	Rückbuchung des Ende 20_6 zeitlich abgegrenzten Zinsaufwands			2
2	An Kunden versandte Rechnungen für erbrachte Architekturleistungen			600
3	Bankzahlungen von Kunden			575
4	Bankzahlungen für Personalaufwand (inkl. Eigenlohn für den Geschäftsinhaber)			400
5	Bankbelastung für den Darlehenszins (Zinstermin 30.04., Zinsfuss 6 %)			
6	Eine Forderung ist infolge Konkurses eines Kunden abzuschreiben.			5
7	Rechnungen für übrigen Aufwand			130
8	Bankzahlungen von Rechnungen für übrigen Aufwand			128
9	Privatbezüge mit der Bancomatkarte zulasten des Bankkontos des Geschäfts			35
10	Abschreibung der Einrichtungen: 20 % des Anschaffungswerts			
11	Die Wertberichtigung auf Forderungen soll gleich viele Prozente betragen wie im Vorjahr.			
12	Zeitliche Abgrenzung des Zinses auf dem Bankdarlehen			
13	Die Rückstellungen sind zulasten des Honorarertrags auf 12 zu erhöhen.			
14	Gutschrift Eigenzins: 3,5 % auf Anfangskapital			
15	Saldierung des Privatkontos			
16	Übertrag des Jahresgewinns			

Aufgabe 27.10

Hauptbuch 20_7

Bankguthaben

Forderungen L+L

WB Forderungen L+L

Einrichtungen

WB Einrichtungen

Verbindlichkeiten L+L

Passive Rechnungsabgr.

Darlehen

Rückstellungen

Eigenkapital

Privat

Personalaufwand

Übriger Aufwand

Abschreibungen

Zinsaufwand

Dienstleistungsertrag

Verluste Forderungen

Erfolgsrechnung 20_7

Schlussbilanz 31.12.20_7

Rechnungsabgrenzungen und Rückstellungen 27

27.11

Von der **Aushub- und Abbruch AG** liegt eine provisorische Saldobilanz[1] in Kurzzahlen vor.

Saldobilanzen per 31.12.20_4

Konten	Provisorische Saldobilanz		Nachträge		Definitive Saldobilanz	
Bankguthaben	36					
Forderungen L+L	240					
WB Forderungen L+L		15				
Vorräte	20					
Aktive Rechnungsabgrenzungen	0					
Mobiliar	30					
Maschinen und Fahrzeuge	600					
WB Maschinen und Fahrzeuge		130				
Verbindlichkeiten L+L		50				
Bankdarlehen		200				
Passive Rechnungsabgrenzungen		0				
Rückstellungen		10				
Aktienkapital		250				
Gesetzliche Gewinnreserve		70				
Gewinnvortrag		7				
Ertrag aus Arbeiten		700				
Verluste Forderungen	5					
Personalaufwand	340					
Übriger Aufwand	150					
Abschreibungen Mobiliar						
Abschreibungen Fahrzeuge						
Zinsaufwand Bankdarlehen	11					
	1 432	1 432				

[1] Die **Saldobilanz** ist eine Gegenüberstellung aller Salden der Bilanz- und Erfolgskonten. Provisorisch nennt man die Saldobilanz, weil vor dem endgültigen Abschluss noch Nachträge berücksichtigt werden müssen.

Aufgabe 27.11

a) Verbuchen Sie die folgenden Tatbestände in der Spalte «Nachträge», und erstellen Sie die definitive Saldobilanz.

1	Das Mobiliar ist um 20% des Buchwerts abzuschreiben.
2	Die Fahrzeuge sind um 25% des Anschaffungswerts abzuschreiben.
3	Die Wertberichtigung für Forderungen L+L soll 5% des Bestandes an Forderungen L+L betragen.
4	Das Darlehen ist am 31. Mai und am 30. November zu verzinsen.
5	Die Rückstellungen für Garantieleistungen werden zulasten des Ertrags auf 2% des Umsatzes festgelegt.
6	Vorausbezahlte Sachversicherungsprämien von 2 sind zeitlich abzugrenzen.

b) Erstellen Sie die Erfolgsrechnung in Berichtsform.

Erfolgsrechnung 20_4

c) Wie setzt sich das Eigenkapital nach Verbuchung des Gewinns zusammen?

Eigenkapital per 31.12.20_4

Rechnungsabgrenzungen und Rückstellungen 27

27.12

Nennen Sie die Buchungssätze für die **Einzelfirma B. Müller,** die sich auf die Organisation von Sportanlässen spezialisiert hat. Der Jahresabschluss erfolgt am 31. Dezember 20_4.

Journal 20_4

Nr.	Text	Sollbuchung	Habenbuchung	Betr
1	Rechnung des Elektrizitätswerks des Kantons Wallis für Strombezüge des Geschäfts			2
2	Honorarrechnung von B. Müller an einen Kunden			180
3	Seit zwei Jahren besteht ein Passivdarlehen von CHF 300 000, das halbjährlich per Ende April und Ende Oktober konstant zu 4 % verzinslich ist. Wie wird die Bankbelastung vom 31. 10. 20_4 verbucht?			
4	Wie lautet Ende Jahr die zeitliche Abgrenzung des Zinses auf dem Darlehen gemäss Nr. 3?		Bankguthaben	
5	Am 30. 11. 20_4 wird der Mietzins für die Geschäftslokalitäten für die Monate Dezember, Januar und Februar zum Voraus per Bank überwiesen.			15
6	Der Mietzins von Nr. 5 ist per Ende Jahr zeitlich abzugrenzen.			
7	B. Müller macht einen Bargeldbezug ab dem Bankkonto des Geschäfts für private Zwecke.			3
8	Rechnung für den grossen Service am Geschäftsauto			1
9	Die Klavierstunden der Tochter von B. Müller werden über das Bankkonto des Geschäfts bezahlt.			
10	Die Wertberichtigung auf Forderungen L+L wird in der Schlussbilanz jeweils mit 5 % des Bestandes an Forderungen L+L eingesetzt. Buchung Ende 20_4? ▶ Forderungsbestand Ende 20_3 CHF 50 000 ▶ Forderungsbestand Ende 20_4 CHF 40 000			
11	Die kurzfristigen Rückstellungen für die Risiken aus ausgeführten Arbeiten werden zulasten des Dienstleistungsertrags von CHF 25 000 auf CHF 28 000 erhöht.			
12	Eine Kundenforderung ist infolge Konkurses definitiv abzuschreiben.			8
13	Ende Jahr ist der Privatanteil am Geschäftsfahrzeug zu verbuchen. Er beträgt pro Monat 0,8 % des Anschaffungswerts des Fahrzeugs von CHF 60 000.			
14	Verbuchung eines Eigenzinses von 3 % auf dem investierten Eigenkapital von CHF 200 000			
15	Das Privatkonto weist vor dem Abschluss einen Sollüberschuss aus; es ist auszugleichen.			5

Rechnungsabgrenzungen und Rückstellungen 27

27.13

Führen Sie für die **Macchina SA,** Bellinzona, das Journal für die Abschlussbuchungen per 31. Dezember 20_6 in CHF. Kontenbezeichnungen gemäss Kontenrahmen KMU.

Journal 20_6

Text	Sollbuchung	Habenbuchung	Betrag
Bankgutschrift für Zinsen auf dem Kontokorrent-Konto 2 925. Die Verrechnungssteuer ist auch zu buchen.			
Indirekte Abschreibung einer Maschine: Anschaffungswert 800 000, Nutzungsdauer 5 Jahre, Liquidationswert am Ende der Nutzungsdauer 100 000, lineare Abschreibung			
Die Wertberichtigung auf Forderungen L+L gegenüber ausländischen Kunden soll 10 % betragen. ▸ Anfangsbestand Forderungen L+L Ausland 65 000 ▸ Schlussbestand Forderungen L+L Ausland 58 000			
Aufgelaufene Zinsen auf einem Passivdarlehen von 60 000, Zinsfuss 5 %, halbjährliche Zinstermine 30. April und 31. Oktober			
Zeitliche Abgrenzung des am 1. November per Banküberweisung von 9 000 für ein halbes Jahr vorausbezahlten Mietzinses			
Die Rückstellungen für Garantiearbeiten werden jeweils mit 1 % des Umsatzes als Minderung des Produktionserlöses verbucht. ▸ Anfangsbestand Rückstellungen 50 000 ▸ Produktionserlös 20_6 4 600 000			
Die von den Mitarbeitenden noch nicht bezogenen Ferienguthaben werden zeitlich abgegrenzt.[1] ▸ Anfangsbestand Ferienguthaben 70 000 ▸ Schlussbestand Ferienguthaben 76 000			
Zeitliche Abgrenzung einer am 31. Mai per Banküberweisung von 1 200 für ein Jahr vorausbezahlten Versicherungsprämie			
Degressive, indirekte Abschreibung eines Fabrikgebäudes. Das Land ist in der Buchhaltung separat erfasst. Anschaffungswert 2 000 000, Wertberichtigung Anfang Jahr 307 200, Abschreibungssatz gemäss Merkblatt ESTV			
Ein Erzeugnisverkauf von EUR 4 000 wurde zum Kurs CHF 1.10/EUR erfasst. Die Rechnung ist noch offen. Die Kurse betragen am Jahresende: 1.02 (Geld) bzw. 1.05 (Brief).			
Aufgelaufene Zinsen auf einem Aktivdarlehen von 20 000, Zinsfuss 6 %, jährlicher Zinstermin 31. August			
Übertrag des Jahresgewinnes von 90 000 auf den Gewinnvortrag			

[1] Der Lohnaufwand und die darauf geschuldeten Sozialabgaben wie AHV-, ALV- oder PK-Beiträge sind in der laufenden Periode richtig verbucht worden. Der Personalaufwand ist aber höher als der verbuchte Lohnaufwand inkl. Sozialleistungen, weil die Mitarbeitenden mehr geleistet haben, indem sie nicht alle Ferien bezogen haben. Sie werden nächstes Jahr bei voller Lohnzahlung weniger leisten, indem sie die Ferien einziehen.

Da die Sozialabgaben sowohl in der laufenden wie auch in der nächsten Periode anlässlich der Lohnzahlungen jeweils korrekt verbucht werden, muss die Korrekturbuchung über den übrigen Personalaufwand vorgenommen werden, weil der übrige Personalaufwand keinen Sozialabgaben unterliegt.

3. Teil Ausgewählte Themen

Einkauf, Verkauf und Vorräte

a) Handelsbetrieb

31.01

Verbuchen Sie den summarisch zusammengefassten Warenverkehr der **H. Mattle AG**, und bestimmen Sie den Warenaufwand, den Nettoerlös sowie den Bruttogewinn. Die Mehrwertsteuer ist in allen Aufgaben von Kapitel 31 zu vernachlässigen. Bank aktiv.

Wareneinkäufe

Nr.	Text	Sollbuchung	Habenbuchung	Verbindlichkeiten L+L	Warenaufwand
1	Anfangsbestand Verbindl. 120				
2	Wareneinkäufe auf Kredit 800				
3	Frachtkosten zulasten des Käufers bar bezahlt 20				
4	Gutschriften für Rücksendungen mangelhafter Ware 40				
5	Gutschriften für nachträglich erhaltene Rabatte 30				
6	Zahlungen an Lieferanten: ▶ Skontoabzüge 10 ▶ Banküberweisungen 650				
7	Schlussbestand Verbindl.				
8					

Warenverkäufe

Nr.	Text	Sollbuchung	Habenbuchung	Forderungen L+L	Warenertrag
1	Anfangsbestand Forderungen 200				
2	Warenverkäufe auf Kredit 1 300				
3	Frachtkosten zulasten des Verkäufers bar bezahlt 30				
4	Gutschriften für Rücknahmen mangelhafter Ware 50				
5	Gutschriften für nachträglich gewährte Rabatte 40				
6	Zahlungen von Kunden: ▶ Skontoabzüge 20 ▶ Banküberweisungen 1 100				
7	Schlussbestand Forderungen				
8					

Einkauf, Verkauf und Vorräte — 31

31.02

Lösen Sie für den Handelsbetrieb **N. Kunz** folgende Aufgaben:

a) Verbuchen Sie den summarisch zusammengefassten Warenverkehr. Bank aktiv.

Wareneinkäufe

Nr.	Text	Sollbuchung	Habenbuchung	Warenaufwand	Warenertrag
1	Wareneinkäufe auf Kredit 500				
2	Gutschriften von Lieferanten für nachträgliche Rabatte 25				
3	Zollrechnung für importierte Waren 3				
4	Warenverkäufe auf Kredit 900				
5	Eingangsfrachten zulasten des Käufers bar bezahlt 4				
6	Ausgangsfrachten zulasten des Verkäufers bar bezahlt 6				
7	Gutschriften an Kunden für mangelhafte Ware 9				
8	Gutschriften von Lieferanten für mangelhafte Ware 2				
9	Zahlungen von Kunden: ▶ Skonto 10 ▶ Banküberweisungen 910				
10	Zahlungen an Lieferanten: ▶ Skonto 5 ▶ Banküberweisungen 460				
11	Saldo Warenaufwand				
12	Saldo Warenertrag				

b) Berechnen Sie den Brutto- und den Reingewinn, sofern sich der Gemeinaufwand wie folgt zusammensetzt: Personalaufwand 150, Raumaufwand 40, Abschreibungsaufwand 30, Zinsaufwand 20, übriger Aufwand 90.

Erfolgsrechnung

= **Bruttogewinn**

= **Reingewinn**

c) Wie hoch ist der Schlussbestand an Forderungen L+L, wenn der Anfangsbestand 90 betrug?

Einkauf, Verkauf und Vorräte 31

31.03

Verbuchen Sie die Geschäftsfälle der **Import und Export AG.** Bankkonto aktiv.

Nr.	Geschäftsfall	Sollbuchung	Habenbuchung	Forderungen L+L	Verbindlichkeiten L+L
1	Für einen Wareneinkauf werden EUR 4 000 fakturiert und zum Buchkurs von CHF 1.10/EUR erfasst.				
2	Die Rechnung von Nr. 1 wird mittels Banküberweisung unter Abzug von 2 % Skonto bezahlt. Die Bank belastet CHF 4 508.				
3	Für einen Warenverkauf werden USD 6 000 fakturiert und zum Buchkurs von CHF 0.95/USD erfasst.				
4	Die Rechnung von Nr. 3 wird mittels Banküberweisung unter Abzug von 3 % Skonto bezahlt. Die Bank schreibt CHF 5 238 gut.				

31.04

Vervollständigen Sie das Journal für die Handelsgesellschaft **P. Kohler,** Männedorf. Die Geschäftsfälle mit derselben Nummer gehören zusammen.

Nr.	Text	Sollbuchung	Habenbuchung	Betrag
1a		Forderungen L+L	Warenertrag	3 000
b		Warenertrag	Forderungen L+L	60
		Bankguthaben	Forderungen L+L	2 940
2a		Warenaufwand	Verbindlichkeiten L+L	4 000
b		Verbindlichkeiten L+L	Warenaufwand	400
c		Verbindlichkeiten L+L	Warenaufwand	72
		Verbindlichkeiten L+L	Bankguthaben	3 528
3	Barzahlung von P. Kohler für Porto beim Warenverkauf (Frankolieferung).			20
4	Barzahlung von P. Kohler für Porto beim Wareneinkauf (Frankolieferung).			10

31.05

Wie lauten die Buchungssätze für den Warenhandelsbetrieb **N. Hess,** Stäfa? Bank aktiv.

1. Rechnung des Lieferanten Meier AG, Bern, CHF 4000 brutto, abzüglich 10 % Rabatt.
2. Barzahlung für Transportkosten auf der Lieferung von Meier AG, Bern, CHF 100. Es war Frankolieferung vereinbart.
3. Faktura für Warenlieferung an Sieber GmbH, Zug, CHF 10 000 brutto, abzüglich 20 % Rabatt.
4. Rechnung des Spediteurs für Transportkosten von CHF 140 auf der Lieferung an Sieber GmbH, Zug. Es war Frankolieferung vereinbart.
5. Rechnung für Warenlieferung an S. Huber, St. Gallen, CHF 4000.
6. Gutschrift von Lieferant Meier AG, Bern, für zurückgesandte Waren, CHF 500.
7. Bankzahlung der Restschuld an Meier AG, Bern, unter Abzug von 3 % Skonto.
8. Bankzahlung von Sieber GmbH, Zug, unter Abzug von 2 % Skonto.
9. Gegen S. Huber, St. Gallen, wird die Betreibung eingeleitet. Der Kostenvorschuss von CHF 300 wird per Bank einbezahlt.
10. Kreditkauf eines neuen Fahrzeugs für CHF 35 000. Das bisherige Fahrzeug wird eingetauscht und vom Autoverkäufer für CHF 9000 angerechnet. Der Anschaffungswert des an Zahlung gegebenen Fahrzeugs beträgt CHF 30 000, die kumulierten Abschreibungen belaufen sich auf CHF 24 000.
11. N. Hess entnimmt dem Lager Waren im Einstandswert von CHF 1500 für private Zwecke.
12. Faktura für Warenverkauf an F. Schmidt, Frankfurt, EUR 1000. Die Umrechnung erfolgt zum Buchkurs von CHF 1.10/EUR.
13. Rechnung für Wareneinkauf von J. Smith, New York, USD 2000. Die Umrechnung erfolgt zum Buchkurs von CHF 0.90/USD.
14. Das Konkursamt überweist aus der Betreibung gegen S. Huber, St. Gallen, CHF 800 per Bank. Der Rest ist abzuschreiben.
15. F. Schmidt, Frankfurt, begleicht seine Schuld durch Bankzahlung. Die Gutschrift beträgt CHF 1050.
16. Ende Jahr wird von einem wichtigen Lieferanten ein Umsatzbonus von CHF 2400 erwartet. Die Gutschrift ist noch ausstehend.
17. Die Rechnung von J. Smith, New York, ist Ende Jahr noch offen. Für die Bilanzierung stehen folgende Kurse zur Verfügung:

	Ankauf	Verkauf
Devisen	0.93	0.95
Noten	0.89	0.99

18. Auf den inländischen Kundenguthaben wird jeweils beim Abschluss eine Wertberichtigung von 5 % gebildet, auf den ausländischen eine solche von 10 %. Es sind zwei getrennte Buchungen vorzunehmen.

	Anfang Jahr	Ende Jahr
Forderungen Inland	CHF 72 000	CHF 84 000
Forderungen Ausland	CHF 30 000	CHF 25 000

19. Ende Jahr wird der Privatanteil von N. Hess am Geschäftsfahrzeug von CHF 1800 verbucht.
20. Eine Darlehensschuld von CHF 60 000 muss zu 5 % verzinst werden. Der jährliche Zinstermin ist am 30. April. Zu buchen ist die zeitliche Abgrenzung Ende Jahr.

Einkauf, Verkauf und Vorräte — 31

31.06

E. Lirk, Rapperswil, handelt mit Hometrainern für die Bauchmuskulatur. Der Einstandspreis beträgt CHF 100/Stück, der Verkaufspreis CHF 150/Stück. Alle Käufe und Verkäufe werden bar abgewickelt.

Verbuchen Sie die Ein- und Verkäufe sowie die Vorratsänderungen für die Monate Januar bis März.

Januar

Text	Buchung	Warenvorrat	Warenaufwand	Warenertrag
Anfangsbestand 2 Stück				
Einkauf 10 Stück				
Verkauf 10 Stück				
Vorratsänderung ..... Stück				
Schlussbestand ..... Stück				
Saldo Warenaufwand				
Saldo Warenertrag				

Februar

Text	Buchung	Warenvorrat	Warenaufwand	Warenertrag
Anfangsbestand ..... Stück				
Einkauf 10 Stück				
Verkauf 6 Stück				
Vorratsänderung ..... Stück				
Schlussbestand ..... Stück				
Saldo Warenaufwand				
Saldo Warenertrag				

März

Text	Buchung	Warenvorrat	Warenaufwand	Warenertrag
Anfangsbestand ..... Stück				
Einkauf 10 Stück				
Verkauf 12 Stück				
Vorratsänderung ..... Stück				
Schlussbestand ..... Stück				
Saldo Warenaufwand				
Saldo Warenertrag				

31.07

Von einem Handelsbetrieb sind folgende Kontensalden (Kurzzahlen) bekannt:

Abschreibungsaufwand	15
Personalaufwand	140
Raumaufwand	40
Übriger Aufwand	30
Warenaufwand	650
Warenertrag	900
Zinsaufwand	5

a) Erstellen Sie die zweistufige Erfolgsrechnung in Kontoform:

Erfolgsrechnung 20_1 (in CHF 1 000.–)

b) Erstellen Sie die zweistufige Erfolgsrechnung in Berichtsform:

Erfolgsrechnung 20_1 (in CHF 1 000.–)

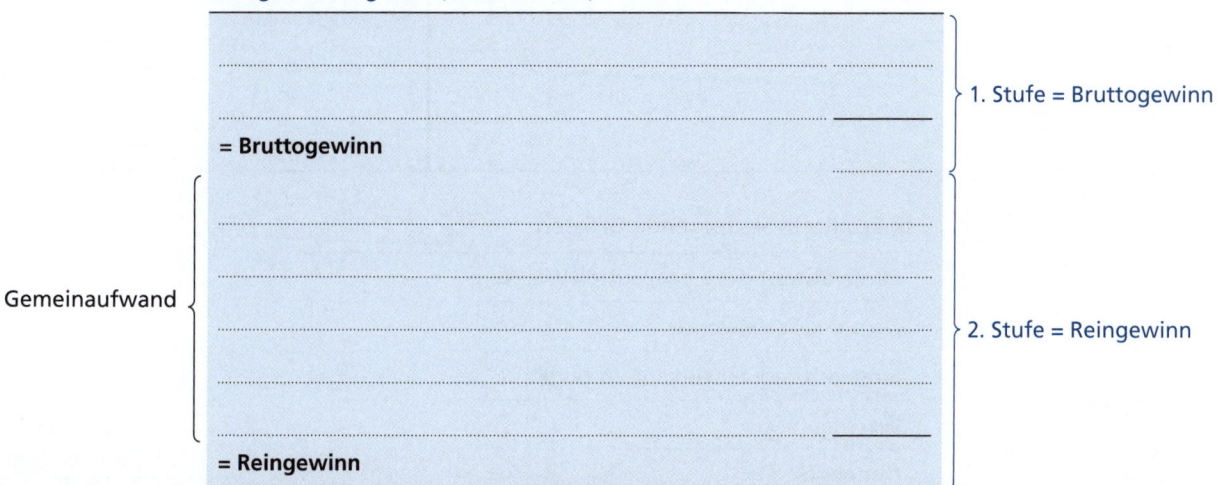

Einkauf, Verkauf und Vorräte

31.08

Vom Handelsbetrieb **M. Hardegger,** Basel, liegen diese summarisch zusammengefassten Informationen vor:

Anfangsbestand der Vorräte	50
Lieferantenrechnungen für Wareneinkäufe	512
Bezugskosten bei Wareneinkäufen	20
Fakturierte Warenverkäufe	820
Gutschriften an Kunden für Retouren und nachträgliche Rabatte	22
Gutschriften von Lieferanten für Retouren und nachträgliche Rabatte	15
Von Kunden abgezogene Skonti	8
Skontoabzüge bei Lieferantenrechnungen	7
Schlussbestand der Vorräte gemäss Inventar	60

a) Führen Sie diese drei Konten unter Angabe von Texten und Beträgen:

Warenvorrat

Warenaufwand

Warenertrag

b) Ermitteln Sie folgende Grössen:

Einstandswert der eingekauften Waren	
Zunahme Warenvorrat	
Einstandswert der verkauften Waren	
Warenaufwand	
Nettoerlös	
Bruttogewinn	

Einkauf, Verkauf und Vorräte

31

31.09

H. Koch, Bauma, kauft das Naturheilmittel *Mensana* zum Einstandspreis von CHF 3 je Flasche und verkauft dieses zu CHF 5 je Flasche. Alle Transaktionen auf Kredit.

Verbuchen Sie die Ein- und Verkäufe sowie die Vorratsänderungen für die Monate Oktober bis Dezember.

Oktober

Text	Buchung	Warenvorrat	Warenaufwand	Warenertrag
Anfangsbestand 100 Flaschen				
Einkauf 400 Flaschen				
Verkauf 400 Flaschen				
Vorratsänderung ..... Flaschen				
Schlussbestand ..... Flaschen				
Saldo Warenaufwand				
Saldo Warenertrag				

November

Text	Buchung	Warenvorrat	Warenaufwand	Warenertrag
Anfangsbestand ..... Flaschen				
Einkauf 800 Flaschen				
Verkauf 600 Flaschen				
Vorratsänderung ..... Flaschen				
Schlussbestand ..... Flaschen				
Saldo Warenaufwand				
Saldo Warenertrag				

Dezember

Text	Buchung	Warenvorrat	Warenaufwand	Warenertrag
Anfangsbestand ..... Flaschen				
Einkauf 900 Flaschen				
Verkauf 1 000 Flaschen				
Vorratsänderung ..... Flaschen				
Schlussbestand ..... Flaschen				
Saldo Warenaufwand				
Saldo Warenertrag				

Einkauf, Verkauf und Vorräte 31

31.10

Die Geschäftsfälle eines **Gartencenters** sind summarisch in Kurzzahlen dargestellt. Unter Waren werden Pflanzen, Dünger, Pflanzenschutzmittel, Gartengeräte u. Ä. verstanden.

a) Verbuchen Sie die Geschäftsfälle. Das Bankkonto ist aktiv.

Nr.	Geschäftsfall	Buchung	Warenvorrat	Warenaufwand	Warenertrag
1	Anfangsbestand Vorräte 80				
2	Krediteinkäufe 500				
3	Barverkäufe 850				
4	Gutschriften für nachträglich erhaltene Rabatte 10				
5	Rückzahlungen an Kunden für Retouren mangelhafter Ware 25				
6	Barzahlung für Eingangsfrachten zulasten Gartencenter 8				
7	Barzahlung für Eingangsfrachten für Frankolieferungen 7				
8	Gutschriften von Lieferanten wegen mangelhafter Lieferungen 20				
9	Zahlungen an Lieferanten: ▶ Skonti 5 ▶ Bankbelastungen 455				
10	Rechnung Spediteur für Ausgangsfrachten zulasten Gartencenter 40				
11	Bankzahlungen für Löhne 180				
12	Indirekte Abschreibungen auf Sachanlagen 50				
13	Rechnungen für übrigen Aufwand wie Miete, Energieverbrauch, Dünger, Werbung 110				
14	Bankzahlungen von Rechnungen für übrigen Aufwand 115				
15	Korrekturbuchung				
16	Schlussbestand Vorräte gemäss Inventar 100				
17	Saldo Warenaufwand				
18	Saldo Warenertrag				

b) Wie lautet die zweistufige Erfolgsrechnung in Berichtsform?

c) Was bedeutet der Saldo im Konto Warenertrag (ankreuzen)?
- [ ] Totalbetrag aller Rechnungen an Kunden
- [ ] Einstandswert der verkauften Waren
- [ ] Nettoerlös aus dem Verkauf von Waren
- [ ] Bruttogewinn

d) Was bedeutet der Saldo im Konto Warenaufwand (ankreuzen)?
- [ ] Zahlungen an Lieferanten
- [ ] Einkauf von Waren zu Einstandspreisen
- [ ] Verkauf von Waren zu Einstandspreisen
- [ ] Warenaufwand

31.11

Bestimmen Sie die fehlenden Grössen.

Aufgabe	Anfangsbestand	Schlussbestand	Vorratsänderung	Einstandswert der eingekauften Waren	Einstandswert der verkauften Waren (Warenaufwand)	Nettoerlös	Bruttogewinn
a)	50		0	500		800	
b)	10		+ 3	80		100	
c)		20	30		150	200	
d)		8	6		50	70	
e)		20	+ 6	100			46
f)		25	– 5		205	300	
g)	40	38				500	198
h)		19		90		120	34
i)	17		– 3			160	44

31.12

Ein Lieferant bietet auf seiner Rechnung folgende Zahlungsbedingungen an: 30 Tage netto oder 10 Tage 2 % Skonto.

a) Welcher Jahreszinsfuss liegt dieser Zahlungsbedingung zugrunde?

b) Warum wurde der Skonto in Teilaufgabe a) auf ein Jahr umgerechnet?

c) Lohnt es sich als Kunde, den Skonto abzuziehen?

d) Was veranlasst den Lieferanten, Skonto zu gewähren?

e) Könnten Skontoabzüge beim Wareneinkauf statt als Warenaufwandsminderung auch als Zinsertrag verbucht werden?

Einkauf, Verkauf und Vorräte 31

31.13

Lösen Sie für die **Handel GmbH** folgende Aufgaben:

a) Skizzieren Sie die Konten Warenvorrat, Warenaufwand sowie Warenertrag, und verbuchen Sie die in alphabetischer Reihenfolge aufgeführten Tatbestände mit Text und Betrag:

Anfangsbestand Warenvorrat	50
Bezahlte Ausgangsfrachten zulasten der Handel GmbH	16
Bezahlte Ausgangsfrachten zulasten der Kunden	3
Bezahlte Eingangsfrachten zulasten der Handel GmbH	9
Bezahlte Eingangsfrachten zulasten der Lieferanten	11
Fakturierte Wareneinkäufe	600
Fakturierte Warenverkäufe	900
Gutschriften für nachträglich erhaltene Rabatte	15
Gutschriften für nachträglich gewährte Rabatte	8
Schlussbestand Warenvorrat gemäss Inventar	40
Von der Handel GmbH abgezogene Skonti	20
Von Kunden abgezogene Skonti	12
Zahlungen an Lieferanten	580
Zahlungen von Kunden	880

b) Weshalb steht bei den Rabatten das Wort *nachträglich*?

c) Wie hoch ist der Bruttogewinn?

d) Was muss mit dem Bruttogewinn gedeckt werden?

31.14

Bestimmen Sie die fehlenden Grössen.

Nr.	Vorrats-änderung	Waren-einkäufe	Waren-aufwand	Nettoerlös	Brutto-gewinn	Gemein-aufwand	Erfolg
1	+ 30	200		280		90	
2		50	60		40		+ 10
3		30	26			25	– 1
4		120		150	45	50	
5	– 8		68		22		+ 2
6	+ 2	66		60		15	

31.15

Welchem Jahreszinsfuss entspricht der Skonto, wenn die Zahlungsbedingung wie folgt lautet: 60 Tage netto oder 20 Tage 3 % Skonto?

Einkauf, Verkauf und Vorräte 31

31.16

Führen Sie das Journal für folgende Geschäftsfälle der Handelsunternehmung **H. Zahir**, Liestal. Die Beträge sind Kurzzahlen. Der Jahresabschluss ist am 31.12.20_1.

Nr.	Geschäftsfall	Betrag
1	Wareneinkauf gegen Rechnung	350
2	Barzahlung für Bezugskosten zulasten des Käufers (Fracht, Verzollung, Transportversicherung) auf Einkauf gemäss Nr. 1	23
3	Warenverkauf gegen Rechnung	400
4	Gutschrift für Rücknahme mangelhafter Ware	20
5	Bankzahlung (aktiv) eines Kunden unter Abzug von 2 % Skonto	196
6	Gutschrift für Umsatzbonus auf Einkäufen (eine Rechnung von 14 des betreffenden Lieferanten ist noch offen)	5
7	Wareneinkauf auf Kredit: Fakturabetrag EUR 100, Buchkurs CHF 1.10/EUR	?
8	Bankzahlung der Rechnung von Nr. 7, Kurs CHF 1.05/EUR	?
9	Bankzahlung an einen Lieferanten unter Abzug von 2 % Skonto	49
10	Warenverkauf auf Kredit: Fakturabetrag USD 200, Buchkurs CHF 1.10/USD	?
11	Bankzahlung der Rechnung von Nr. 10, Kurs CHF 1.05/USD	?
12	Der Barkauf eines Lieferwagens (Katalogpreis 70, 10 % Rabatt) wurde wie folgt verbucht: Fahrzeugaufwand/Bank 70. Dieser Buchungsfehler ist zu korrigieren.	?
13	Warenbezug von H. Zahir für private Zwecke	4
14	Zum Abschluss eines Konkursverfahrens gegen einen Kunden überweist das Konkursamt 20 % der Forderung von 200 durch die Bank; der Rest ist abzuschreiben.	?
15	Warenbezug von H. Zahir für ein Kundengeschenk	2
16	Bankbelastung für einen privaten Bargeldbezug am Bancomaten durch H. Zahir	1
17	Ende November zahlt H. Zahir den Mietzins für das Geschäftslokal für die Monate Dezember, Januar und Februar per Bank.	30
18	Zeitliche Abgrenzung am Jahresende für die Mietzinse (siehe Nr. 17)	?
19	Bankbelastung vom 31. August für das halbjährlich zu 4 % verzinsliche Bankdarlehen von 300	?
20	Zeitliche Abgrenzung am Jahresende für die Kapitalzinsen (siehe Nr. 19)	?
21	Private Rechnung von H. Zahir über das Bankkonto des Geschäfts bezahlt	11
22	Indirekte lineare Abschreibung der Ladeneinrichtung (Anschaffungswert 80, Nutzungsdauer 8 Jahre, Restwert am Ende der Nutzungsdauer 8)	?
23	Verminderung der Wertberichtigung auf Forderungen L+L	3
24	Bankgutschrift für Zinsen auf dem Kontokorrent (Verrechnungssteuer auch buchen)	39
25	Korrekturbuchung Abnahme Warenvorrat	19
26	Gutschrift Eigenzins 3 % auf Eigenkapital von 400	?
27	Übertrag Saldo Privatkonto (Habenüberschuss)	4

Einkauf, Verkauf und Vorräte 31

Exkurs Laufende Lagerführung

31.20

Der Handelsbetrieb **B. Heiniger,** Riehen, kauft einen Artikel zum Einstandspreis von CHF 7/Stück und verkauft ihn zum Verkaufspreis von CHF 10/Stück.

a) Wie lauten die Buchungen für den Januar, wenn die **Wareneinkäufe als Warenaufwand** erfasst werden und das Vorratskonto ruhend geführt wird?

Datum	Geschäftsfall	Buchung	Warenvorrat	Warenaufwand	Warenertrag
01.01.	Anfangsbestand 100 Stück zu CHF 7				
12.01.	Krediteinkauf 1 000 Stück zu CHF 7				
23.01.	Kreditverkauf 800 Stück zu CHF 10				
31.01.	Korrekturbuchung für Zunahme Warenvorrat				
31.01.	Warenvorrat gemäss Inventar 300 Stück zu CHF 7				
	Saldo Warenaufwand				
	Saldo Warenertrag				

b) Wie viel Franken betragen folgende Grössen?

Einstandspreis	
Einstandswert der eingekauften Waren	
Einstandswert der verkauften Waren	
Verkaufswert der verkauften Waren	
Warenaufwand	
Nettoerlös	
Bruttogewinn	

Einkauf, Verkauf und Vorräte — 31 — Aufgabe 31.20

c) Wie lauten die Buchungen für den Januar, wenn die **Wareneinkäufe als Warenvorratszunahme** erfasst werden und das Vorratskonto laufend geführt wird?

Datum	Geschäftsfall	Buchung	Warenvorrat	Warenaufwand	Warenertrag
01.01.	Anfangsbestand 100 Stück zu CHF 7				
12.01.	Krediteinkauf 1 000 Stück zu CHF 7				
23.01.	Kreditverkauf 800 Stück zu CHF 10				
	Verbrauch (= Abnahme des Warenvorrats)				
31.01.	Warenvorrat gemäss Inventar 300 Stück zu CHF 7				
	Saldo Warenaufwand				
	Saldo Warenertrag				

d) Vergleichen Sie die beiden Methoden zur Führung der Warenkonten, indem Sie diese Fragen beantworten bzw. das Zutreffende ankreuzen:

Nr.	Frage	Wareneinkauf als Warenaufwand	Wareneinkauf als Vorratszunahme
1	Nach welcher Methode zeigt das Konto Warenvorrat jederzeit den aktuellen (Soll-)Bestand?	☐	☐
2	Welche Buchungen sind bei einem Warenverkauf gegen Rechnung vorzunehmen?		
3	Wie wird der Schlussbestand des Warenvorrats ermittelt?		
4	Bei welcher Methode ist der Warenvorrat ein ruhendes Konto?	☐	☐
5	Welche Korrekturbuchung ist am Periodenende durchzuführen, wenn der Warenvorrat gegenüber dem Anfang abgenommen hat?		
6	Bei welcher Methode ist meist eine Informatik-Unterstützung notwendig?	☐	☐

e) Diese Teilaufgabe nimmt Bezug auf Teilaufgabe d).

   e1) Erklären Sie, weshalb sich die Anzahl Buchungen bei Nr. 2 unterscheidet.

   e2) Begründen Sie Ihre Antwort zu Nr. 6.

   e3) Warum wird in Frage 1 das Wort *Soll* verwendet?

Einkauf, Verkauf und Vorräte — 31

31.21

In der **Paracelsus-Apotheke** wird der Warenverkehr elektronisch abgewickelt:

▶ Jeder Artikel wird beim Einkauf aufgrund elektronischer Lieferscheine automatisch im IT-System erfasst mit Artikelnummer, Menge und Einstandspreis.
▶ Für jeden Artikel ist im IT-System ein Verkaufspreis hinterlegt.
▶ Verkäufe im Laden werden mittels Scanner und Strichcode erfasst.
▶ Für jeden Artikel ist eine Mindestlagermenge (Minimalbestand) abgespeichert. Bei Unterschreiten des Minimalbestandes wird automatisch eine Bestellung ausgelöst und dem Lieferanten via Internet übermittelt. Die Lieferung erfolgt am nächsten Morgen.

Für das Schmerzmittel ASPIRIN (Packung zu 20 Kautabletten) sind am 1. 1. 20_1 im IT-System folgende Werte erfasst: Lagerbestand 6 Packungen, Einstandspreis CHF 7.–, Verkaufspreis CHF 10.–, Minimalbestand 5 Packungen, übliche Bestellmenge 10 Packungen.

a) Wie lautet die vom System automatisch ausgeführte Eröffnungsbuchung am 1. 1. 20_1?

b) Am 3. 1. 20_1 um 16.03 Uhr wird durch den Scanner ein Verkauf von 2 Packungen registriert. Welche Buchungen werden durch das System ausgeführt?

c) Welche Buchung wird am 4. 1. 20_1 ausgeführt, obwohl kein ASPIRIN verkauft worden ist?

Die Inventur wird in dieser Apotheke nicht am Jahresende für das gesamte Lager aufs Mal durchgeführt, sondern laufend, artikelweise über das ganze Jahr verteilt. Diese so genannte permanente Inventur hat den Vorteil, dass die Arbeit besser verteilt werden kann.

Am Abend des 4. 1. 20_1 werden die in der Apotheke vorhandenen ASPIRIN nachgezählt. Dabei wird ein effektiver Bestand von 13 festgestellt.

d) Welches ist die wahrscheinliche Ursache für diese Inventurdifferenz (Inventarmanko)?

e) Wie lautet die Korrekturbuchung für das obige Inventarmanko?

Im Verlaufe des Januars 20_1 wurden insgesamt 30 Packungen ASPIRIN eingekauft und 28 verkauft.

f) Wie gross ist der Lagerbestand Ende Januar mengen- und wertmässig?

g) Wie hoch sind im Januar der Verkaufserlös, der Warenaufwand und der Bruttogewinn?

Einkauf, Verkauf und Vorräte 31

31.22

J. Müller kauft einen Artikel zum Einstandspreis von CHF 3/Stück und verkauft ihn zum Verkaufspreis von CHF 5/Stück weiter.

a) Erfassen Sie den Warenverkehr des Aprils nach zwei Methoden.

Warenvorrat als ruhendes Konto

Datum	Geschäftsfall	Buchung	Warenvorrat	Warenaufwand	Warenertrag
01.04.	Anfangsbestand 300 Stück				
15.04.	Krediteinkauf 2 000 Stück				
24.04.	Kreditverkauf 2 200 Stück				
30.04.					
30.04.	Warenvorrat gemäss Inventar				
	Saldo Warenaufwand				
	Saldo Warenertrag				

Warenvorrat mit laufender Kontenführung

Datum	Geschäftsfall	Buchung	Warenvorrat	Warenaufwand	Warenertrag

b) Kreuzen Sie die Aussagen zur Warenbuchhaltung als richtig oder falsch an.

Nr.	Aufgaben	Richtig	Falsch
1	Bei ruhender Führung des Warenvorrats werden bereits die Waren*einkäufe* als Aufwand verbucht, obwohl der Aufwand effektiv erst durch den Verkauf entsteht.		
2	Hauptvorteil der ruhenden Führung des Warenvorrats ist die Tatsache, dass der Arbeitsaufwand für die Warenbuchhaltung wesentlich geringer ist, weil deutlich weniger Buchungen getätigt werden müssen.		
3	Die Verbuchung mit laufender Kontenführung gibt den wirklichen Waren- und Wertefluss besser wieder.		
4	Ein Nachteil der laufenden Kontenführung besteht darin, dass sich allfällige Inventurdifferenzen nicht feststellen lassen.		

Einkauf, Verkauf und Vorräte — 31

31.23

Vergleichen Sie die beiden Methoden zur Führung der Warenkonten, indem Sie die Lücke in der Einleitung a) und b) ausfüllen und die schematisch gezeichneten Konten mit den passenden Texten vervollständigen. Es dürfen in den Konten nur folgende Bezeichnungen (zum Teil mehrmals) verwendet werden:

- Einkäufe zu Einstandspreisen
- Verkäufe zu Verkaufspreisen
- Verkäufe zu Einstandspreisen
- Anfangsbestand
- Schlussbestand
- Vorratszunahme
- Vorratsabnahme
- Saldo = Nettoerlös
- Saldo = Warenaufwand

a) Verbuchung der Wareneinkäufe als _____

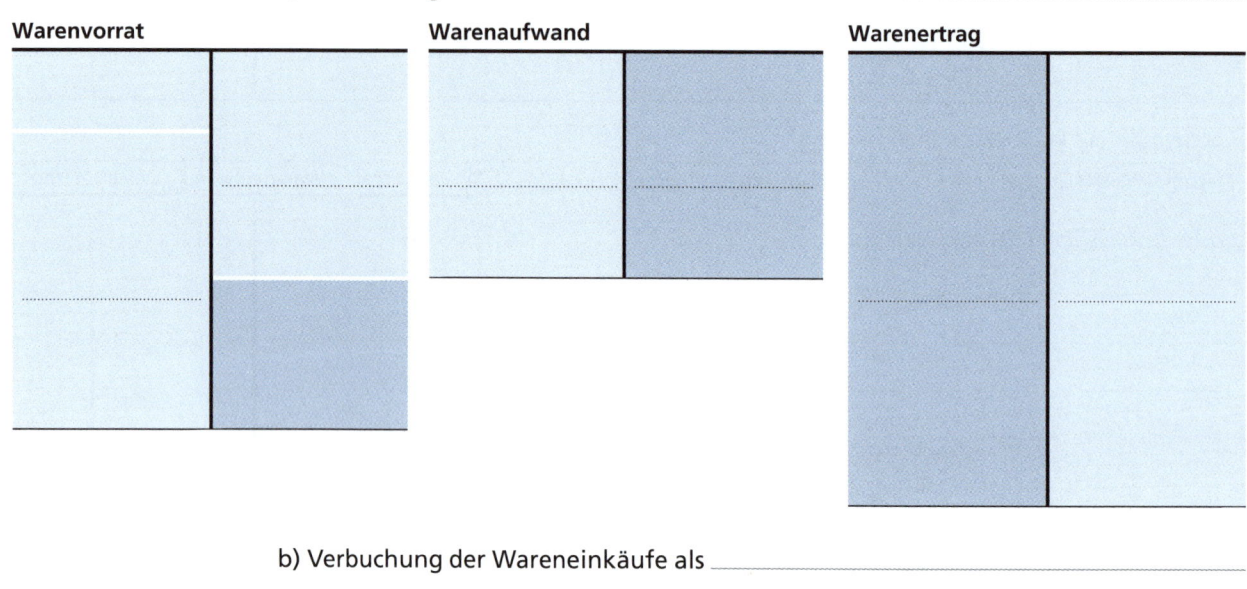

Warenvorrat

Warenaufwand

Warenertrag

b) Verbuchung der Wareneinkäufe als _____

Warenvorrat

Warenaufwand

Warenertrag

31.24

Die Warenkonten können nach zwei verschiedenen Methoden geführt werden. Wie lauten die Buchungssätze für diese ausgewählten Geschäftsfälle in Kurzzahlen? Begründen Sie, warum es allenfalls keine Buchung gibt.

Nr.	Geschäftsfall	Der Warenvorrat wird als ruhendes Konto geführt.	Die Veränderungen des Warenvorrats werden laufend erfasst.
1	Anfangsbestand Warenvorrat 40		
2	Wareneinkauf auf Kredit 500		
3	Gutschrift für nachträglichen Rabatt von 10 % auf der Rechnung von Nr. 2		
4	Bankzahlung der Rechnung von Nr. 2 unter Abzug von 2 % Skonto		
5	Warenverkauf auf Kredit (800 zu Verkaufspreisen, 640 zu Einstandspreisen)		
6	Rechnung des Spediteurs für Transport der Sendung von Nr. 5 (Frankolieferung) 12		
7	Gutschrift 100 für Rücksendung einwandfreier Ware durch den obigen Kunden (Marge wie bei Nr. 5)		
8	Bankzahlung der Rechnung von Nr. 5 unter Abzug von 3 % Skonto		
9	Bei einer Inventur unter dem Jahr wurde gegenüber der Buchhaltung ein Vorratsmanko von 3 festgestellt.		
10	Kreditverkauf für EUR 100, Einstandswert CHF 80, Buchkurs 1.10		
11	Banküberweisung des Kunden von Nr. 10 von EUR 50. Bankgutschrift zum Kurs von CHF 1.12/EUR.		
12	Bewertung der Restschuld des Kunden von Nr. 10 am Jahresende. EUR-Kurse: Geld 1.06, Brief 1.08		
13	Korrekturbuchung für Vorratsveränderung		
14	Schlussbestand Warenvorrat 95		

Einkauf, Verkauf und Vorräte 31

b) Produktionsbetrieb

31.40

Lösen Sie für die Schreinerei **Carpenter GmbH** diese Aufgaben.

a) Erklären Sie am Beispiel der Schreinerei, wie sich ein Produktionsbetrieb grundsätzlich von einem Handelsbetrieb unterscheidet.

b) Kreuzen Sie an, um welche Art von Vorrat es sich handelt.

Nr.	Vorrat	Materialvorrat	Unfertige Erzeugnisse	Fertige Erzeugnisse
1	Holz			
2	Halbfertige Stühle in der Werkstatt			
3	Beschläge (z. B. Scharniere, Türfallen, Türschlösser)			
4	Zum Verkauf bereit stehende Tische			
5	In der Werkstatt stehende, fast fertige Fenster			
6	Nägel und Schrauben			

c) Wie wird der Bestand an unfertigen und fertigen Erzeugnissen ermittelt?

d) Zu welchem Wert sind die unfertigen und fertigen Erzeugnisse zu erfassen?

e) Kreuzen Sie an, welche Aufwände zu den Herstellungskosten zählen?

Nr.	Aufwand	Herstellungskosten	Keine Herstellungskosten
1	Holzverbrauch		
2	Löhne für Schreiner		
3	Werbeaufwand		
4	Löhne für Verwaltungsangestellte		
5	Raumkosten für die Werkstatt		
6	Verbrauch von Leim, Nägeln und Schrauben		
7	Abschreibung Mobiliar Verkaufslokal		
8	Reparaturen und Unterhalt des Maschinenparks		
9	Gewinnsteuern		

f) Wie lauten die Korrekturbuchungen am Periodenende für folgende Vorratszunahmen:

Nr.	Vorratszunahmen	Buchungen
1	Materialvorrat	
2	Unfertige Erzeugnisse	
3	Fertige Erzeugnisse	

31.41

Die Vorratskonten der **Fabrik AG** wurden Anfang Jahr mit folgenden Beträgen eröffnet:

Materialvorrat	Unfertige Erzeugnisse	Fertige Erzeugnisse
120	140	200

a) Schliessen Sie die Konten ab, wenn Ende Jahr folgende Buchungen vorgenommen wurden:

- Materialvorrat/Materialaufwand 80
- Unfertige Erzeugnisse/Bestandesänderungen 50
- Bestandesänderungen/Fertige Erzeugnisse 60

b) Wie hoch ist der Jahreserfolg, wenn vor Berücksichtigung der obigen Bestandesänderungen ein Verlust von 40 bestand?

c) Warum wird die Zunahme des Materialvorrats als Aufwandsminderung erfasst und die Zunahme der unfertigen Erzeugnisse als Ertrag?

31.42

Wie lauten die Buchungssätze bei der **Produktion AG**?

1. Kreditmaterialeinkauf, CHF 2 800, ruhende Kontenführung
2. Bankzahlung (Guthaben) der Faktura von Nr. 1 unter Abzug von 2 % Skonto
3. Gemäss Beschluss der Generalversammlung sind der gesetzlichen Gewinnreserve CHF 8 000 und den Aktionären CHF 40 000 Dividende zuzuweisen. Die Nettodividende wird anschliessend per Bank ausbezahlt, die Verrechnungssteuer nach 30 Tagen per Bank an die eidg. Steuerverwaltung überwiesen.
4. Bankbelastung für Zinsen auf einem Darlehen von CHF 60 000, das jährlich am 31. Oktober zu 4 % verzinst werden muss.
5. Verkauf von fertigen Erzeugnissen auf Kredit, CHF 9 800
6. Gutschrift an den Kunden von Nr. 5 für fehlerhafte Erzeugnisse, CHF 300
7. Bankzahlung der Restschuld des Kunden von Nr. 5 unter Abzug von 2 % Skonto
8. Banküberweisung der Mietzinse für Dezember, Januar und Februar, CHF 6 000
9. Ende Jahr: Die lineare, indirekte Abschreibung einer Maschine mit einem Anschaffungswert von CHF 50 000, einer erwarteten Nutzungsdauer von 5 Jahren und einem geschätzten Restwert am Ende der Nutzungsdauer von CHF 5 000 wurde wie folgt verbucht: WB Maschinen/Maschinen 10 000. Der Fehler ist zu korrigieren.
10. Ende Jahr: zeitliche Abgrenzung der Darlehenszinsen gemäss Nr. 4
11. Ende Jahr: zeitliche Abgrenzung der Mietzinse gemäss Nr. 8
12. Ende Jahr: Abnahme der Wertberichtigung auf Forderungen L+L, CHF 5 000
13. Ende Jahr: Bestandesabnahme Materialvorrat, CHF 14 000
14. Ende Jahr: Bestandesabnahme unfertige Erzeugnisse, CHF 6 000
15. Ende Jahr: Bestandeszunahme fertige Erzeugnisse, CHF 9 000

Offenposten-Buchhaltung

32.01

Die Offenposten-Buchhaltung ermöglicht eine vereinfachte Verbuchung des Verkehrs mit Kunden und Lieferanten. Verbucht werden nur die tatsächlichen Nettozahlungen.

a) Die Stähli AG, Warenhandel, wickelt die meisten Verkäufe bar im Laden ab. Wenige Grosskunden werden mit Kreditlieferungen bedient. Verbuchen Sie den Geschäftsverkehr mit diesen Kunden über das Konto **Forderungen L+L** und mit einer **Offenposten-Buchhaltung**. Das Bankkonto ist aktiv.

Nr.	Geschäftsfall	Mit Führung des Kontos Forderungen L+L		
		Buchung	Forderungen L+L	Warenertrag
1	Anfangsbestand (4 300)			
2	Bankzahlung von Kunde H. Ott (2 000)			
3a	Kreditverkauf an Kunde D. Morf (2 800)			
b	Rücknahme mangelhafter Ware (500)			
c	Nachträglich gewährter Rabatt (300)			
d	Skonto 2 % auf Rechnungsbetrag (40)			
e	Bankzahlung Restbetrag (1 960)			
4a	Kreditverkauf an Kunde E. Lirk (8 200)			
b	Mängelrabatt an E. Lirk (700)			
5	Bankzahlung von Kunde F. Lang (2 300)			
6	Veränderung des Bestandes an Forderungen L+L gegenüber Anfangsbestand			
7a	Schlussbestand auf Bilanz			
b	Saldo auf Erfolgsrechnung			

Offenposten-Buchhaltung

32 Aufgabe 32.01

Nr.	Geschäftsfall	Mit Offenposten-Buchhaltung		
		Buchung	Forderungen L+L	Warenertrag
1	Anfangsbestand (4 300)			
2	Bankzahlung von Kunde H. Ott (2 000)			
3a	Kreditverkauf an Kunde D. Morf (2 800)			
b	Rücknahme mangelhafter Ware (500)			
c	Nachträglich gewährter Rabatt (300)			
d	Skonto 2 % auf Rechnungsbetrag (40)			
e	Bankzahlung Restbetrag (1 960)			
4a	Kreditverkauf an Kunde E. Lirk (8 200)			
b	Mängelrabatt an E. Lirk (700)			
5	Bankzahlung von Kunde F. Lang (2 300)			
6	Veränderung des Bestandes an Forderungen L+L gegenüber Anfangsbestand			
7a	Schlussbestand auf Bilanz			
b	Saldo auf Erfolgsrechnung			

Offenposten-Buchhaltung

32 Aufgabe 32.01

b) Führen Sie den Geschäftsverkehr der Stähli AG mit den Warenlieferanten über das Konto **Verbindlichkeiten L+L** und mit **Offenposten-Buchhaltung.** Die Wareneinkäufe sind über Warenaufwand zu buchen.

Nr.	Geschäftsfall	Mit Führung des Kontos Verbindlichkeiten L+L		
		Buchung	Verbindlich-keiten L+L	Warenaufwand
1	Anfangsbestand (7 400)			
2	Bankzahlung an Lieferant J. Erni (5 300)			
3a	Krediteinkauf bei P. Hug (3 800)			
b	Rückgabe mangelhafter Waren (500)			
c	Skontoabzug 2 %			
d	Bankzahlung an P. Hug			
4a	Rechnung von S. Kälin für Warenlieferung (1 750)			
b	Nachträglich von S. Kälin erhaltener Rabatt (250)			
c	Bankzahlung des Restbetrages an S. Kälin			
5	Bankzahlung an W. Hurni (2 100)			
6	Rechnung von H. Haller für Warenlieferung (5 700)			
7	Barzahlung für Wareneinkäufe (1 200)			
8	Veränderung des Bestandes an Verbindlichkeiten L+L gegenüber Anfangsbestand			
9a	Schlussbestand auf Bilanz			
b	Saldo auf Erfolgsrechnung			

Offenposten-Buchhaltung

32 Aufgabe 32.01

Nr.	Geschäftsfall	Mit Offenposten-Buchhaltung		
		Buchung	Verbindlichkeiten L+L	Warenaufwand
1	Anfangsbestand (7 400)			
2	Bankzahlung an Lieferant J. Erni (5 300)			
3a	Krediteinkauf bei P. Hug (3 800)			
b	Rückgabe mangelhafter Waren (500)			
c	Skontoabzug 2 %			
d	Bankzahlung an P. Hug			
4a	Rechnung von S. Kälin für Warenlieferung (1 750)			
b	Nachträglich von S. Kälin erhaltener Rabatt (250)			
c	Bankzahlung des Restbetrages an S. Kälin			
5	Bankzahlung an W. Hurni (2 100)			
6	Rechnung von H. Haller für Warenlieferung (5 700)			
7	Barzahlung für Wareneinkäufe (1 200)			
8	Veränderung des Bestandes an Verbindlichkeiten L+L gegenüber Anfangsbestand			
9a	Schlussbestand auf Bilanz			
b	Saldo auf Erfolgsrechnung			

Offenposten-Buchhaltung 32

32.02

Am 1. Dezember 20_1 wurde die **Warenhaus AG** neu gegründet.

a) Verbuchen Sie den Verkehr mit Kunden und Warenlieferanten über die Konten Forderungen L+L und Verbindlichkeiten L+L bzw. als Offenposten-Buchhaltung. Die Wareneinkäufe sind über den Warenaufwand zu buchen.

Datum	Geschäftsfall	Mit Konten Forderungen L+L und Verbindlichkeiten L+L		Mit Offenposten-Buchhaltung	
		Buchung	Betrag	Buchung	Betrag
1.12.	Rechnung von U. Kunz für Warenlieferung, CHF 4 500.–				
2.12.	Barkauf von Waren bei P. Hugentobler, CHF 1 700.–				
3.12.	Rechnung des Spediteurs Transportag für die Warenlieferung von U. Kunz, CHF 160.–				
10.12.	Banküberweisung (aktiv) an Transportag, CHF 160.–				
12.12.	Rechnung von K. Meyer für gelieferte Waren, CHF 3 860.–				
17.12.	Gutschrift von K. Meyer wegen Mängeln auf der Warenlieferung vom 12.12., CHF 360.–				
18.12.	Rechnung der Dubois SA, Lyon, für Warenlieferung, CHF 5 100.–				
20.12.	Bankzahlung der Rechnung von K. Meyer unter Abzug von 3 % Skonto				
21.12.	Warenverkäufe bar, CHF 5 320.–				
22.12.	Kreditverkauf von Waren an U. Diebold, CHF 3 720.–				
22.12.	Banküberweisung an U. Kunz, CHF 4 500.–				
23.12.	Barzahlung Frachtkosten für die Frankolieferung an U. Diebold, CHF 135.–				
28.12.	Rechnung an E. Teitler für verkaufte Waren, CHF 2 750.–				
30.12.	Nachträglich gewährter Rabatt an E. Teitler, CHF 750.–				
30.12.	Rechnung von K. Meyer für die gelieferten Waren, CHF 4 350.–				
31.12.	Barverkäufe von Waren, CHF 880.–				
31.12.	Zunahme offene Kundenrechnungen[1]				
31.12.	Zunahme offene Lieferantenrechnungen[1]				
31.12.	Übertrag der Forderungen L+L auf die Bilanz				
31.12.	Übertrag der Verbindlichkeiten L+L auf die Bilanz				

[1] Gemäss OP-Listen (= Inventare über die offenen Kunden- bzw. Lieferantenrechnungen) auf der nächsten Seite.

Offenposten-Buchhaltung

32 Aufgabe 32.02

Inventar Forderungen L+L 31.12.20_1

Datum	Kunde	Betrag
	Total	

Inventar Verbindlichkeiten L+L 31.12.20_1

Datum	Lieferant	Betrag
	Total	

b) Wie lauten die Buchungen im Journal für den Monat Januar 20_2?

Datum	Geschäftsfall	Mit Konten Forderungen L+L und Verbindlichkeiten L+L Buchung	Betrag	Mit Offenposten-Buchhaltung Buchung	Betrag
1.1.	Eröffnung Forderungen L+L				
1.1.	Eröffnung Verbindlichkeiten L+L				
4.1.	Rechnung von U. Dörig für Warenlieferung, CHF 1 960.–				
5.1.	Rückgabe mangelhafter Ware an U. Dörig Gutschrift CHF 860.–				
7.1.	Bankbelastung für die Zahlung an Dubois SA				
15.1.	Ladenverkäufe bar, CHF 2 210.–				
19.1.	Rechnung an LEIMTEX Ltd., New York, CHF 2 408.–				
20.1.	Banküberweisung an U. Dörig unter Abzug von 2 % Skonto				
22.1.	Kreditverkauf von Waren an W. Helbling, CHF 2 630.–				
22.1.	Banküberweisung an K. Meyer, CHF 4 350.–				
28.1.	Rechnung von T. Tobler für Warenlieferung, CHF 6 200.–				
30.1.	Nachträglich von T. Tobler erhaltener Rabatt von 10 % wegen mangelhafter Lieferung				
31.1.	Bankgutschrift für die Zahlung von LEIMTEX Ltd.				

c) Mit welchen organisatorischen Massnahmen kann bei der Offenposten-Buchhaltung sichergestellt werden, dass die Lieferantenrechnungen rechtzeitig bezahlt werden?

Offenposten-Buchhaltung 32

32.03

Die Verbuchung des Warenverkehrs erfolgt bei dieser Unternehmung mithilfe der Offenposten-Buchhaltung; der Wareneinkauf wird als Warenaufwand verbucht.

Kreuzen Sie alle Aussagen an, die richtig sind.

Nr.	Aussagen zur Offenposten-Buchhaltung	
1	Bei der OP-Methode werden nur die Zahlungen verbucht.	
2	Bei Zahlungen wird der Skonto ebenfalls verbucht.	
3	Die Barzahlung von Bezugskosten ist nicht zu verbuchen.	
4	Rabatte, Skonti oder Rücksendungen werden nicht verbucht.	
5	Barverkäufe an Kunden werden nicht verbucht.	
6	Bankzahlungen an Lieferanten werden verbucht. Buchungssatz: Warenaufwand/Bank.	
7	Banküberweisungen von Kunden werden verbucht. Buchungssatz: Bank/Forderungen L+L.	
8	Rücksendungen an Lieferanten werden verbucht. Buchungssatz: Verbindlichkeiten L+L/Warenaufwand.	
9	Eine Abnahme des Bestandes an Forderungen L+L wird beim Abschluss verbucht. Buchungssatz: Forderungen L+L/Warenaufwand.	
10	Eine Zunahme des Bestandes an offenen Lieferantenrechnungen wird verbucht. Buchungssatz: Warenaufwand/Verbindlichkeiten L+L.	
11	Durch die Verbuchung der Bestandesabnahme an offenen Lieferantenrechnungen wird der Periodenerfolg verbessert.	
12	Durch die Verbuchung der Bestandeszunahme bei den offenen Kundenrechnungen wird der Periodenerfolg verschlechtert.	

Mehrwertsteuer

33.01

Die Mehrwertsteuer (MWST) ist eine indirekte Bundessteuer. Sie heisst so, weil der von einer Unternehmung geschaffene Mehrwert besteuert wird. Normalerweise beträgt der Steuersatz 7,7 %.

a) Berechnen Sie für die folgenden Unternehmungen die der Eidgenössischen Steuerverwaltung abzuliefernde Mehrwertsteuer.

Holzsägerei

Die Sägerei verkauft Holz aus dem eigenen Wald an eine Schreinerei:

Verkaufswert des Holzes	50 000.–
+ Mehrwertsteuer 7,7 %	3 850.–
Faktura	53 850.–

MWST-Abrechnung

Umsatzsteuer[1]	3 850.–
./. Vorsteuer[2]	–.–
Abzuliefernde MWST	3 850.–

Schreinerei

Die Schreinerei verarbeitet das Holz zu Möbeln und verkauft diese an einen Möbelhändler:

Verkaufswert der Möbel	150 000.–
+ Mehrwertsteuer 7,7 %	11 550.–
Faktura	161 550.–

MWST-Abrechnung

Umsatzsteuer	
./. Vorsteuer	–
Abzuliefernde MWST	

Möbelhändler

Der Möbelhändler verkauft die Möbel an die Kunden:

Verkaufswert der Möbel	210 000.–
+ Mehrwertsteuer 7,7 %	16 170.–
Faktura	226 170.–

MWST-Abrechnung

Umsatzsteuer	
./. Vorsteuer	–
Abzuliefernde MWST	

[1] Unter **Umsatzsteuer** versteht man die auf dem Verkaufsumsatz geschuldete Mehrwertsteuer.

[2] Unter **Vorsteuer** versteht man die auf Lieferungen und Leistungen bezahlten Mehrwertsteuern. Diese können von den geschuldeten Umsatzsteuern abgezogen werden. Den abzugsfähigen Betrag nennt man auch Vorsteuerabzug.

Die Vorsteuer beträgt bei der Sägerei CHF 0.–, weil das Holz aus dem eigenen Wald stammt und die Forstwirtschaft von der Steuer ausgenommen ist. Der Einfachheit halber werden Vorsteuern auf gekauften Produktionsmitteln wie Sägemaschinen oder Traktoren vernachlässigt.

Mehrwertsteuer — 33 — Augabe 33.01

b) Überprüfen Sie die in Teilaufgabe a) ausgewiesenen Mehrwertsteuern, indem Sie zuerst die von den Unternehmungen geschaffenen Mehrwerte ermitteln und anschliessend die MWST von 7,7 % berechnen.

	Mehrwert	Mehrwertsteuer
Sägerei		
Schreinerei		
Möbelhändler		
Total		

33.02

Welche Mehrwertsteuersätze gelangen bei den folgenden Gütern und Dienstleistungen zur Anwendung? Kreuzen Sie die richtigen Sätze an.

	Güter und Dienstleistungen	7,7 %	2,5 %	0 %
a)	Versicherungen			
b)	Heizöl			
c)	Autoreparaturen			
d)	Weiterbildungskurse			
e)	Theater- und Konzertbillette			
f)	Übernachtung mit Frühstück			
g)	Transportleistungen			
h)	Mobiliar			
i)	Wohnungs- und Geschäftsmiete			
k)	Arzt- und Spitalleistungen			
l)	Liegenschaftskäufe und -verkäufe			
m)	Zeitungen, Zeitschriften			
n)	Leitungswasser			
o)	Werbung			

Mehrwertsteuer

33.03

Das Haushaltwarengeschäft **Peter GmbH** in Ägeri hat im dritten Quartal 20_6 folgende Umsätze getätigt und bittet Sie, den abzuliefernden Mehrwertsteuerbetrag zu ermitteln. Alle Umsätze verstehen sich inklusive MWST.

Umsätze in CHF (inklusive MWST)		MWST-Satz in %	MWST-Guthaben (Vorsteuer)	MWST-Schuld (Umsatzsteuer)	
Wareneinkauf	915 450				
Verkaufsschulung (Kursbesuch)	1 240				
Blumenschmuck Laden und Büro	2 214				
Finanzaufwand	3 456				
Elektrisch und Heizung	2 154				
Warenverkäufe	1 292 400				
Einkauf Büromaterial	7 539				
Inseratewerbung	11 847				
Honorar an Treuhandunternehmung	8 616				
Einkauf Mobiliar	38 772				abzuliefernde MWST
Total					

33.04

a) Weshalb bezeichnet man die MWST als **Mehrphasensteuer**?

b) Worin besteht der Unterschied zwischen der Steuerabrechnung nach **vereinbartem** und nach **vereinnahmtem** Entgelt? (Richtige Antworten ankreuzen.)
- ☐ Nach vereinbartem Entgelt bedeutet, dass die MWST aufgrund der Rechnungen an die Kunden abgerechnet wird.
- ☐ Nach vereinnahmtem Entgelt wird die Vorsteuer aufgrund der an die Lieferanten geleisteten Zahlungen abgerechnet.
- ☐ Die Abrechnung nach vereinnahmtem Entgelt ist vor allem bei Bargeschäften vorteilhaft.
- ☐ Die MWST-Verwaltung wünscht die Abrechnung nach vereinnahmtem Entgelt, da sie so rascher zu ihren Steuergeldern kommt.
- ☐ Im Gegensatz zum vereinbarten Entgelt sind beim vereinnahmtem Entgelt die Rabatte, Skonti, Verluste Forderungen und Rücknahmen mangelhafter Waren berücksichtigt.
- ☐ Die Abrechnung der MWST nach vereinbartem und nach vereinnahmtem Entgelt führt letztlich zur gleich hohen MWST-Belastung.

c) In welchem zeitlichen Rhythmus muss die MWST von den steuerpflichtigen Unternehmen an die Eidgenössische Steuerverwaltung abgeliefert werden?

d) Weshalb sind die Umsätze auf dem Export von der MWST **befreit**?

e) Geben Sie drei Beispiele von Umsätzen, welche von der MWST **ausgenommen** sind.

f) Worin besteht der Unterschied zwischen von der MWST **befreiten** und **ausgenommenen** Umsätzen?

Mehrwertsteuer

33.05

Verbuchen Sie die dargestellten Geschäftsfälle eines Warenhauses nach der effektiven Abrechnungsmethode. Die Einkäufe erfolgen auf Kredit, die Verkäufe werden bar abgewickelt. Die Beträge sind auf ganze Kurzzahlen zu runden.

Datum	Geschäftsverkehr		Buchung Soll	Haben	Betrag	Guthaben Vorsteuer	Geschuldete Umsatzsteuer
11.1.	**Kauf Mobiliar** Kaufpreis + MWST 7,7 % Rechnung	12 000 924 12 924	Mobiliar Guthaben Vorsteuer	VLL VLL	12000 824	924	
23.1.	**Wareneinkauf** Kaufpreis + MWST 7,7 % Rechnung	70 000 5 390 75 390	Warenaufwand Vorsteuer	VLL VLL	70000 5390	5390	
Div.	**Warenverkäufe** Verkaufspreis + MWST 7,7 % Kassabelege	90 000 6 930 96 930	Kasse Kasse	Warenertrag Umsatzsteuer	90000 6930		6930
16.2.	**Energierechnungen** Nettobetrag + MWST 7,7 % Rechnung	5 500 424 5 924	Energieaufwand Vorsteuer	VLL VLL	5500 424	424	
14.3.	**Wareneinkauf** Kaufpreis + MWST 7,7 % Rechnung	40 000 3 080 43 080	Warenaufwand Vorsteuer	VLL VLL	40000 3080	3080	
Div.	**Warenverkäufe** Verkaufspreis + MWST 7,7 % Kassabelege	65 000 5 005 70 005	Kasse Kasse	Warenertrag UMST	65000 5005		5005
31.3.	**MWST-Abrechnung** Umsatzsteuerschuld ./. Vorsteuerguthaben Abzuliefernde MWST	11 935 9 818 2 117	Umsatzsteuer	Vorsteuer	9818	9818	9818
4.5.	Banküberweisung der MWST netto	2 117	UMST	Bankguthaben	2117		2117
						9818 9818	11935 11935

350

Mehrwertsteuer

33.06

Von der **Pro Auto SA,** Handel mit Autoutensilien aller Art, liegen für das 3. Quartal 20_7 folgende Angaben vor. Die Beträge sind Kurzzahlen inkl. MWST. Das Bankkonto ist aktiv.

1	Warenverkäufe, bar	9 693
2	Wareneinkäufe auf Kredit	6 462
3	Lieferwagenkauf, bar	215
4	Kreditkauf von Ladeneinrichtungen	97
5	Rechnungen für Energie, Werbung, Telefone etc.	54
6	Bankzahlungen für Leitungswasser und Zeitschriften	41

Verbuchen Sie die Geschäftsfälle. Die MWST ist für das 3. Quartal abzurechnen und durch die Bank an die Steuerverwaltung zu überweisen. Die Beträge sind auf ganze Kurzzahlen zu runden.

Nr.	Geschäftsfall	Buchung	Betrag	Guthaben Vorsteuer	Geschuldete Umsatzsteuer
1					
2					
3					
4					
5		Übriger Aufwand			
6		Übriger Aufwand			
7	**MWST-Abrechnung** Umsatzsteuerschuld ./. Vorsteuerguthaben Abzuliefernde MWST				
8	Banküberweisung MWST				

33.07

Nennen Sie die Buchungen, und führen Sie die beiden Konten. Die Mehrwertsteuer von 7,7 % ist zu verbuchen und auf ganze Franken zu runden.

Nr.	Text	Buchung	Forderungen L+L	Geschuldete Umsatzsteuer
1	Kreditwarenverkauf inkl. MWST, CHF 75 390			
2	Gutschrift für nachträglich gewährten Rabatt von 10 %			
3	Bankzahlung des Kunden unter Abzug von 2 % Skonto			
4	Salden	–		

33.08

Nennen Sie die Buchungen, und führen Sie die beiden Konten. Die Mehrwertsteuer von 7,7 % ist zu verbuchen und auf ganze Franken zu runden.

Nr.	Text	Buchung	Guthaben Vorsteuer	Verbindlichkeiten L+L
1	Kreditwareneinkauf inkl. MWST, CHF 86 160			
2	Gutschrift für nachträglich erhaltenen Rabatt von 20 %			
3	Bankzahlung an den Lieferanten unter Abzug von 3 % Skonto			
4	Salden	–		

Mehrwertsteuer

33.09

Führen Sie das Journal für die ausgewählten Geschäftsfälle der Kleiderboutique C. Rudolphi. Die Beträge sind auf fünf Rappen zu runden. Das Bankkonto ist aktiv.

Nr.	Geschäftsfall	Betrag
1	Rechnung eines Lieferanten für den Einkauf von Kleidern: Bruttopreis inkl. MWST CHF 15 078.– abzüglich 20 % Rabatt	
2	Transportkosten (zulasten der Boutique) auf der Sendung von Nr. 1 bar bezahlt	107.70
3	Bankzahlung der Rechnung gemäss Nr. 1 unter Abzug von 2 % Skonto	
4	Kleiderverkauf gegen bar inkl. MWST	1 077.–
5	Kreditkauf von zwei neuen Gestellen für die Präsentation der Waren, inkl. MWST	5 385.–
6	Gutschrift für 10 % Rabatt wegen kleinerer Mängel an den Gestellen (vgl. Nr. 5)	
7	Aufnahme eines Bankdarlehens zur Finanzierung des Ladenumbaus von CHF 20 000.– am 30.4.20_1. Zinsfuss 6 %. Zinstermine halbjährlich am 30.4. und am 31.10., MWST?	20 000.–
8	Bankbelastung für Zinszahlung vom 31.10. auf Darlehen gemäss Nr. 7	
9	Bankzahlung für die Miete des Geschäftslokals, MWST?	6 000.–
10	Gutschrift für nachträglichen Umsatzbonus eines Warenlieferanten (es bestehen noch offene Rechnungen gegenüber dem Lieferanten)	753.90
11	Rechnung für den Service am Geschäftsauto	969.30
12	Mehrwertsteuer-Abrechnung für das zweite Quartal: ▶ Umsatzsteuer ▶ Vorsteuer	60 800.– 39 400.–
13	Banküberweisung der gemäss Nr. 12 geschuldeten Mehrwertsteuer	
14	Kauf eines neuen Geschäftsautos:	

	Grundpreis	25 000.–
+	Sonderzubehör	5 000.–
=	**Bruttokaufpreis**	30 000.–
./.	Rabatt 10 %	– 3 000.–
=	**Nettokaufpreis ohne MWST**	27 000.–
+	MWST 7,7 %	2 079.–
=	**Nettokaufpreis inkl. MWST**	29 079.–
./.	Übergabe des bisherigen Geschäftsautos zum Buchwert von CHF 7 000.– zuzüglich 7,7 % MWST an Zahlungs statt	– 7 539.–
=	**Rechnungsbetrag**	21 540.–

Nr.	Geschäftsfall	Betrag
15	Das neue Geschäftsauto von Nr. 14 wird um 40 % des Buchwerts abgeschrieben	
16	Bankgutschrift für Zinsen auf dem Kontokorrent (Verrechnungssteuer auch buchen)	260.–
17	Korrekturbuchung Zunahme Warenvorrat	4 000.–

Mehrwertsteuer 33

33.10

Von der Handelsunternehmung M. Leonforte sind die Eröffnungsbilanz sowie der summarisch zusammengefasste Geschäftsverkehr gegeben.

a) Führen Sie das Journal sowie das Hauptbuch, und erstellen Sie per Ende Jahr die Schlussbilanz und die Erfolgsrechnung.

Eröffnungsbilanz per 1. 1. 20_3

Aktiven		Passiven	
Bankguthaben	13 000	Verbindlichkeiten L+L	24 000
Forderungen L+L	50 000	Geschuldete Umsatzsteuer	4 000
Warenvorrat	20 000	Eigenkapital	95 000
Einrichtungen	40 000		
	123 000		123 000

Journal 20_3

Nr.	Text	Sollbuchung	Habenbuchung	Betrag
1	Warenverkäufe auf Kredit, CHF 484 650.– inkl. MWST 7,7 %			
2	Bankzahlungen von Kunden, CHF 480 000.–			
3	Wareneinkäufe auf Kredit, CHF 312 330.– inkl. MWST 7,7 %			
4	Bankzahlungen für Lohnaufwand inkl. Sozialleistungen, CHF 72 000.–			
5	Rechnungen für übrigen Aufwand: ▶ Nettobetrag 36 500.– ▶ MWST 2 050.–			
6	Bankzahlungen an Lieferanten, CHF 350 000.–			
7	Banküberweisung für Miete, CHF 24 000.–			
8	Verrechnung der Vorsteuer mit der Umsatzsteuer			
9	Banküberweisungen für MWST-Schulden, CHF 11 000.–			
10	Zunahme Warenvorrat gemäss Inventar, CHF 5 000.–, MWST?			
11	Abschreibung der Einrichtungen, 40 % des Buchwerts			

b) Warum bestehen Anfang und Ende Jahr MWST-Schulden, obwohl die Konten Guthaben Vorsteuer und Geschuldete Umsatzsteuer jeweils auf Ende jedes Quartals miteinander verrechnet werden?

Mehrwertsteuer — Aufgabe 33.10

Hauptbuch 20_3

Bankguthaben

Verbindlichkeiten L+L

Warenaufwand

Warenertrag

Forderungen L+L

Geschuldete Umsatzsteuer

Personalaufwand

Raumaufwand

Abschreibungen

Guthaben Vorsteuer

Eigenkapital

Übriger Aufwand

Warenvorrat

Einrichtungen

Erfolgsrechnung 20_3

Schlussbilanz 31.12.20_3

Mehrwertsteuer 33

33.11

Die folgenden Geschäftsfälle der **H. Koch,** Handel mit Musikinstrumenten, sind mithilfe der Kontierungsstempel zu verbuchen.

Anstelle der textlichen Kontenbezeichnungen sind die Kontennummern gemäss Kontenrahmen KMU im Anhang zu verwenden. Die Beträge sind auf ganze Franken zu runden. Das Bankkonto ist aktiv.

a) Rechnung an Kunde P. Hochmann, Wetzikon, für den Verkauf von Waren, CHF 1 939 inkl. 7,7 % MWST

Soll	Haben	Betrag

b) Gutschrift an Kunde P. Hochmann, Wetzikon, für die Rücksendung mangelhafter Ware, CHF 269 inkl. 7,7 % MWST

Soll	Haben	Betrag

c) Das Konkursverfahren gegen R. Bremi, Maur, ist abgeschlossen:
- ▶ Forderungsbetrag total inkl. 7,7 % MWST   CHF 14 078
- ▶ Bankgutschrift für Konkursdividende   CHF   1 580
- ▶ Abzuschreibender Betrag (Verlustschein) inkl. 7,7 % MWST   CHF 12 498

Soll	Haben	Betrag

d) Privater Warenbezug durch H. Koch zum Einstandswert, CHF 1 077 inkl. 7,7 % MWST

Soll	Haben	Betrag

e) Einkauf von Waren auf Kredit bei Musicimport, Zürich, für CHF 21 540 inkl. 7,7 % MWST

Soll	Haben	Betrag

f) Gutschriftsanzeige der Bank für erhaltene Kontokorrentzinsen CHF 351.–. Die Verrechnungssteuer ist auch zu verbuchen.

Soll	Haben	Betrag

Mehrwertsteuer

33.12

Führen Sie das Journal für die ausgewählten Geschäftsfälle des Kinderkleiderladens **Lisa Belfiore** am Jahresende 20_5. Der Jahresabschluss ist Ende Dezember. Die Beträge sind auf ganze Franken zu runden. Das Bankkonto ist aktiv.

1	Ein Kleiderlieferant schickt seine Rechnung für den Einkauf von Kleidern: Bruttopreis inkl. MWST, CHF 38 772, abzüglich 25 % Rabatt.
2	Der Spediteur übergibt seine Rechnung für die Transportkosten (zulasten des Ladens) auf der Sendung von Nr. 1, CHF 162 inkl. 7,7 % MWST.
3	Bankzahlung der Rechnung gemäss Nr. 1 unter Abzug von 5 % Skonto
4	Barverkauf eines Kleids, CHF 269 inkl. MWST
5	Am 28.02. nimmt Lisa Belfiore zur Finanzierung des Ladenumbaus ein Darlehen von CHF 40 000 auf, das auf dem Bankkonto des Geschäfts gutgeschrieben wird. Es ist halbjährlich am 31.03. und am 30.09. zu 5% p.a. verzinslich. Zu buchen ist nur die Darlehensaufnahme.
6	Im Rahmen des Ladenumbaus werden neue Regale gegen Rechnung gekauft; die Rechnung des Lieferanten beträgt CHF 8 616 inkl. MWST.
7	Bankbelastung für Zinszahlung auf Darlehen gemäss Nr. 5
8	Bankzahlung für die Halbjahresmiete des Geschäftslokals am 30.09. Total für sechs Monate CHF 7 200
9	Lisa Belfiore nimmt für ihre Tochter Lucia ohne Bezahlung ein Kinderkleid aus dem Laden zum Einstandswert von CHF 215 inkl. MWST.
10	Nachträgliche Gutschrift des Lieferanten für die Gewährung von 10% Rabatt wegen kleiner Mängel an den Gestellen (vgl. Nr. 6)
11	Eine ausstehende Forderung gegenüber einer Kundin von CHF 648 wird zur Hälfte bar bezahlt; der Rest ist abzuschreiben.
12	Gutschrift für nachträglichen Rabatt eines Warenlieferanten (es bestehen noch offene Rechnungen gegenüber dem Lieferanten), CHF 485
13	Privater Bargeldbezug durch Lisa Belfiore am Bancomaten zulasten des Geschäftskontos, CHF 500
14	Die Garage Huber SA schickt die Rechnung für den Service am Geschäftswagen, CHF 1 023.
15	Mehrwertsteuer-Abrechnung: ▶ Umsatzsteuer 62 400 ▶ Vorsteuer 41 400
16	Banküberweisung der gemäss Nr. 15 geschuldeten Mehrwertsteuer
17	Indirekte Abschreibung der Ladeneinrichtung um CHF 2 800
18	Rechnungsabgrenzung der Zinsen gemäss Nr. 5
19	Rechnungsabgrenzung der Mietzinse gemäss Nr. 8
20	Erhöhung der WB Forderungen L+L um CHF 1 300
21	Bankgutschrift für Zinsen auf dem Kontokorrent, netto CHF 273. Die Verrechnungssteuer ist auch zu buchen.
22	Korrekturbuchung aufgrund des Wareninventars: Zunahme Warenvorrat, CHF 4 200
23	Gutschrift Eigenzins 2,5 % auf dem Eigenkapital von CHF 120 000
24	Übertrag Saldo Privatkonto (Habenüberschuss), CHF 7 900
25	Verbuchung (Übertrag) des Jahresgewinns von CHF 8 500

33.13

Die Anwendung von **Saldosteuersätzen** ermöglicht kleineren Betrieben eine einfachere Steuerabrechnung. Hauptvorteil ist, dass die auf dem Umsatz anrechenbare Vorsteuer nicht ermittelt und verbucht werden muss.

a) Kreuzen Sie an, bis zu welchem Höchstumsatz nach Saldosteuersatzmethode abgerechnet werden darf:

☐ CHF 2 008 000.– Umsatz ☐ CHF 3 012 000.– Umsatz ☐ CHF 5 005 000.– Umsatz

b) Kreuzen Sie an, welchen Höchstbetrag die Steuern nach Saldosteuersatzmethode jährlich nicht überschreiten dürfen:

☐ CHF 43 000.– ☐ CHF 65 000.– ☐ CHF 103 000.–

c) Kreuzen Sie an, wie häufig nach Saldosteuersatzmethode mit der Steuerverwaltung abgerechnet werden muss:

☐ Vierteljährlich ☐ Halbjährlich ☐ Jährlich

d) Bei den Saldosteuersätzen handelt es sich um so genannte Multiplikatoren, d. h., der Gesamtumsatz inklusive Steuer entspricht 100 % und ist mit dem massgebenden Saldosteuersatz zu multiplizieren.

Berechnen Sie für die aufgeführten Betriebe die fehlenden Grössen:

Nr.	Betriebsart	Umsatz inkl. MWST	Saldo-steuersatz	Abzuliefernde MWST
1	Lebensmittelhändler	2 400 650.–	0,6 %	
2	Drogerie	1 275 400.–	1,2 %	
3	Damen- und Herrenkonfektion	890 350.–		17 807.–
4	Möbelgeschäft		2,0 %	34 524.–
5	Velo- und Motogeschäft (Handel und Reparaturen)	767 200.–	2,0 %	
6	Autooccasionshändler		0,6 %	5 535.60
7	Plattenleger	278 600.–		11 979.80
8	Car- und Transportunternehmen	567 450.–		24 400.35
9	Fitnesscenter	396 800.–	4,3 %	
10	Fotograf		5,1 %	9 165.–
11	Nachtclub	413 900.–		21 108.90
12	Softwarehersteller	321 800.–	6,5 %	

e) Weshalb ist der Saldosteuersatz beim Lebensmittelhändler geringer als beim Softwarehersteller?

Mehrwertsteuer

33.14

Das zahntechnische Labor **DENTAL** erzielt im zweiten Halbjahr 20_4 einen Umsatz von CHF 495 420 inklusive Mehrwertsteuer. Gegenüber den Kunden rechnet DENTAL die MWST mit 7,7 % ab, gegenüber der Steuerverwaltung hingegen zum bewilligten **Saldosteuersatz von 5,1 %.**

Verbuchen Sie den ausgewählten Geschäftsverkehr gemäss folgender Angaben (auf Franken genau).

Datum	Geschäftsverkehr			Soll	Haben	Betrag	Geschuldete Umsatzsteuer	Dienstleistungsertrag
Div.	Honorarrechnungen							
	Nettopreis		460 000					
	+ MWST 7,7 %		35 420					
	Rechnungen		495 420					
10.6.	Mobiliarkauf							
	Kaufpreis		20 000					
	+ MWST 7,7 %		1 540					
	Rechnung		21 540					
20.6.	Energierechnungen							
	Nettobetrag		2 500					
	+ MWST 7,7 %		193					
	Rechnung		2 693					
30.6.	MWST-Abrechnung							
2.7.	Banküberweisung der geschuldeten MWST							
	Saldo							

33.15

Die **Autospenglerei P. Scrobala** rechnet die Mehrwertsteuer mit einem Saldosteuersatz von 4,3 % ab.

Über das vergangene Geschäftsjahr 20_8 sind folgende Grössen (alle inkl. MWST) bekannt:

Kundenrechnung für Reparaturen	324 000
Lieferantenrechnungen für Material	75 600
Zahlungen für Löhne inkl. Sozialleistungen	183 600
Zahlungen für Raumaufwand	25 920
Rechnungen Dritter für Unterhalt und Reparaturen an Einrichtungen	12 960
Rechnungen für Energieverbrauch	4 104
Rechnungen für Werbung	1 188
Bankbelastungen für Zinsen	2 592
Abschreibungen	12 960

a) Wie gross ist die abzuliefernde MWST im Geschäftsjahr 20_8?

b) Wie hoch wäre die zu entrichtende MWST mit der effektiven Abrechnungsmethode gewesen?

c) Bei welchem Personalaufwand kann P. Scrobala gerade noch schwarze Zahlen schreiben?

33.16

Verbuchen Sie die ausgewählten Geschäftsfälle des Gärtnermeisters M. Arnold, Kloten, nach der Saldosteuersatzmethode. Beträge auf Franken runden. Das Bankkonto ist aktiv.

Journal

Nr.	Text	Soll	Haben	Betrag
1	Rechnung an S. Dürr für ausgeführte Gartenarbeiten, CHF 4 308.– inkl. 7,7 % MWST			
2	Barkauf einer Motorsense im Obino-Markt in Zürich, CHF 539.– inkl. 7,7 % MWST			
3	Rechnung der Garage Züger AG für Servicearbeiten am Geschäftsauto, CHF 969.– inkl. 7,7 % MWST			
4	Rechnung der Hoffmannn AG, Rüti, für den Einkauf von Pflanzen, CHF 2 870.– inkl. 2,5 % MWST			
5	Banküberweisung der aus dem ersten Halbjahr geschuldeten Mehrwertsteuer, CHF 5 120.–			
6	Privater Barbezug ab dem Bankkonto des Geschäfts, CHF 1 000.–			
7	Bankgutschrift für die Zahlung von S. Dürr (Nr. 1) abzüglich 2 % Skonto			
8	Bankgutschrift für Zinsen auf dem Kontokorrentkonto, netto CHF 260.–. Verrechnungssteuer auch buchen.			
9	Bezahlung von Privatrechnungen übers Bankkonto des Geschäfts, CHF 3 830.–			
10	MWST-Abrechnung für das 2. Halbjahr: ▶ Gartenarbeiten, Umsatz CHF 114 000.– Saldosteuersatz 4,3 % ▶ Pflanzen, Umsatz CHF 25 000.– Saldosteuersatz 0,6 %		Ertrag Arbeiten Ertrag Pflanzen	
11	Indirekte Abschreibung Fahrzeuge, CHF 6 000.–			
12	Rechnungsabgrenzung von Zinsen. ▶ Passivdarlehen CHF 30 000.– ▶ Zinsfuss p. a. 5 % ▶ Jährlicher Zinstermin 30. 08.			
13	Eigenzins 2,5 % auf Eigenkapital von CHF 80 000.–			
14	Ausgleich (Übertrag) Privatkonto: Sollüberschuss CHF 5 800.–			
15	Verbuchung des Jahresgewinns von CHF 24 800.–			

Mehrwertsteuer 33

33.17

Ordnen Sie die folgenden Begriffe zur Mehrwertsteuer den unten aufgeführten Umschreibungen zu. G ist als Muster bereits eingetragen.

Buchstabe	Begriffe
A	Abrechnung nach vereinbartem Entgelt
B	Von der MWST ausgenommene Umsätze
C	Verbuchung nach der Nettomethode
D	Vorsteuer
E	Verbuchung nach der Bruttomethode
F	Abrechnung mit Saldosteuersatz
G	Mehrphasensteuer
H	Abrechnung nach vereinnahmtem Entgelt
I	Von der Mehrwertsteuer befreite Umsätze
K	Mehrwert
L	Umsatzsteuer
M	Indirekte Bundessteuer

Buchstabe	Umschreibung
G	Die Steuer wird in jeder Phase, bei der eine Wertschöpfung erfolgt, neu erhoben.
	Von einer Unternehmung geschaffener Mehrwert.
	Die Steuer wird aufgrund der eingegangenen Zahlungen erhoben.
	Die Steuer wird auf konsumierten Gütern und Leistungen erhoben, nicht direkt auf Einkommen und/oder Vermögen. Die Steuereinnahmen gehen an den Bund.
	Die laufenden Einkäufe und Verkäufe werden inklusive MWST verbucht. Die MWST-Abrechnung erfolgt Ende des Quartals aufgrund der verbuchten Umsätze inkl. MWST.
	Güter und Leistungen, die zur erleichterten Deckung der Grundbedürfnisse nicht mit MWST belastet werden. Vorsteuerabzüge sind nicht möglich.
	Die auf dem Verkaufsumsatz geschuldete Mehrwertsteuer.
	Die MWST auf den laufenden Einkäufen und Verkäufen wird sofort verbucht. Die Umsatzkonten zeigen die Beträge ohne MWST.
	Auf empfangenen Lieferungen und Leistungen bezahlte Mehrwertsteuer. Kann von bezahlter Umsatzsteuer in Abzug gebracht werden.
	Die Steuer wird aufgrund der ausgestellten Rechnungen erhoben.
	Exporte werden zur Erhöhung der internationalen Konkurrenzfähigkeit nicht mit MWST belastet. Vorsteuerabzüge sind möglich.
	Zur vereinfachten Abrechnung wird der Umsatz mittels eines branchenabhängigen Steuersatzes besteuert, ohne dass die Vorsteuer ermittelt und verrechnet werden muss.

33.18

Die **Watt GmbH** ist ein neu gegründeter Handelsbetrieb für Elektroartikel. Die MWST wird nach der **effektiven Abrechnungsmethode** verbucht.

Es liegt der summarisch zusammengefasste Geschäftsverkehr vor. Die auf ganze Kurzzahlen gerundeten Beträge sind grundsätzlich inkl. 7,7 % MWST. Das Bankkonto ist aktiv.

Aufgabe 33.18

Geschäftsverkehr

Rechnungen von Lieferanten für den Einkauf von Waren	4 308
Skontoabzüge bei Zahlungen an Lieferanten	13
Bankbelastungen für Zahlungen an Lieferanten	3 877
Rechnungen an Kunden für den Verkauf von Waren	7 539
Den Kunden nachträglich gewährte Rabatte	108
Bankgutschriften für Zahlungen von Kunden	6 462
Bestand Warenvorrat Ende Jahr	250

a) Verbuchen Sie den Geschäftsverkehr **nach vereinbartem Entgelt**.

Text	Soll	Haben	Betrag
Lieferantenrechnungen			
Skontoabzüge			
Zahlungen an Lieferanten			
Kundenrechnungen			
Rabatte			
Zahlungen von Kunden			
Umbuchung MWST			
Bestand Warenvorrat			

	Forderungen L+L	Guthaben Vorsteuer	Verbindlich- keiten L+L	Geschuldete Umsatzsteuer	Waren- aufwand	Warenertrag
Lieferantenrechnungen						
Skontoabzüge						
Zahlungen an Lieferanten						
Kundenrechnungen						
Rabatte						
Zahlungen von Kunden						
Umbuchung MWST						
Bestand Warenvorrat						
Salden						

Mehrwertsteuer — 33 — Aufgabe 33.18

b) Verbuchen Sie den Geschäftsverkehr **nach vereinnahmtem Entgelt** mithilfe einer Offenposten-Buchhaltung.

Text	Soll	Haben	Betrag
Lieferantenrechnungen			
Skontoabzüge			
Zahlungen an Lieferanten			
Kundenrechnungen			
Rabatte			
Zahlungen von Kunden			
Offene Lieferantenrechnungen			
Offene Kundenrechnungen			
Umbuchung MWST			
Bestand Warenvorrat			

	Forderungen L+L	Guthaben Vorsteuer	Verbindlichkeiten L+L	Geschuldete Umsatzsteuer	Warenaufwand	Warenertrag
Lieferantenrechnungen						
Skontoabzüge						
Zahlungen an Lieferanten						
Kundenrechnungen						
Rabatte						
Zahlungen von Kunden						
Offene Lieferantenrechnungen						
Offene Kundenrechnungen						
Umbuchung MWST						
Bestand Warenvorrat						
Salden						

c) Berechnen Sie den Bruttogewinn nach beiden Abrechnungsmethoden.

d) Begründen Sie, warum die geschuldete MWST nach vereinnahmtem Entgelt im vorliegenden Beispiel tiefer ist?

33.19

Wie lauten die Buchungssätze gemäss Kontenrahmen KMU für die genannten Geschäftsfälle der **Handelsunternehmung H. Herzog,** Rafz? Beträge auf ganze Franken runden.

Der Warenvorrat wird ruhend geführt. Die MWST von 7,7 % wird nach der effektiven Abrechnungsmethode verbucht und nach vereinbartem Entgelt abgerechnet.

1 Mit dem Kunden A. Anker, Bern, findet folgender Geschäftsverkehr statt:
   ▶ Warenverkauf gegen Rechnung, CHF 14 001 inkl. MWST
   ▶ Gutschrift an A. Anker für Rücksendung von Waren, CHF 3 231 inkl. MWST
   ▶ Bankzahlung (Guthaben) des geschuldeten Betrags unter Abzug von 2 % Skonto

2 Das Betreibungsverfahren gegen den Kunden Miraculux GmbH, Basel, ist abgeschlossen.

   Die Gesamtforderung inkl. MWST und inkl. geleistetem Kostenvorschuss beträgt CHF 6 780; sie ist bei H. Herzog bereits erfasst. Die Bankgutschrift für die Überweisung des Konkursamtes beträgt CHF 1 596. Der Rest ist abzuschreiben.

3 Die Rechnung der Zollbehörde von CHF 560 für die MWST auf importierter Ware ist zu verbuchen.

4 H. Herzog kauft ein neues Geschäftsauto und gibt ein gebrauchtes Fahrzeug an Zahlung.

   Das an Zahlung gegebene Fahrzeug wurde seinerzeit für CHF 37 695 inkl. MWST gekauft und anschliessend indirekt auf einen Buchwert von CHF 8 000 abgeschrieben.

   Der Geschäftsfall ist über das Konto Verbindlichkeiten L+L abzuwickeln.

	Basispreis	44 000
+	Sonderausstattung	6 000
=	**Bruttopreis**	**50 000**
./.	Rabatt 8 %	−4 000
=	**Nettopreis ohne MWST**	**46 000**
+	MWST	3 542
=	**Nettopreis mit MWST**	**49 542**
./.	Eintausch altes Auto inkl. MWST	−10 770
./.	Barzahlung	−15 000
=	**Restbetrag auf Kredit**	**23 772**

5 H. Herzog kaufte in der Confiserie Sprüngli AG mit der aufs Geschäft lautenden Kreditkarte Pralinen:
   ▶ *Truffes Cru Sauvage* für seine nicht im Geschäft tätige Ehefrau, CHF 41.– inkl. MWST
   ▶ *Truffes Grand Cru* als Kundengeschenk, CHF 41.– inkl. MWST

   Die Verbuchung erfolgt aufgrund der Monatsabrechnung des Kreditkartenherausgebers.

6 Die für das 3. Quartal geschuldete MWST von CHF 17 233 wird per Bank überwiesen.

7 Bankgutschrift für Kontokorrentzinsen, CHF 585. Die Verrechnungssteuer ist auch zu buchen.

8 Der Privatanteil von H. Herzog am Geschäftsauto von CHF 2 585 inkl. MWST ist zu verbuchen.

9 Der Warenvorrat beträgt Ende Jahr CHF 5000 weniger als Anfang Jahr. Korrekturbuchung?

10 Die MWST-Abrechnung für das 4. Quartal zeigt folgende Beträge:
   ▶ Guthaben Vorsteuer   CHF 28 200
   ▶ Geschuldete Umsatzsteuer   CHF 42 300
   Die Umbuchung per Ende Jahr ist vorzunehmen.

11 Die WB Forderungen soll beim Abschluss 5 % der Forderungen L+L betragen. Wie lautet die Korrekturbuchung am Jahresende?
   ▶ Forderungen L+L Anfangsbestand CHF 210 400
   ▶ Forderungen L+L Schlussbestand CHF 195 400

12 Eine Darlehensschuld von CHF 60 000 ist halbjährlich am 31. Mai und am 30. November zu 5 % verzinslich. Zu verbuchen ist die zeitliche Abgrenzung Ende Jahr.

13 Geschäftsmobiliar mit einem Anschaffungswert von CHF 20 000 und kumulierten Abschreibungen von CHF 7 500 soll linear abgeschrieben werden. Es gilt der Abschreibungssatz gemäss Abschreibungstabelle der ESTV (siehe Anhang 1).

14 Eine Kundenforderung von USD 5000 wurde im November zum Kurs 0.96 erfasst. Sie ist noch offen und muss per Ende Jahr bewertet werden. Es gelten folgende Kurse:

	Devisen	Noten
Geld	0.89	0.85
Brief	0.91	0.95

33.20

Gärtnermeister M. Schwaiger rechnet die Mehrwertsteuer nach der Saldosteuersatzmethode ab. Die Beträge sind auf 5 Rappen zu runden.

Die Saldosteuersätze betragen:
▶ 4,3 % für Gartenbauleistungen
▶ 0,6 % für separat fakturierte Pflanzenlieferungen

Für das erste Halbjahr 20_3 liegen folgende Zahlen aus der Buchhaltung vor:
▶ Lieferantenrechnungen für den Kauf von Pflanzen, CHF 24 600 inkl. 2,5 % MWST
▶ Lieferantenrechnung für den Kauf einer Motorsense, CHF 864 inkl. 7,7 % MWST
▶ Barkäufe von Dünger und Saatgut, CHF 1 845 inkl. 2,5 % MWST
▶ Rechnungen für Diverses wie Werbung, Telefon, Benzin, CHF 1 728 inkl. 7,7 % MWST
▶ Kundenrechnungen für Gartenbauleistungen, CHF 183 600 inkl. 7,7 % MWST
▶ Kundenrechnungen für Pflanzenlieferungen, CHF 30 750 inkl. 2,5 % MWST

a) Wie viel beträgt die für das erste Halbjahr 20_3 abzuliefernde MWST?

b) Wie hoch wäre die geschuldete MWST für die ersten beiden Quartale 20_3 nach der effektiven Abrechnungsmethode?

Kalkulation im Handel

34.01

Von der Boutique Véronique in Genf liegt die folgende Erfolgsrechnung vor:

Erfolgsrechnung für 20_2

Nettoerlös		528 000
./. Warenaufwand		– 200 000
= Bruttogewinn		328 000
./. Gemeinaufwand		
▶ Personalaufwand	– 190 000	
▶ Raumaufwand	– 72 000	
▶ Übriger Aufwand	– 18 000	– 280 000
= Reingewinn		48 000

a) Setzen Sie im Kalkulationsschema die fehlenden Grössen aus der Erfolgsrechnung ein. Die Grössenverhältnisse sind nicht massstabgetreu.

Kalkulation im Handel 34 — Aufgabe 34.01

b) Errechnen Sie die Zuschlagssätze aufgrund der Gesamtkalkulation, und bestimmen Sie den Preis für ein neues Sommerkleid mit einem Einstandspreis von CHF 100.–.

Gesamtkalkulation		Gemein-kosten-Zuschlag	Reingewinn-Zuschlag	Bruttogewinn-Zuschlag	Einzelkalkulation Kleid
Einstandswert		100 %		100 %	
+ Gemeinkosten					
= Selbstkosten			100 %		
+ Reingewinn					
= Nettoerlös					

c) Wie lauten die Berechnungsformeln in Worten?

Gemeinkostenzuschlag =

Reingewinnzuschlag =

Bruttogewinnzuschlag =

Bruttogewinnmarge =

d) Zu welchem Preis wird das Sommerkleid im Laden angeschrieben, wenn im Verkaufspreis die Mehrwertsteuer von 7,7 % eingerechnet ist?

Kalkulation im Handel 34

34.02

Vom Yachtshop in Arbon liegt die folgende Erfolgsrechnung vor:

Erfolgsrechnung für 20_1

Nettoerlös		1 100 000
./. Warenaufwand		– 500 000
= **Bruttogewinn**		**600 000**
./. Gemeinaufwand		
▶ Personalaufwand	– 350 000	
▶ Raumaufwand	– 48 000	
▶ Übriger Aufwand	– 102 000	– 500 000
= **Reingewinn**		**100 000**

a) Vervollständigen Sie das Kalkulationsschema mit dem passenden Text, und fügen Sie die Zahlen aus der Erfolgsrechnung ein.

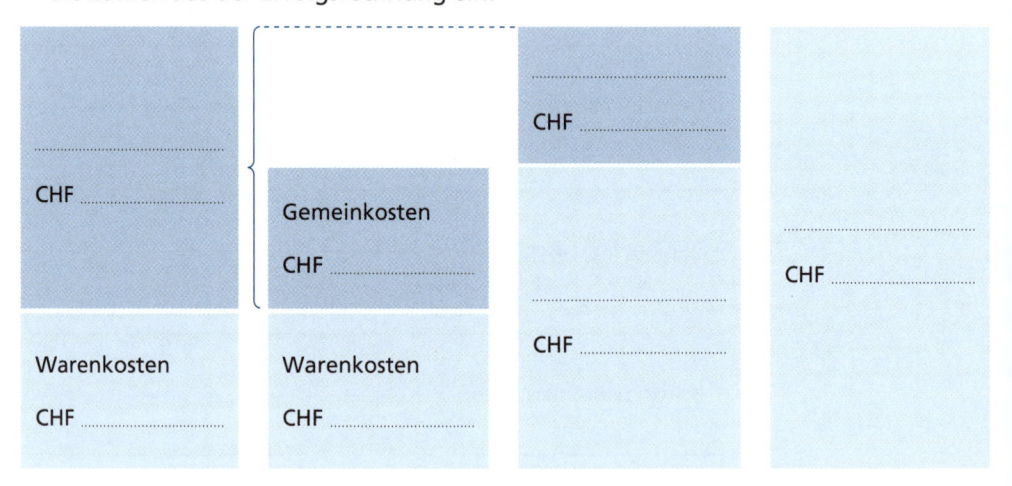

b) Ermitteln Sie aufgrund des Kalkulationsschemas die Zuschlagssätze in Worten und Zahlen:

Bruttogewinnzuschlag	———————	———————	%
Gemeinkostenzuschlag	———————	———————	%
Reingewinnzuschlag	———————	———————	%

Aufgabe 34.02

c) Berechnen Sie mithilfe der Zuschlagssätze den Verkaufspreis für einen Ölanzug, dessen Einstandspreis CHF 80.– beträgt.

Variante 1

Einstandspreis	CHF	80.–	100 %
+ Gemeinkosten	CHF		
=	CHF		100 %
+	CHF		
= Verkaufspreis ohne MWST	CHF		

Variante 2

Einstandspreis	CHF	80.–	100 %
+	CHF		
= Verkaufspreis ohne MWST	CHF		

d) Zu welchem Preis wird der Ölanzug im Laden angeschrieben, wenn im Verkaufspreis die Mehrwertsteuer von 7,7 % eingerechnet ist?

e) Wie hoch ist die Bruttogewinnmarge?

34.03

Von der Trade AG sind folgende Daten bekannt:

Bruttogewinn vom Einstand (Bruttogewinnzuschlag)	80 %
Reingewinn von den Selbstkosten (Reingewinnzuschlag)	20 %

a) Wie viele Prozente des Nettoerlöses beträgt der Reingewinn?

b) Wie gross ist der erzielte Umsatz (Nettoerlös), wenn die Gemeinkosten CHF 125 000.– betragen?

c) Bei welchem Warenaufwand beträgt der Reingewinn CHF 24 000.–, wenn die Gemeinkosten gegenüber b) gleich bleiben?

Kalkulation im Handel

34.04

Der Einstandspreis einer Bello-Matratze kommt die Minder & Co. auf CHF 200.– zu stehen.

Aufgrund der Gesamtkalkulation betragen der Gemeinkostenzuschlag 50 % und der Reingewinnzuschlag 20 %. Im Verkaufspreis sind 2 % Skonto und 10 % Abholrabatt einzurechnen. Die Mehrwertsteuer auf Matratzen beträgt 7,7 %.

a) Errechnen Sie mithilfe des Kalkulationsschemas den Bruttoverkaufspreis inklusive MWST (auf Rappen genau).

Einzelkalkulation

	Einstandspreis	CHF	200.00	100 %	
+	Gemeinkosten	CHF	100.00	50 %	
=	Selbstkosten	CHF	300.00	150 % →	100 %
+	Reingewinn	CHF	60.00		20 %
=	Nettoerlös	CHF	360.00	98 % ←	120 %
+	Skonto	CHF	7.35	2 %	
=	Rechnungsbetrag	CHF	367.35	100 % →	90 %
+	Abholrabatt	CHF	40.82		10 %
=	Bruttoverkaufspreis ohne MWST	CHF	408.17		100 %
+	MWST	CHF	31.43		7,7 %
=	Bruttoverkaufspreis mit MWST	CHF	439.59		107,7 %

b) Wie gross ist der Bruttogewinn in Franken und in Prozenten des Einstandspreises?

c) Weshalb wird hier von einer aufbauenden Kalkulation gesprochen?

d) Weshalb entspricht der Bruttogewinnzuschlag nicht der Summe aus Gemeinkosten- und Reingewinnzuschlag?

e) Weshalb ist der Bruttogewinn eine zentrale Grösse in der Handelskalkulation?

f) Welchem Begriff in der obigen Darstellung entspricht der Listenpreis?

34.05

Verbinden Sie die Berechnungen auf der linken Seite mit den entsprechenden Kalkulationsbegriffen auf der rechten Seite.

Links	Rechts
Warenaufw. (Einstandswert) + Gemeinkosten	Bruttogewinn
Selbstkosten + Reingewinn	Reingewinnzuschlag
Gemeinkosten + Reingewinn	Nettoerlös
Bruttogewinn ./. Gemeinkosten	Selbstkosten
Reingewinn in Prozenten der Selbstkosten	Reingewinn
Selbstkosten ./. Warenaufw. (Einstandswert)	Warenaufwand (Einstandswert)
Bruttogewinn in Prozenten des Warenaufwandes	Gemeinkostenzuschlag
Selbstkosten ./. Gemeinkosten	Gemeinkosten
Gemeinkosten in Prozenten des Warenaufwandes	Bruttogewinnzuschlag
Nettoerlös + Skonto	Bruttogewinnmarge
Rechnungsbetrag + Rabatt	Bruttoverkaufspreis
Bruttogewinn in Prozenten des Nettoerlöses	Rechnungsbetrag

34.06

Berechnen Sie aus den folgenden Angaben eines Velohändlers den Einstandspreis, den Nettoerlös und den Reingewinnzuschlag für ein Mountainbike:

Bruttogewinnzuschlag	60 %
Gemeinkostenzuschlag	50 %
Reingewinn	CHF 80.–

Kalkulation im Handel 34

34.07

Ermitteln Sie die fehlenden Grössen:

Aufgabe	Nettoerlös (Zahlung)	Skonto	Rechnungsbetrag	Rabatt	Listenpreis (Bruttoverkaufspreis)
a)		3 %		10 %	2 800.–
b)	490.–	2 %		20 %	
c)	665.–		700.–	12 1/2 %	
d)	177.30	1 1/2 %			240.–
e)		2 1/2 %	400.–		480.–

34.08

Ergänzen Sie die folgende Tabelle mit den fehlenden Grössen.

	Einstandspreis	Gemeinkosten in CHF	Gemeinkosten in % des Einstandes	Selbstkosten	Reingewinn in CHF	Reingewinn in % der Selbstkosten	Nettoerlös	Bruttogewinn in CHF	Bruttogewinn in % des Einstandes
a)	4 000.–	1 200.–			650.–				
b)	1 600.–			3 200.–			3 600.–		
c)	150.–				90.–			210.–	
d)			50 %	750.–		20 %			
e)			66 2/3 %	350.–			315.–		
f)					400.–			800.–	40 %
g)				48.–		12 1/2 %		18.–	
h)	3 500.–			8 400.–	– 2 100.–				
i)		225.–		375.–			450.–		
k)	180.–		200 %						250 %
l)		300.–	100 %		– 180.–				
m)[1]			66 2/3 %			20 %		396.–	

[1] Die Aufgabe ist richtig gestellt. Versuchen Sie es mit einer Gleichung, oder konsultieren Sie Ihren Lehrer.

Kalkulation im Handel 34

34.09

Das Notebook-Center möchte mit einem speziellen Angebot von günstigen Schüler-Notebooks die Konkurrenz hinter sich lassen. Dies ist jedoch nur möglich, wenn es gelingt, die Notebooks im Laden zu höchstens CHF 1 200.– anzubieten. Zu diesem Zweck wird ein Angebot eines Notebook-Herstellers aus Taiwan geprüft, der zu folgenden Bedingungen offeriert:

Listenpreis des Herstellers (umgerechnet in CHF)	850.–
Mengenrabatt ab 50 Stück	10 %
Skonto bei Sofortzahlung	3 %

Abklärungen haben ergeben, dass die Bezugskosten beim Bezug von 50 Stück mit 12 % des Zahlungsbetrages an den Lieferanten veranschlagt werden müssen.

Das Notebook-Center rechnet mit einem Bruttogewinnzuschlag von 30 %. An Schüler und Studenten soll ein Spezialrabatt von 5 % gewährt werden.

a) Ermitteln Sie aufgrund der obigen Angaben den Verkaufspreis inklusive MWST für ein einzelnes Notebook (auf Rappen genau):

	Listenpreis des Lieferanten	CHF	%	
./.	Mengenrabatt	CHF	%	
=	Rechnungsbetrag des Lieferanten	CHF	% →	%
./.	Skonto	CHF		%
	Zahlung an den Lieferanten	CHF	% ←	%
+	Bezugskosten	CHF	%	
=	Einstandspreis	CHF	% →	%
+	Bruttogewinn	CHF		%
=	Nettoerlös	CHF	% ←	%
+	Spezialrabatt	CHF	%	
=	Bruttoverkaufspreis ohne MWST	CHF	%	
+	MWST	CHF	%	
=	Bruttoverkaufspreis mit MWST	CHF	%	

b) Die Konkurrenz plant ebenfalls ein Billigangebot unter CHF 1 200.–.

Wie hoch darf der Listenpreis des taiwanesischen Herstellers höchstens sein, wenn das Notebook-Center bei gleichen Einkaufsbedingungen wie bei a) einen Nettoerlös von maximal CHF 1 000.– anstrebt?

34.10

Der Grossist M. Arnold kalkuliert mit folgenden Prozentsätzen für seine technischen Produkte:

Gemeinkosten vom Einstandspreis (Gemeinkostenzuschlag)	30 %
Reingewinn von den Selbstkosten (Reingewinnzuschlag)	10 %
Skonto	2 %
Wiederverkaufsrabatt	40 %

a) Wie gross ist der Gesamtzuschlag in Prozenten des Einstandspreises?

b) Wie gross ist der Listenpreis eines Artikels (ohne MWST) mit einem Einstandspreis von CHF 40.–?

c) Wie gross ist der Einstandspreis eines Artikels, der im Verkaufskatalog von M. Arnold für CHF 89.– angeboten wird?

34.11

Aus der Erfolgsrechnung eines Handelsunternehmens können folgende Prozentsätze entnommen werden:

Bruttogewinn vom Einstand (Bruttogewinnzuschlag)	50 %
Reingewinn vom Nettoerlös (Reingewinnmarge)	20 %

a) Wie viele Prozente der Selbstkosten beträgt der Reingewinn?

b) Wie gross ist der erzielte Umsatz, wenn die Gemeinkosten CHF 146 300.– betragen?

c) Bei welchem Warenaufwand beträgt der Reingewinn CHF 50 000.–, wenn die Gemeinkosten gegenüber b) gleich bleiben?

34.12

Die Christ GmbH handelt mit Modeschmuck. Aus der letzten Jahresrechnung können folgende Zahlen entnommen werden:

Warenaufwand	CHF 720 000.–
Bruttogewinnmarge	60 %
Reingewinn von den Selbstkosten	20 %

a) Wie gross sind die Gemeinkosten bei der Christ GmbH?

b) Wie gross ist der Bruttogewinnzuschlag?

c) Im neuen Jahr wird mit einer Zunahme der Gemeinkosten von 10 % gerechnet. Bei welchem Verkaufsumsatz kann der gleiche Reingewinn wie im Vorjahr erzielt werden, gleiche Bruttogewinnmarge vorausgesetzt?

Kalkulation im Handel 34

34.13

Die Geiger & Co. kauft Autozubehör in Italien ein und muss mit durchschnittlich 10 % Bezugskosten auf dem Ankaufspreis beim Lieferanten rechnen.

a) Wie hoch ist der Einstandspreis in CHF für eine Sendung Nardi-Steuerräder, wenn dem Lieferanten EUR 1 200.– überwiesen werden? Kurs 1.15.

b) Wie hoch ist der Verkaufspreis inklusive MWST von 7,7 % für ein Steuerrad mit CHF 90.– Einstandspreis, wenn die Geiger & Co. mit einem Bruttogewinnzuschlag von 50 % rechnet und ein Stammkundenrabatt von 10% im Verkaufspreis einkalkuliert wird?

c) Mit welchem Gesamtzuschlag in Prozenten kann die Geiger & Co. direkt vom Einstandspreis auf den Verkaufspreis inklusive MWST schliessen?

34.14

Ein Pferdehändler verkauft zwei Reitpferde zu CHF 24 000.–. Das eine Pferd bringt ihm einen Verlust von 20 % der Selbstkosten, das andere einen Reingewinn von 20 % der Selbstkosten.

Hat der Pferdehändler durch diesen Verkauf gesamthaft einen Gewinn oder einen Verlust erzielt? Begründen Sie Ihre Antwort zahlenmässig.

34.15

Aus der Buchhaltung eines Händlers für Elektrozubehör sind die folgenden Daten bekannt:

Gemeinkosten	CHF 134 700.–
Warenaufwand	CHF 449 000.–
Nettoerlös	CHF 671 255.–

a) Erstellen Sie die Gesamtkalkulation, und berechnen Sie die Zuschlagssätze für die Gemeinkosten, den Reingewinn und den Bruttogewinn.

b) Wie hoch sind die Selbstkosten für einen Transformator, dessen Ankaufspreis beim Lieferanten pro Stück CHF 21.50 beträgt? Der Transformator ist in Kisten zu 10 Stück verpackt, die Transportkosten belaufen sich auf CHF 33.– pro Kiste.

c) Wie hoch ist der Listenpreis inklusive MWST von 7,7 % für einen Transformator?

Kalkulation im Handel 34

34.16

Lieferant R. Muggli in Bern unterbreitet Ihnen folgendes Angebot:

Bruttokreditankaufspreis pro Stück CHF 990.–, Wiederverkaufsrabatt 33 1/3 %, Skonto bei Zahlung innert 10 Tagen 3 %.

a) Auf welchen Betrag lautet die Rechnung bei einer Bestellung von 6 Stück?

b) Wie gross ist Ihre Zahlung, wenn Sie den Skonto beanspruchen?

Sie wollen dieses Produkt an Ihre Kunden weiterverkaufen. Zur Deckung des allgemeinen Geschäftsaufwandes und zur Erzielung eines angemessenen Gewinnes schlagen Sie zum Einstandspreis einen Bruttogewinn von CHF 150.– je Stück dazu und erhalten so den Nettoerlös.

c) Wie hoch ist der Nettoerlös?

d) Wie gross wird der Listenpreis, wenn Sie mit CHF 81.– Verkaufssonderkosten je Stück rechnen sowie 2 % Skonto und 15 % Rabatt einkalkulieren? (Resultate auf 5 Rp. runden.)

34.17

Die Wein-Import AG gewährt ihren Kunden bei Barzahlung einen Skonto von 2 %. Sie verrechnet keine Versandkosten, belohnt jedoch die Käufer mit einem Rabatt von 10 %, wenn sie die Flaschen selber abholen. Nun plant sie eine besondere Verkaufsaktion mit einem kalifornischen Cabernet Sauvignon, der ausgezeichnet zu allen Fleischgerichten schmeckt. Zudem besticht er durch einen kräftigen Körper und ist lang anhaltend im Abgang.

a) Wie hoch ist der Listenpreis inklusive MWST einer Flasche dieses Cabernets, wenn die Wein-Import AG einen Nettoerlös von CHF 9.80 erzielen will?

b) Wie viel zahlt Kunde A. Rollin für 2 Kartons à 6 Flaschen, wenn er sich die Flaschen nach Hause schicken lässt und die Lieferung nach 30 Tagen durch Banküberweisung begleicht?

c) Wie viel Prozent günstiger kommt eine Flasche Wein zu stehen, wenn sie selber abgeholt und bar bezahlt wird? (Resultat auf 2 Dezimalen runden.)

d) In der Tageszeitung entdecken Sie ein Inserat eines Grossverteilers, der dieselbe Flasche Wein desselben Herstellers als Aktion anbietet: Beim Kauf eines Kartons à 6 Flaschen werden nur 5 Flaschen verrechnet.

Welchem Aktionsrabatt in Prozenten entspricht dies?

Kalkulation im Handel 34

34.18

Kreuzen Sie die Aussagen als richtig an, oder begründen Sie, weshalb diese falsch sind.

Nr.	Aussage	Richtig	Aussage ist falsch, weil …
1	Unter Kalkulation versteht man vor allem das Errechnen der Selbstkosten und des Nettoerlöses.		
2	Die Zuschlagssätze lassen sich aus der Einzelkalkulation ableiten.		
3	Kosten und Erlöse sind Begriffe aus der Kalkulation, Aufwand und Ertrag aus der Finanzbuchhaltung.		
4	In der Einzelkalkulation werden nur die Kosten für einen Artikel oder eine Leistung erfasst.		
5	Wird vom grossen zum kleinen Wert gerechnet, spricht man von aufbauender Kalkulation.		
6	Der Einstandswert der verkauften Waren entspricht dem Warenaufwand.		
7	Die Bruttogewinnmarge ist ein Synonym für Bruttogewinnzuschlag.		
8	Die aufbauende Einzelkalkulation kommt v. a. bei Waren ohne Marktpreis zur Anwendung.		
9	Die wichtigsten Gemeinkosten sind die Waren-, Personal-, Raum- und Abschreibungskosten.		
10	Der Bruttogewinnzuschlag ergibt sich aus der Addition von Gemeinkosten- und Reingewinnzuschlag		
11	Im Nettoerlös ist die MWST noch nicht eingerechnet.		
12	Wird ein Rabatt gewährt, vermindert sich auch die abzuliefernde MWST um denselben Prozentsatz.		
13	Häufig wird der Nettoerlös auch als Verkaufsumsatz bezeichnet.		

Mehrstufige Erfolgsrechnung

35.01

Im Handelsregister ist als Geschäftszweck der **Konsum AG** der Handel mit Gütern des täglichen Bedarfs eingetragen. Die einstufige Erfolgsrechnung zeigt folgendes Bild:

Erfolgsrechnung 20_1

	Warenertrag	200
+	Liegenschaftsertrag	45
+	Ausserordentlicher Ertrag	30
./.	Warenaufwand	– 140
./.	Personalaufwand	– 40
./.	Raumaufwand	– 10
./.	Übriger Betriebsaufwand	– 25
./.	Liegenschaftsaufwand	– 20
=	**Unternehmungsgewinn**	**40**

Der Gewinn der gesamten Unternehmung ist zwar sehr hoch. Aber wie steht es mit der Wirtschaftlichkeit des Handelsbetriebs, der Kerntätigkeit dieser Unternehmung?

Um diese Frage zu beantworten, werden Sie beauftragt, eine mehrstufige Erfolgsrechnung aufzustellen, die den Erfolg in drei Stufen zeigt:

▶ 1. Stufe: Bruttogewinn

▶ 2. Stufe: Betriebserfolg (je nach Vorzeichen als Betriebsgewinn oder Betriebsverlust zu bezeichnen)

▶ 3. Stufe: Unternehmungsgewinn

Zur Lösung dieser Aufgabe stehen zusätzlich folgende Informationen zur Verfügung:

▶ Der Liegenschaftsertrag und der Liegenschaftsaufwand betreffen mehrere Wohnblöcke, die zwar der Konsum AG gehören, aber nichts mit dem eigentlichen Handelsbetrieb zu tun haben (so genannte betriebsfremde Tätigkeit).

▶ Durch den Verkauf einer nicht mehr benötigten Landreserve mit einem Buchwert von 80 zu einem Verkaufspreis von 110 entstand ein Gewinn von 30. Dieses einmalige Ereignis in der Firmengeschichte ist als ausserordentlicher Ertrag zu betrachten.

Mehrstufige Erfolgsrechnung

35 Aufgabe 35.01

Erfolgsrechnung 20_1

....

....

= **Bruttogewinn**

....

....

= **Betriebsverlust**

....

....

....

= **Unternehmensgewinn**

35.02

Wie verändern sich der Brutto-, Betriebs- und Unternehmensgewinn durch folgende Buchungen?[1]

Nr.	Buchung	Brutto-gewinn	Betriebs-gewinn	Unternehmens-gewinn
1	Forderungen L+L/Warenertrag			
2	Personalaufwand/Bankguthaben			
3	Ausserordentlicher Aufwand/Bankguthaben			
4	Warenaufwand/Verbindlichkeiten L+L			
5	Privat/Fahrzeugaufwand			
6	Guthaben Vorsteuer/Verbindlichkeiten L+L			
7	Wertberichtigung Maschinen/Abschreibungen			
8	WB Forderungen L+L/Verluste Forderungen			

[1] Für die Antworten sind folgende Zeichen zu verwenden:

+	bedeutet Zunahme
–	bedeutet Abnahme
0	bedeutet keine Veränderung

Mehrstufige Erfolgsrechnung — 35

35.03

Wie lautet die dreistufige Erfolgsrechnung dieses **Handelsbetriebs**?

Position	Betrag
▶ Abschreibungen	12
▶ Ausserordentlicher Aufwand	8
▶ Betriebsfremder Aufwand	13
▶ Betriebsfremder Ertrag	47
▶ Personalaufwand	60
▶ Raumaufwand	35
▶ Sonstiger Betriebsaufwand	40
▶ Steueraufwand	4
▶ Verluste Forderungen	2
▶ Warenaufwand	160
▶ Warenertrag	300

Erfolgsrechnung

35.04

Wie lautet die dreistufige Erfolgsrechnung dieses **Produktionsbetriebs**?

Position	Betrag
▶ Abschreibungen	50
▶ Bestandesänderungen (Zunahmen) Erzeugnisse	20
▶ Produktionserlös	700
▶ Materialaufwand	230
▶ Neutraler Aufwand	12
▶ Neutraler Ertrag	32
▶ Personalaufwand	200
▶ Raumaufwand	70
▶ Sonstiger Betriebsaufwand	110
▶ Steueraufwand	16

Erfolgsrechnung

= Produktionsertrag

= Betriebsgewinn

= Unternehmensgewinn

35.05

Für die Intersport AG liegen folgende Informationen vor:

- Abschreibungen 17
- Ausserordentlicher Ertrag 21
- Betriebsfremder Aufwand 12
- Betriebsfremder Ertrag 30
- Direkte Steuern 5
- Energie- und Entsorgungsaufwand 3
- Fahrzeugaufwand 6
- Personalaufwand 67
- Raumaufwand 20
- Sonstiger Betriebsaufwand 18
- Unterhalt und Reparaturen 2
- Warenaufwand 160
- Warenertrag 300
- Werbeaufwand 11
- Zinsaufwand (betrieblich) 10

a) Wie lautet die Mehrstufige Erfolgsrechnung?

Erfolgsrechnung

	Warenertrag	300
./.	Warenaufwand	160
= Bruttogewinn		**140**
./.	Personalaufwand	67
./.	Raumaufwand	20
./.	Unterhalt und Reparaturen	2
./.	Fahrzeugaufwand	6
./.	Energie- und Entsorgungsaufwand	3
./.	Werbeaufwand	11
./.	Sonstiger Betriebsaufwand	18
./.	Abschreibungen	17
= Betriebsergebnis vor Zinsen und Steuern (EBIT)		**–4**
./.	Zinsaufwand (betrieblich)	10
= Betriebsergebnis vor Steuern		**–14**
+	Betriebsfremder Ertrag	30
./.	Betriebsfremder Aufwand	12
+	Ausserordentlicher Ertrag	21
= Unternehmensgewinn vor Steuern		**25**
./.	Direkte Steuern	5
= Unternehmensgewinn		**20**

b) Wozu dient ein solcher mehrstufiger Erfolgsausweis?

Mehrstufige Erfolgsrechnung 35

35.06

Der Hauptgeschäftszweck der **Alimenta AG** ist der Grosshandel mit Lebensmitteln. Die betriebseigene Liegenschaft wird als Nebenbetrieb im Sinne eines Profit Centers geführt.

a) Erstellen Sie für die Alimenta AG mithilfe der am Seitenrand aufgeführten Erfolgspositionen eine mehrstufige Erfolgsrechnung. Rechts neben der Erfolgsrechnung sind ausserdem für alle Aufwände und Erträge die ersten zwei Stellen der Kontennummern gemäss **Kontenrahmen KMU** anzugeben.

Positionen		Erfolgsrechnung	KMU
▶ Abschreibungen	25		
▶ Aufwand aus Nebenbetrieb (Betriebsliegenschaft)	28	./.	
▶ Ausserordentlicher Aufwand	7	= **Bruttogewinn**	
▶ Ausserordentlicher Ertrag	1	./.	
▶ Betriebsfremder Aufwand	8	./.	
▶ Betriebsfremder Ertrag	21	./.	
▶ Direkte Steuern	3	./.	
▶ Energie- und Entsorgungsaufwand	5	./.	
▶ Ertrag aus Nebenbetrieb (Betriebsliegenschaft)	40	./.	
▶ Fahrzeugaufwand	22	./.	
▶ Personalaufwand	90	./.	
▶ Raumaufwand	40	./.	
▶ Sonstiger Betriebsaufwand	36		
▶ Unterhalt, Reparaturen und Ersatz	6	= **Betriebsergebnis vor Zinsen und Steuern (EBIT)**	
		./.	
▶ Warenaufwand	330	= **Verlust Hauptbetrieb**	
▶ Warenertrag	600	+	
▶ Werbeaufwand	32	./.	
▶ Zinsaufwand (betrieblich)	20		
		= **Betriebsgewinn vor Steuern**	
		+	
		./.	
		+	
		./.	
		= **Unternehmensgewinn vor Steuern**	
		./.	
		= **Unternehmensgewinn**	

b) Wie ist das Nummernsystem des **KMU-Kontenrahmens** im Hinblick auf die Erfolgsrechnung aufgebaut?

Lohnabrechnung

36.01

Heute erhält nicht nur der Arbeitende seinen Lohn, auch die verschiedenen Sozialversicherungen beanspruchen namhafte Beiträge von den Arbeitnehmern und Arbeitgebern. Diese Beiträge sind ausser bei den Pensionskassenbeiträgen in Prozenten der Bruttolohnsumme ausgedrückt.

Vervollständigen Sie das folgende Schema zu den in der Lohnabrechnung berücksichtigten Sozialversicherungen:

Bezeichnung der Sozialversicherung	Abkürzung	Zweck	Beiträge in % des Bruttolohnes		Total
			Arbeitnehmer	Arbeitgeber	
	AHV	Schutz gegen die wirtschaftlichen Folgen von Alter und Tod in Form von Alters-, Witwen- und Waisenrenten.			8,4 %
		Schutz gegen die Folgen von Erwerbsunfähigkeit durch körperlichen oder geistigen Gesundheitsschaden.			1,4 %
	EO	Anspruch von Dienstpflichtigen auf Erwerbsausfallentschädigung während des Militär- oder Zivilschutzdienstes und von erwerbstätigen Frauen während 14 Wochen nach der Niederkunft.			0,45 %
Verwaltungskostenbeitrag	VK	Verwaltungskostenbeitrag der Arbeitgeber auf den gesamten AHV/IV/EO-Abgaben an die Ausgleichskassen.	–	0,3075 %	0,3075 %
Arbeitslosenversicherung und Insolvenzentschädigung		Absicherung gegen Arbeitslosigkeit und Zahlungsunfähigkeit des Arbeitgebers.	1,1 %		
	BU	Versicherungsschutz gegen Folgen von Unfällen während der Arbeitszeit und auf dem Arbeitsweg.	–	0,1–1 %	0,1–1 %
Nichtberufsunfallversicherung			0,5–1 %	–	0,5–1 %
	PK	Berufliche Vorsorge (2. Säule, BVG) als Ergänzung zur staatlichen Vorsorge. Umfasst Alters-, Witwen- und Waisen- sowie Invalidenrente.	5–7 %	5–10 %	10–17 %
			vom Bruttolohn minus Koordinationsabzug		
Familienausgleichskasse		Sozialer Ausgleich durch Auszahlung von Kinder- und Ausbildungszulagen bis zum vollendeten 25. Altersjahr an Arbeitnehmer und Selbstständigerwerbende.	–	je nach Kanton 1–3 %	1–3 %

Lohnabrechnung

36.02

Rita Dreifuss ist Vizedirektorin bei der Trust AG in Zürich und verdient monatlich CHF 8 000.– brutto. Sie ist ledig und hat keine Kinder.

a) Erstellen Sie die Lohnabrechnung für R. Dreifuss auf dem folgenden Formular (Die Prozentsätze beziehen sich ausser bei der PK auf den Bruttolohn, die Zahlen sind auf ganze Franken zu runden.):

Trust AG, Zürich

Lohnabrechnung
Valuta   25.11.20_1
Periode   11.20_1

Frau
R. Dreifuss
Hölderliweg 9
8000 Zürich

Bruttolohn   8000

Kinderzulagen   _____   8000

Abzüge

AHV, IV, EO	5,125 %	von	8 000.–	410
ALV	1,1 %	von	8000	88
PK	6,0 %	von	5 926.–	356
NBU	0,8 %	von	8000	64

918

Nettolohn   Überweisung auf Konto X 3271-0128.693   7082

Lohnabrechnung — Aufgabe 36.02

b) Wie werden die Arbeitnehmer- und die Arbeitgeberbeiträge an die Sozialversicherungen und der Nettolohn verbucht (die Zahlen sind auf ganze Franken zu runden)?

	Betrag	Lohnaufwand	Sozialversicherungsaufwand	Verbindlichkeiten Sozialversicherungen
Bruttolohn	8000			
AHV-Beitrag 5,125 %	410	410		410
ALV-Beitrag 1,1 %	88	88		88
Pensionskassenbeitrag 6 % von 5 926.–	356	356		356
NBU-Beitrag 0,8 %	64	64		64
Nettolohn	7082	7082		
AHV-Beitrag 5,125 %	410		410	410
Verwaltungskosten 0,3075 %	25		25	25
ALV-Beitrag 1,1 %	88		88	88
Pensionskassenbeitrag 10 % von 5 926.–	593		593	593
BU-Beitrag 0,2 %	16		16	16
Salden		8000	1132	2050

6.7325   7.4125

c) Wie gross sind die gesamten Arbeitnehmerbeiträge in Franken und in Prozenten des Bruttolohns?

1132   14.145 %

d) Wie gross sind die gesamten Arbeitgeberbeiträge in Franken und in Prozenten des Bruttolohns?

918   11.475

e) Wie gross sind die gesamten Sozialversicherungsbeiträge in Franken und in Prozenten des Bruttolohns?

25.625

f) Wie gross ist der monatliche Personalaufwand der Trust AG für R. Dreifuss?

8132 CHF p.p.

Lohnabrechnung

36.03

Wie lauten die fehlenden Geschäftsfälle bzw. Buchungen und Beträge im Journal?

Nr.	Geschäftsfall	Soll	Haben	Betrag
1		Lohnaufwand	Bankguthaben	52 770.–
2	Die Sozialversicherungsbeiträge der Arbeitnehmer für AHV, IV, EO und ALV werden verbucht.	LA	Verb. Sozialvers.	3 750.–
3	Die NBU-Prämien von 0,8 % der Bruttolohnsumme von CHF 60 000.– werden abgerechnet und den Arbeitnehmern belastet.	LA	Verb. Sozialvers.	
4	Arbeitnehmerbeitrag an die Pensionskasse	LA	Verb. Sozialvers.	3 000.–
5	Arbeitgeberbeitrag an die Pensionskasse	Sozialvers A.	Verb. Sozialvers.	4 800.–
6	Die Prämien für die Berufsunfallversicherung werden der SUVA gutgeschrieben.	Sozialvers A.	Verb. Sozialvers.	520.–
7	Einem Studenten werden für seine Mithilfe beim Austeilen von Werbeprospekten CHF 1 350.– bar ausbezahlt.[1]	LA	Kasse	
8	Die Arbeitgeberbeiträge für AHV, IV, EO und ALV werden der Ausgleichskasse inklusive des Verwaltungskostenbeitrages gutgeschrieben.	Sozialvers A.	Verb. Sozialvers.	3 935.–
9	An die AHV-Ausgleichskasse werden die geschuldeten Beiträge für das letzte Quartal durch die Bank überwiesen.	Verb. Sozialvers.	Bankguthaben	23 055.–
10		Verbindlichkeiten Sozialversicherung	Bankguthaben	23 400.–
11	Ein Mitarbeiter hat Militärdienst geleistet. Von der EO erhalten wir eine Bankgutschrift für den Arbeitsausfall.	Bankguthaben	LA	3 850.–
12	Einem Vertreter werden die Auto- und Hotelspesen auf sein Bankkonto gutgeschrieben (MWST vernachlässigen).	Übr. Aufwand	Bankguthaben	1 825.–
13	Die Prämien für die Unfallversicherung werden an die SUVA durch die Bank überwiesen.	Verb. Sozialvers.	Bankguthaben	3 000.–

[1] Bei Nebeneinkommen bis CHF 2 300.– p. a. werden auf Wunsch des Arbeitnehmers keine Sozialversicherungsabzüge vorgenommen.

Lohnabrechnung

36.04

Als neuer Mitarbeiter/neue Mitarbeiterin der Lavoro SA sind Sie zuständig für die Lohnabrechnungen. Die prozentualen Beitragssätze beziehen sich auf die Bruttolohnsumme:

	Arbeitnehmer	Arbeitgeber
AHV, IV, EO	5,125 %	5,125 %
Verwaltungskostenbeitrag	–	0,25 % (reduziert, da hohe Jahresbeiträge)
ALV	1,1 %	1,1 %
Pensionskasse	CHF 1 660.–	CHF 2 380.–
Unfallversicherung	0,60 %	0,50 %

a) Die Saläre für April und Mai sind bereits verbucht. Erstellen Sie in der Textkolonne die Gehaltsabrechnung für den Monat Juni, die Bruttolohnsumme beträgt CHF 36 000.–. Die Beträge sind in den Konten zu verbuchen. Die Versicherungsbeiträge werden jeweils Ende Quartal durch die Bank überwiesen. Die Konten sind abzuschliessen.

Text	Lohnaufwand		Sozialversicherungs-aufwand		Verbindlichkeiten Sozialversicherungen	
Übertrag (April und Mai)	60 000		9 210			17 100
Bruttolohnsumme (Juni)	36 000.–					

b) Wie gross ist der Personalaufwand einschliesslich Arbeitgeberbeiträge für den Monat Juni?

36.05

Für den Monat September beträgt der Bruttolohn für die Direktorin Karin Moser CHF 16 000.–, zuzüglich einer Kinderzulage von CHF 250.–. Der Arbeitgeber von K. Moser ist bei der Familienausgleichskasse (FAK) angeschlossen. Es kommen folgende Sätze zur Anwendung (auf ganze Franken runden).

	Arbeitnehmer	Arbeitgeber	Massgeblicher Lohn
AHV, IV, EO	5,125 %	5,125 %	16 000
Verwaltungskostenbeitrag		0,3075 %	16 000
ALV	1,1 %	1,1 %	12 350
	0,5 %	0,5 %	3 650
Unfallversicherung	1,0 %	0,8 %	12 350
FAK		1,5 %	16 000
Pensionskasse	7 %	9 %	13 926

a) Erstellen Sie die Lohnabrechnung für K. Moser.

Bruttolohn 16 000

Kinderzulagen 250

Abzüge

AHV, IV, EO	5,125 % von	16 000	820
ALV	1,1 % von	12 350	136
	0,5 % von	3 650	18
PK	7,0 % von	13 926	975
NBU	1,0 % von	12 350	124	2 073

Nettolohn 14 177

b) Verbuchen Sie die Lohnabrechnung im folgenden Journal. Alle Sozialversicherungsbeiträge werden auf Verbindlichkeiten Sozialversicherungen gebucht.

Journal

Text	Soll	Haben	Betrag
Bruttolohn	Personalaufwand	Bank	14 177
Kinderzulage		Verbindlichkeiten Sozialversicherungen	2 073

Lohnabrechnung — Aufgabe 36.05

c) Verbuchen Sie die Beiträge des Arbeitgebers für die Lohnauszahlung an K. Moser. Alle Sozialversicherungsbeiträge werden auf Verbindlichkeiten Sozialversicherungen gebucht.

Journal

Text	Soll	Haben	Betrag

Lohnabrechnung

36.06

Auf der Lohnliste der **Ceramica GmbH** stehen nebst dem Gesellschafter A. Romeo zwei weitere Mitarbeiter. Die Lohnabrechnung für den Monat Januar 20_5 ist wegen Krankheit des Treuhänders noch nicht gemacht. A. Romeo bittet Sie, in die Bresche zu springen.

In den Buchhaltungsunterlagen der Ceramica GmbH finden Sie folgende Daten:

	Name	Vorname	Bruttolohn in CHF	Anzahl Kinder	Geburtsdatum
1	Romeo	Alfeo	6 000.–	2	3.4. 20_1 und 16.9. 20_4
2	Meier	Daniel	5 000.–	1	26.7. 20_3
3	Märki	Thomas	4 500.–	keine	

a) Vervollständigen Sie die folgende Lohnabrechnung für Januar 20_5.

	Beitrag in %	Romeo Alfeo	Meier Daniel	Märki Thomas	Total
Bruttolohn					
Kinderzulagen (CHF 250.–/Kind)					
Arbeitnehmerbeiträge					
AHV, IV, EO	5,125 %				
ALV	1,1 %				
PK	6 % vom versicherten Lohn	235.60	175.60	145.60	556.80
NBU	0,8 %				
Nettolohn	–				
Arbeitgeberbeiträge					
AHV, IV, EO	5,125 %	–	–	–	–
Verwaltungskostenbeitrag	0,3075 %	–	–	–	–
ALV	1,1 %	–	–	–	–
PK	8 % vom versicherten Lohn	–	–	–	742.30
BU	1,0 %	–	–	–	–
FAK	1,5 %	–	–	–	–
Total Sozialleistungen	–	–	–	–	–

Lohnabrechnung — Aufgabe 36.06

b) Verbuchen Sie die Löhne und die Versicherungsbeiträge in den Konten (es sind nur die Totale zu verbuchen). Ermitteln Sie die Saldi, und schliessen Sie die Konten ab.

Text		Lohnaufwand		Sozialversicherungsaufwand		Verbindlichkeiten Sozialversicherungen	
Kinderzulage							
AHV, IV, EO	Arbeitnehmerbeiträge						
ALV							
PK							
NBU							
Banküberweisung							
AHV, IV, EO	Arbeitgeberbeiträge						
Verwaltungskostenbeitrag							
ALV							
PK							
BU							
FAK							
Salden							

37

Immobilien (Liegenschaften)

37.01

Automechaniker O. Henry ist Einzelunternehmer mit eigener Autowerkstatt. Er kauft auf den 1. Januar 20_3 ein Mehrfamilienhaus für CHF 1 500 000.–. An eigenen Mitteln bringt er CHF 500 000.– auf, den Rest finanziert er mit einem Hypothekardarlehen, das zu 3,5 % verzinslich ist.

O. Henry nutzt das ganze Erdgeschoss als Autowerkstatt. Die 5-Zimmer-Maisonette im Dach bewohnt er selber mit seiner Familie. Die mittleren Geschosse mit zwei Wohnungen sind an Familien weitervermietet. Alle Zahlungen erfolgen über das Bankguthaben.

a) Führen Sie die Liegenschaftsbuchhaltung, und ermitteln Sie den Liegenschaftserfolg für das Jahr 20_3:

① Fussnote zur rechten Seite:
Hypothekarzinsen und Abschreibung sind hier aus betriebswirtschaftlicher Sicht als Immobilienaufwand zu erfassen. Rechtlich gesehen handelt es sich um Finanz- bzw. Abschreibungsaufwand.

Immobilien

37 Aufgabe 37.01

Geschäftsfall	Buchung	Bestandeskonten		Erfolgskonten	
		Immobilien	Hypotheken	Immobilienaufwand	Immobilienertrag
Kauf					
Anzahlung mit eigenen Mitteln					
Restfinanzierung durch Hypothekardarlehen zu 3,5 %					
Handänderungssteuer und Grundbuchgebühren (16 000)					
Aufwände					
Unterhalt und Reparaturen (2 000)					
Gebühren, Abgaben und Versicherungen (2 500)					
Heizung, Strom allgemein (1 400)					
Hypothekarzinsen (?)[1]					
Verwaltungsaufwand (3 300)					
Reinigung und Hauswartung (4 800)					
Abschreibungen (8 000)[2]					
Erträge					
Mieteinnahmen (36 000)					
Mietwert Geschäft (24 000)					
Mietwert Privatwohnung (20 000)					
Abschluss					
Salden	Diverse Buchungen				

Bilanz 31.12.20_3 (Auszug)		Erfolgsrechnung für 20_3 (Auszug)	
Immobilien	Hypotheken	Immobilienaufwand	Immobilienertrag

) Wofür werden Gebühren, Abgaben und Versicherungen von CHF 2 500.– erhoben?

) Weshalb wird für das Geschäft von O. Henry und für die mit seiner Familie bewohnte Wohnung ein Mietwert verrechnet?

Immobilien

37.02

F. Linder betreibt ein **Optiker-Fachgeschäft** in Wädenswil. Der Geschäftsinhaber bewohnt privat mit seiner Familie eine Wohnung in dieser Liegenschaft. Wie lauten die Buchungssätze?

a) F. Linder kauft eine Liegenschaft von der Sager & Co. in Wädenswil:

Nr.	Geschäftsfall	Betrag	Aus Sicht des Käufers	Aus Sicht des Verkäufers
1	Kauf bzw. Verkauf der Liegenschaft in Wädenswil	900 000		
2	Übernahme der 1. Hypothek vom Verkäufer	500 000		
3	Gewährung einer 2. Hypothek durch den Verkäufer	100 000		
4	Der Käufer übernimmt den Heizölvorrat.	2 000		
5	Die Handänderungs- und Notariatskosten betragen für Käufer und Verkäufer je 9 350.– und werden durch die Bank (aktiv) beglichen.	9 350		
6	Übergabe von Aktien aus dem Depot des Käufers zum Kurswert	50 000		
7	Die Restschuld wird durch Bankcheck beglichen.			

b) Nach dem Kauf der Liegenschaft wird das Haus renoviert:

Nr.	Geschäftsfall	Betrag	Buchung
1	Rechnung der Wärmetechnik GmbH für den Einbau einer neuen Heizung. Die Hälfte des Betrages ist als Wertsteigerung, die andere Hälfte als Unterhalt zu verbuchen.	100 000	
2	Für Ausbesserungsarbeiten, die nach der Liegenschaftsübernahme durch den Maler vorgenommen wurden, trifft eine Rechnung ein. Der Betrag ist nicht zu aktivieren.	8 000	

c) Die Stromrechnungen treffen ein:

Nr.	Geschäftsfall	Betrag	Buchung
1	Stromrechnung für die F. Linder (Geschäft)	100	
2	Stromrechnung für die Privatwohnung Linder (wird später übers Geschäft bezahlt)	120	
3	Stromrechnung Treppenhaus, Vorplatz und Kellerräumlichkeiten	30	

Aufgabe 37.02

d) Verbuchungen Ende Jahr:

Nr.	Geschäftsfall	Betrag	Buchung
1	Mietwert des Geschäftslokals	12 000	
2	Mietwert der Privatwohnung Familie Linder	10 000	
3	Ausstehende Mietzinse von Mieter X	2 000	
4	Von Mieter Y vorausbezahlte Mietzinse	1 000	
5	Bankzahlung des Halbjahreszinses für die zu 3,5 % verzinsliche 1. Hypothek (Zinstermine 30. 6. und 31. 12.)		
6	Aufgelaufener Hypothekarzins für die zu 4 % verzinsliche 2. Hypothek (Zinstermine 31. 3. und 30. 9.)		
7	Indirekte Abschreibung des Geschäftsmobiliars	1 500	
8	Direkte Abschreibung der Liegenschaft	5 000	

Immobilien

37

37.03

Frau C. Wüscher betreibt mitten in Schaffhausen eine gut gehende **Kosmetikfachschule**. Die Schule ist Eigentümerin eines 3-geschossigen Geschäfts- und Wohnhauses und ist mit den Schulungsräumen im Parterre der Liegenschaft untergebracht. Neben den Schulräumen befinden sich im Haus noch die Privatwohnung der Familie Wüscher und weitere an Dritte vermietete Wohnungen.

Die Liegenschaftsrechnung wird in der Buchhaltung der Kosmetikfachschule getrennt vom Geschäft als Nebenbetrieb (Profit Center) geführt. Für die Fachschule und die Privatwohnung werden monatlich Mieten belastet.

a) Führen Sie das Journal für den Monat Dezember, und bestimmen Sie den Erfolg für die Liegenschaft. Das Bankkonto ist aktiv.

b) Berechnen Sie die Bruttorendite für die Liegenschaft. Der Kapitaleinsatz entspricht dem Buchwert der Liegenschaft Anfang Jahr.

| **Bruttorendite** | $\dfrac{\text{Bruttoertrag}}{\text{Kapitaleinsatz}}$ | |

c) Berechnen Sie die Nettorendite (= Eigenkapitalrendite) für die Liegenschaft. Massgeblich ist das investierte Eigenkapital Anfang Jahr.

| **Eigenkapital-Rendite** | $\dfrac{\text{Liegenschaftserfolg}}{\text{Eigenkapital}}$ | |

d) Wird im Immobilienbereich von Rendite gesprochen, ist praktisch immer die Bruttorendite gemeint. Warum ist diese aussagekräftiger als die Nettorendite?

Journal

Datum	Geschäftsfall	Buchung	Immobilien		Immobilien-aufwand		Immobilien-ertrag	
Div.	Übertrag	Diverse Buchungen	2 100 000		32 200			74
01.12.	Bankbelastung der Hypothekarzinsen 4 % vom 31.5. bis 30.11. (Hypothek CHF 1 200 000.–)							
03.12.	Rechnung für Unterhaltsarbeiten von CHF 2 300.–							
05.12.	Bankgutschrift Monatsmietzinsen, CHF 6 775.–							
07.12.	Rechnung für Heizöl, CHF 3 470.–							

Immobilien — Aufgabe 37.03

um	Geschäftsfall	Buchung	Immobilien	Immobilien-aufwand	Immobilien-ertrag
2.	Mietzinsbelastung: ▶ Kosmetikschule CHF 36 000.– ▶ Privat Wüscher CHF 19 200.–				
2.	Rechnung der Pulito AG für Hauswart- und Reinigungsarbeiten, CHF 700.–				
2.	Rechnung für CHF 48 800.– der Bau GmbH für die Erneuerung der Nasszellen und Toiletten. 50 % des Betrages sind zu aktivieren.				
2.	Bankbelastung für Abgaben, Versicherungen und Gebühren für das 4. Quartal, CHF 720.–				
2.	Bankbelastung für Stromverbrauch (Treppenhausbeleuchtung, Waschmaschine usw.), CHF 180.–				
2.	Bankzahlung an Lieferanten CHF 16 370.–				
2.	Die Heizkosten werden weiterverrechnet an: ▶ Mieter CHF 1 650.– ▶ Geschäft CHF 940.– ▶ Privat CHF 710.–				
2.	Die geschuldeten Hypothekarzinsen sind abzugrenzen.				
2.	Der Heizölvorrat beträgt am Jahresende CHF 3 000.–				
2.	Die Hypothek wird um CHF 50 000.– amortisiert.				
2.	Auf dem Buchwert der Liegenschaft wird 1 % abgeschrieben.				
2.	Salden	Diverse Buchungen			

Immobilien

37.04

Die Kollektivgesellschaft **A. Hug & Co.** betreibt in einer eigenen Liegenschaft einen Klavier- und Flügelverkauf mit eigener Reparaturwerkstatt. Zwei kleinere Wohnungen sind an Dritte vermietet, eine Wohnung wird durch den Gesellschafter A. Hug mit seiner Familie bewohnt.

Die provisorische Erfolgsrechnung zeigt am Jahresende 20_3 diese Zahlen:

	Provisorische Erfolgsrechnung		Nachträge		Definitive Erfolgsrechnung	
	Aufwand	Ertrag	Soll	Haben	Aufwand	Ertrag
Verkaufsertrag		880 000				
Reparaturertrag		220 000				
Mietzinsertrag		34 800				
Warenaufwand	640 000					
Personalaufwand	280 000					
Raumaufwand	15 000					
Unterhalt und Rep.	9 100					
Versicherungsaufwand	9 400					
Energieaufwand	14 250					
Sonstiger Aufwand	7 500					
Abschreibungen	32 000					
Zinsaufwand	29 340					
Gewinn	98 210					
	1 134 800	1 134 800				

a) Die folgenden Nachträge sind in obiger Aufstellung zu berücksichtigen, und es ist die definitive Erfolgsrechnung zu erstellen:

1. Für die Wohnung von Gesellschafter A. Hug ist ein Mietwert von CHF 19 200.– zu berücksichtigen.
2. Der Mietwert für die genutzten Geschäftsräume für die 2. Jahreshälfte ist noch zu verrechnen.
3. Der aufgelaufene Hypothekarzins (4 % Hypothek, CHF 600 000.–) für November und Dezember ist noch zu berücksichtigen.
4. Ein Mieter hat eine Vorauszahlung für 20_4 von CHF 1 200.– geleistet.
5. In den Versicherungsaufwendungen ist eine Prämienvorauszahlung für 20_4 von CHF 1 000.– enthalten.
6. Der Heizölvorrat beträgt Ende Jahr CHF 2 100.–. Die Heizöleinkäufe werden jeweils über Energieaufwand gebucht.
7. Das Dezembergehalt von A. Hug von CHF 8 000.– ist noch nicht gutgeschrieben worden.
8. Eine Dachreparatur an der Liegenschaft wurde auf Jahresende gerade abgeschlossen. Der Kostenvoranschlag lautete auf CHF 15 310.–.

Immobilien — Aufgabe 37.04

b) A. Hug möchte künftig den Erfolg für das Musikgeschäft getrennt vom Liegenschaftserfolg nachweisen. Er bittet Sie, die definitive Erfolgsrechnung so aufzuteilen, dass für den Abschluss per 31. Dezember 20_3 ein getrennter Erfolgsnachweis für den Instrumenten-Hauptbetrieb mit Werkstatt und den Liegenschaftsnebenbetrieb möglich wird. Gemäss Buchhaltung enthält die Gesamtrechnung folgende Aufwands- und Ertragsanteile für die Liegenschaft:

1.	Personalaufwand	Für Reinigungs- und Hauswartdienste sind hier CHF 9 600.– enthalten.
2.	Unterhalt und Reparaturen	Bis auf CHF 2 400.– für Wartungsabonnemente an Maschinen sind diese Aufwände durch Unterhalts- und Reparaturarbeiten an der Liegenschaft verursacht worden.
3.	Versicherungsaufwand	Davon entfallen auf die Liegenschaft CHF 2 800.–.
4.	Energieaufwand	Für Treppenhaus, allgemeine Kellerräume und Aussenbeleuchtung belaufen sich die Heiz- und Stromkosten auf CHF 1 700.–.
5.	Sonstiger Aufwand	An Gebühren und Abgaben entfallen auf die Liegenschaft CHF 1 300.–.
6.	Zinsaufwand	Darin sind die Hypothekarzinsen enthalten.
7.	Abschreibungen	Auf dem Gebäudewert von CHF 850 000.– wurde 1 % abgeschrieben.

	Definitive Erfolgsrechnung		Musik (Hauptbetrieb)		Liegenschaft (Nebenbetrieb)	
	Aufwand	Ertrag	Aufwand	Ertrag	Aufwand	Ertrag
Verkaufsertrag		880 000				
Reparaturertrag		220 000				
Mietzinsertrag		67 800				
Warenaufwand	640 000					
Personalaufwand	288 000					
Raumaufwand	30 000					
Unterhalt und Rep.	24 410					
Versicherungsaufwand	8 400					
Energieaufwand	12 150					
Sonstiger Aufwand	7 500					
Abschreibungen	32 000					
Zinsaufwand	33 340					
Erfolg	**92 000**					
	1 167 800	1 167 800				

Aufgabe 37.04

c) Erstellen Sie für die A. Hug & Co. eine **mehrstufige Erfolgsrechnung** nach folgendem Schema:

Erfolgsrechnung für 20_3

+		
=	**Betriebsertrag**	
./.		
./.		
./.		
./.		
./.		
./.		
./.		
./.		
./.		
=	**Betriebsgewinn ohne Nebenbetriebe**	
+		
./.		
=	**Unternehmungsgewinn**	

Immobilien

37.05

Von einer Liegenschaft sind folgende Daten bekannt:

▶ Erste Hypothek	600 000.–	3,5 %
▶ Zweite Hypothek	300 000.–	4 %
▶ Bruttorendite		7 %
▶ Kaufpreis Liegenschaft	1 300 000.–	
▶ Übriger Liegenschaftsaufwand (exklusive Hypothekarzinsen)	36 000.–	

a) Wie gross ist das investierte Eigenkapital?

b) Wie gross ist der jährliche Mietertrag (Bruttoertrag)

c) Wie gross ist der mit der Liegenschaft erzielte Erfolg?

d) Wie gross ist die Eigenkapital-Rendite?

e) Wie wirkt sich eine Hypothekarzinssatz-Erhöhung von je 0,5 % auf die Bruttorendite aus?

f) Wie wirkt sich eine Hypothekarzinssatz-Erhöhung von je 0,5 % auf die Eigenkapital-Rendite aus?

g) Der Hauseigentümer möchte eine Eigenkapital-Rendite von 6 % erzielen.
Um wie viel Prozent muss er die gesamten Mietzinsen von Aufgabe b) erhöhen?

Wertschriften

38.01

Die **Huber AG** beauftragt die RegioBank am 18. Oktober mit dem Kauf von 200 Namenaktien der Phoenix AG.

a) Erstellen Sie die Kaufabrechnung der Bank, wenn der Kaufkurs CHF 350 beträgt und die Spesen CHF 680 ausmachen.

Kaufabrechnung

b) Wie ist dieser Kauf zu verbuchen? Das Bankkonto ist aktiv.

Datum	Text	Buchung	Wertschriften	Wertschriften-aufwand	Wertschriften-ertrag
18.10.					

38.02

Die **Schmidt AG** beauftragt ihre Bank am 14. November mit dem Verkauf von 800 Namenaktien der Chemie AG.

a) Wie lautet die Verkaufsabrechnung, wenn der Verkauf zu einem Kurs von CHF 40 abgewickelt wurde und mit Spesen von 1% des Kurswert zu rechnen ist?

Verkaufsabrechnung

b) Wann sind die Spesen zu addieren bzw. zu subtrahieren?

c) Wie ist dieser Kauf zu verbuchen? Das Bankkonto ist aktiv.

Datum	Text	Buchung	Wertschriften	Wertschriften-aufwand	Wertschriften-ertrag
14.11.					

d) Welches sind die beiden wichtigsten Beweggründe für den Kauf von Aktien?

Wertschriften

38

38.03

Am 30. April 20_4 kauft die Bank für ihren Kunden **A. Honauer** CHF 60 000.– 5 % Obligationen der Elektrizitätswerke AG 20_1 bis 20_9 zum Kurs 103 %. Zinstermin 30. Juni.

a) Wie viel beträgt der Jahreszins?

b) Wem wird der Jahreszins am 30. Juni 20_4 gegen Vorlage des Zinscoupons ausbezahlt?

c) Auf welche Marchzinsen haben Käufer und Verkäufer Anspruch?

Marchzinsberechnung

→ Zeit

Jahreszins 360 Tage

Anteil ① | Anteil ①

Zinstermin 30. 06. 20_3 | Kauf/Verkauf 30. 04. 20_4 | Zinstermin 30. 06. 20_4

Marchzins

d) Wie lautet die Bankabrechnung?

Kaufabrechnung

CHF 60 000.– 5% Elektrizitätswerke AG 20_1 bis 20_9 zum Kurs 103 %	
Marchzins vom .... bis .... = ... Tage	
= Zwischentotal	
Spesen	540.–
= Endbetrag der Bankabrechnung, Valuta 30. 04. 20_4	

e) Wie ist der Kauf zu buchen? Das Bankkonto ist aktiv.

Journal und Hauptbuch

Datum	Geschäftsfall	Buchung	Wertschriften	Wertschriften-aufwand	Wertschriften-ertrag
30. 04.					

f) Warum ist der Marchzins beim Kauf eine Ertragsminderung?

① «Käufer» oder «Verkäufer» einsetzen.

Wertschriften

38

38.04

Die **Meier GmbH** beauftragt ihre Bank, an der Börse Obligationen der Schweizerischen Eidgenossenschaft zu verkaufen: Nominalwert CHF 100 000.–, Zinsfuss 4 %, Zinstermin 31. Juli, Laufzeit 20_1 bis 20_9.

a) Erstellen Sie die Bankabrechnung vom 31. Oktober 20_3. Die Lösungshilfe für die Marchzinsberechnung ist zu vervollständigen.

Verkaufsabrechnung

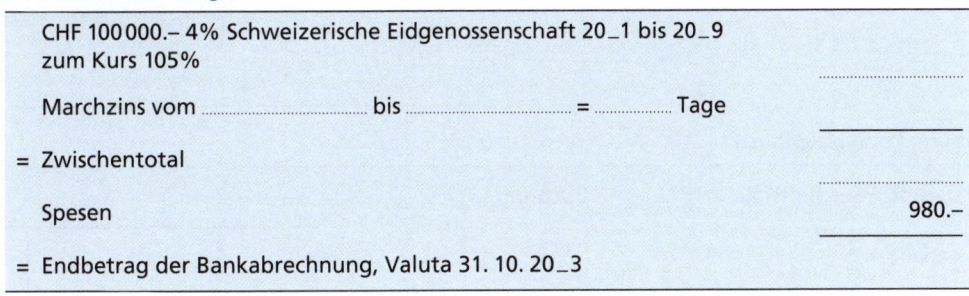

CHF 100 000.– 4% Schweizerische Eidgenossenschaft 20_1 bis 20_9 zum Kurs 105%	
Marchzins vom .... bis .... = ... Tage	
= Zwischentotal	
Spesen	980.–
= Endbetrag der Bankabrechnung, Valuta 31. 10. 20_3	

Marchzinsberechnung

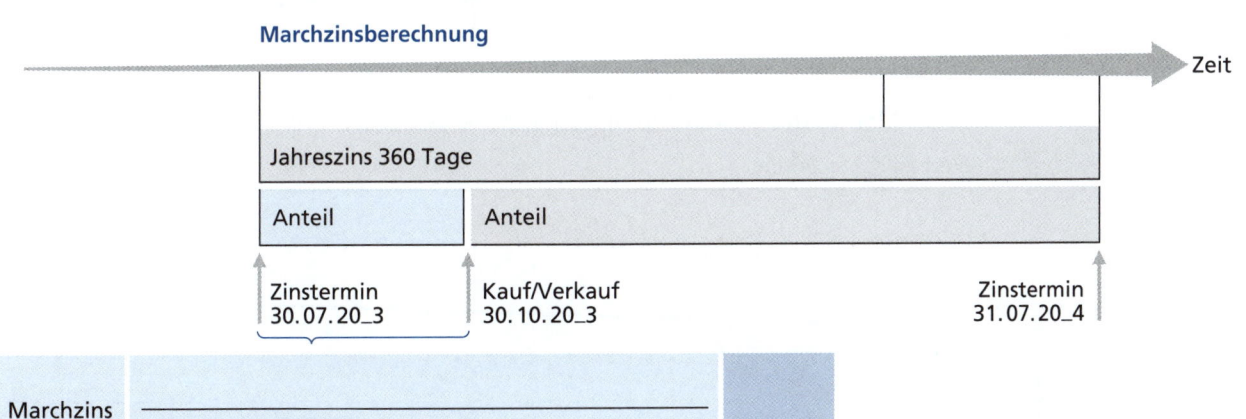

Zeit →

Jahreszins 360 Tage

Anteil | Anteil

Zinstermin 30.07.20_3 | Kauf/Verkauf 30.10.20_3 | Zinstermin 31.07.20_4

Marchzins _____

b) Warum werden die Marchzinsen sowohl beim Kauf als auch beim Verkauf immer zum Kurswert addiert?

c) Wie ist dieser Verkauf zu verbuchen? Das Bankkonto ist aktiv.

Journal und Hauptbuch

Datum	Geschäftsfall	Buchung	Wertschriften		Wertschriften-aufwand		Wertschriften-ertrag	
31.10.								

d) Warum gibt es beim Kauf und Verkauf von Aktien keine «Marchdividenden»?

Wertschriften 38

38.05

Auf welchen Endbetrag lauten folgende Bankabrechnungen, und wie werden die Transaktionen in den drei Wertschriftenkonten verbucht? Das Bankkonto ist aktiv.

a) Kauf von 400 Aktien zum Kurs 200.–, Valuta 23.04.20_2, Spesen 1% des Kurswerts.

Kaufabrechnung

Journal und Hauptbuch

Datum	Geschäftsfall	Buchung					
23.04.							

b) Verkauf von CHF 200 000.– Obligationen 20_1 bis 20_9, Zinsfuss 3%, Zinstermin 31. Mai, Valuta 31. März 20_4, zum Kurs 96%, Spesen CHF 1 700.–.

Verkaufsabrechnung

Journal und Hauptbuch

Datum	Geschäftsfall	Buchung					
31.03.							

Wertschriften

38.06

Am 13. März 20_1 legt die **Weber AG** erstmals überschüssige Liquidität in Form von Wertschriften an. Die Bankabrechnung lautet:

Kauf von Wertschriften

200 Namenaktien Zementwerke AG zum Kurs 600.–	120 000.–
+ Spesen	1 200.–
= Endbetrag der Bankabrechnung, Valuta 13. März 20_1	121 200.–

Nach der Generalversammlung der Zementwerke AG vom 24. April 20_1 wird eine Dividende ausgeschüttet:

Gutschriftsanzeige der Bank

Dividendenauszahlung Zementwerke AG	
Bruttodividende für 200 Namenaktien zu 15.–/Aktie	3 000.–
./. Verrechnungssteuer 35 %	– 1 050.–
= Nettodividende, Valuta 24. April 20_1	1 950.–

Für die Führung des Wertschriftendepots verlangt die Bank eine Depotgebühr von etwa 1‰ des Depotwerts:

Bankbelastungsanzeige

Depotspesen, Valuta 7. Dezember 20_1	130.–

Ende Jahr erstellt die Weber AG ein Wertschrifteninventar:

Wertschrifteninventar am 31.12.20_1

Anzahl	Titelbezeichnung	Kurs	Kurswert
200	Namenaktien Zementwerke AG	630.–	126 000.–

Führen Sie für das Jahr 20_1 das Journal sowie die Wertschriftenkonten für die Weber AG. Das Bankkonto ist aktiv.

Datum	Geschäftsfall	Buchung	Wertschriften	Wertschriften-aufwand	Wertschriften-ertrag
13.03.	Aktienkauf, Kurswert				
	Aktienkauf, Spesen				
24.04.	Bankgutschrift Dividende				
	Verrechnungssteuer				
07.12.	Depotgebühren				
31.12.	Kursgewinn Aktien				
	Abschluss	Diverse			

38.07

Über den Wertschriftenverkehr der **Industrie AG** im Jahr 20_2 liegen folgende Belege vor:

Wertschrifteninventar am 31.12.20_1 (= am 1.1.20_2 übernommene Bestände)

Anzahl bzw. Nominalwert	Titelbezeichnung	Kurs	Kurswert
2 000	Namenaktien Pharma AG	90.–	180 000.–
600 000.–	5 % Obligationen Kanton Bern 20_1 bis 20_9 Zinstermin 30. Juni	105 %	630 000.–
			810 000.–

Bankabrechnung über den Verkauf von Wertschriften

1 000 Namenaktien Pharma AG zum Kurs 95.–	95 000.–
./. Spesen	– 950.–
= Endbetrag der Bankabrechnung, Valuta 20. Februar 20_2	94 050.–

Gutschriftsanzeige der Bank

Dividendenauszahlung Pharma AG	
Bruttodividende für 1 000 Namenaktien zu 2.–/Aktie	2 000.–
./. Verrechnungssteuer 35 %	– 700.–
= Nettodividende, Valuta 10. April 20_2	1 300.–

Gutschriftsanzeige der Bank

5 % Obligationen Kanton Bern 20_1 bis 20_9	
Bruttozins	30 000.–
./. Verrechnungssteuer 35 %	– 10 500.–
= Nettozins, Valuta 30. Juni 20_2	19 500.–

Bankabrechnung über den Verkauf von Wertschriften

CHF 200 000.– 5 % Kanton Bern 20_1 bis 20_9	
Zinstermin 30. Juni, zum Kurs 102 %	204 000.–
+ Marchzins vom 30.06. bis 30.09. 20_2 (90 Tage)	2 500.–
= Zwischentotal	206 500.–
./. Spesen	– 2 200.–
= Endbetrag der Bankabrechnung, Valuta 30. September 20_2	204 300.–

Bankbelastungsanzeige

Depotspesen, Valuta 10. Dezember 20_2	600.–

Wertschrifteninventar am 31.12.20_2

Anzahl bzw. Nominalwert	Titelbezeichnung	Kurs	Kurswert
1 000	Namenaktien Pharma AG	105.–	105 000.–
400 000.–	5 % Obligationen Kanton Bern 20_1 bis 20_9 Zinstermin 30. Juni	104 %	416 000.–
			521 000.–

Wertschriften

Aufgabe 38.07

a) Führen Sie das Journal sowie die Wertschriftenkonten. Das Bankkonto ist aktiv.

Datum	Geschäftsfall	Buchung	Wertschriften	Wertschriften-aufwand	Wertschriften-ertrag
01.01.	Anfangsbestand				
	Rückbuchung aufgelaufener Zins				
20.02.					
10.04.					
30.06.					
30.09.					
10.12.					
31.12.	Aufgelaufene Obligationenzinsen				
	Kursgewinn Aktien				
	Kursverlust Obligationen				
	Salden	Diverse			

b) Wie hoch sind die realisierten bzw. die unrealisierten Gewinne und Verluste dieser Periode?

Wertschriften

38.08

Wie lauten die Buchungssätze für den Handelsbetrieb **K. Kaufmann,** Luzern? Der Warenvorrat wird ruhend geführt. Die MWST von 7,7 % wird nach der Nettomethode verbucht und nach vereinbartem Entgelt abgerechnet. Auf Kurzzahlen runden. Das Bankkonto ist aktiv.

1. Faktura für Wareneinkauf, CHF 5 385 inkl. MWST.
2. Bankzahlung der Rechnung von Nr. 1 unter Abzug von 2 % Skonto.
3. Faktura für Warenverkauf nach Deutschland, EUR 2 000 exkl. MWST, Buchkurs CHF 1.10/EUR.
4. Die eine Hälfte der Faktura von Nr. 3 wird vom Kunden bezahlt und von der Bank zum Kurs CHF 1.11/EUR gutgeschrieben.

   Die andere Hälfte ist Ende Jahr noch offen. Für die Umrechnung in CHF stehen diese Kurse zur Auswahl:

	Devisen	Noten
Ankauf	1.07	1.03
Verkauf	1.09	1.13

5. Die Rechnung der Zollbehörde von CHF 120 für die MWST auf importierter Ware ist zu verbuchen.
6. Das Betreibungsverfahren gegen einen Kunden ist abgeschlossen.

   Die Gesamtforderung inkl. MWST und geleistetem Kostenvorschuss beträgt CHF 5 788; sie ist in der Buchhaltung von K. Kaufmann bereits erfasst. Die Bankgutschrift für die Überweisung des Konkursamtes beträgt CHF 1 480. Der Rest ist abzuschreiben.
7. Die Bruttolohnsumme für den Monat September beträgt CHF 40 000 (keine Löhne über CHF 12 350).

   Vervollständigen Sie die Tabelle.

		Arbeitnehmer-Beiträge	Arbeitgeber-Beiträge
AHV/IV/EO/ALV	6,225 %		
Verwaltungskostenbeitrag	CHF 80		
Berufsunfall	0,6 %		
Nichtberufsunfall	0,5 %		
Pensionskasse	–	1 800	2 000
Total	–		

   Verbuchen Sie die Banküberweisung der Septemberlöhne sowie die geschuldeten Arbeitnehmer- und Arbeitgeber-Beiträge.

8. Ein für CHF 32 310 inkl. MWST gekauftes Geschäftsfahrzeug wurde drei Jahre lang linear, indirekt gemäss Abschreibungstabelle der eidg. Steuerverwaltung (siehe Anhang 1) abgeschrieben. Jetzt wird es für CHF 14 540 inkl. MWST bar verkauft.

   Wie lauten die mit dem Verkauf zusammenhängenden Buchungen?

9. Die für das 3. Quartal geschuldete MWST von CHF 9 428 wird per Bank überwiesen.

Aufgabe 38.08

10 Kauf von Obligationen über die Bank: CHF 100 000.– 4 1/2 % Schweizerische Eidgenossenschaft 20_1 bis 20_9 zum Kurs 98 %, Zinstermin 30.06.

Erstellen Sie die Bankabrechnung per 31.08. (Kaufdatum).

Belastungsanzeige für den Kauf von Wertschriften per 31.08.

Kurswert	
Marchzins vom .... bis .... = ... Tage	
Schlusswert	
Spesen (ca. 1 % des Schlusswerts)	990
= Endbetrag der Bankabrechnung	

Wie lauten die Buchungssätze für diesen Kauf, wenn Zinsen und Spesen nicht über den Wertschriftenbestand verbucht werden?

11 K. Kaufmann kaufte im Supermarkt mit der aufs Geschäft lautenden Debitkarte (Maestro-Karte) zwei Parfums:
- ▶ *Coco Chanel No 5* für seine nicht im Geschäft tätige Ehefrau, CHF 162 inkl. MWST
- ▶ *Moschino Glamour* als Kundengeschenk, CHF 108 inkl. MWST

12 Bankgutschrift für Kontokorrentzinsen, CHF 455. Die Verrechnungssteuer ist auch zu buchen.

13 Verrechnung Eigenzins 2,5 % auf Eigenkapital von CHF 600 000.

14 Der Privatanteil von K. Kaufmann am Geschäftsauto von CHF 3 231 inkl. MWST ist zu verbuchen.

15 Die MWST-Abrechnung für das 4. Quartal zeigt folgende Beträge:
- ▶ Vorsteuer   CHF 17 100
- ▶ Umsatzsteuer   CHF 28 300

Die Umbuchung per Ende Jahr ist vorzunehmen.

16 Laut Inventar ist der Warenvorrat Ende Jahr CHF 8 000 höher als Anfang Jahr. Korrekturbuchung?

17 Für die Geschäftsliegenschaft sind folgende Tatbestände zu verbuchen:
- ▶ Von K. Kaufmann privat genutzte Wohnung   CHF 36 000
- ▶ Eigenmiete (vom Geschäft genutzte Räumlichkeiten)   CHF 84 000

18 Die WB auf Forderungen soll beim Abschluss 5 % der Forderungen L+L betragen. Wie lautet die Korrekturbuchung am Jahresende?
- ▶ Forderungen L+L Anfangsbestand   CHF 150 000
- ▶ Forderungen L+L Schlussbestand   CHF 140 000

19 Eine Darlehensschuld von CHF 60 000 ist halbjährlich am 30. April und am 31. Oktober zu 4 % verzinslich. Zu verbuchen ist die zeitliche Abgrenzung Ende Jahr.

20 Eine IT-Anlage mit einem Anschaffungswert von CHF 20 000 und kumulierten Abschreibungen von CHF 12 000 soll indirekt linear abgeschrieben werden. Es gilt der Abschreibungssatz gemäss Abschreibungstabelle der ESTV (siehe Anhang 1).

Wertschriften 38

Exkurs

Die Rendite von Wertpapieren

38.20

Eine Inhaberaktie der Kommerzbank AG kann an der Börse zum Kurs von CHF 800.– erworben werden. Die Dividende beträgt CHF 4.–.

a) Wie gross ist die Dividendenrendite, d.h. die Rendite ohne Berücksichtigung von Kursdifferenzen?

b) Wie beurteilen Sie die Höhe der Rendite?

38.21

B. Zwick hat für die Anlage seiner gesparten CHF 100 000.– zwei Möglichkeiten ins Auge gefasst:

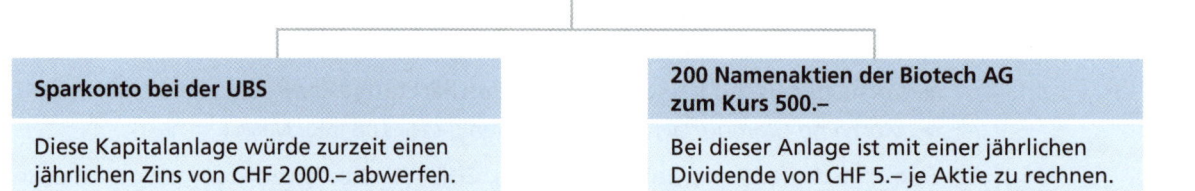

Kapitalanlagen

Sparkonto bei der UBS

Diese Kapitalanlage würde zurzeit einen jährlichen Zins von CHF 2 000.– abwerfen.

200 Namenaktien der Biotech AG zum Kurs 500.–

Bei dieser Anlage ist mit einer jährlichen Dividende von CHF 5.– je Aktie zu rechnen.

a) Welche Anlage rentiert besser? Belegen Sie Ihre Aussage rechnerisch.

b) Welche anderen Gesichtspunkte sind beim Anlageentscheid zu berücksichtigen?

38.22

Eine Aktie kann zum Kurs von CHF 200.– erworben werden.

Wie hoch ist die voraussichtliche Rendite, wenn eine Dividende von CHF 6.– erwartet wird und das Wertpapier nach einem Jahr zu folgendem Kurs wieder verkauft wird:

a) CHF 200.–

b) CHF 250.–

c) CHF 180.–

38.23

D. Lagler verkaufte 200 zum Kurs von CHF 400.– erworbene Aktien der Bergbahnen AG nach 3½ Jahren Besitzdauer zum Kurs CHF 470.–. Während der Besitzdauer wurden Dividenden von CHF 12.–, CHF 10.– und CHF 13.– ausgeschüttet.

a) Berechnen Sie die Rendite für die gesamte Kapitalanlage von 200 Aktien.

b) Berechnen Sie die Rendite für 1 Aktie.

Wertschriften 38

38.24

In einem Boulevardblatt stand als Headline: «Schweizer Bluechip[1] mit 40 % Dividende». Weiter unten im Zeitungsartikel war dann zu lesen, dass der Nominalwert dieser Aktie CHF 10.– beträgt und der aktuelle Börsenkurs CHF 200.–.

In einer Biertischrunde wird diese Dividendenausschüttung als Abzockerei und übelster Auswuchs des Kapitalismus bezeichnet.

Was ist Ihre Meinung als Fachperson?

38.25

Berechnen Sie die Renditen für folgende Aktienanlagen (die Spesen können vernachlässigt werden):

Aufgabe	Titel	Dividenden	Kaufkurs	Verkaufskurs	Besitzdauer	Jahresertrag	Rendite
a)	Bank AG	20 + 25 + 25 = 70	800	850	3 Jahre		
b)	Holding AG	40	1 000	1 080	16 Monate		
c)	Fabrik AG	6 + 6 + 9 = 20	600	640	3 Jahre 4 Monate		
d)	Handel AG	3 + 2 = 5	300	235	4 Jahre		

38.26

E. Furrer kaufte CHF 100 000.– 3 % Schweizerische Eidgenossenschaft 20_1 bis 20_9 zum Kurs 95 % und verkaufte diese zweieinhalb Jahre später zum Kurs 97,5 %.

Berechnen Sie die Jahresrendite.

38.27

K. Ghodsi kaufte bei der Emission (das ist die Ausgabe) CHF 20 000.– 4 % Kanton Aargau 20_1 bis 20_9 zum Kurs 98 %.

Berechnen Sie die Rendite auf Verfall, wenn die Anleihe

a) am Ende der Laufzeit zu pari (zum Nominalwert) zurückbezahlt wird.

b) zwei Jahre vor Ende der Laufzeit vorzeitig zum Kurs 102 % zurückbezahlt wird.

---

[1] Als Bluechips werden in der Börsensprache die Aktien erstklassiger Gesellschaften mit starker Ertragskraft, günstigen Wachstumsaussichten und entsprechend hohem Rating (Bonitäts-Bewertung) bezeichnet.

Wertschriften

38.28

Berechnen Sie die Renditen folgender Obligationen:

Aufgabe	Titel	Zinsfuss	Kaufkurs	Verkaufskurs	Besitzdauer	Jahresertrag	Rendite
a)	Schweizerische Eidgenossenschaft	4 %	101 %	102 %	2 Jahre		
b)	Kanton Basel	5 %	105 %	101 %	4 Jahre		
c)	Zürcher Kantonalbank	2 1/2 %	90 %	100 %	5 Jahre		
d)	Kraftwerk Eglisau AG	7 %	110 %	106 %	40 Monate		

38.29

Die **H. Koch AG** erwarb am 6. Juli 20_2 börsenkotierte Obligationen des Kantons St. Gallen 20_1 bis 20_9, Zinstermin 12. August, mit einem Nominalwert von CHF 50 000.– zum Kurs 97 %. Die Obligationen wurden anschliessend ins Wertschriftendepot bei der RegioBank AG gelegt.

a) Wie hoch ist der Zinsfuss der Obligation, wenn aus dieser Kapitalanlage jährlich ein Verrechnungssteuer-Anspruch von CHF 700.– entsteht?

b) Wie werden Nettozins und Verrechnungssteuer verbucht? Das Bankkonto ist aktiv.

c) Berechnen und verbuchen Sie die Depotgebühr des Jahres 20_4, wenn die RegioBank AG 1,25‰ des Kurswerts sowie CHF 20.– pro Titelgattung belastet? (Der Kurs der Obligationen beträgt im Zeitpunkt der Gebührenberechnung 104 %.)

d) Zu welchem Wert dürfen diese Wertschriften Ende 20_4 gemäss Obligationenrecht höchstens in die Bilanz der H. Koch AG eingesetzt werden? (Die Kurse betrugen im Dezember durchschnittlich 104 %, Ende Dezember 105 %.)

e) Wie gross ist die Rendite (ohne Berücksichtigung von Spesen), wenn diese Obligationen am 24. Oktober 20_6 zum Kurs 101,3 % verkauft wurden?

f) Erstellen Sie die Bankabrechnung für den Verkauf gemäss Teilaufgabe e), wenn die Verkaufsspesen 1 % des Kurswerts samt Marchzinsen betragen?

g) Wie verbucht die H. Koch AG den Verkauf gemäss Teilaufgabe f)? Anfang 20_6 betrug der Kurs der Obligationen 102 %.

h) Warum schwankt der Kurs dieser Obligationen zwischen 97 % (bei Erwerb) und 105 % (Ende 20_4)?

38

Wertschriften

38.30

Berechnen Sie die fehlenden Grössen.

Aufgabe	Titel	Dividenden bzw. Zinsfuss	Kaufkurs	Verkaufskurs	Besitzdauer	Rendite
a)	Hotel AG		400	420	1 Jahr	8 %
b)	Transport AG	10 + 10 = 20	500		2 Jahre	6 %
c)	Pharma AG	4 + 5 + ?	200	230	2 Jahre 108 Tage	10 %
d)[1]	Industrie AG	7 + 4 + 3 + 6 = 20		340	4 Jahre	5 %
e)	Stadt Rafz		100 %	97 %	18 Monate	4 %
f)	Eidgenossenschaft	3 %	100 %	103 %		4 %
g)	RegioBank AG	5 %	100 %		2 Jahre 144 Tage	7 %
h)[1]	Airline AG	4 %		86 %	3 Jahre	7,50 %

38.31

P. Meier könnte von einer Investmentgesellschaft in Panama zum Kurs von USD 2.– nicht börsenkotierte Aktien der Rio Negro Ltd. kaufen, die Schürfrechte für Gold im peruanisch-brasilianischen Grenzgebiet besitzt. Von der Gesellschaft wird eine Dividende von USD 0.40 in Aussicht gestellt. Ausserdem ist mit einem starken Kursanstieg der Wertpapiere zu rechnen, wenn sich die Goldfunde als so reichlich erweisen, wie erste geologische Gutachten erwarten lassen.

Beurteilen Sie diese Investitionsmöglichkeit aus dem Blickwinkel des magischen Dreiecks der Kapitalanlage.

Rendite
Hauptziel der Kapitalanleger ist meist die Erzielung einer angemessenen Rendite.

magisches Dreieck der Kapitalanlage

Sicherheit
Das Verlustrisiko (z. B. Zahlungsunfähigkeit des Schuldners, Kursverluste bei Aktien) sollte möglichst gering sein.

Liquidität
Das ist die Verfügbarkeit des Geldes. Wie rasch lässt sich die Anlage wieder in Bargeld umwandeln?

[1] d) und h) sind schwierig; sie lassen sich am besten mit linearen Gleichungen lösen.

41

4. Teil Buchführungsvorschriften, stille Reserven und Aufbau des Rechnungswesens

Buchführungsvorschriften

41.01

Kreuzen Sie eine Aussage als richtig an, oder geben Sie eine Begründung.

Nr.	Aussage	Richtig	Begründung bei falscher Aussage
1	Buchführungspflichtig ist, wer im Handelsregister eingetragen ist.		
2	Die Geschäftsbücher, die Buchungsbelege, der Geschäftsbericht und der Revisionsbericht sind während 10 Jahren aufzubewahren.		
3	Die Rechnungslegung erfolgt in einer Landessprache.		
4	Die Rechnungslegung erfolgt in Landeswährung (CHF) oder in der für die Geschäftstätigkeit wesentlichen Währung (wobei in diesem Fall zusätzlich die Umrechnung in Landeswährung angegeben werden muss).		
5	Die Jahresrechnung setzt sich immer zusammen aus Bilanz, Erfolgsrechnung, Anhang sowie Geldflussrechnung.		
6	Für Bilanz und Erfolgsrechnung bestehen Mindestgliederungsvorschriften.		
7	Der Geschäftsbericht muss innerhalb von sechs Monaten nach Ablauf des Geschäftsjahres erstellt und im Falle von Aktiengesellschaften den Aktionären und Mitarbeitern vorgelegt werden.		
8	Grössere Unternehmen (Bilanzsumme > 20 Millionen, Umsatz > 40 Millionen, Mitarbeiterzahl > 250) müssen einen Abschluss nach anerkanntem Standard erstellen, zum Beispiel nach Swiss GAAP FER.		

Buchführungsvorschriften 41

41.02

Beurteilen Sie, ob in folgenden Fällen die Grundsätze ordnungsmässiger Rechnungslegung eingehalten worden sind.

Ausgangslage bildet ein wirtschaftlich gesunder Handelsbetrieb in Form einer Aktiengesellschaft mit einer Bilanzsumme von 1 Million Franken und einem Umsatz von 2 Millionen Franken.

a) Die Forderungen L+L betragen CHF 200 000, die Verbindlichkeiten L+L CHF 190 000. Die beiden Positionen werden miteinander verrechnet, sodass in der Bilanz nur Forderungen L+L mit CHF 10 000 aufgeführt sind.

b) Unter der Bilanzposition «Übriges Anlagevermögen» werden die Liegenschaften im Buchwert von CHF 350 000 und die Patente im Wert von CHF 120 000 in einem Betrag von CHF 470 000 zusammengefasst.

c) Da sich die ausstehenden Ferienguthaben der Mitarbeiter jedes Jahr auf etwa gleicher Höhe befinden (etwa CHF 150 000), verzichtet die AG auf die Bilanzierung einer zeitlichen Abgrenzung.

d) Der Gewinn von CHF 400 aus der Veräusserung einer Sachanlage wurde in der Erfolgsrechnung nicht separat als ausserordentlich ausgewiesen, sondern mit den Abschreibungen verrechnet.

e) Die Sachanlagen wurden in den Vorperioden degressiv abgeschrieben, neu wird die lineare Methode angewandt.

f) In der Erfolgsrechnung wurden der Warenertrag und der Warenaufwand nicht separat ausgewiesen, sondern nur die Differenz als Bruttogewinn.

g) Die Vorräte werden unter ihrem Einstandswert in der Bilanz aufgeführt, obwohl keinerlei Anzeichen einer Wertbeeinträchtigung vorliegen.

h) Bilanz und Erfolgsrechnung werden nur auf ganze Franken genau angegeben, die Rappen werden weggelassen.

i) Aufgrund einer Schadenersatzklage muss mit einer Schadenszahlung von etwa CHF 70 000 gerechnet werden. Da das Gerichtsverfahren noch hängig ist, wird auf die Bildung von Rückstellungen verzichtet.

k) Eine Maschine mit einem Anschaffungswert von CHF 100 000 wird linear über die geschätzte Nutzungsdauer von 10 Jahren abgeschrieben, sodass der Buchwert nach einem Jahr bei CHF 90 000 liegt. Der geschätzte Nettoveräusserungswert beträgt allerdings nur etwa CHF 60 000.

41.03

Beantworten Sie die Bewertungsfragen.

a) Bei welchen Aktiven steht der Bilanzwert eindeutig fest?

b) Weshalb kann der Bilanzwert bei den Forderungen oder bei einem Fahrzeug nicht eindeutig bestimmt werden?

c) Bei welchen Positionen des Fremdkapitals besteht ein Bewertungsspielraum, bei welchen keiner?

d) Welche Bewertungsvorschriften bestehen für das Eigenkapital?

41.04

Ausgangslage bildet die folgende vereinfachte Schlussbilanz vor Gewinnverbuchung (in Kurzzahlen), bei der die Warenvorräte zu Einstandspreisen bewertet wurden, was als richtig (true and fair) zu betrachten ist.

Schlussbilanz (richtige Bewertung)

Aktiven		Passiven	
Flüssige Mittel	40	Fremdkapital	200
Warenvorrat	90	Eigenkapital	250
Übrige Aktiven	370	**Gewinn**	**50**
	500		500

a) Wie lautete die Schlussbilanz, wenn die Warenvorräte überbewertet würden, zum Beispiel schon zu den erwarteten Verkaufspreisen von 150 bilanziert würden, obwohl sie noch nicht verkauft worden sind?

Schlussbilanz (Überbewertung)

Aktiven		Passiven	
Flüssige Mittel		Fremdkapital	
Warenvorrat		Eigenkapital	
Übrige Aktiven		**Gewinn**	

b) Wie lautete die Schlussbilanz vor Gewinnverteilung, wenn die Vorräte unterbewertet würden, zum Beispiel nur zu zwei Dritteln des Einstandspreises bilanziert würden?

Schlussbilanz (Unterbewertung)

Aktiven		Passiven	
Flüssige Mittel		Fremdkapital	
Warenvorrat		Eigenkapital	
Übrige Aktiven		**Gewinn**	

c) Wie beurteilen Sie die verschiedenen Bewertungen aus Sicht von Unternehmung, Gläubigern, Eigentümern (z. B. Aktionäre) und Steuerbehörden?

d) Welche der drei Bewertungsmöglichkeiten verbietet das Obligationenrecht?

41.05

Ein betrieblich genutztes Bürogebäude wurde vor 15 Jahren für CHF 3 250 315 (inkl. Abgaben) erworben. Der geschätzte Nettoveräusserungswert beträgt heute vor allem wegen gestiegener Landpreise etwa CHF 6 000 000. Ein beobachtbarer Marktpreis besteht nicht.

Zu welchem Wert darf das Bürogebäude höchstens bilanziert werden?

Buchführungsvorschriften 41

41.06

Anfang 20_1 kaufte die **Champion AG** einen neuen Montageroboter.

> Bruttoankaufspreis CHF 325 000, Rabatt 8 %
> Bezugskosten (Fracht, Transportversicherung, Verzollung) CHF 1 500
> Montagekosten CHF 4 500
> Erwartete Nutzungsdauer 6 Jahre; lineare, indirekte Abschreibung
> Geschätzter Restwert am Ende der Nutzungsdauer CHF 5 000

Ende 20_2 stellen sich folgende Fragen:

a) Zu welchem Wert darf die Maschine höchstens bewertet werden?
b) Wie wird der Wert der Maschine in der Bilanz dargestellt?
c) Wie lautet der Buchungssatz für die Abschreibung?

41.07

Die **Jewel GmbH** kaufte vor vier Monaten 100 Platin-Schmuckstücke zu CHF 400/Stück ein und verkaufte davon bis Ende Jahr 90 zu CHF 500/Stück.

Zu welchem Wert dürfen die Schmuckstücke Ende Jahr höchstens bilanziert werden, wenn

a) der Platinpreis inzwischen stark angestiegen ist, sodass der Einstandspreis im Bilanzzeitpunkt CHF 560/ Stück beträgt und der Verkaufspreis auf CHF 700 angesetzt werden kann?
b) der Platinpreis inzwischen gesunken ist und entsprechende Schmuckstücke ausserdem nicht mehr «en vogue» sind, sodass der Einstandspreis im Bilanzierungszeitpunkt CHF 300/Stück beträgt und der Verkaufspreis auf CHF 375.– zurückgenommen werden muss?
c) Wie lautet der Buchungssatz für die Wertkorrektur bei b), wenn die Schmuckstücke zum Einstandspreis erfasst worden sind?

41.08

Die **Semper AG** kaufte vor zweieinhalb Jahren börsenkotierte Obligationen der Schweizerischen Eidgenossenschaft mit einem Nominalwert von CHF 100 000 zum Kurs von 97 % (des Nominalwerts).

Zu welchem Wert dürfen die Obligationen in der Bilanz der Semper AG höchstens bilanziert werden, wenn folgende Schlusskurs gelten?

a) 102 %
b) 95 %

41.09

Die **Pharma AG** kaufte vor ein paar Jahren Aktien der börsenkotierten BioTech AG. Der Kaufkurs betrug CHF 500 je Aktie.

Zu welchem Kurs dürfen die Aktien der BioTech in der Bilanz der Pharma AG höchstens bewertet werden, wenn am Bilanzstichtag folgende Schlusskurse vorliegen:

a) CHF 650
b) CHF 420

41.10

Aus einem Tanklager der **Chemie AG** flossen über Jahre unbemerkt giftige Substanzen in die Umgebung. Als das Malheur im Oktober 20_5 entdeckt wurde, setzte die Chemie AG sofort unabhängige Experten ein, welche die Sanierungskosten zuverlässig mit CHF 300 000 schätzten.

a) Wie ist dieser Sachverhalt im Jahresabschluss 20_5 der Chemie AG zu berücksichtigen?

b) Dürfte der Betrag nach Obligationenrecht auch tiefer oder höher als CHF 300 000 angesetzt werden?

41.11

Die erfolgreiche Privatschule **Piaget GmbH** erwarb Anfang 20_1 neues Mobiliar für CHF 160 000 mit einer geschätzten Nutzungsdauer von 20 Jahren. Eine lineare Abschreibung auf einen Restwert von 0 erscheint betriebswirtschaftlich gerechtfertigt.

Zu welchem Wert darf das Mobiliar Ende 20_5 höchstens bewertet werden, wenn der Nettoveräusserungswert zu jenem Zeitpunkt auf CHF 30 000 geschätzt wird?

41.12

Bei der **Produktion AG** liegt für die Bewertung des Vorrats an fertigen Erzeugnissen folgende Kalkulation vor:

	Materialkosten	300
+	Fertigungskosten	250
=	**Herstellungskosten**	**550**
+	Verwaltungs- und Vertriebskosten	150
=	**Selbstkosten**	**700**
+	Voraussichtlicher Gewinn	100
=	**Geschätzter Verkaufsertrag**	**800**

a) Zu welchem Wert darf der Vorrat an fertigen Erzeugnissen höchstens bilanziert werden?

b) Wie lautet der Buchungssatz für eine Bestandeszunahme an fertigen Erzeugnissen von 30?

41.13

Die Kurse für fremde Währungen betragen beim Jahresabschluss:

Noten- und Devisenkurse in CHF

	Noten		Devisen	
	Kauf (Geld)	Verkauf (Brief)	Kauf (Geld)	Verkauf (Brief)
EUR	1.08	1.14	1.10	1.12
USD	0.92	0.98	0.94	0.96

Wie sind folgende Bilanzpositionen in CHF zu bewerten?

a) Forderungen aus Lieferungen und Leistungen, EUR 10 000

b) Verbindlichkeiten aus Lieferungen und Leistungen, USD 2 000

c) Kassenbestand, USD 1 000

42 Stille Reserven

42.01

In der Praxis ist zwischen externen und internen Abschlussrechnungen zu unterscheiden:

Bilanzen und Erfolgsrechnungen

Externe
Externe Rechnungen sind zur Information Dritter (vor allem der Aktionäre und der Steuerbehörden) bestimmt. Sie zeigen in der Regel nicht die wahre Vermögens- und Ertragslage.

Interne
Interne Rechnungen sind als Entscheidungsgrundlage sowie als Kontrollinstrument für die Unternehmungsleitung bestimmt. Sie sind nach «True-and-Fair-View» erstellt und geben die wirklichen Werte wieder (so weit dies überhaupt möglich ist).

Handelsbilanz
Sie wird nach den Bewertungsvorschriften des **Obligationenrechts** erstellt und richtet sich hauptsächlich an die Aktionäre.

Eine Unterbewertung von Aktiven bzw. Überbewertung der Schulden ist gestattet und in der Praxis von KMUs verbreitet.

Steuerbilanz
Grundsätzlich ist die Handelsbilanz massgeblich für die Erstellung der Steuerbilanz; jedoch müssen die zusätzlichen Bewertungsvorschriften des **Steuerrechts** berücksichtigt werden.

In der Praxis von KMUs sind Handels- und Steuerbilanz oft identisch.

Oft wird die Buchhaltung in KMUs so geführt, dass sie den handels- und steuerrechtlichen Anforderungen entspricht, weshalb die Abschlussrechnungen nicht die wirkliche Vermögens- und Ertragslage wiedergeben. Damit die Geschäftsleitung ihre Entscheide auf aussagekräftigere (interne) Zahlen abstützen kann, müssen die externen Abschlussrechnungen bereinigt werden.

a) Gegeben ist die externe Schlussbilanz nach Gewinnverbuchung. Der Geschäftsleitung ist bekannt, dass das Anlagevermögen infolge überhöhter Abschreibungen um 20 unterbewertet ist und das Fremdkapital zufolge überhöhter Rückstellungsbildung um 10 zu hoch ausgewiesen wird.

Wie lautet die interne (bereinigte) Schlussbilanz?

Externe Schlussbilanz

Aktiven		Passiven	
Umlaufvermögen	40	Fremdkapital	30
Anlagevermögen	50	Aktienkapital	50
		Offene Reserven[1]	10
	90		90

Interne Schlussbilanz

Aktiven		Passiven	
Umlaufvermögen		Fremdkapital	
Anlagevermögen		Aktienkapital	
		Offene Reserven[1]	

[1] Die **offenen Reserven** werden in der externen *und* der internen Bilanz offen gelegt. Sie setzen sich zusammen aus der gesetzlichen Kapitalreserve, der gesetzlichen Gewinnreserve und den freiwilligen Gewinnreserven. Der Gewinnvortrag kann als Teil der freiwilligen Gewinnreserven betrachtet werden.

Stille Reserven

42 Aufgabe 42.01

b) Vervollständigen sie die grafischen Darstellungen mit den Zahlen von Aufgabe a).

Externe Schlussbilanz

Aktiven	Passiven
Umlaufvermögen	Fremdkapital
Anlagevermögen	Eigenkapital

Interne Schlussbilanz

Aktiven	Passiven
Umlaufvermögen	Fremdkapital
Anlagevermögen	Eigenkapital

c) Warum handelt es sich bei den stillen Reserven um Eigenkapital?

d) Weshalb werden die stillen Reserven so genannt?

e) Was ist gemeinsam bei offenen und stillen Reserven, und wodurch unterscheiden sie sich?

42.02

Von einer Unternehmung sind folgende stille Reserven bekannt:

Stille Reserven

WB Forderungen L+L	2
Warenvorrat	20
Sachanlagen	30
Rückstellungen	5
Total	57

Wie lauten die (bereinigten) internen Bilanzen?

Schlussbilanzen nach Gewinnverbuchung

Aktiven	Externe Werte	Bereinigung	Interne Werte
Flüssige Mittel	20		
Forderungen L+L (netto)	60		
Warenvorrat	40		
Sachanlagen	110		
	230		

Passiven	Externe Werte	Bereinigung	Interne Werte
Verbindlichkeiten L+L	50		
Rückstellungen	15		
Aktienkapital	100		
Offene Reserven	65		
Stille Reserven	–		
	230		

Stille Reserven

42.03

Von einem neu gegründeten Handelsbetrieb liegt am Jahresende die nach True-and-Fair-View erstellte interne Bilanz vor (alle Beträge in CHF 1 000).

Interne Schlussbilanz vor Nachtragsbuchungen per 31.12.20_1

Aktiven		Passiven	
Umlaufvermögen		**Fremdkapital**	
Flüssige Mittel	25	Verbindlichkeiten L+L	50
Forderungen L+L	80	Hypotheken	120
Warenvorrat	45	**Eigenkapital**	
Anlagevermögen		Aktienkapital	100
Sachanlagen	220	Reserven	0
./. WB Sachanlagen	–40	Gewinn	60
	330		330

Um Steuern zu sparen, beschliesst die Geschäftsleitung folgende Korrekturen:

▶ Auf dem Anlagevermögen wird eine zusätzliche Abschreibung von 10 vorgenommen.
▶ Der Warenvorrat wird nur zu zwei Dritteln des Einstandspreises bewertet.
▶ Zulasten des Warenertrags wird eine betriebswirtschaftlich nicht notwendige Garantierückstellung von 3 gebildet.

a) Wie lauten die Buchungssätze für diese drei Nachträge?

Sollbuchung	Habenbuchung	Betrag

b) Wie lauteten die externe und die interne Bilanz nach Verbuchung der drei Nachträge?

Externe Schlussbilanz per 31.12.20_1

Aktiven		Passiven	
Umlaufvermögen		**Fremdkapital**	
Flüssige Mittel			
Forderungen L+L			
Vorräte			
		Eigenkapital	
Anlagevermögen			
Sachanlagen			
./. WB Sachanlagen			

Interne Schlussbilanz per 31.12.20_1

Aktiven		Passiven	
Umlaufvermögen		**Fremdkapital**	
Flüssige Mittel			
Forderungen L+L			
Vorräte			
		Eigenkapital	
Anlagevermögen			
Sachanlagen			
./. WB Sachanlagen			

c) Wie gross sind die Steuerersparnisse im Jahr 20_1, wenn vereinfachend von einem Gewinnsteuersatz von 25 % des Gewinns ausgegangen wird? Welcher Nachteil besteht in den Folgejahren?

Stille Reserven

42.04

Lösen Sie folgende Aufgaben für die Handel AG.

a) Wie können bei den aufgeführten Vermögenswerten und Schulden stille Reserven gebildet werden?

Aktiven (Vermögen)

Konto	Allgemeine Umschreibung	Buchungssatz
Flüssige Mittel		
Forderungen L+L		
Warenvorrat		
Maschinen, Mobiliar Fahrzeuge, Gebäude		
Grundstücke		

Fremdkapital (Schulden)

Konto	Allgemeine Umschreibung	Buchungssatz
Verbindlichkeiten L+L (Warenlieferanten)		
Rückstellungen		

b) Kreuzen Sie eine Aussage als richtig an, oder geben Sie eine Begründung.

Nr.	Aussage	Richtig	Begründung bei falscher Aussage
1	Stille Reserven entstehen durch Unterbewertung von Aktiven oder Überbewertung von Fremdkapital in der internen Bilanz.		
2	Bei der Bildung stiller Reserven entsteht in der externen Erfolgsrechnung ein niedriger Aufwand bzw. ein höherer Ertrag, als es betriebswirtschaftlich richtig ist.		
3	In der internen Bilanz wird der Gewinn durch die Bildung stiller Reserven höher ausgewiesen, als er tatsächlich ist.		
4	Das Gegenteil zur Bildung stiller Reserven ist die Auflösung. Für die Verbuchung von Auflösungen müssen bei den obigen Buchungen Soll und Haben getauscht werden.		

Stille Reserven

42.05

Bereinigen Sie die externen Rechnungen mithilfe der Angaben zu den stillen Reserven.

Stille Reserven

	Anfangs-bestand	Schluss-bestand	Verän-derung
Warenvorrat	30	40	+10
Sachanlagen	50	70	+20
Rückstellungen[1]	10	14	+4
Total	90	124	+34

Eröffnungsbilanz per 1.1.20_4

Aktiven / Passiven

	Extern	Bereinigung	Intern		Extern	Bereinigung	Intern
Flüssige Mittel	20			Fremdkapital	80		
Forderungen	110			Aktienkapital	200		
Warenvorrat	60			Offene Reserven[2]	50		
Sachanlagen	140			Stille Reserven	–		
	330				330		

Erfolgsrechnung 20_4

Aufwand / Ertrag

	Extern	Bereinigung	Intern		Extern	Bereinigung	Intern
Warenaufwand	600			Warenertrag	900		
Personalaufwand	150						
Abschreibungen	50						
Übriger Aufwand	80						
Gewinn	20						
	900				900		

Schlussbilanz per 31.12.20_4

Aktiven / Passiven

	Extern	Bereinigung	Intern		Extern	Bereinigung	Intern
Flüssige Mittel	16			Fremdkapital	140		
Forderungen	130			Aktienkapital	200		
Warenvorrat	80			Offene Reserven[2]	36		
Sachanlagen	150			Stille Reserven	–		
	376				376		

[1] Die Rückstellungsbildung erfolgt zulasten des Warenertrags.

[2] Vereinfachend wurden in der Bilanz unter den offenen Reserven die gesetzlichen Kapital- und Gewinnreserven, die freiwilligen Gewinnreserven sowie der Gewinnvortrag zusammengefasst.

Stille Reserven

42.06

Der Anschaffungswert einer Drehbank beträgt 60. Die Abschreibungen erfolgen linear auf einen Restwert von 0. Die effektiv erwartete Nutzungsdauer beträgt 5 Jahre. In der externen Rechnung wird aus steuerlichen Überlegungen nur mit einer Nutzungsdauer von 3 Jahren gerechnet.

Um die Auswirkung von Bildung und Auflösung stiller Reserven auf den extern ausgewiesenen Gewinn zu verdeutlichen, wird von einem konstanten internen (effektiven) Gewinn von 20 ausgegangen.

a) Vervollständigen Sie die Tabelle.

Jahr	Externe Rechnung		Interne Rechnung		Stille Reserven		Gewinn	
	Abschreibung	Restwert Ende Jahr	Abschreibung	Restwert Ende Jahr	Veränderung	Bestand Ende Jahr	Extern	Intern
1								20
2								20
3								20
4								20
5								20

b) Wie beurteilen Sie dieses Vorgehen?

42.07

Vervollständigen Sie die Tabelle über das Eigenkapital und den Gewinn eines Einzelunternehmens. Die Aufgaben a), b), c) usw. stellen aufeinander folgende Jahre dar.

	Eigenkapital gemäss Eröffnungsbilanz			Erfolg gemäss Erfolgsrechnung[①]			Eigenkapital gemäss Schlussbilanz		
	Externer Wert	Anfangsbestand an stillen Reserven	Interner Wert	Externer Gewinn	Veränderung an stillen Reserven	Interner Gewinn	Externer Wert	Schlussbestand an stillen Reserven	Interner Wert
a)	200	0		40	+10				
b)	240	10	250	40	0				
c)					+20	70			
d)				50		80			
e)				30				70	
f)					+5				500
g)									
h)	450		540	20	−10				
i)				10				60	

[①] Der Erfolg wird Ende Jahr über das Eigenkapital verbucht. Andere Eigenkapitalveränderungen finden nicht statt.

Stille Reserven

42.08

Der Anschaffungswert für eine numerisch gesteuerte Fräsmaschine beträgt 300. Eine lineare Abschreibung über die Nutzungsdauer von 5 Jahren auf einen Restwert von 0 ist als betriebswirtschaftlich korrekt zu betrachten. Aus steuerlichen Gründen wird für die externe Bilanz die degressive Methode angewandt; der degressive Abschreibungssatz ist gemäss Richtlinien der Steuerverwaltung doppelt so hoch wie bei linearer Abschreibung.

Vervollständigen Sie die Tabelle. Die Beträge sind auf ganze Kurzzahlen zu runden.

Jahr	Externe Rechnung		Interne Rechnung		Stille Reserven		Gewinn	
	Degressive Abschreibung	Restwert Ende Jahr	Lineare Abschreibung	Restwert Ende Jahr	Veränderung	Bestand Ende Jahr	Extern	Intern
1								70
2							38	
3								60
4							64	
5								40

42.09

Die **RiteAid AG** handelt mit pharmazeutischen Produkten.

Die laufende Buchhaltung wird so geführt, dass sie die steuerlichen und handelsrechtlichen Anforderungen erfüllt. Die entsprechenden externen Werte sind auf dem nebenstehenden Lösungsblatt eingetragen.

Für die Geschäftsleitung werden die externen Zahlen jeweils bereinigt, weil nach True-and-Fair-View erstellte Abschlüsse eine bessere Entscheidungsgrundlage darstellen.

a) Vervollständigen Sie die Tabelle zu den stillen Reserven.

▶ Der Warenvorrat wird konsequent um den steuerlich erlaubten Drittel unterbewertet.

▶ Im Fremdkapital sind Garantierückstellungen enthalten, die zulasten des Warenertrags gebildet wurden.

Stille Reserven 20_6

	Anfangsbestand	Schlussbestand	Veränderung
Warenvorrat			
Sachanlagen	35		–10
Rückstellungen		9	1
Total			

b) Wie lauten die internen Abschlussrechnungen?

c) Welche Information bezüglich stiller Reserven muss im Anhang offengelegt werden?

d) Für welchen Betrag wurden im Jahr 20_6 Sachanlagen gekauft, wenn im gleichen Jahr Sachanlagen zum Buchwert von 8 veräussert wurden?

e) Wie hoch war die Dividendenausschüttung im Jahr 20_6?

Stille Reserven — Aufgabe 42.09

Eröffnungsbilanz per 1.1.20_6

Aktiven / **Passiven**

Aktiven	Extern	Bereinigung	Intern	Passiven	Extern	Bereinigung	Intern
Flüssige Mittel	10			Fremdkapital	105		
Forderungen	90			Aktienkapital	100		
Warenvorrat	30			Offene Reserven	45		
Sachanlagen	120			Stille Reserven	–		
	250				250		

Erfolgsrechnung 20_6

Aufwand / **Ertrag**

Aufwand	Extern	Bereinigung	Intern	Ertrag	Extern	Bereinigung	Intern
Warenaufwand	420			Warenertrag	700		
Personalaufwand	160						
Abschreibungen	15						
Übriger Aufwand	90						
Gewinn	15						
	700				700		

Schlussbilanz per 31.12.20_6

Aktiven / **Passiven**

Aktiven	Extern	Bereinigung	Intern	Passiven	Extern	Bereinigung	Intern
Flüssige Mittel	8			Fremdkapital	81		
Forderungen	80			Aktienkapital	100		
Warenvorrat	20			Offene Reserven	42		
Sachanlagen	115			Stille Reserven	–		
	223				223		

Stille Reserven

42.10

Lösen Sie für die **HighLight AG** diese Aufgaben.

a) Die Ausschnitte aus Eröffnungs- und Schlussbilanz sind zu vervollständigen:

- Die Warenvorräte werden in der Steuer- und Handelsbilanz konstant um einen Drittel unterbewertet.
- Die Forderungen L+L bestehen Anfang 20_3 ausschliesslich aus Guthaben gegenüber inländischen Kunden in CHF. Ende 20_3 enthalten die Forderungen L+L auch ein Guthaben von EUR 100 gegenüber einem Kunden in Italien. Für die externe Bilanz wurde dieses Guthaben eins zu eins in CHF umgerechnet. Basis für die interne Bilanz sind diese Kurse in CHF/EUR per Ende Dezember 20_3:

Noten				Devisen			
Kauf	1.07	Verkauf	1.17	Kauf	1.11	Verkauf	1.13

- Die WB Forderungen L+L enthält Anfang 20_3 stille Reserven von 3. In der Steuer- und Handelsbilanz werden die steuerlichen Vorgaben angewandt, wonach auf inländischen Forderungen L+L pauschal eine WB Forderungen L+L von 5 % gebildet werden darf und auf ausländischen Guthaben ein solches von 10 %.
- Die Fahrzeuge wurden Anfang 20_2 für 50 gekauft. Seither fanden keine Käufe und Verkäufe statt. Nach True-and-Fair-View ist mit einer Nutzungsdauer von 6 Jahren und einem Liquidationswert am Ende der Nutzungsdauer von 2 auszugehen. Für die Handels- und Steuerbilanz wird der Steuersatz gemäss Abschreibungstabelle der eidg. Steuerverwaltung angewandt (siehe Anhang 1).
- Die Rückstellungen werden konstant 50 % überbewertet.

Eröffnungsbilanz per 1.1.20_3

Aktiven	Extern	Bereinig.	Intern
Forderungen L+L	200	0	200
./. WB Forderungen	−10		
Warenvorrat			120
Fahrzeuge			

Passiven	Extern	Bereinig.	Intern
Rückstellungen	6		

Schlussbilanz per 31.12.20_3

Aktiven	Extern	Bereinig.	Intern
Forderungen L+L	200		
./. WB Forderungen			−8
Warenvorrat	60		
Fahrzeuge			

Passiven	Extern	Bereinig.	Intern
Rückstellungen			8

b) Wie hoch ist der Gesamtbetrag an stillen Reserven per Ende 20_3, wenn ausser den oben erwähnten keine weiteren stillen Reserven vorhanden sind?

c) Wie hoch ist der effektive Gewinn, wenn extern ein Gewinn von 40 ausgewiesen wird?

42 Stille Reserven

42.11

Kreuzen Sie die Aussagen als richtig an, oder begründen Sie, weshalb diese falsch sind.

Nr.	Aussage	Richtig	Begründung, warum falsch
1	Von stillen Reserven spricht man deshalb, weil sie in der internen Bilanz nicht sichtbar sind.		
2	In früheren Jahren gebildete und im Anfangsbestand enthaltene stille Reserven wirken sich nicht auf den Erfolg der laufenden Periode aus.		
3	Durch die Bildung von stillen Reserven wird der externe Gewinn der laufenden und der folgenden Perioden zu tief ausgewiesen.		
4	Durch die Auflösung von stillen Reserven wird der externe Gewinn der laufenden Periode zu hoch ausgewiesen.		
5	Die Bildung von stillen Reserven auf den Beständen an Forderungen L+L erfolgt mit der Buchung: WB Forderungen L+L/Verluste Forderungen.		
6	Durch die Bildung und Auflösung von stillen Reserven können die internen Gewinne manipuliert werden.		
7	Durch die Bewertungsvorschriften des OR wird die Bildung von stillen Reserven praktisch unterbunden.		
8	Die Bildung von stillen Reserven ist nur auf Aktivkonten möglich.		
9	Viele Unternehmen bewerten die Warenvorräte in ihren externen Bilanzen immer nur zu zwei Dritteln des Einstandswertes. Dadurch werden bei Vorratszunahmen automatisch stille Reserven gebildet und bei Vorratsabnahmen stille Reserven aufgelöst.		
10	Da Aktiengesellschaften ihre Liegenschaften nur zum Anschaffungswert bilanzieren dürfen, entstehen bei steigenden Bodenpreisen automatisch stille Reserven.		
11	Stille Reserven sind verstecktes Eigenkapital und erhöhen den Spielraum für Gewinnmanipulationen durch das Management.		
12	Im Anhang zur Jahresrechnung muss der Gesamtbetrag der aufgelösten stillen Reserven aufgeführt werden, sofern dadurch das wirtschaftliche Ergebnis wesentlich günstiger dargestellt wird.		

Stille Reserven

42.12

Kreuzen Sie bei jeder Aussage an, ob sie richtig oder falsch ist.

Nr.	Aussage	Richtig	Falsch
1	Wenn sich die Bestände an stillen Reserven in einer Rechnungsperiode nicht verändern, sind der externe und der interne Gewinn gleich hoch.		
2	Wesentliche stille Reserven dürfen gemäss Obligationenrecht nur gebildet werden, wenn die Aktionäre im Anhang darüber informiert werden.		
3	Stille Reserven entstehen unter anderem durch Unterbewertung von Fremdkapital (zum Beispiel Rückstellungen).		
4	Stille Reserven können auch ohne Buchung entstehen.		
5	Wenn der extern ausgewiesene Gewinn CHF 40 000 beträgt und in der Rechnungsperiode stille Reserven von CHF 60 000 aufgelöst wurden, beträgt der interne Verlust CHF 20 000.		
6	Die extern ausgewiesenen Abschreibungen betragen CHF 30 000. Dabei wurden stille Reserven von CHF 10 000 gebildet. Die wirklichen Abschreibungen sind folglich CHF 40 000.		
7	Wie Nr. 6. Zusätzlich ist bekannt, dass die Wertberichtigungen in der externen Eröffnungsbilanz CHF 90 000 betrugen und in der Berichtsperiode keine Anlagen verkauft wurden. Folglich betragen die externen Wertberichtigungen am Jahresende CHF 120 000.		
8	Der extern ausgewiesene Warenaufwand beträgt CHF 800 000. Die stillen Reserven auf den Warenvorräten betragen jeweils einen Drittel des internen Werts. Die Warenvorräte gemäss interner Bilanz sind CHF 60 000 zu Beginn der Periode und CHF 48 000 am Ende der Periode. Der effektive Warenaufwand beträgt folglich CHF 804 000.		
9	Wie Nr. 8. Die stillen Reserven auf den Warenvorräten betragen folglich Ende Jahr CHF 12 000.		

42.13

Die laufende Buchhaltung der **Fabrik AG** wird nach handelsrechtlichen und steuerlichen Grundsätzen geführt und ist deshalb um stille Reserven verfälscht. Für die Geschäftsleitung sind die Zahlen anhand der folgenden Angaben zu bereinigen.

- ▶ Die WB Forderungen L+L ist Anfang Jahr um 13 und Ende Jahr um 12 überbewertet. Die Verluste Forderungen wurden als Erlösminderung vom Produktionserlös subtrahiert.
- ▶ Alle Vorräte sind konsequent um den steuerlich erlaubten Drittel unterbewertet.
- ▶ Im Anlagevermögen sind in der Eröffnungsbilanz stille Reserven von 46 enthalten. In der Berichtsperiode werden 6 aufgelöst.
- ▶ Die Rückstellungen für Garantien werden zulasten des Produktionserlöses gebildet. In den Rückstellungen sind Anfang Jahr 5 und Ende Jahr 8 stille Reserven enthalten.

Stille Reserven — Aufgabe 42.13

Eröffnungsbilanz per 1.1.20_7

Aktiven	Extern	Bereinigung	Intern	Passiven	Extern	Bereinigung	Intern
Flüssige Mittel	30			Verbindlichkeiten L+L	300		
Forderungen L+L	400			Rückstellungen	20		
./. WB Forderungen L+L	−20			Übriges Fremdkapital	494		
Materialvorrat	240			Aktienkapital	800		
Erzeugnisse	90			Gesetzliche Gewinnreserve	40		
Sachanlagen	1 500			Freiwillige Gewinnreserven	190		
./. WB Sachanlagen	−396			Stille Reserven	−		
	1 844				1 844		

Erfolgsrechnung 20_7

Aufwand	Extern	Bereinigung	Intern	Ertrag	Extern	Bereinigung	Intern
Materialaufwand	1 000			Produktionserlös (netto)	2 600		
Personalaufwand	900			Bestandesänderungen	10		
Abschreibungen	100						
Übriger Aufwand	470						
Gewinn	140						
	2 610				2 610		

Schlussbilanz per 31.12.20_7

Aktiven	Extern	Bereinigung	Intern	Passiven	Extern	Bereinigung	Intern
Flüssige Mittel	40			Verbindlichkeiten L+L	280		
Forderungen L+L	360			Rückstellungen	24		
./. WB Forderungen L+L	−18			Übriges Fremdkapital	432		
Materialvorrat	200			Aktienkapital	800		
Erzeugnisse	100			Gesetzliche Gewinnreserve	50		
Sachanlagen	1 600			Freiwillige Gewinnreserven	200		
./. WB Sachanlagen	−496			Stille Reserven	−		
	1 786				1 786		

Aufbau des Rechnungswesens

43.01

Grössere Unternehmungen arbeiten zur effizienten Bewältigung der grossen Datenmengen zusätzlich mit **Hilfsbüchern**, deren Daten elektronisch ins Hauptbuch der Finanzbuchhaltung übertragen werden.

Ordnen Sie die Tätigkeiten bzw. Aufgaben durch Ankreuzen den Hilfsbüchern zu.

Nr.	Tätigkeiten/Aufgaben	Debitoren-buchhaltung	Kreditoren-buchhaltung	Lager-buchhaltung	Lohn-buchhaltung	Anlagen-buchhaltung
1	Die Löhne und Sozialabgaben von Arbeitnehmern und Arbeitgebern werden pro Mitarbeiter einzeln aufbereitet.				X	
2	Die Lieferantenrechnungen werden kontiert und einzeln je Lieferant erfasst.		X			
3	Die Ein- und Ausgänge werden pro Artikel mengen- und wertmässig verwaltet. Periodisch erfolgt eine Kontrolle der Bestände durch Inventur.			X		
4	Beim Kauf wird der Anschaffungswert für jede Sachanlage erfasst und festgelegt, wie die Abschreibung erfolgen soll.					X
5	Die durch den Verkauf bzw. die Auftragsabwicklung ausgestellten Rechnungen werden pro Kunde einzeln erfasst.	X				
6	Die im Hilfsbuch einzeln erfassten Beträge werden als Summen auf verschiedene Bilanzkonten (wie Verbindlichkeiten Sozialversicherungen oder Bank) und Aufwandskonten (wie Lohnaufwand oder Sozialversicherungsaufwand) verbucht.				X	
7	Auf diesem Hilfsbuch basiert das Mahnwesen.	X				
8	Aufgrund der Fälligkeiten von Lieferantenrechnungen werden die Zahlungsaufträge an die Lieferanten aufbereitet.		X			
9	Die im Hilfsbuch ermittelten Abschreibungsbeträge werden summarisch ins Hauptbuch als Wertberichtigung auf Sachanlagen und als Abschreibungsaufwand übertragen.					X
10	Die Gegenbuchungen erfolgen je nach Fall auf einem Aktivkonto (wie Vorräte oder Sachanlagen) oder einem Aufwandskonto.			X		X

43.02

Welches sind die Aufgaben von FIBU und BEBU? Zutreffendes ankreuzen.

Nr.	Aufgaben	FIBU	BEBU
1	Darstellung der Vermögens-, Ertrags- und Finanzlage		
2	Erfassung der Zahlungsvorgänge		
3	Ermittlung der Arbeitnehmer- und Arbeitgeberbeiträge für die Sozialversicherungen		
4	Zuordnung der Kosten und Erlöse auf die einzelnen Produkte, um den Erfolg je Produkt zu ermitteln		
5	Grundlage für die Steuerveranlagung		
6	Überwachung des Zahlungsverhaltens der Kunden und Mahnwesen		
7	Kalkulation von Herstellkosten, Selbstkosten und Verkaufspreisen		
8	Analyse der Leistungserstellungsprozesse		
9	Stille Reserven		
10	Mehrwertsteuer-Abrechnung		

Anhang

Anhang 1   Abschreibungssätze bei der direkten Bundessteuer

Eidgenössische Steuerverwaltung,
Administration fédérale des contributions
Amministrazione federale delle contribuzioni

Direkte Bundessteuer
Impôt fédéral direct
Imposta federale diretta

Merkblatt A 1995 – Geschäftliche Betriebe
Notice A 1995 – Entreprises commerciales
Promemoria A 1995 – Aziende commerciali

Abschreibungen auf dem Anlagevermögen geschäftlicher Betriebe[1]

Rechtsgrundlagen: Art. 27 Abs. 2 Bst. a, 28 und 62 des Bundesgesetzes über die direkte Bundessteuer (DBG)

1. Normalsätze in Prozenten des Buchwertes[2]

Wohnhäuser von Immobiliengesellschaften und Personalwohnhäuser
- auf Gebäuden allein[3] .... 2 %
- auf Gebäude und Land zusammen[4] .... 1,5 %

Geschäftshäuser, Büro- und Bankgebäude, Warenhäuser, Kinogebäude
- auf Gebäuden allein[3] .... 4 %
- auf Gebäude und Land zusammen[4] .... 3 %

Gebäude des Gastwirtschaftsgewerbes und der Hotellerie
- auf Gebäuden allein[3] .... 6 %
- auf Gebäude und Land zusammen[4] .... 4 %

Fabrikgebäude, Lagergebäude und gewerbliche Bauten (speziell Werkstatt- und Silogebäude)
- auf Gebäuden allein[3] .... 8 %
- auf Gebäude und Land zusammen[4] .... 7 %

Dient ein Gebäude nur zum Teil geschäftlichen Zwecken, so ist der Abschreibungssatz entsprechend zu reduzieren; wird es für verschiedene geschäftliche Zwecke benötigt (z. B. Werkstatt und Büro), so sind die einzelnen Sätze angemessen zu berücksichtigen.

Hochregallager und ähnliche Einrichtungen .... 15 %
Fahrnisbauten auf fremdem Grund und Boden .... 20 %
Geleiseanschlüsse .... 20 %
Wasserleitungen zu industriellen Zwecken .... 20 %
Tanks (inkl. Zisternenwaggons), Container .... 20 %
Geschäftsmobiliar, Werkstatt- und Lagereinrichtungen mit Mobiliarcharakter .... 25 %
Transportmittel aller Art ohne Motorfahrzeuge, insbesondere Anhänger .... 30 %
Apparate und Maschinen zu Produktionszwecken ...... 30 %
Motorfahrzeuge aller Art .... 40 %
Maschinen, die vorwiegend im Schichtbetrieb eingesetzt sind, oder die unter besonderen Bedingungen arbeiten, wie z. B. schwere Steinbearbeitungsmaschinen, Strassenbaumaschinen ..... 40 %
Maschinen, die in erhöhtem Masse schädigenden chemischen Einflüssen ausgesetzt sind .... 40 %
Büromaschinen .... 40 %
Datenverarbeitungsanlagen (Hardware und Software) ...... 40 %
Immaterielle Werte, die der Erwerbstätigkeit dienen, wie Patent-, Firmen-, Verlags-, Konzessions-, Lizenz- und andere Nutzungsrechte; Goodwill .... 40 %
Automatische Steuerungssysteme .... 40 %
Sicherheitseinrichtungen, elektronische Mess- und Prüfgeräte .. 40 %
Werkzeuge, Werkgeschirr, Maschinenwerkzeuge, Geräte, Gebinde, Gerüstmaterial, Paletten usw. .... 45 %
Hotel- und Gastwirtschaftsgeschirr sowie Hotel- und Gastwirtschaftswäsche .... 45 %

2. Sonderfälle

Investitionen für energiesparende Einrichtungen

Wärmeisolierungen, Anlagen zur Umstellung des Heizungssystems, zur Nutzbarmachung der Sonnenenergie und dgl. können im ersten und im zweiten Jahr bis zu 50 % vom Buchwert und in den darauffolgenden Jahren zu den für die betreffenden Anlagen üblichen Sätzen (Ziffer 1) abgeschrieben werden.

Umweltschutzanlagen

Gewässer- und Lärmschutzanlagen sowie Abluftreinigungsanlagen können im ersten und im zweiten Jahr bis zu 50 % vom Buchwert und in den darauffolgenden Jahren zu den für die betreffenden Anlagen üblichen Sätzen (Ziffer 1) abgeschrieben werden.

3. Nachholung unterlassener Abschreibungen

Die Nachholung unterlassener Abschreibungen ist nur in Fällen zulässig, in denen das steuerpflichtige Unternehmen in früheren Jahren wegen schlechten Geschäftsganges keine genügenden Abschreibungen vornehmen konnte. Wer Abschreibungen nachzuholen begehrt, ist verpflichtet, deren Begründetheit nachzuweisen.

4. Besondere kantonale Abschreibungsverfahren

Unter besonderen kantonalen Abschreibungsverfahren sind vom ordentlichen Abschreibungsverfahren abweichende Abschreibungsmethoden zu verstehen, die nach dem kantonalen Steuerrecht oder nach der kantonalen Steuerpraxis unter bestimmten Voraussetzungen regelmässig und planmässig zur Anwendung gelangen, wobei es sich um wiederholte oder einmalige Abschreibungen auf dem gleichen Objekt handeln kann (z. B. Sofortabschreibung, Einmalerledigungsverfahren). Besondere Abschreibungsverfahren dieser Art können auch für die direkte Bundessteuer angewendet werden, sofern sie über längere Zeit zum gleichen Ergebnis führen.

5. Abschreibungen auf aufgewerteten Aktiven

Abschreibungen auf Aktiven, die zum Ausgleich von Verlusten höher bewertet wurden, können nur vorgenommen werden, wenn die Aufwertungen handelsrechtlich zulässig waren und die Verluste im Zeitpunkt der Abschreibung verrechenbar gewesen wären.

---

[1] Für Land- und Forstwirtschaftsbetriebe, Elektrizitätswerke, Luftseilbahnen und Schiffahrtsunternehmungen bestehen besondere Merkblätter, erhältlich bei der Eidg. Steuerverwaltung, Hauptabteilung Direkte Bundessteuer, 3003 Bern, Telefon 031/322 74 11.

[2] **Für Abschreibungen auf dem Anschaffungswert sind die genannten Sätze um die Hälfte zu reduzieren.**

[3] Der höhere Abschreibungssatz für Gebäude allein kann nur angewendet werden, wenn der restliche Buchwert bzw. die Gestehungskosten der Gebäude separat aktiviert sind. Auf dem Wert des Landes werden grundsätzlich keine Abschreibungen gewährt.

[4] Dieser Satz ist anzuwenden, wenn Gebäude und Land zusammen in einer einzigen Bilanzposition erscheinen. In diesem Fall ist die Abschreibung nur bis auf den Wert des Landes zulässig.

Anhang 2   Kontenrahmen KMU

Schweizer Kontenrahmen für kleine und mittlere Unternehmen in Produktion, Handel und Dienstleistung von Sterchi, Mattle, Helbling (Auszug für Schulzwecke)

1	Aktiven

10	**Umlaufvermögen**
100	**Flüssige Mittel**
1000	Kasse
1010	PostFinance[1]
1020	Bankguthaben
1050	Kurzfristige Geldanlagen
1060	Wertschriften
110	**Forderungen**
1100	Forderungen aus Lieferungen und Leistungen (Debitoren)
1109	*Wertberichtigung Forderungen L+L[2]*
1140	Vorschüsse und Darlehen
1170	Vorsteuer Material, Waren, Dienstleistungen[3]
1171	Vorsteuer Investitionen, übriger Aufwand
1176	Guthaben VSt (Verrechnungssteuer)
120	**Vorräte**
1200	(Handels-)Waren
1210	Rohstoffe
1260	Fertige Erzeugnisse
1270	Unfertige Erzeugnisse
1280	Nicht fakturierte Dienstleistungen
130	**Aktive Rechnungsabgrenzung**
1300	Aktive Rechnungsabgrenzungen

14	**Anlagevermögen**
140	**Finanzanlagen**
1440	Aktivdarlehen
1480	Beteiligungen
150	**Mobile Sachanlagen**
1500	Maschinen, Apparate
1509	*Wertberichtigung[2]*
1510	Mobiliar, Einrichtungen
1520	Büromaschinen, Informatik (IT), Kommunikation
1530	Fahrzeuge
1540	Werkzeuge, Geräte
160	**Immobile Sachanlagen**
1600	Immobilien (Liegenschaften)
1609	*Wertberichtigung[2]*
170	**Immaterielle Anlagen**
1700	Patente, Lizenzen
180	**Nicht einbezahltes Grundkapital**
1800	Nicht einbezahltes Aktienkapital

2	Passiven

20	**Fremdkapital**
200	**Kurzfristiges Fremdkapital**
2000	Verbindlichkeiten aus Lieferungen und Leistungen (Kreditoren)
2100	Bankverbindlichkeiten
2200	Umsatzsteuer
2206	Geschuldete VSt (Verrechnungssteuer)
2261	Dividenden
2270	Verbindlichkeiten Sozialversicherungen
2300	Passive Rechnungsabgrenzungen
2330	Kurzfristige Rückstellungen
240	**Langfristiges Fremdkapital**
2400	Bankdarlehen
2401	Hypotheken
2430	Obligationenanleihen
2450	Passivdarlehen
2600	Langfristige Rückstellungen

28	**Eigenkapital[4]**
	Einzelunternehmung
2800	Eigenkapital
2850	Privat
2891	Jahresgewinn (Jahresverlust)
	Aktiengesellschaft
2800	Aktienkapital
2900	Gesetzliche Kapitalreserve
2950	Gesetzliche Gewinnreserve
2960	Freiwillige Gewinnreserven
2970	Gewinnvortrag
2979	Jahresgewinn (Jahresverlust)
2980	*Eigene Aktien*

Anhang 2

	Betriebsertrag aus Lieferungen und Leistungen
0	Ertrag aus dem Verkauf von Erzeugnissen (Produktionserlös)
0	Warenertrag (Handelserlös)
0	Dienstleistungsertrag
0	*Verluste Forderungen*
0	Bestandesänderungen an unfertigen und fertigen Erzeugnissen

	Aufwand für Material, Waren und Dienstleistungen
0	Materialaufwand
0	Warenaufwand (Handelswarenaufwand)
0	Dienstleistungsaufwand

	Personalaufwand
0	Lohnaufwand
0	Sozialversicherungsaufwand
0	Übriger Personalaufwand

	Übriger Betriebsaufwand sowie Finanzergebnis
0	Raumaufwand
0	Unterhalt, Reparaturen und Ersatz
0	Fahrzeugaufwand
0	Versicherungsaufwand
0	Energie- und Entsorgungsaufwand
0	Verwaltungsaufwand
0	Werbeaufwand
0	Sonstiger Betriebsaufwand
0	Abschreibungen
0	Finanzaufwand (Zinsaufwand)
0	Finanzertrag (Zinsertrag)

7	Betrieblicher Nebenerfolg
740	**Wertschriften-/Beteiligungserfolg**
7400	Wertschriftenertrag
7410	Wertschriftenaufwand
7450	Beteiligungsertrag
7460	Beteiligungsaufwand
750	**Liegenschaftserfolg**
7500	Liegenschaftsertrag (Immobilienertrag)
7510	Liegenschaftsaufwand (Immobilienaufwand)

8	Neutraler Erfolg
8000	Betriebsfremder Aufwand
8100	Betriebsfremder Ertrag
8500	Ausserordentlicher Aufwand[5]
8600	Ausserordentlicher Ertrag
8900	Direkte Steuern[6]

9	Abschluss
9200	Jahresgewinn (Jahresverlust)

[1] PostFinance ist eine Bank, weshalb Postzahlungen auch über das Konto Bankguthaben verbucht werden können.

[2] Wertberichtigungsposten sind auch bei anderen Aktiven möglich. Für Wertberichtigungskonten wird an der vierten Stelle jeweils die Ziffer 9 verwendet.

[3] Vereinfachend wird in diesem Lehrmittel nur ein Vorsteuerkonto geführt.

[4] Das Eigenkapital wird je nach Rechtsform unterschiedlich gegliedert.

[5] Ausserordentlich umfasst hier als Oberbegriff auch die vom Obligationenrecht genannten einmaligen oder periodenfremden Ereignisse.

[6] Bei der Aktiengesellschaft als juristischer Person werden auf diesem Konto die direkten Steuern verbucht. Bei der Einzelunternehmung ist der Steueraufwand der natürlichen Person des Inhabers/der Inhaberin auf dem Privatkonto zu buchen.

Im **Kontenrahmen KMU** wurden die Kontonummern in den Kontenklassen 3 bis 8 so gewählt, dass sich problemlos eine mehrstufige Erfolgsrechnung in Berichtsform nach dem Gesamtkostenverfahren (sogenannte Produktions-Erfolgsrechnung) gemäss folgendem Muster erstellen lässt (Kontenklassen bzw. Kontengruppen in der hintersten Spalte).

Erfolgsrechnung

	Nettoerlöse aus Lieferungen und Leistungen	3
+/–	Bestandesänderungen an unfertigen und fertigen Erzeugnissen bzw. nicht fakturierten Dienstleistungen	3
=	**Betrieblicher Ertrag aus Lieferungen und Leistungen**	
./.	Material- und Warenaufwand sowie Aufwand für Drittleistungen	4
./.	Personalaufwand	5
./.	Übriger Betriebsaufwand (ohne Abschreibungen und Zinsen)	60–67
=	**Betriebsergebnis vor Zinsen, Steuern und Abschreibungen (EBITDA)** [1]	
./.	Abschreibungen	68
=	**Betriebsergebnis vor Zinsen und Steuern (EBIT)**	
+/–	Zinsaufwand und Zinsertrag (Finanzaufwand und Finanzertrag)	69
=	**Betriebsergebnis vor Steuern**	
+/–	Aufwand und Ertrag von Nebenbetrieben	7
+/–	Betriebsfremder Aufwand und Ertrag	8
+/–	Ausserordentlicher Aufwand und Ertrag	8
=	**Unternehmenserfolg vor Steuern**	
./.	Direkte Steuern	89
=	**Unternehmenserfolg**	

Je nach Branche und Anwendungsfall können noch Zwischenergebnisse hinzugefügt oder weggelassen werden.

---

[1] EBITDA = Earnings before Interest, Taxes, Depreciation an Amortization
- ▶ Earnings = Ergebnis
- ▶ Interest = Zinsen
- ▶ Taxes = Steuern
- ▶ Depreciation = Abschreibung von materiellem Anlagevermögen
- ▶ Amortization = Abschreibung von immateriellem Anlagevermögen

Anhang 3   Stichwortverzeichnis

A

Abschreibungen 62
Abschreibungsbetrag 63
Abschreibungsverfahren 63
Abschreibung vom Anschaffungswert 64
Abschreibung vom Buchwert 65
AHV 120
Aktien 126
Aktiengesellschaft 53
Aktienkapital 54
Aktionäre 54
Aktiven 15
Aktive Rechnungsabgrenzung 72
Aktivkonto 22
Aktivtausch 21
Aktualität 141
ALV 120
Andere Reserven 58
Anlagedauer 42
Anlagenbuchhaltung 156, 157
Anlagevermögen 15
Anschaffungswert 63
Arbeitgeberbeiträge 119
Arbeitnehmerbeiträge 119
Auflösung von stillen Reserven 148
Aufwand 28
Aufwandskonto 32
Aufwandsminderungen 32
Aufwandsnachtrag 75
Aufwandsvortrag 75
Ausgenommene Umsätze 102
Ausserordentlich 116

B

Bargründung 54
BEBU 157
Befreite Umsätze 102
Bereinigung 150
Berichtsform 89
Bestand an stillen Reserven 145
Bestandesänderungen 95
Bestandesänderungen im Warenvorrat 84
Betrieb 116
Betriebsbuchhaltung 157
Betriebsfremd 116
Bewertung 141
Bewertungsvorschriften 141
Bezugskosten 79
Bilanz 14
Bilanzgewinn 59
Bilanzkonten 35
Bilanzsumme 15
Bildung von stillen Reserven 146
Briefkurs 37
Bruttogewinn 80, 88, 110
Bruttogewinnmarge 111
Bruttogewinnzuschlag 112
Bruttolohn 118
Bruttoprinzip 140
BU, Berufsunfall 120
Buchführungsvorschriften 139
Buchungsbeleg 25
Buchungsregeln 23
Buchungssatz 27
Buchwert 63

D

Debitoren 15
Debitorenbuchhaltung 156
Degressive Abschreibung 65
Deutsche Zinsusanz 41
Devisenkurs 37
Direkte Abschreibung 66
Dividenden 58
Dreistufige Erfolgsrechnung 115

E

Effektive Abrechnungsmethode 101
Eigenkapital 15
Eigenkapitalkonto 48
Eigenlohn 48
Eigenzins 48

Einkommen aus selbstständiger
    Erwerbstätigkeit 49
Einstandspreis 79
Einstandswert 79
Einzelkalkulation 109
Einzelunternehmung 47
Endgültige Verluste 70
EO 120
Erfolg 29
Erfolgskonten 33, 35
Erfolgsrechnung 28
Eröffnungsbilanz 22
Ertrag 28
Ertragskonto 32
Ertragsminderungen 32
Ertragsnachtrag 75
Ertragsvortrag 75

F
FAK 120
Fertige Erzeugnisse 95
FIBU 157
FIFO-Methode 94
Flüssige Mittel 15
Forderungen aus Lieferungen
    und Leistungen 15
Fortführung 141
Freiwillige Gewinnreserven 58
Fremdkapital 15

G
Geldkurs 37
Gemeinaufwand 88
Gemeinkosten 110
Gesamtkalkulation 109
Geschäftsbericht 139
Gesellschaft mit beschränkter
    Haftung 61
Gesetzliche Gewinnreserve 58
Gesetzliche Kapitalreserve 58
Gewinn 29
Gewinnreserven 58
Gewinnverwendung 58
Gewinnverwendungsplan 59
Gewinnvortrag 58
Gläubiger 40
Gläubigerschutz 140

GmbH 61
Grunddividende 59
Gründung Aktiengesellschaft 54

H
Haben 22
Habensaldo 51
Habenüberschuss 51
Handelsbetrieb 79
Hauptbuch 24
Herstellkosten 95
Hilfsbuch 156
Hypothekardarlehen 13

I
IFRS 140
Immobile Sachanlagen 16
Immobilien 123
Imparitätsprinzip 143
Indirekte Abschreibung 67
Inventar 12
Inventarmanko 94
Inventurdifferenzen 94
IV 120

J
Jahresabschluss 46
Journal 27

K
Kalkulation 109
Kapital 15
Kapitalanlage 126
Kapitalbeschaffung 126
Kapitalreserven 58
Kaufkurs 37
Kaufmännische Buchführung 139
Klarheit 141
Kollektivgesellschaft 50
Kommission 43
Kontenplan 25
Kontenrahmen KMU, 117, Anhang 2
Kontierung 25
Kontierungsstempel 25
Konto 22
Kontoauszug 43
Kontoform 89

Kontokorrente 42
Kreditoren 15
Kreditorenbuchhaltung 156
Kumulierte Abschreibungen 68
Kurs von Fremdwährungen 37
Kurzfristiges Fremdkapital 16

L
Lagerbuchhaltung 156
Langfristiges Fremdkapital 16
Laufende Lagerführung 90
Liberierung 54
Liegenschaften 14, 123
Lineare Abschreibung 64
Liquidationswert 63
Lohnabrechnung 118
Lohnbuchhaltung 156

M
Magisches Dreieck der Kapitalanlage 135
Marchzins 41, 130
Materialvorrat 95
Mehrstufige Erfolgsrechnung 115
Mehrwertsteuer 101
Mietwert Geschäft 125
Mietwert Privatwohnung 125
Minus-Aktivkonto 68
Minus-Ertragskonto 70
Mobile Sachanlagen 16
Mutmassliche Verluste 70
MWST-Abrechnung 103

N
Nachprüfbarkeit 141
NBU, Nichtberufsunfall 120
Nebenbetriebe 116
Nettoerlös 80
Nettolohn 118
Nettovermögen 15
Nettozins 44
Neutraler Bereich 116
Nicht einbezahltes Aktienkapital 54
Niederstwertprinzip 143
Notenkurs 37
Nutzungsdauer 63

O
Obligationen 126
Offenposten-Buchhaltung 97
Ordnungsmässige Buchführung 141

P
Passiven 15
Passive Rechnungsabgrenzung 74
Passivkonto 22
Passivtausch 21
Periodizität 141
PK 120
Privatkonto 48
Produktionsbetrieb 95
Prozentkurs 130

R
Rabatte 82
Realisationsprinzip 143
Realisierter Kursgewinn 134
Rechnungsabgrenzung 72
Rechnungslegung 139
Rechtsform 18
Reingewinn 88, 110
Rendite 135
Rückstellungen 76
Ruhendes Konto 70, 90

S
Sacheinlagengründung 54
Saldo 22
Saldosteuersätze 105
Schlussbestand 22
Schlussbilanz 22
Schlussbilanz nach Gewinnverbuchung 49, 57
Schlussbilanz vor Gewinnverbuchung 56
Schulden 15
Schuldner 40
Selbstkosten 95, 110
Skonto 82
Soll 22
Sollsaldo 51
Sollüberschuss 51
Sozialversicherungen 120
Stammkapital 61

Stetigkeit 141
Steuersätze MWST 102
Stille Reserven 144
Stückkurs 128
Superdividenden 59
Swiss GAAP FER 140
Systematik 141

T
Tageberechnung 41
Tantiemen 58
Teilliberierung 56
True-and-Fair-View 144

U
Umlaufvermögen 15
Umsatz 80
Umsatzsteuer 103
Unfertige Erzeugnisse 95
Unrealisierter Kursgewinn 134
Unternehmereinkommen 49
Usanz 41
US GAAP 140

V
Valuta 43
Veräusserungsgewinn 69
Veräusserungsverluste 69
Verbindlichkeiten aus Lieferungen und Leistungen 15
Vereinbartes Entgelt 107
Vereinnahmtes Entgelt 107
Verkaufskurs 37
Verlust 29

Verluste Forderungen 70
Verlustvortrag 60
Vermögen 15
Verrechnungssteuer 44
Verrechnungsverbot 141
Verwaltungskostenbeitrag 120
Vollständigkeit 141
Vorsicht 141
Vorsichtsprinzip 143
Vorsteuer 101

W
Wahrheit 140
Warenaufwand 79
Warenertrag 79
Warenvorrat 79
Wertberichtigung Forderungen 68
Wertschriften 126
Wertverminderungen 62
Wesentlichkeit 141
Willkürreserven 154
Wirtschaftlichkeit 141

Z
Zeichnung 54
Zeitliche Abgrenzung 141
Zielkonflikt 135
Zinsformel 40
Zinsrechnen 40
Zusatzdividenden 59
Zuschlagssätze 110
Zwangsreserven 154
Zweistufige Erfolgsrechnung 88

4.1 Wir kaufen Hotelmobiliar gegen bar für 2500.-
   - Hotelmobiliar an Kasse

4.2 Wir kaufen eine neue Küchenmaschine auf Kredit für 10500.-
   - Küchenmaschine an VLL 10'500

4.3 Wir zahlen die Rechnung der Küchenmaschine per Banküberweisung
   - VLL an Bank 10'500.-

4.4 Wir stellen einem Hotelgast die Rechnung über 250.- für die Übernachtung mit Frühstück aus und übergeben ihm diesen, die Zahlungsziele...
   - FLL an Hotelertrag 250

4.5 Der gast (4.4) zahlt seine rechnung auf unser Bankkonto
   Bank an FLL 250

4.6 Der Küchenchef hat Gemüse und Früchte für 820 bestellt, der Lieferant schickt uns die Rechnung dafür
   - Aufwand Küche an VLL 820.-

4.7 Der Hoteldirektor hat an einer gastromesse Wein für 350.- gekauft, er hat bar bezahlt
   - Aufwand Restaurant an Kasse 350.-

4.8 Die Löhne der Mitarbeiter wurden per Bank überwiesen, der Betrag der Bankbelastung lautet 17'250.-
   Personalaufwand an Bank 17'250.-

4.9 Für die Reception haben sie Büromaterial für 200.- gekauft, die Bezahlung erfolgt bar.
   - Sonstiger Aufwand an Kasse 200.-

4.10 Der Hoteldirektor hat einen nichtmehr benötigten Hotelbus für 10000.- verkauft, der Käufer des Busses hat Bar bezahlt
   Kasse an Fahrzeuge 10'000.-

Zusammengefasste Geschäftsfälle des ersten Jahres

1. Bareinlage - Brigitte Strebel   20'000.-
2. Barverkauf der Stereoanlage   5'000.-
3. Aufnahme eines Darlehens beim Vater (bar) 30'000
4. Barzahlung der Miete   36'000
5. Barzahlung für Werbung   4'000
6. Bareinnahmen für Tanzstunden   75'000.-
7. Lohnbezüge bar Brigitte Strebel   30'000

Nr.	Soll	Haben	
1	Kasse	EK	20'000
2	Mobilien	Kasse	5'000
3	Kasse	Passivdarlehen	30'000
4	Raumaufwand	Kasse	36'000
5	Sonst. Betriebsaufwand	Kasse	4'000
6	Kasse	Ertrag Tanzstunden	75'000
7	Personalaufwand	Kasse	30'000